近江の山城を歩く

70 mountain castle in Omi

中井 均 編

観音寺城の石垣

湖北の城

山城の魅力

湖北は守護京極氏の上平寺城、戦国大名浅井氏の小谷城や、その家臣たちの山城が数多く築かれている。さらに賤ヶ岳合戦に築かれた陣城群も見どころとなっている。

玄蕃尾城天守台

小谷城山王丸の大石垣

上平寺城主郭

鎌刃城枡形虎口

湖東・湖南の城

彦根城天秤櫓

男鬼入谷城土塁（左）と曲輪（右）

近江守護六角氏の居城観音寺城をはじめ、石垣の城が点在している。また、安土城や八幡山城という織豊系城郭も湖東で出現した。湖南の志賀陣の山城も見逃せない。

安土城黒金門の石垣

宇佐山城石垣

甲賀の城

水口岡山城石垣

三雲城石垣

甲賀郡には約三〇〇もの城館が築かれた。同名中と呼ばれる土豪の組織が築いたもので、方形単郭を基本とする。高さ約八メートルの巨大な土塁は圧巻である。

小川城主郭を巡る土塁

新宮支城土塁

湖西の城

清水山城畝状竪堀群

西山城主郭の土塁

近江守護佐々木氏の一族高島氏の居城清水山城をはじめ、高島七頭の城館が築かれている。朽木谷には足利将軍のために造られた庭園や朽木氏の居館、山城が残されている。

はじめに

一九八一年より十年かけて滋賀県では中世城館跡の分布調査が行われ、県内で約一三〇〇カ所に城館跡の分布することが明らかとなった。その分布数は全国でも有数であり、近江国は琵琶湖の国であるとともに「城の国」と言ってもよい。このように「県内に多数の城館跡がある」と前作で記したとき、その多さに驚かない人はいなかった。ところが、それから十年以上経った現在では、少し歴史に興味のある方は驚かなくなった。この間に様々な近江の城に関する書籍が刊行され、その数はよく知られるようになったためである。

近江の中世城館跡は、ただ数が多いだけではない。多種多様な城館跡が分布しているのも大きな特徴である。例えば守護、戦国大名の巨大な山城、日本で最初に石垣を導入した城、惣国一揆の城館、集落の中央に構えられた村の城、織田信長、豊臣秀吉によって築かれた城など、まさに日本城郭の縮図と言っても過言ではない。

こうした重要な城館跡ではあるが、近世城郭のように天守があるわけでもなく、石垣のあるものすらほとんどない。地元の人にとっても、何も残っていない城跡としか認識されてこなかった。ところが実際に現地を訪ねてみると、草木に埋もれながらも曲輪、土塁、堀切、切岸といった中世城館の防御施設がほぼ当時のままに残っているのである。

そこで少しでも残された城館跡の魅力を知ってもらおうと編んだのが前作、『近江の山城ベスト50を歩く』である。現存する城郭遺構を図化した縄張り図と、城跡へのアクセス図を掲載し、実際に城跡を訪ねてもらおうとした書籍である。

刊行から十三年が過ぎ、中世の山城への関心はさらに高まり、続編の刊行も考えたものの、近年新たに発見された山城や、発掘調査によって評価が大きく変わった山城、さらには縄張りそのもので構築年代が絞り込めた山城、新たに文書から性格や機能が判明した山城など、飛躍的に調査、研究が進んでいる。そこで現在の滋賀県での山城研究の最先端をまとめた、新たな「歩く」本を刊行することとした。さらに今回は掲載する城館をすべて山城とした。

近江には約一三〇〇もの城館跡が存在する。おそらくその三分の一、約四〇〇は山城であったと考えられる。今回はそのうちの七〇カ城を紹介することができた。すでに訪れた人も大勢おられることとは思うが、最新の情報を手にして今一度訪ねていただければ幸いである。また、この本によって山城歩きを始められる方もおられるかと思うが、山頂に残された戦国時代の山城の遺構をぜひ体感していただきたい。その折には、本書を携えて山城に登っていただきたい。

編者　中井　均

近江の山城 位置図

近江の山城	
1	玄蕃尾城
2	行市山城
3	東野山城
4	堂木山砦
5	田上山砦
6	賤ヶ岳砦
7	磯野山城
8	丁野山城・中島城
9	小谷城
10	山本山城
11	虎御前山砦
12	横山城
13	弥高寺
14	上平寺城
15	須川山砦
16	長比城
17	八講師城
18	枝折城
19	太尾山城
20	鎌刃城
21	男鬼入谷城
22	桃原城
23	丸山城（丹羽砦）
24	物生山城
25	佐和山城
26	彦根城
27	日夏城
28	山崎山城
29	勝楽寺城
30	和田山城
31	佐生城
32	安土城
33	観音寺城
34	箕作山城
35	北之庄城
36	八幡山城
37	水茎岡山城
38	長光寺城
39	布施山城

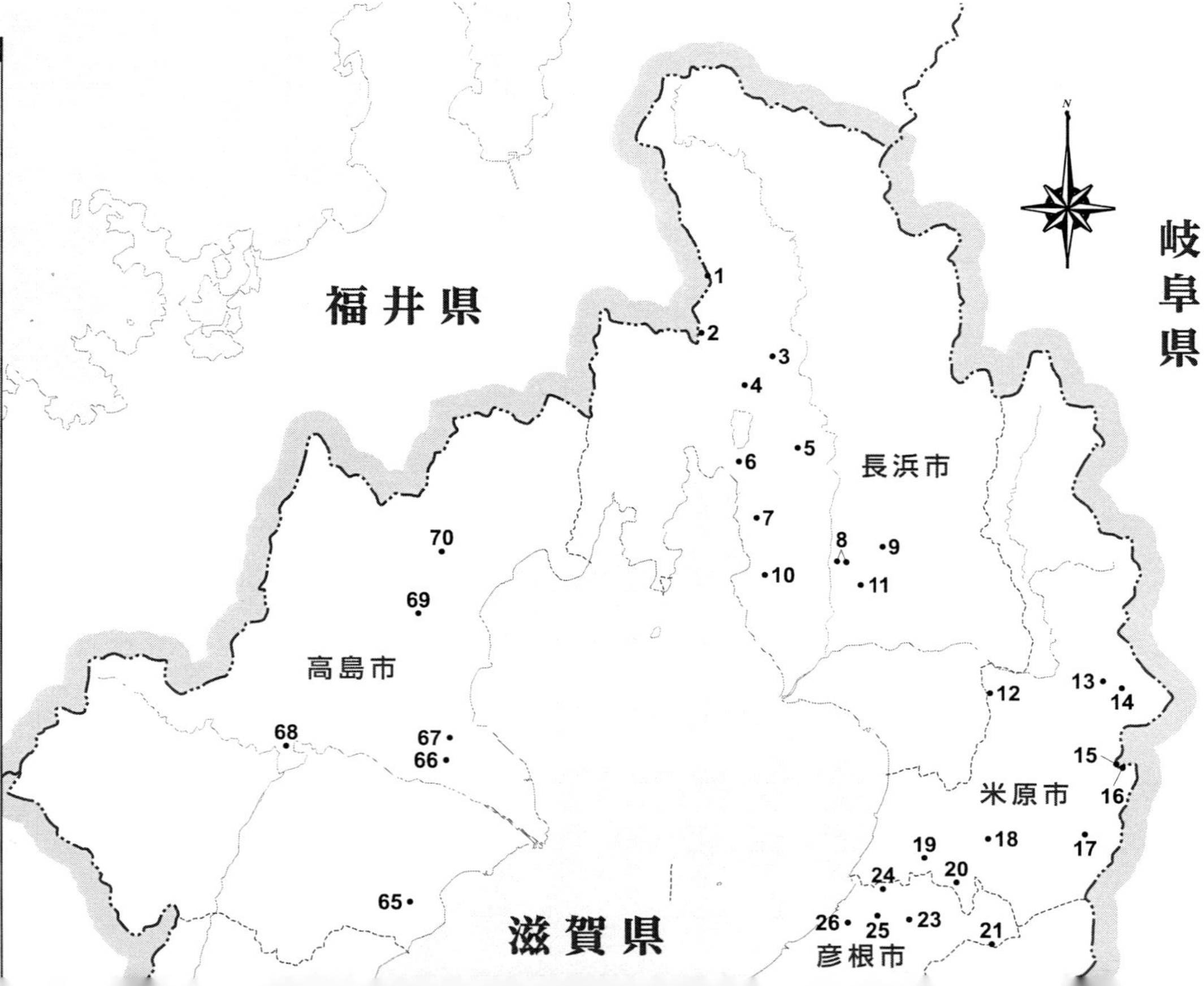

40 星ヶ崎城
41 小堤城山城
42 多喜山城
43 三雲城
44 水口岡山城
45 大森城
46 和南城
47 佐久良城
48 鳥居平城
49 音羽城
50 鎌掛城・山屋敷
51 大河原氏城
52 黒川氏城
53 土山城
54 佐治城
55 隠岐城
56 上野城
57 和田城
58 新宮城・新宮支城
59 寺前城・村雨城
60 小川城
61 朝宮城山城
62 妙見山城・大石東館
63 宇佐山城
64 壺笠山城
65 打下城
66 清水山城
67 日爪城
68 西山城
69 伊井城
70 田屋城
大津市
守山市
野洲市
近江八幡市
東近江市
草津市
栗東市
湖南市
甲賀市
竜王町
日野町
豊郷町
甲良町
愛荘町
多賀町
京都府
三重県
0
5
10
15km

はじめに

近江の山城を歩く

❶ 玄蕃尾城　長浜市余呉町柳ケ瀬、福井県敦賀市刀根……18
❷ 行市山城　長浜市余呉町小谷、福井県敦賀市奥麻生……22
❸ 東野山城　長浜市余呉町東野・中之郷……26
❹ 堂木山砦　長浜市余呉町中之郷・東野……30
❺ 田上山砦　長浜市木之本町木之本・黒田……34
❻ 賤ヶ岳砦　長浜市木之本町大音・余呉町川並……38
❼ 磯野山城　長浜市高月町磯野……42
❽ 丁野山城・中島城　丁野山城：長浜市小谷丁野町　中島城：長浜市小谷丁野町・湖北町山脇……46
❾ 小谷城　長浜市小谷上山田町・湖北町伊部他……50
❿ 山本山城　長浜市高月町西阿閉・湖北町山本……54
⓫ 虎御前山砦　長浜市中野町・湖北町河毛……58
⓬ 横山城　長浜市石田町・堀部町、米原市朝日・村居田他……62
⓭ 弥高寺　米原市弥高……66
⓮ 上平寺城　米原市弥高・上平寺・藤川……70
⓯ 須川山砦　米原市須川、岐阜県関ケ原町……74
⓰ 長比城　米原市柏原・長久寺、岐阜県関ケ原町……78
⓱ 八講師城　米原市梓河内……82
⓲ 枝折城　米原市枝折……86
⓳ 太尾山城　米原市米原・梅ケ原・西円寺……90
⓴ 鎌刃城　米原市番場……94
㉑ 男鬼入谷城　犬上郡多賀町入谷、彦根市男鬼……98
㉒ 桃原城　犬上郡多賀町桃原……102
㉓ 丸山城（丹羽砦）　彦根市小野町……106
㉔ 物生山城　彦根市宮田町……110
㉕ 佐和山城　彦根市佐和山町・古沢町……114
㉖ 彦根城　彦根市金亀町他……118
㉗ 日夏城　彦根市日夏町……122
㉘ 山崎山城　彦根市稲里町・清崎町・賀田山町……126
㉙ 勝楽寺城　犬上郡甲良町正楽寺・多賀町楢崎……130
㉚ 和田山城　東近江市神郷町・五個荘和田町……134

凡　例

・各城の名称の下にある★印は、三段階で登城難易度を示している（★が多いほど難）。
・アクセス図は可能な限り新しい情報を反映するようにしているが、実際に登城する場合は、災害による道程への影響を鑑み、最新の状況を確認のうえ安全に注意願いたい。
・わかりにくい語については巻末に城郭用語解説を付した。
・山城は私有地等に立地することもあるため、見学マナーの順守をお願いしたい。

近江の山城を歩く

1 玄《げん》蕃《ば》尾《お》城《じょう》 ★★

国指定史跡

所在地　長浜市余呉町柳ケ瀬・福井県敦賀市刀根
築城時期　天正十一年（一五八三）
標　高　四六八m
主な遺構　曲輪　土塁　堀切　横堀　角虎口　馬出　丸馬出　土橋　櫓台

天正十一年（一五八三）に羽柴秀吉と柴田勝家が戦った賤ヶ岳合戦は七本槍で有名であるが、実は日本合戦史上最大の築城戦であったことはほとんど知られていない。二月に布陣した柴田軍に対して秀吉軍も築城を行い、二ヶ月におよんで睨み合う対峙戦となった。余呉の山々には両軍によって約二〇カ所に城砦が構えられた。その柴田勝家の本陣となったのが玄蕃尾城である。『余呉庄合戦覚書』などによると勝家は内中尾山《うちなかおやま》に陣を置いたと記していることより、本来は内中尾城と呼ばれていたようである。玄蕃とは勝家の家臣で猛将として知られた佐久間盛政《もりまさ》の受領名である玄蕃に由来している。

その立地は近江の柳ケ瀬から越前の刀根《とね》に至る倉坂峠（刀根越え）の東尾根上に位置している。倉坂峠を押さえるとともに北国街道も東山麓に走っており、眼下に見下ろすことができる。

玄蕃尾城は戦国時代後半の発達した見事な縄張りを有しており、近江で戦国時代の城郭構造の到達点を示している。そうした縄張りが注目され最近では訪れる人も多い。主郭Ⅰは一辺約四〇メートルのほぼ方形プランとなっている。四周にはぶ厚い土塁が巡り、東北隅には櫓台として方形の土壇Aが構えられており天守台とみてよい。北辺と東辺には土塁が巡り、天守台はそれより一段低く構えられているが上面には礎石が点在しており、実際建物が建てられていたようである。瓦は分布していないことより板葺きの重層建物であった可能性が高い。

この主郭Ⅰには虎口《こぐち》が三カ所構えられており、南面が正面の虎口で、その前面には方形に突出した小曲輪Ⅱが構えられている。これは角馬出《かくうまだし》として評価できる。

Ⅳ郭を巡る土塁

東側の虎口は土塁を開口させた小さな平虎口で、こちらも土橋の前面に曲輪Ⅲを配置している。北国街道より登ってくる敵を監視する目的で構えられた曲輪として評価できるとともに、谷を登りきった敵に対してⅡ郭と相横矢が掛けられるように設計されている。一方で東側の虎口に対する馬出的な曲輪としても評価出来うる。そしてもう一つの虎口が北辺に構えられたもので、こちらは両側の土塁を少しずらせて喰い違いの虎口としている。そしてこの北辺の虎口も前面に方形の小曲輪Ⅳが構えられている。

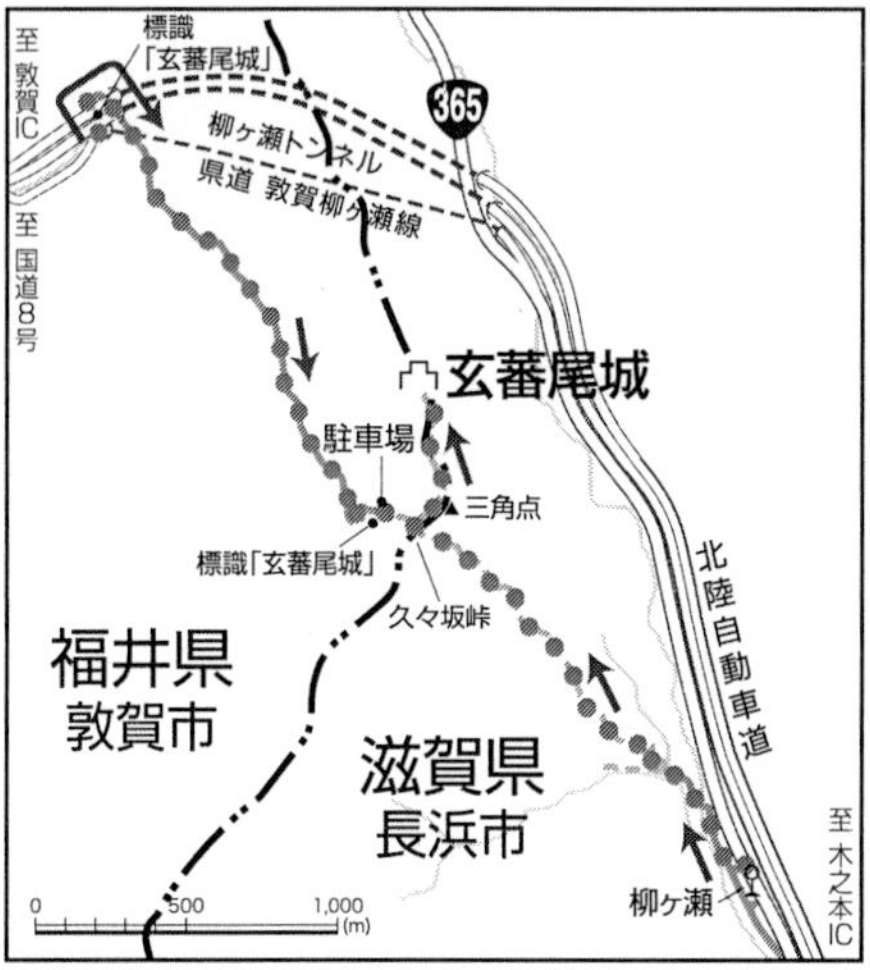

玄蕃尾城へのアクセス

JR木ノ本駅下車、柳ヶ瀬までバス約20分。下車後、徒歩約1時間30分。ただし、夏場は草が茂っている可能性大。また敦賀市側の柳ヶ瀬トンネル手前（標識があるが、ややわかりづらい）の林道を車で約10分、駐車場から徒歩約20分。

主郭Ⅰ北面の角馬出の外側には広大な曲輪Ⅴが扇状に配置され、周囲には土塁が構えられ、さらにその外周には横堀が巡らされている。曲輪Ⅴは主郭Ⅰよりも大きく造られているのだが、曲輪自体の削平は甘く、自然地形のまま横堀を巡らせたようである。曲輪Ⅴには説明板に兵站基地と記されているが、まさに兵粮や武器・弾薬などを備蓄する小屋などが置かれていたのではないだろうか。実際、曲輪Ⅴは越前からの最初の曲輪となる。注目したいのは曲輪Ⅴの虎口である。東辺に構えられた虎口前面の横堀には土橋が架けられているが、虎口とともに幅の広い構造となっている。これは兵粮などの物資を運び込みやすくするためであるが、防御的にはハンディとなる。それを克服しているのが、Ⅳの馬出である。ここから曲輪Ⅴの虎口に有効な横矢が効いている。こうした工夫は自然地形を利用して築く戦国時代の山城では考えられない。玄蕃尾城は設計図をもとに計算され尽くして築かれた城であることがわかる。

一方、城の正面にあたる南側に目を移すと、角馬出Ⅱの前面には長方形の曲輪Ⅵが配置され、その前面には堀切Bを隔てて曲輪Ⅶが構えられている。曲輪Ⅶの先端には堀切C、堀切Dが構えられ、南面の先端防御としている。曲輪Ⅶの虎口は平虎口ではあるが、曲輪内は二段に構えられ、虎口より侵入した敵に対しては上段から攻撃を加えられるようになっている。

このように玄蕃尾城の縄張りは極めて技巧的でその規模も大きい。賤ヶ岳合戦の城塞群はいずれも技巧的ではあるものの、その規模は小さい。玄蕃尾城の規模は短期間で臨時的に造られたものではないことを示している。

天正十年（一五八二）の清洲会議では各大名に新たな築城を禁じたが、秀吉は山崎天王山に新城の築城を行い、柴田勝家との溝が一気に広がった。勝家は山崎の城を破壊しないならば来春に自ら出陣すると述べており、それが実際に賤ヶ岳合戦となったのである。こうした状況から勝家は秀吉の山崎築城直後に居城である北ノ庄城と養子勝豊の居城となった長浜城との間につなぎの城として築いたのが玄蕃尾城ではないだろうか。そのため他の陣城とは隔絶した規模の城が残されているのだろう。

さらに勝家は出陣すると直ちに玄蕃尾城に入城している。これもすでに出来上がっていた城だったため、躊躇なくここを本陣としたのであろう。

城跡へは柳ケ瀬からは徒歩で一時間以上かかるが、刀根側の駐車場からは二十分程度で登ることができ、そう困難な山城ではない。ぜひその見事な縄張りを見ていただきたい。

このように玄蕃尾城の縄張りは実に巧妙に造られ、織豊系の陣城の到達点を示す遺構として実に貴重な城跡と言えるだろう。

（中井　均）

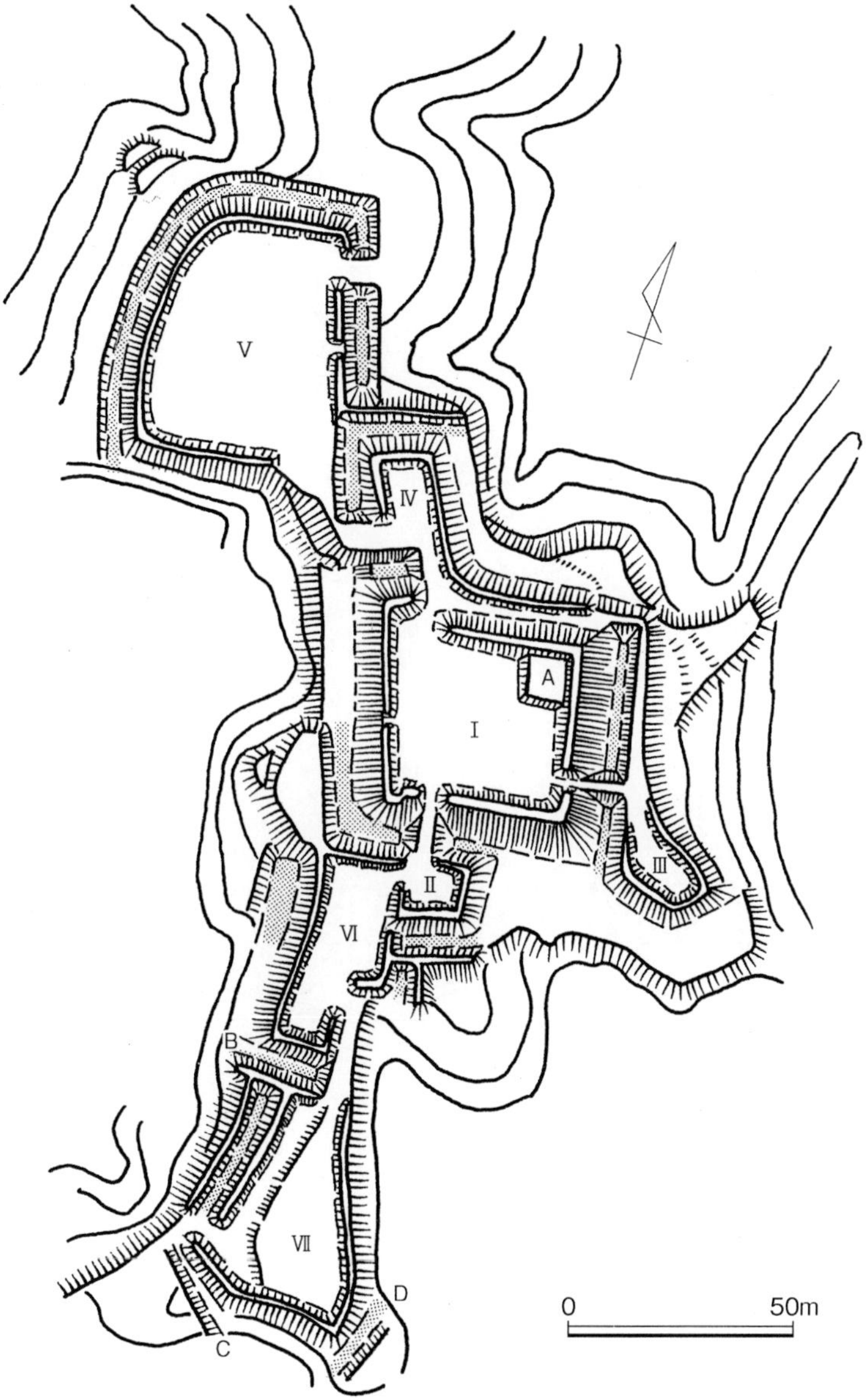

玄蕃尾城跡概要図〈内中尾城〉（作図：中井 均）

2 行市山城《ぎょういちやまじょう》 ★★★

所在地 長浜市余呉町小谷、福井県敦賀市奥麻生
築城時期 天正十一年（一五八三）
標　高 六五九m
主な遺構 曲輪　土塁　堀切　虎口

行市山城（砦）は江越国境にそびえる標高六五九メートルの行市山山頂に築かれた陣城である。比高差は約五〇〇メートルで、周辺に点在する賤ヶ岳合戦陣城群のなかで最も高所を占めており、玄蕃尾《げんばお》城を除く柴田方、羽柴方の陣城を全て眼下に収めることができる。

合戦に際しては、戦場の後方にあたる玄蕃尾城・柳ケ瀬に陣取った柴田勝家のもと、佐久間玄蕃盛政《もりまさ》が陣を敷いており、実質的な前線における本陣となっていたとみられる。

遺構は行市山の山頂から南へ約一〇〇メートルの稜線上に位置する。周囲を高さ約一～一・五メートルの土塁がめぐり、平面は南北約五〇メートル、東西約一五メートルの単郭で、方形を指向しつつ地形に合わせた形態となっている。行市山頂に至る北の尾根続きを幅約四メートル、深さ約一メートルの堀切で遮断している。

土塁内部は北端が一段高く、南へ徐々に下降しており、その南端に虎口《こぐち》が開口している。虎口は南辺土塁の外側に横堀をはさんで、西辺土塁の延長が大きく南へ張り出した外枡形状の虎口となっている。

城の知名度に比べて遺構自体は小さい。遺構の北側を遮断し、南側へ開いた形態となっているが、現状では登山道が遺構の虎口を無視する形で堀切・土塁を二回越えて通過している。北側へ堀切を渡った先にはしばらく幅約五メートルで回廊状に稜線が続いたあと、行市山頂にはやや平坦な緩斜面の地形が広がっている。

当城の土塁内部に入る人数はかなり限られることから、それ以外の兵の駐屯は外側に求めるほかはない。その空間は背後の行市山山頂と考えられよう。一方、近世の地

行市山遠望（南から）

行市山城へのアクセス

JR木ノ本、余呉駅から今市バス停まで約10分。毛受兄弟之墓まで徒歩5分。そこから登山道で120〜150分。林道池原小谷線を車で行き終点の別所砦から登る場合は、徒歩約60分。

誌『近江《おうみ》輿地《よち》志略《しりゃく》』には玄蕃尾城より「行市峯迄一里半、幅三間の作道也」とあり、柴田勝家の本陣玄蕃尾城（内中尾城）から連絡のための軍道が稜線伝いに設けられていたとある。この軍道はさらに柴田勢の各陣城へ連絡していたとされるが、前述のように当城北堀切で遮断されており、幅三間弱の連絡路はいったん切れるかたちとなっている。

当城の北側でどのように連絡・駐屯が行われたか興味

山頂からの南の眺望

深いが、小規模ながら行市山城が前線の陣城群と後方の玄蕃尾城をつなぐ重要な存在であることがうかがえる。

なお、南東約三〇〇メートル、標高五六〇メートルにあたる尾根上に堀切の遺構がある。この尾根は行市山から別所山、中谷山、柏谷山、林谷山など柴田勢の陣城への連絡路にあたり、現在でも行市山への登山道にあたっている。遺構は行市山中腹から東へ派生した尾根先端を残すかたちで、登山道を境に喰い違いの堀切を設けている。行市山城の背後で「軍道」が事実上遮断されることに比べると、掘り切らずに連絡路を通している。

前述したように、当城背後の行市山山頂からは余呉湖、賤ヶ岳をはじめ古戦場・陣城群がほぼ全て見渡すことができる。現況では山林に阻まれるものの当時は城からも同様の眺望が得られたはずで、賤ヶ岳合戦の戦況をうかがうには格好の立地であり、小規模ながら陣城群の配置や連絡等を考える上でも欠かせない遺構である。


（早川　圭）

25　行市山城

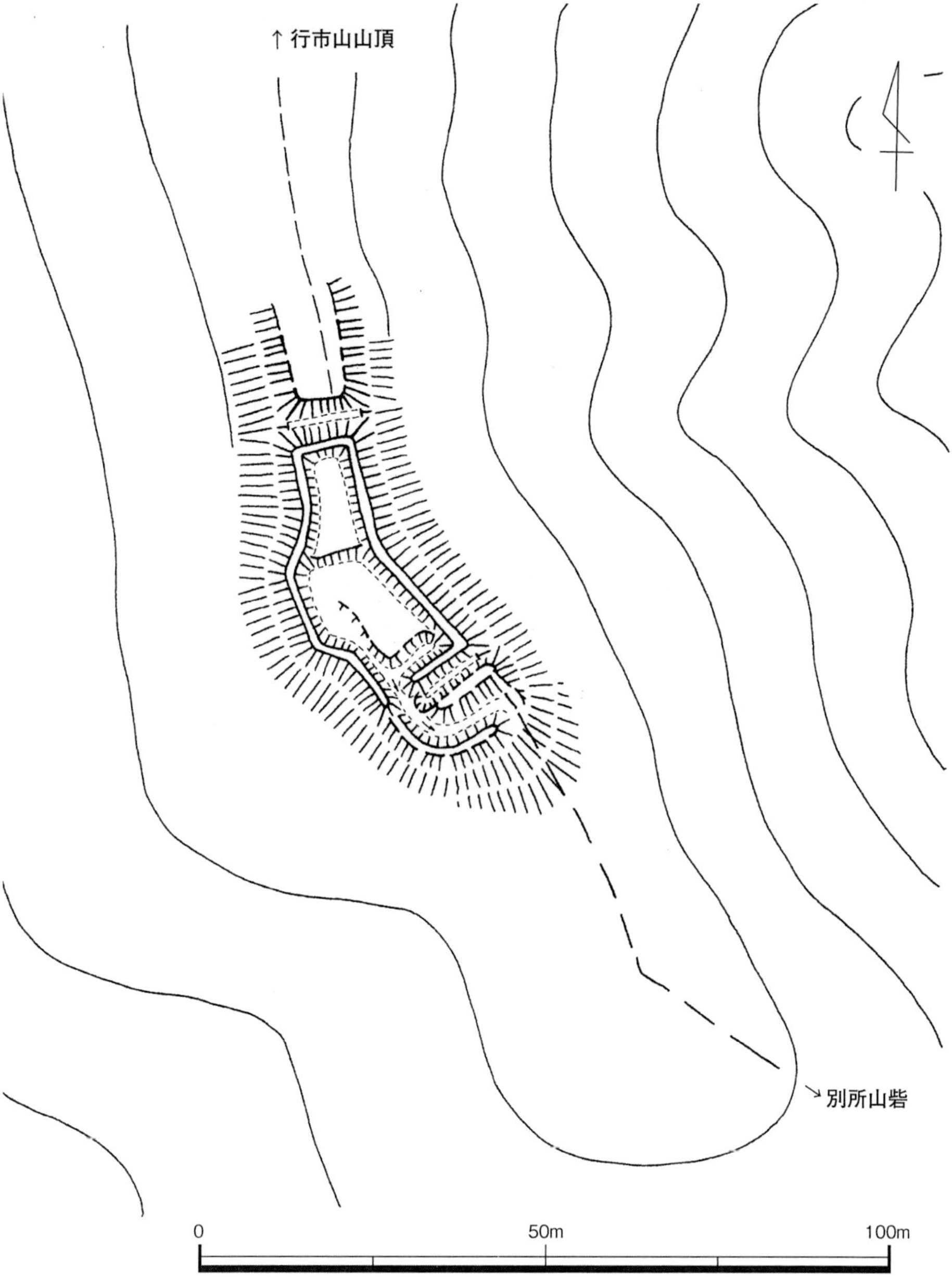

行市山城跡遺構概要図（作図：早川 圭）

3 東野山城《とうのやまじょう》

★★★

- **所在地**　長浜市余呉町東野・中之郷
- **築城時期**　天正十一年（一五八三）
- **標高**　四〇七m
- **主な遺構**　曲輪　土塁　堀切　竪堀　横堀　虎口

東野山城も天正十一年（一五八三）の賤ヶ岳合戦に羽柴秀吉軍によって築かれた陣城の一つである。秀吉側の陣の構成は本営を木之本浄信寺に置き、その背後に羽柴秀長が布陣する田上山《たがみやま》砦が築かれていた。羽柴軍の最前線となるのが、東野山から神明《しんめい》山に至るラインで、東野山城、堂木山《どうぎやま》砦、神明山砦が構えられ、その間の谷筋には二重の堀切が設けられ、北国街道を完全に封鎖し、勝家軍の南下を阻止していた。

その立地は坂口集落の東側背後の左禰山《さねやま》の山頂部に位置している。戦国時代には東野の土豪東野氏の居城であったと伝えられているが、詳細は不明である。賤ヶ岳合戦では城の守備として入れ置かれたのは堀久《ほりきゅう》太郎《たろう》秀《ひで》政《まさ》である。

東野山城の構造は大きく主郭Ⅰと副郭Ⅱで構成されている。主郭ⅠはL字状を呈し、周囲には土塁を巡らせている。さらに土塁の外側には横堀が巡らされている。曲輪内部には仕切りの土塁や段差が設けられ非常に複雑な空間となっている。この主郭Ⅰは小さな曲輪にすぎないのだが三カ所に虎口《こぐち》が構えられている。北側の虎口Aは平虎口であるが、城内側に蔀《しとみ》土塁《どるい》を設けることにより枡形とし、城への直進を阻んでいる。東側に設けられた虎口Bも平虎口であるが、左側面には主郭Ⅰの東辺土塁から長大な横矢が掛かるようになっている。そして南側に設けられた虎口Cは虎口前面に方形の小曲輪を突出させて、L字状の土塁を巡らせている。その形状は角馬出《かくうまだし》と言ってよい。角馬出は柴田勝家の本陣である玄蕃尾《げんばお》城でも用いられているが、秀吉側でも用いられていたことがこの虎口によってわかる。

曲輪Ⅰの土塁

主郭Ⅰの西側に下る尾根筋に構えられたのが副郭Ⅱで、下がる尾根幅で方形に造られている。主郭Ⅰとの間には横堀が掘られているが、この横堀が北端で折れ曲がって副郭Ⅱの北辺から西辺に巡らされている。また、主郭Ⅰの虎口Cから副郭Ⅱの南辺にも横堀が巡らされており、副郭Ⅱはほぼ全域が横堀によって囲繞されている。唯一の開口部が虎口Dである。平虎口であるが敵正面の反対側である南側に設けられている。一方、敵の正面となる

東野山城へのアクセス

JR木ノ本駅下車、バスで柳ヶ瀬線約12分、鏡岡中学校バス停下車。山麓から林道が遠回りながら城まで通じており、中之郷の余呉小学校南側で北陸自動車道を超えて進む。

東辺、北辺、西辺は横堀を巡らせるとともに曲輪には土塁が設けられている。この副郭Ⅱは尾根筋に沿って構えられているため曲輪面が平坦とならず、段を設けることにより平場を確保しているにすぎない。つまり副郭Ⅱは曲輪面の確保よりも、敵を遮断するために横堀を巡らせることを最優先した城造りであったことをうかがうことができる。

竪堀E

副郭Ⅱより西側尾根筋には段築《だんちく》や切岸《きりぎし》が延々と山麓まで構えられている。そして山麓には二重の堀と土塁が北国街道の谷筋を完全に遮断していた。長浜城歴史博物館に所蔵されている羽柴秀吉書状によれば、北国街道に「惣構の堀」が構えられ、草刈り人夫に至るまでその堀より出ることを許さず、鉄砲を放つことも禁止している。この惣構の堀こそが、この東野山砦から西に下る尾根と堂木山砦の尾根に取り付くラインの谷筋に構えられたものと考えられる。

さらに主郭Ⅰの突出した東側塁線からは竪堀Eが東側斜面に向かって構えられており、東側に迂回した敵を遮断することとなる。また主郭Ⅰの虎口Cからは南に空堀や土塁、切岸によって防御線Fが設けられ、さらに東側斜面からの進入に対して防御を強固なものとしている。

城の北方を見ると城より五〇メートルほど離れた尾根上に堀切Gが構えられている。堀切の東側には土塁が谷筋を堰き止めるように設けられており、ここでも東側斜面に対する警戒の強さがうかがえる。

こうした東野山城の縄張りは兵の駐屯地としての曲輪面を確保するというよりも、曲輪内部に仕切りの土塁や段を設けて迷路のようにしている構造となっている。秀吉軍の最前線として勝家軍の南下を阻止する巨大な遮断線として築かれ、東野山城はその遮断線の関所的な役目の砦として構えられたのであろう。

（中井　均）

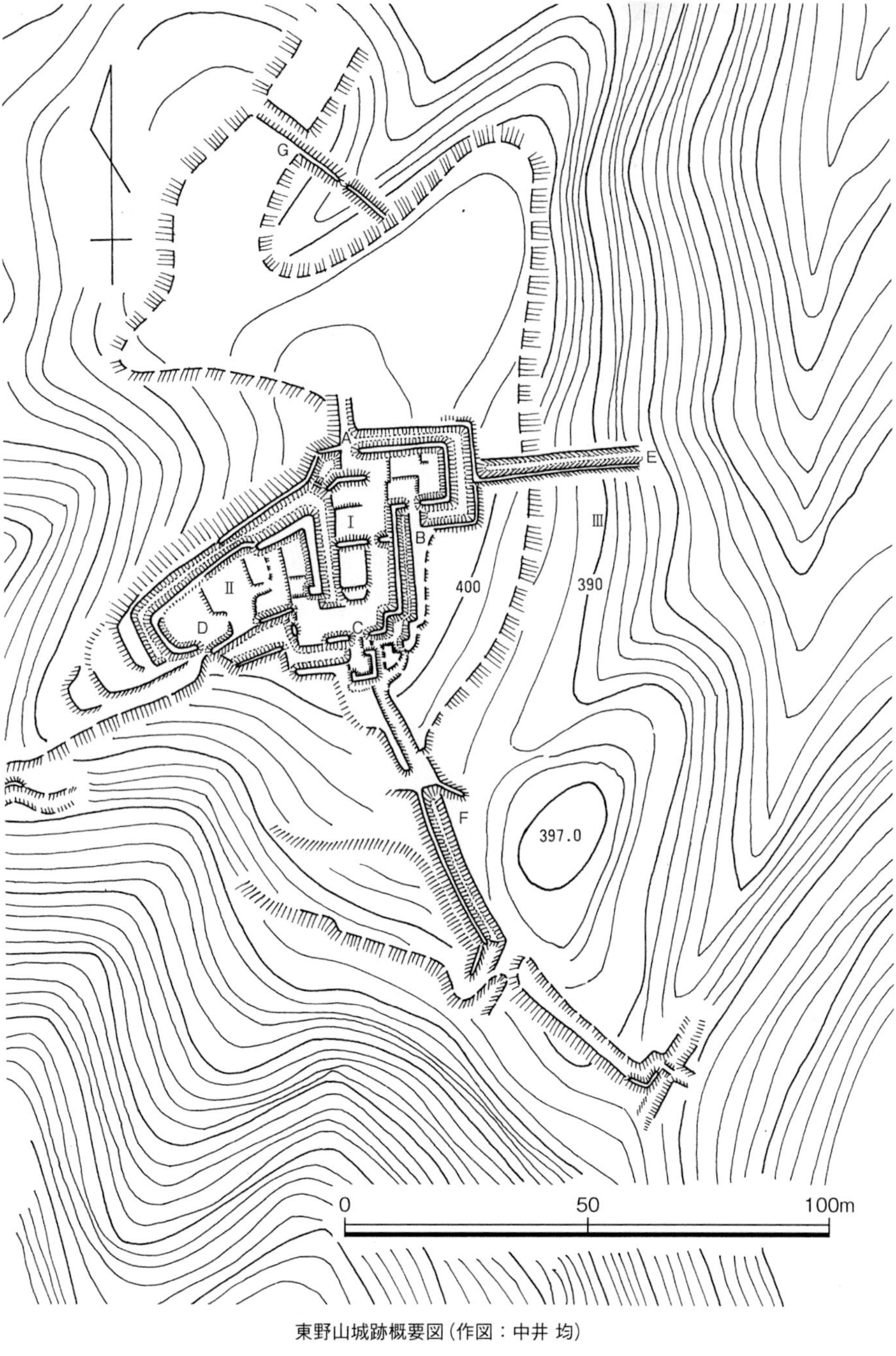

東野山城跡概要図（作図：中井 均）

4　堂木山砦《どうぎやまとりで》★

所在地　長浜市余呉町中之郷・東野
築城時期　天正十一年（一五八三）
標　高　二三九m
主な遺構　曲輪　土塁　堀切　竪堀　虎口

堂木山砦はJR余呉駅の北方、西から余呉谷へ延びる茂山・神明山の丘陵の先端頂部に位置する。山頂の標高は二三九メートル、山麓からの比高は約九〇メートルを測る。天正十一年（一五八三）の賤ヶ岳の合戦に際して築かれた陣城の一つであり、合戦当日は東野山《とうのやま》（左禰《さね》山《やま》）・神明山などとともに羽柴秀吉方の最前線にあたっていた。『賤岳合戦記』などの記述から、当砦を守備していた山路将監が柴田方に内通して脱出、余呉湖の東側に構築中であった岩崎山・大岩山砦の普請が遅れていることを伝えて、柴田勝家方の佐久間盛政《さくまもりまさ》による先制攻撃につながったことがよく知られている。

堂木山は東山麓を余呉谷・北国街道が南北に通過し、西へ尾根続きに連なる神明山とともに余呉谷を東西方向に遮断する位置にある。余呉谷をはさんだ東側の山上には東野山城（左禰山砦）、中腹には菖蒲谷《しょうぶだに》砦があり、谷部分の隘路となる平地には「惣構《そうがまえ》」防塁が設けられていた。

遺構は山麓からの比高差約九〇メートルの山頂付近に大きく分けてⅠ～Ⅲの三つの曲輪を配しており、林間に明瞭に土塁・堀を留めている。

主郭に相当するのがⅠで、高さ約二メートルの土塁を全周させて北側と東側の二カ所に虎口《こぐち》を有する。東側の平虎口《ひらこぐち》は前面で折れて細い通路でⅢへ連絡する。一方、北側は西側の土塁が外に突き出してその内部が一段低くなる外枡形状の虎口となり、Ⅱへ続いている。

Ⅰの北側に位置するのがⅡで、北側尾根続きを大堀切や土塁で遮断している。東側へ平虎口が開口しておりその外には横堀や平坦面が確認できる。Ⅰとの間には堀切を設けるがⅠの虎口通路は掘り残して間を低い土塁で閉塞するなどしており、ⅡはⅠとの連続性が高く、Ⅰの馬出的な機能を持っていたと考えられる。

南側にはⅢがあるが、Ⅰとの間には低い堀切、西尾根続きを土塁と堀切で遮断している。周囲に低い土塁や犬走りをめぐらせるもののⅠ・Ⅱと比べると低く不十分である。虎口は北西に設けられていたと思われるが後世の改変のためかやや不明瞭となっている。Ⅲから西方へ伸びる回廊状の稜線の先端には、その先の鞍部を通る鳥打坂を監視するように、低い土塁を持つ小曲輪が配されている。

三つの曲輪とも土塁で囲まれているが、その内側は段差や傾斜があり削平は十分とは言えない。また外部への虎口はほぼ南東側へ開口する一方、北西側は土塁の外側に犬走りがめぐり屈曲させて横矢掛かりとなっている。防御正面は明らかに北西側であり、これは西隣の神明山《しんめいやま》砦も同様である。

堂木山砦跡遠望（南から）

堂木山砦へのアクセス

JR余呉駅下車、火葬場まで徒歩20分。そこから鳥打坂まで約10分、さらに堂木山砦まで10分。

これらⅠ～Ⅲの曲輪の配置は南北に広い堂木山上の空間の南半分に偏っている。最も北に位置する曲輪Ⅱの堀切の外の稜線上には緩い斜面が広がっており、Ⅱとの比高差はほとんどない。Ⅱ北の堀切から稜線を約八〇メートル進んだ地点には低い土塁が確認できることから、この間はⅠ～Ⅲの中心部に対する二重構造の外側にあたり兵の小屋掛けがされた駐屯部と考えられる。

Ⅰ・Ⅱ郭の土塁

前述のように『賤岳合戦記』などによれば、合戦当初に堂木山砦には羽柴勢に下った柴田伊賀守勝豊の家臣・木下一元、西隣の神明山砦には同じく大鐘藤八郎・山路将監が配されたが、これら「柴伊衆」が柴田勝家側に内応するという風聞が流れたため、監視役として木下昌利を付けた上で大鐘・山路を堂木山砦に配置換えしている。そして神明山砦には秀吉家臣である堀尾吉晴・木村隼人正を入れている。このように一つの陣城に複数の武将を配していることがⅠ～Ⅲの構造に影響しているかもしれない。

堂木山砦は山頂部の遺構が注目されやすいが、余呉谷の東側の東野山・菖蒲谷に連なる平地部には、谷を塞ぐ形で約五〇〇メートルにわたって二重の「惣構」が設けられていた。南下に賭ける柴田勢が大軍を投入できる地形にあって羽柴勢による防御の最大の要点であり、土塁・堀によって厳重な遮断が施されていた。一見主役にみえる周囲の陣城群はこれを補強・支援する形で構築されたものである。

また、堂木山の北尾根・南東尾根・北西尾根山麓の各先端や、神明山へ連なる尾根筋にも階段状の削平地や緩斜面が確認されている。駐屯空間や平野部の遺構との関連などについては今後も追究の余地がある。

当砦は丘陵上の木立の中に遺構をよく留めており、比高も低く草木の繁茂も少ないので陣城の特徴を観察するのに適している。

（早川　圭）

33　堂木山砦

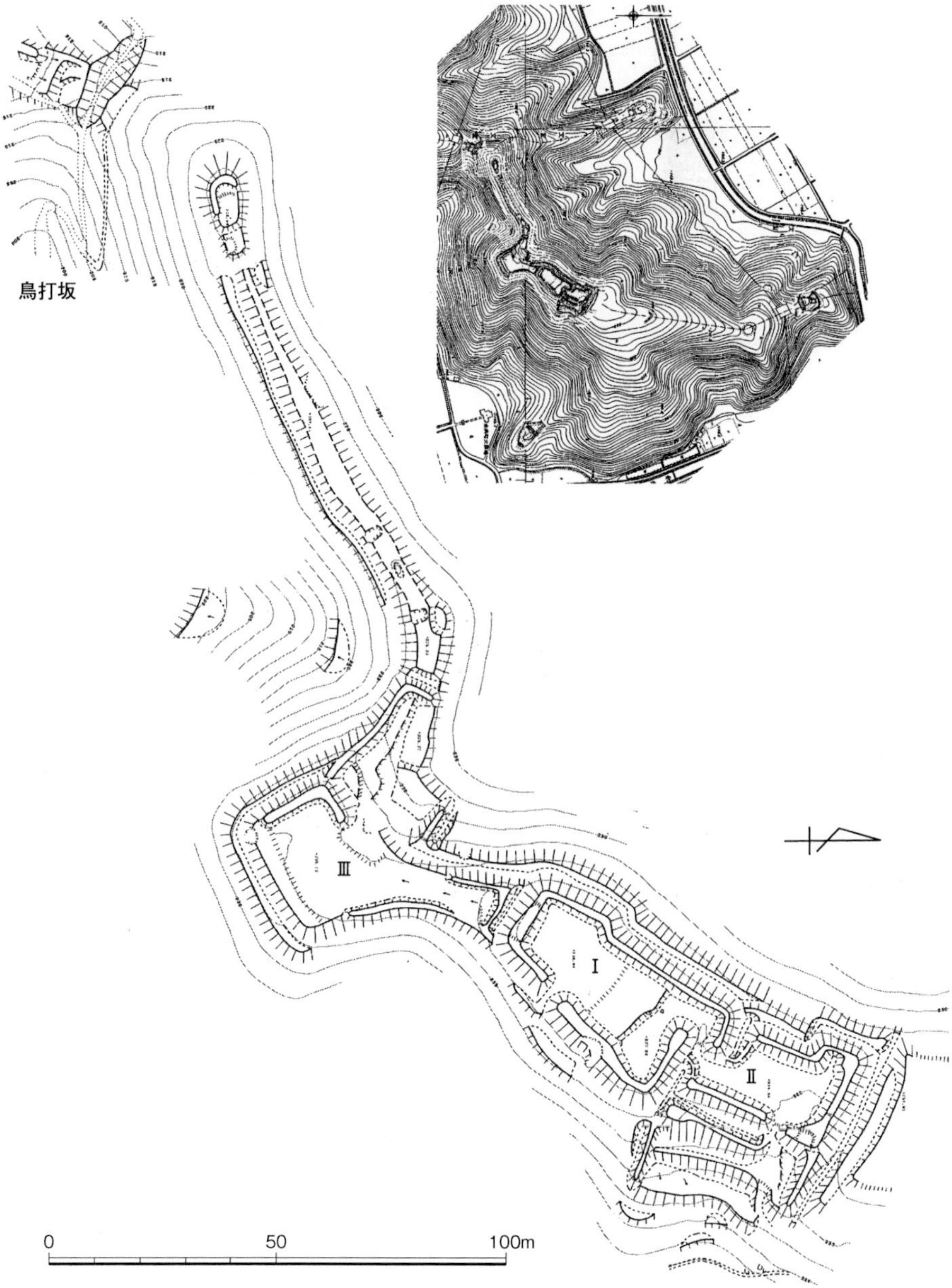

堂木山砦跡遺構測量図（余呉町教育委員会作成図に加筆）

5 田上山砦《たがみやまとりで》 ★★

所在地 長浜市木之本町木之本・黒田
築城時期 天正十一年(一五八三)
標高 三三〇m
主な遺構 曲輪　土塁　弗土塁　堀切　横堀　虎口

賤ヶ岳合戦は当初羽柴秀吉、柴田勝家軍が対峙する戦いであったため両軍によって数多くの陣城が築かれた。柴田勝家の本陣となったのが玄蕃尾《げんばお》城であったが、秀吉は本陣を木之本浄信寺においた。これは秀吉は賤ヶ岳に留まることなく畿内掌握にあたるつもりであったことを示している。実際に長浜城歴史博物館所蔵の秀吉書状によると、賤ヶ岳の戦いの指揮を弟秀長に一任していたことが判明している。その秀長の本陣として築かれたのが田上山砦である。

東野山《とうのやま》城から堂木山《どうぎやま》砦、神明山砦にかけてのラインが秀吉軍の最前線であるが、田上山砦は最奥部に位置している。その立地は秀吉本陣となった浄信寺の背後の山頂に位置している。

砦の構造は大きく四つの曲輪から構成されている。山頂部に主郭Ⅰを構え、そこから三方に派生する尾根上にそれぞれ曲輪を配置している。主郭Ⅰの周囲には土塁が巡らされ、特に南側の土塁はぶ厚く、多聞櫓《たもんやぐら》が構えられていた可能性もある。

その南側に一段低く構えられているのが曲輪Ⅱである。ほぼ方形プランの曲輪で周囲は土塁によって囲繞されており、西辺土塁の中央部で屈曲し横矢を効かせている。そして曲輪南辺の外側には堀切を掘り、尾根筋を遮断している。この堀切は東辺に回り込み、主郭Ⅰの東辺にもおよんでいるが、極めて小規模で形骸化した横堀である。なお、曲輪Ⅱの南に削平地は認められないが、約一二〇メートルほど下ったところに尾根を切断する堀切が一本設けられている。

主郭Ⅰの西側に伸びる尾根上には曲輪Ⅲ、Ⅳが構えら

曲輪Ⅴより茀土塁Ａを見る

田上山砦へのアクセス
JR木ノ本駅下車。東に徒歩約15分。意冨布良神社脇から登山道を徒歩約30分。

れている。いずれも削平は甘く、自然地形に沿って土塁のみを構えているような形状を呈している。つまり平坦地を確保するのではなく、まず土塁によって囲繞することを優先した城造りであったことがわかる。北辺土塁は主郭Ⅰ、曲輪Ⅲ、曲輪Ⅳに一直線上に設けられている。曲輪Ⅲの南側には土塁は認められない。

　曲輪Ⅳは西側尾根の最前線となる曲輪で、西辺土塁の外側には堀切を設けて尾根筋を遮断している。この堀切には土橋が架けられ虎口を設けている。平虎口ではあるが、虎口に接する北側の土塁は凸状に屈曲して、両側に横矢を効かせるトーチカ的機能を持たせている。また、曲輪Ⅳの南辺土塁は極めて低く、明らかに北辺土塁とは差がある。曲輪Ⅲの南辺には土塁もないことと併せて考えると、敵正面となる北側防御に主眼を置いていたことがわかる。さらにこの曲輪Ⅳの尾根筋を約二〇メートルほど下がったところに堀切Bが構えられ、尾根筋を遮断している。

主郭Ⅰの北側は堀切Cを設け、その前面に曲輪Ⅴを構える。曲輪Ⅴもほぼ方形プランとなる構造で、前面の北・東・西辺に土塁を構えて曲輪を囲繞している。さらに曲輪北辺に堀切を掘り、尾根筋を遮断している。注目されるのはこの曲輪Ⅴの虎口前面に小規模な方形の曲輪Aが取り付けられている点である。これは茀《かざし》土塁で機能的には角馬出そのものである。

加えて田上山砦で注目されるのはこの茀土塁Aが城域の北側の最前線ではなく、約一五〇メートルほど北側に土塁による遮断線が構えられていることである。この遮断線Dは単なる土塁ではなく、L字状の土塁を連続して構え、外枡形と横矢を効かす技巧的な構造で築かれている。これは北方尾根がゆるやかで、しかも幅が広いため、前面の鞍部で遮断線を構えた結果と言えよう。また、この遮断線Dと茀土塁Aの間の尾根筋は足軽雑兵たちの駐屯地となる小屋掛けの場として利用されていたものと考えられる。

田上山砦は実質的な秀吉方の本陣として築かれたが、その構造は本陣らしく極めて技巧的な構造を示している。

（中井　均）

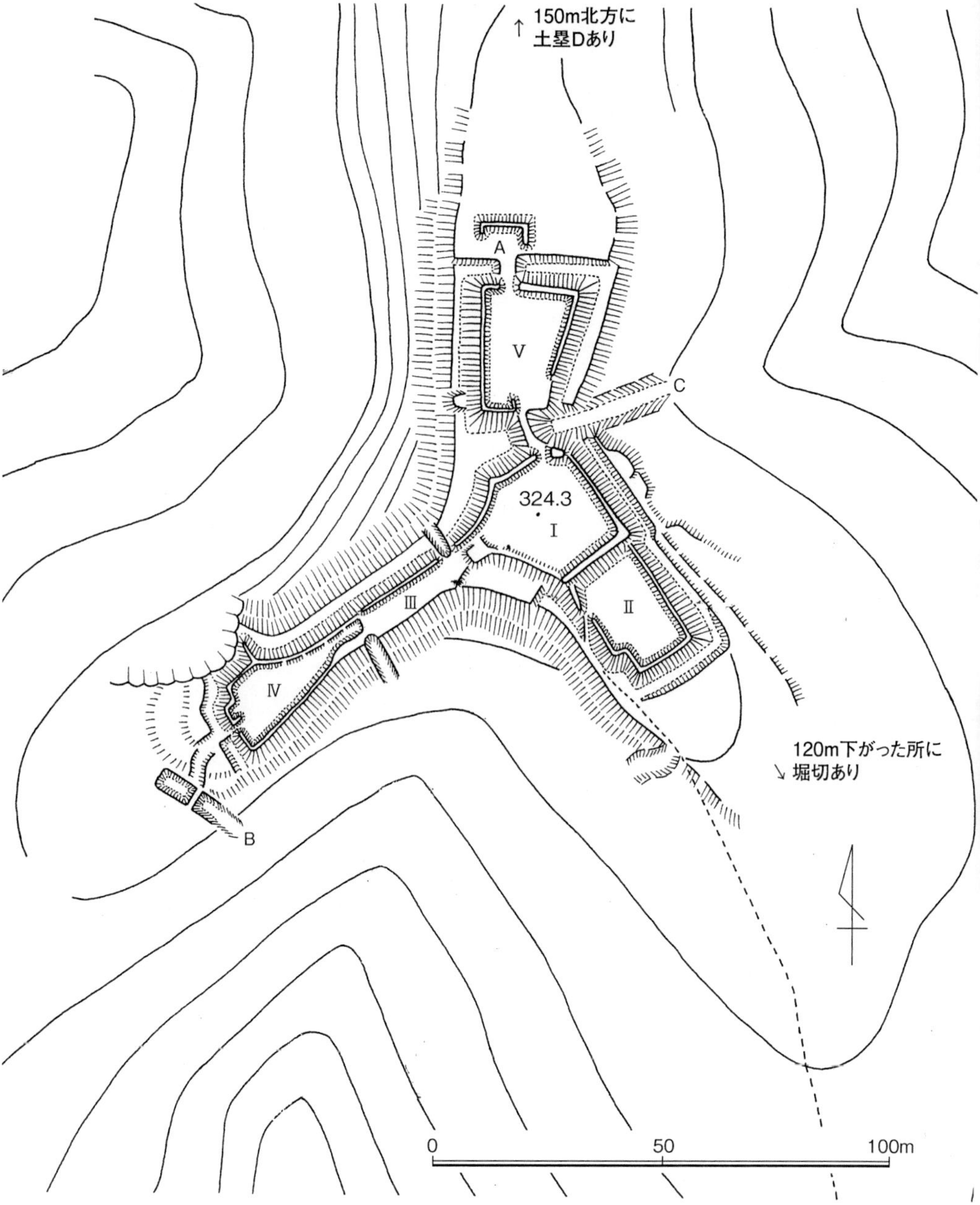

田上山砦跡概要図（作図：中井 均）

6 賤ヶ岳砦《しずがたけとりで》 ★

所在地　長浜市木之本町大音・余呉町川並
築城時期　天正十一年（一五八三）
標高　四二一m
主な遺構　曲輪　土塁　堀切　竪堀　虎口

天正十一年（一五八三）、余呉周辺で繰り広げられた賤ヶ岳合戦は数多くの陣城が築かれた築城戦であった。羽柴軍の陣城が土塁、横堀、枡形《ますがた》虎口《こぐち》などを設けて巧妙な縄張りで構えられているのに対して、柴田軍は勝家の本陣である玄蕃《げんば》尾《お》城《じょう》以外は極めて小規模で単純な構造の縄張りで構えられている。これは羽柴軍が柴田軍の南下を阻止するために厳重な城郭を構えたのに対して、柴田軍は防御ではなく進出するための兵の駐屯地としたという両軍の軍略の違いによるものと考えられる。

さらに羽柴軍は前線に東野山《とうのやま》城、堂木山《どうぎやま》砦、神明山《しんめいやま》砦という複雑で規模の大きい陣城を配するとともに、南下した柴田軍の背後からの攻撃を防ぐために、第二防御線として余呉湖の南岸から東岸に伸びる尾根上に築いたのが賤ヶ岳砦、大岩山《おおいわやま》砦、岩崎山《いわさきやま》砦である。賤ヶ岳砦には桑山重晴、羽田長門守が、大岩山砦には中川清秀が、岩崎山砦には高山飛騨守らが入れ置かれ守備にあたっていた。

天正十一年四月二十日の早朝、秀吉が大垣に向かっている最中に柴田軍の佐久間盛政軍が急襲し、大岩山砦が落城し中川清秀は討死する。それを聞いた岩崎山では城を放棄し、高山飛騨守も城を出て撤収する。賤ヶ岳砦に関しては桑山重晴が翌日城を明け渡すことで合意したが、翌日に秀吉は大垣より戻り、盛政軍と大岩山西山麓でぶつかり合う。そこで活躍したのが七本槍である。したがって賤ヶ岳合戦と呼ばれるものの実際に賤ヶ岳では合戦は行われていない。古くは柳ケ瀬役、余呉庄合戦などと呼ばれていた。

現在、賤ヶ岳の山頂部は観光地として整備されている

Ⅱ郭南辺の土塁

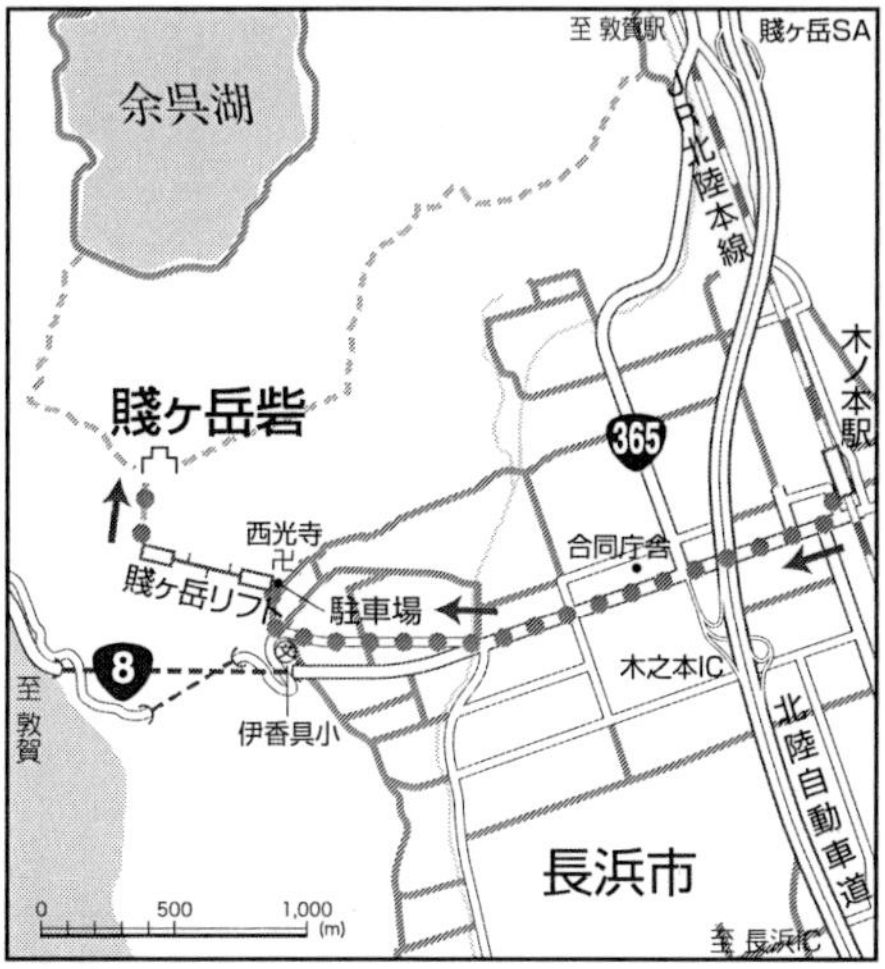

賤ヶ岳砦へのアクセス

JR木ノ本駅下車。道路標識に従い、西方へ向かって徒歩30分。登り口からリフトにより山上まで約10分。リフト下車後、徒歩約10分で山頂。車の場合北陸自動車道木之本インターチェンジから西方へ約5分。リフト乗り場脇に駐車場あり。ただし、2019年3月現在リフトは運休中。

が、よく観察すると城郭遺構の残されていることがわかる。賤ヶ岳のリフト山頂乗降場より北に伸びる尾根を登ると山頂部近くで山の斜面が急に立ち上がる。これが賤ヶ岳砦の切岸《きりぎし》である。砦は大きく三つの曲輪から構成されている。主郭Ⅰは最も改変されており、合戦碑や記念碑などが建てられている。その西側に一段低く構えられたⅡ郭は周囲に土塁を巡らせている。主郭Ⅰの東側には二段からなるⅢ郭が構えられているが、主郭Ⅰとの間には堀切が設けられていたようで、南北両側の切岸部には竪堀として残されている。

砦への出入り口は大岩山と尾根続きであるⅢ郭だったようで、虎口Aが残されている。この虎口Aは両側に土塁を突出させた嘴状《くちばしじょう》虎口となっており、竪堀とも巧みに組み合わされており、防御を強固にしている。さらに尾根続きには堀切Bを設けて尾根を遮断している。同様にⅠ郭から南に伸びる尾根筋にも切岸直下に堀切Cを、Ⅰ郭から北西に伸びる尾根筋にも堀切Dが構えられ、それぞれ尾根を切断している。特に柴田軍とは尾根続きとなる堀切Dは規模が大きい。

なお、堀切Dと曲輪Ⅰの間に幅約一〇メートルの削平地があり、腰曲輪として堀切Dおよび尾根筋を監視していた。同様に曲輪Ⅰ、Ⅱ、Ⅲの南側斜面にも削平地が認められ、帯曲輪として山頂部の曲輪群と連携して二段構えの防御線を構えていた。

ところでこの賤ヶ岳砦は近世に合戦図屏風に描かれているが、それらは石垣上に瓦の葺かれた漆喰壁の櫓や塀という近世城郭風になっている。近世の人達には砦の存在は知られていたことは重要であるが、その姿は戦国時代の陣城とは程遠いものであった。そうしたなかで岐阜市歴史博物館が所蔵している賤ヶ岳合戦図屏風では土塁上に土壁の砦が描かれている。土壁に開けられている狭間は上下二段に構えられており、上段の狭間からは矢が突き出ており、下段の狭間からは鉄砲の銃身が突き出して描かれている。立射する弓矢と座射する鉄砲が正確に描かれているのである。この岐阜市歴史博物館所蔵の賤ヶ岳合戦図屏風に描かれた賤ヶ岳砦は合戦直後に描かれた屏風の写本と考えられ、その姿は戦国時代の陣城構造を伝える実に貴重なものである。

（中井　均）

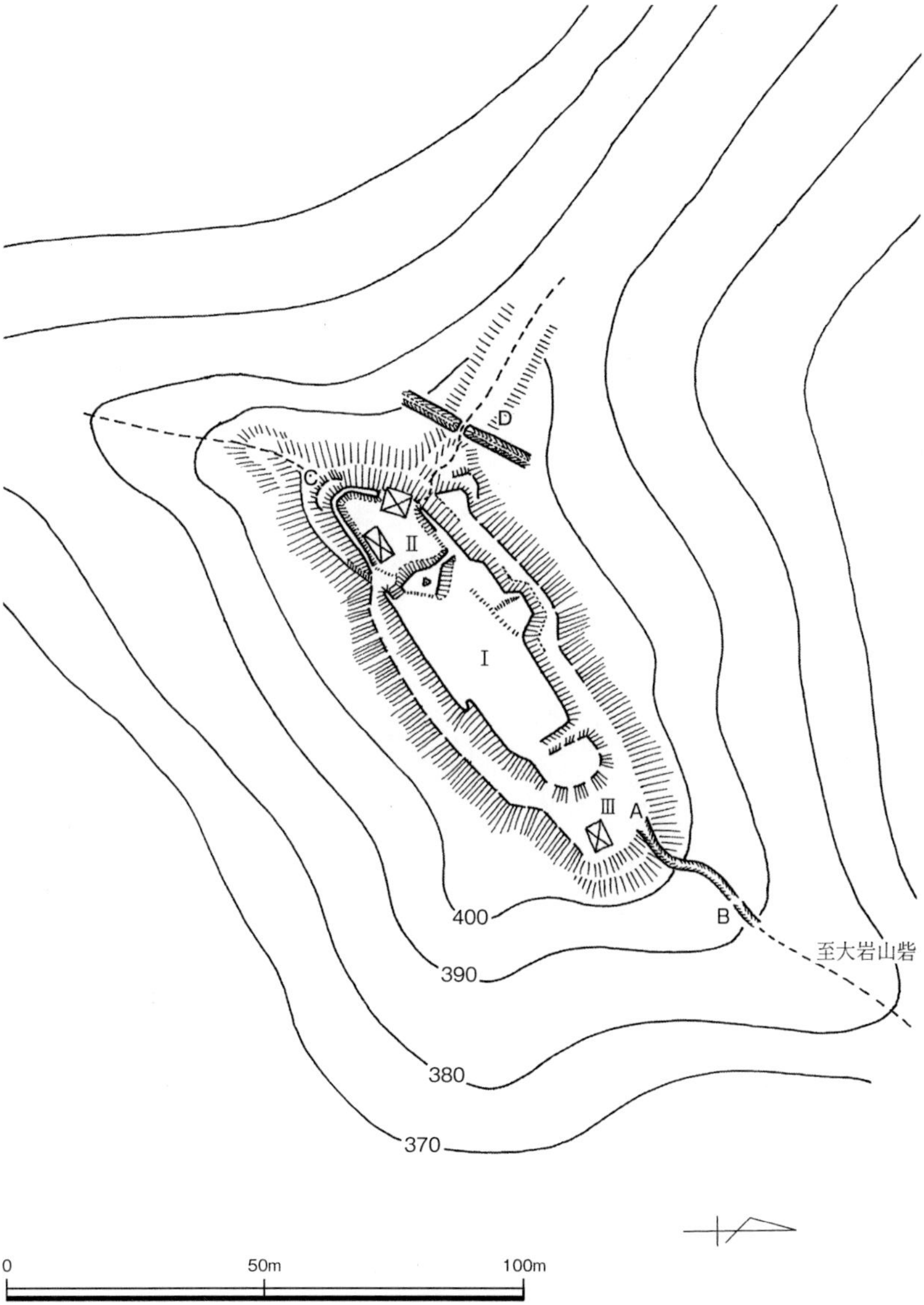

賤ヶ岳砦跡概要図（作図：中井 均）

7 磯野山城《いそのやまじょう》

★★★

所在地　長浜市高月町磯野
築城時期　戦国時代
標　高　二七一m
主な遺構　曲輪　土塁　堀切　竪堀

磯野山城は湖北の有力国人磯野氏の居城である。磯野氏は磯野を本貫とする京極氏の根本被官で、磯野集落内に屋敷を構え、その背後にそびえる磯野山に詰城を構えていた。

永正十四年（一五一七）に浅井亮政《すけまさ》が京極高清を小谷城内に幽閉した際には浅見対馬守が山本山城に立て籠もり、磯野員詮《かずあき》は磯野山城に立て籠もって浅井氏に対抗したものの破れている。実際には上坂治部大輔の磯野右衛門大夫に宛てた軍忠状より天文元年（一五三二）のこととも言われている。磯野氏はその後浅井氏の家臣となり、元亀元年（一五七〇）の織田信長との戦いでは磯野員昌《かずまさ》が佐和山城に立て籠もっている。

磯野山城の構造は、磯野山の山頂部に築かれた部分（磯野山城跡概要図A）とその南東尾根上に築かれた部分（磯野山城跡概要図B）と二つの城郭から構成されている。

標高二七一メートルの山頂に築かれた城は主郭Ⅰとその北、東面に二段の腰曲輪、南に三段の腰曲輪から構成されている。しかし、こうした曲輪に土塁はまったく認められない。

なお、主郭Ⅰの東側一段下の腰曲輪には北辺に凹部が認められ、虎口《こぐち》の痕跡ではないか

磯野山城副郭より主郭を望む

と見られる。

この城で注目されるのは堀切の多さである。まず西側尾根筋に対しては主郭Ⅰ直下に二重堀切Ａを設けている。さらにその西方の尾根上を土橋状に加工し、その前面に堀切Ｂを構えて尾根筋を完全に遮断している。堀切Ｂは北側斜面に片側だけを竪堀としている。

主郭直下の堀切

一方、南の尾根筋に対しては主郭Ⅰ直下に堀切Ｃを設けているが、この堀切は南側斜面片側のみを竪堀としている。この堀切Ｃの前面には小削平地が二カ所配置され、その前方は自然地形が降っている。

東側尾根筋には堀切Ｄを主郭群直下に構えている。堀切の北側では堀切より少しずれて巨大な竪堀が北斜面に穿たれている。その東側の位置する曲輪Ⅱは削平が甘く、途中からは自然地形となる。その自然地形の先端にも堀切Ｅが構えられており、東側尾根に対する入念な防御が認められる。このように山頂部に築かれた城郭の曲輪群は極めて小規模であるが、堀切は尾根筋全面に設けられている。

この山頂部の城郭の南東尾根を少し下っていくと、尾根筋を切断する堀切Ｆが現れる。その南側の尾根頂部に

磯野山城へのアクセス
JR高月駅下車。西へ徒歩50分で登り口（公民館横）。徒歩約30分で山頂。登山道が整備されていないため、登城は困難。

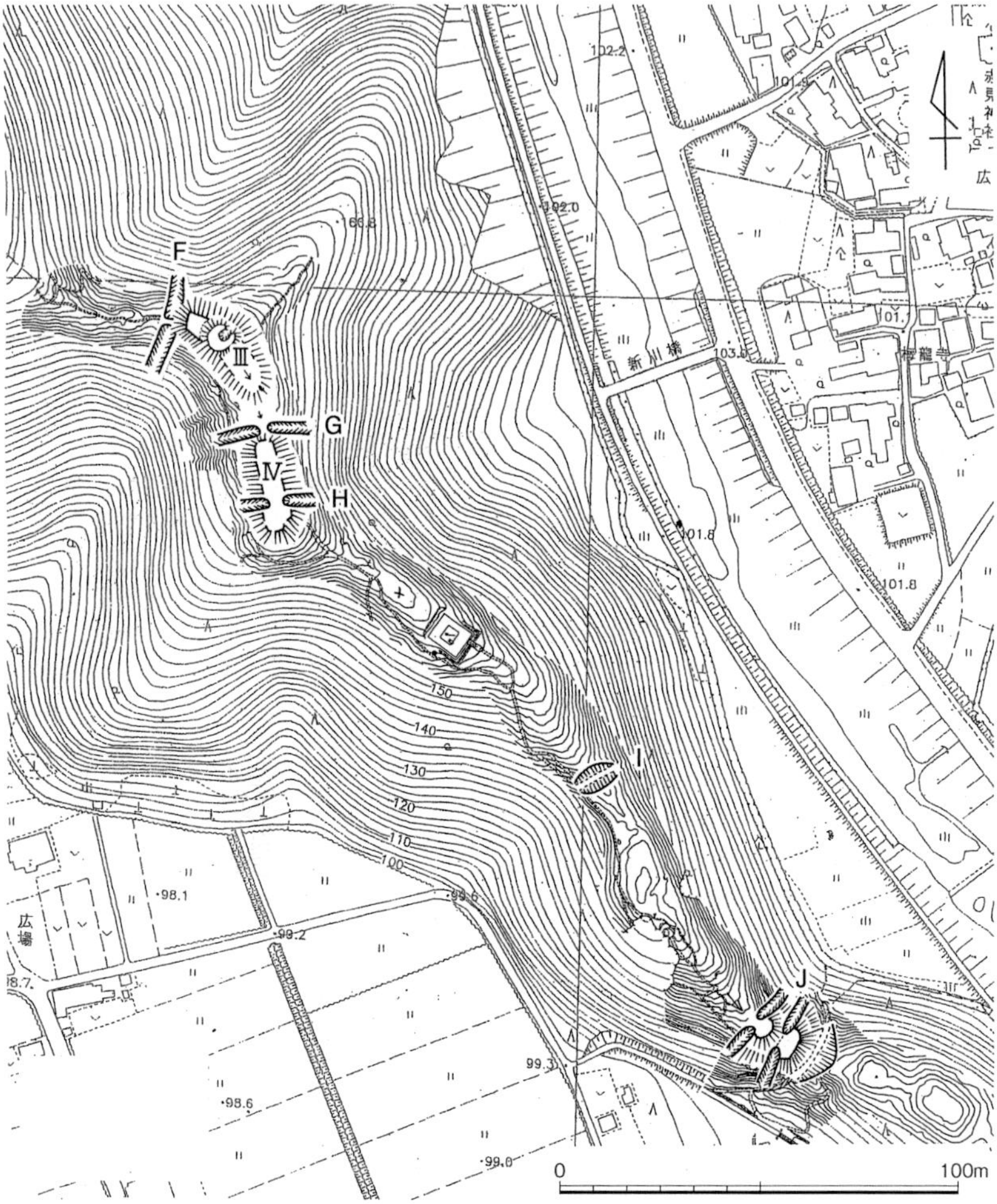

磯野山城跡概要図Ｂ（作図：中井 均）

構えられているのが曲輪Ⅲである。堀切Ｆ直上は明らかに削平を施しているのであるが、曲輪中心部は未削平の自然地形である。この曲輪Ⅲの中心部は古墳の墳丘を利用したもののようである。その南方には堀切Ｇ、堀切Ｈが構えられている。この二本の堀切の間には曲輪Ⅳが配されているが、この曲輪もⅢと同様に削平が甘い。堀切Ｈによってこの中腹の城郭も城域を設定しているが、さらに尾根を下ると堀切Ｉが、さらに尾根の先端部近くに二重堀切Ｊが構えられ、尾根筋を遮断している。

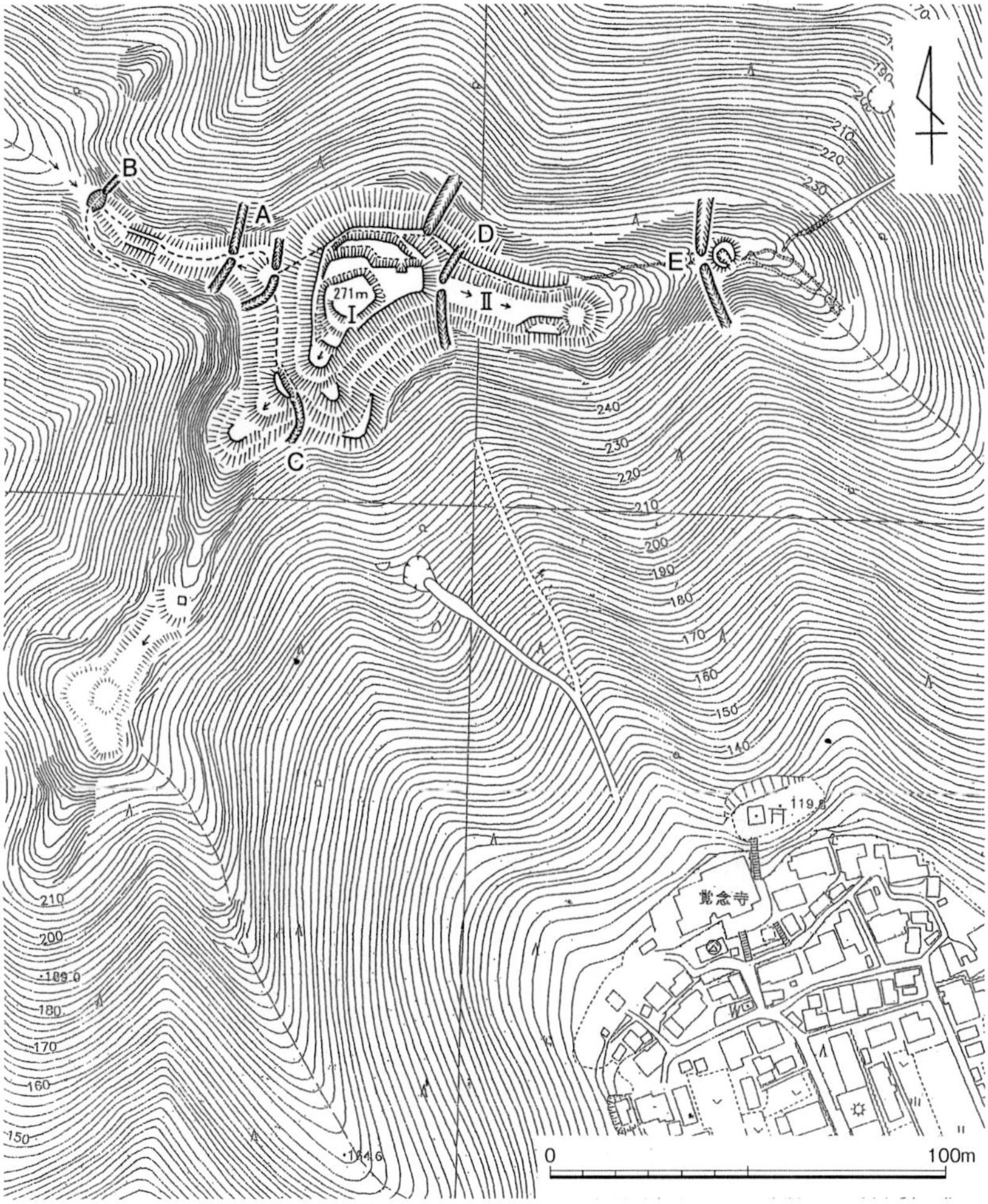

磯野山城跡概要図Ａ（作図：中井 均）

なお、堀切Jの前面には切通道があるが、巨大な堀切を再利用した可能性がある。

　このように磯野山城は曲輪面は極めて小規模または未削平で、土塁も設けられない古いタイプの山城として位置付けできそうである。しかし、こうした未熟な曲輪造成とは相反するように堀切、竪堀が多用される特徴を持つ。磯野山城の構造は戦国時代後半になっても改修されることなく、プリミティブな姿をそのまま残す山城として重要である。　（中井　均）

8 丁野山城《ようのやまじょう》・中島城《なかじまじょう》★

所在地　丁野山城：長浜市小谷丁野町
　　　　中島城：長浜市小谷丁野町・湖北町山脇
築城時期　戦国期
標高　丁野山城：一六八m、中島城：一三三m
主な遺構　曲輪　土塁　空堀　堀切　竪堀　横堀　虎口　土橋（丁野山）

丁野山城

丁野山城は、岡山と呼ばれる比高約六〇メートルの山上に築かれている。岡山の北側から西側裾にかけての斜面は切り立ち、独特の山容を見せている。これは、昭和後期に改変を受けた結果である。もとは北東の県道二七八号を越えた位置にある丘陵（墓地）とつながっていた。現在はすっかり削平されてしまっているが、県道二七八号北側の住宅地・工場付近にも丘陵は延びていた。南側の北陸自動車道を越えた側にも丘陵は同じく続いていた。

『東浅井郡志』所載の「丁野山古砦図」では北東に延びた丘陵を「山王台」、北に延びた丘陵を「八幡ノ岡」、南に延びた丘陵を「山脇山」とし、それぞれに曲輪を表記している。山脇山は「寄子明智日向守光秀」と織田方の明智光秀による付城であったと述べている。失われた丘陵部の実態は今となっては明らかにしえない。それでも当城並びに中島城の縄張りを考える上では、絵図情報として知られる旧地形やそこに存在したであろう曲輪群の存在を念頭におく必要がある。

当城は『近江輿地志略《おうみよちしりゃく》』によれば浅井氏の城であり、元亀三年（一五七二）時には越前朝倉氏の家臣である堀甚助、久保田堪十郎、平泉寺《へいせんじ》（福井県勝山市）の衆徒・玉泉坊が援軍として籠城していたと記している。

当城の主郭は約二〇メートル四方の規模で、周囲は三メートル前後の切岸《きりぎし》によって囲い込まれている。東側中央部には、虎口《こぐち》と考えられる窪みが見られる。

裾部のⅡ郭は、横堀状となった部分が多い。横堀状となるのは外縁部に土塁を伴い、曲輪の幅が狭いためである。土塁のうち、南側のAと北側のBは櫓台状となり、いずれも外側に張り出している。土塁も幅が広めで、ところどころに折れを伴っている。Aの東側には虎口C、Bの西側には虎口Dがある。外側に張り出すA・Bからは、虎口C・Dそれぞれに横矢掛りが効く。

Ⅱ郭の東側には、虎口Eがある。虎口Eは枡形状を呈し、東側尾根続きの中島城への連絡用と考えられる。

Bの北側には堀切Fがある。現状では堀切Fをはさんだ位置に、虎口や土橋の形跡は見られない。かつて北側に曲輪が広がっていたとすれば、連絡路が必要になるはずだがはっきりしない。

虎口Gは、南側の尾根続きに開いた虎口である。二本の竪堀（一部横堀）を喰い違わせ、その間に虎口Gを設けている。虎口Gの外側に延びる土橋は、尾根の東端に寄せた形で設けられている。つまり尾根の端部を敵に歩かせ、虎口Gから先へは大きく回り込ませながら虎口D

丁野山城全景

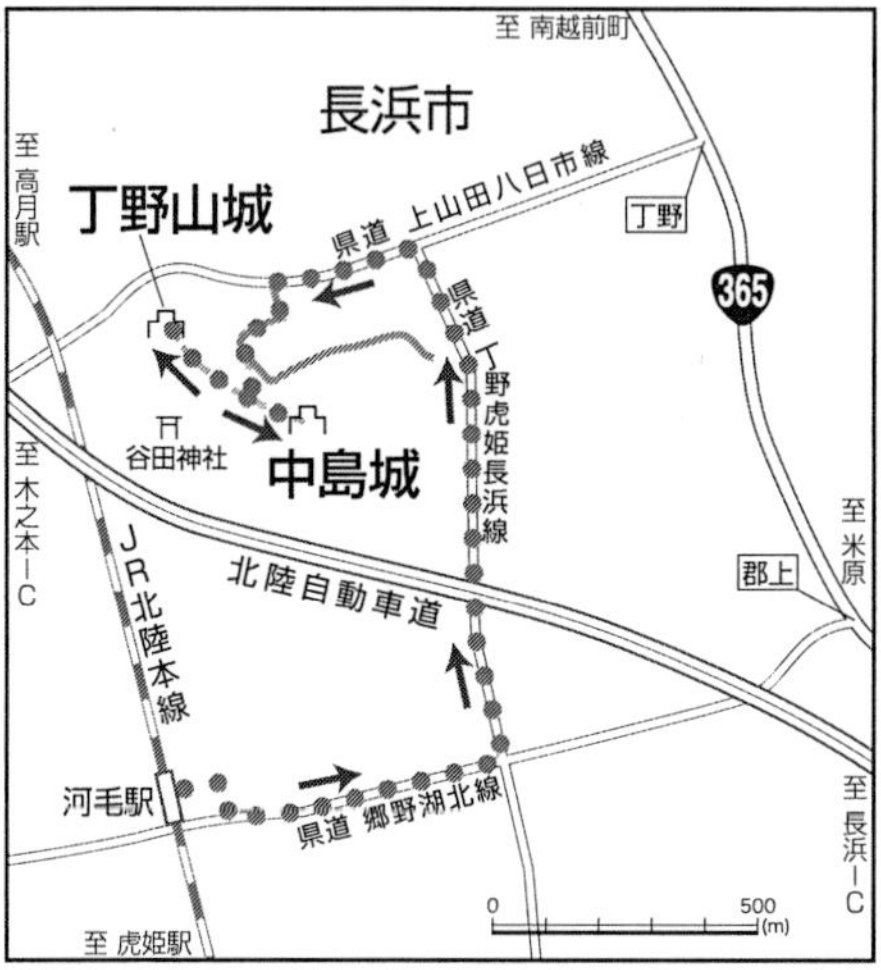

丁野山城・中島城へのアクセス

丁野山：JR河毛駅から北東へ徒歩約20分で登り口。徒歩約15分で主郭へ到着。

中島：JR河毛駅から北東へ徒歩約15分で登り口。徒歩約5分で主郭へ到着。

へ誘導する造りになっている。

当城は主郭部を横堀状の曲輪、その外側を土塁によって囲い込んでいる。土塁の先端はいずれも櫓台状になり、虎口を脇に設ける点でも、共通性・計画性が認められる。

丁野山城横堀

さらに南側の虎口は竪堀を巧妙に喰い違わせており、防御面での発達が指摘できる。伝承されるように浅井氏、あるいは援軍として赴いた朝倉氏によって改修された縄張りを伝えているとみられる。

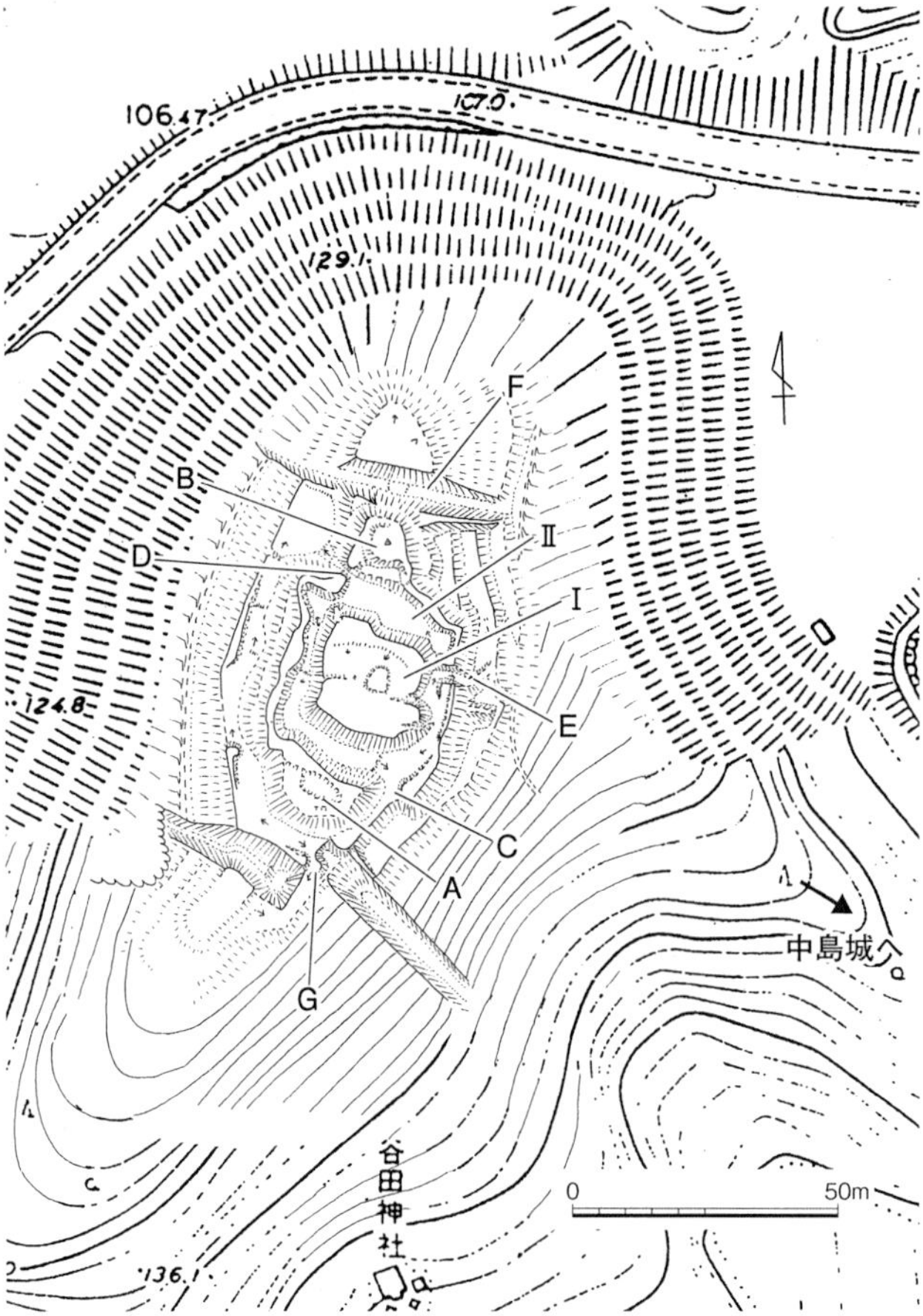

丁野山城跡概要図（作図：髙田 徹）

中島城

『東浅井郡志』によれば、中島宗左衛門が城主もしくは守将であったと記す。丁野山城の東側尾根続きにある。

主郭Ⅰは、上幅約四メートル前後を測る、分厚い土塁によって囲い込まれている。

Ⅱ郭は、主郭Ⅰの前面を守るように設けられた曲輪であり、西側に分厚い土塁を設けている。北側にある虎口Aでは、Ⅱ郭西側の土塁が張り出しており、横矢掛りが効くようになっている。

主郭Ⅰの北・東側裾は横堀状となり、外側には土塁が巡らされている。土塁は北東のBで喰い違って虎口となる。虎口Bから北東に向かって尾根を下ると、堀切Cがある。堀切Cの東側に延びた尾根上には古墳が点在する。一部に切岸を思わせる遺構が重なって存在している。

当城の土塁の分厚さ、部分的に折れる土塁の形態は、丁野山城に類似している。両者の近接性から、当城も朝倉氏あるいは浅井氏によって同時期に築かれていると考えることができる。

（髙田　徹）

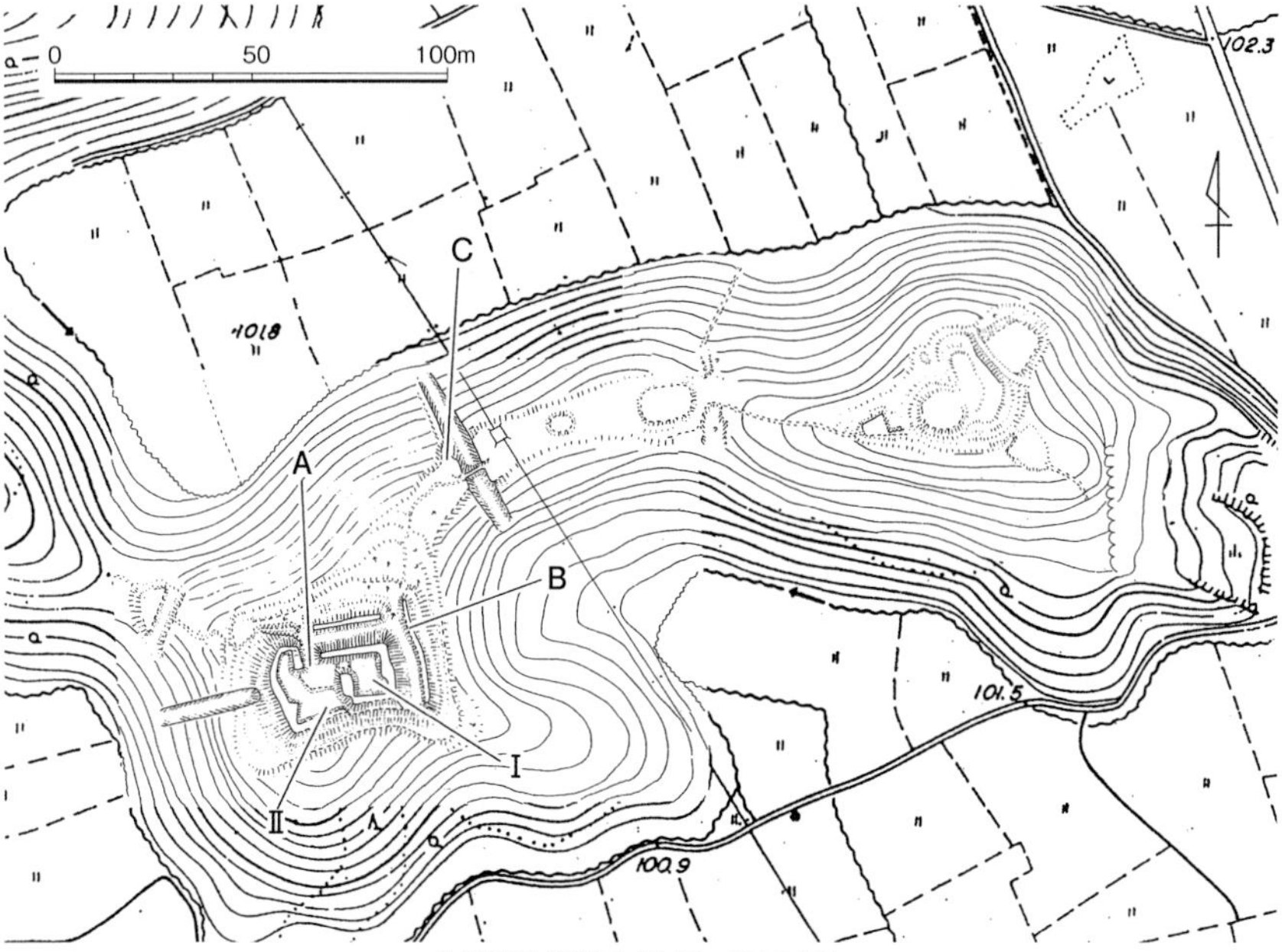

中島城跡概要図（作図：髙田 徹）

9 小谷城《おだにじょう》

本丸周辺・出丸等★
大嶽★★

国指定史跡

所在地 長浜市小谷上山田町・小谷郡上町・湖北町伊部・須賀谷町
築城時期 大永四年（一五二四）以前
標　高 大嶽　四九五m　本丸　三五〇m
主な遺構 曲輪　土塁　空堀　堀切　竪堀　横堀　虎口　石垣　土橋

小谷城では大永四年（一五二四）に浅井亮政《すけまさ》が北近江の守護である京極高清を城内で饗応したことが知られる。したがって、その頃までには築城されていたのは確実である。『浅井三代記』には永正十三年（一五一六）に築かれたとする記述が見られるが、傍証する史料は今のところ見当たらない。

初代城主である亮政、その子久政、孫にあたる長政の浅井氏三代にわたる居城となったのが小谷城であった。周知のように天正元年（一五七三）、織田信長の攻撃を受けて落城し、信長は城を羽柴秀吉に与えている。秀吉が長浜城を築くと小谷城は廃城になったと言われている。

狭義の小谷城といえば、標高三九八メートルにある山王丸から南に連なった、本丸を含む曲輪群と言える。広義では標高四九五メートルの小谷山にある大嶽《おおづく》、大嶽から南西に延びた尾根上の福寿丸、山崎丸、そして本丸と福寿丸に挟まれた「清水谷《きよみずだに》」とよばれる谷部等を含めた範囲となる。

これらのうち、山崎丸と福寿丸は山上・山下を結ぶ尾根道を曲輪内に取り込んでいる。斜面に向かって竪堀を延ばし、敵の迂回を阻もうとしている。虎口《こぐち》や曲輪内では通路を執拗に折り曲げており、敵の動きを遅滞させる造りである。『嶋記録』所収文書によれば元亀三年（一五七二）、浅井氏への援軍に赴いた朝倉義景軍は山崎・福寿丸のある尾根に陣を置いたこと知られる。これら砦は縄張り的に類似している上、地表面観察の限り改修を受けたような痕跡はない。したがって元亀三年に朝倉氏によって築かれた縄張りを伝えていると考えられる。

大嶽では、中心部分の曲輪は幅の広い土塁によって囲い込み、高さは低く、シャープさを欠く。対して中心部分の曲輪を北側から西側にかけて囲い込む土塁は、幅こそ狭いものの折れが明瞭であり、シャープな仕上がりである。中心部分の曲輪に対し、造られた時期が新しいと考えられる。大嶽にも、元亀三年に来援に赴いた朝倉軍が陣を置いており、最終的には朝倉軍によって改修を受けた可能性が高いであろう。山崎・福寿丸方面の尾根に対しては、長く深い竪堀を延ばしている。

　出丸は小谷城の主郭群から西側に延びた尾根先端近くに設けられている。織田信長が陣を置いた虎御前山砦とは至近距離である。二郭から構成されるが、相互を直接

小谷城・出丸土塁

小谷城へのアクセス

JR河毛駅から東へ徒歩約25分で登り口着（出丸下）、そこから徒歩約40分で本丸、本丸から徒歩約４分で大嶽着。

小谷城・大嶽の堀切

行き来できる虎口・通路が見当たらない。変則的な構造であるが、枡形状の虎口を持ち、丸馬出を思わせる半円形状の塁線を備えている。

　山崎・福寿丸は元亀三年に築かれていると考えられ、大嶽も同年の改修を受けているのは確実であろう。出丸については、山崎・福寿丸ほどの技巧性が窺われないが、虎御前山砦に向かい合う最前線となる位置であることから最終段階での使用は疑いない。

　築城以来、小谷城の主要部は山上・山麓とも肥大化していく。それは浅井氏の戦国大名化と歩調を合わせるものであり、領国の政庁機能も併せ持つが故の宿命であったとも言える。城郭である以上、当初より軍事性を備えていたのは疑いないが織田氏との緊張関係、援軍としての朝倉氏の布陣を契機に周縁部に出丸群が新たに築かれ、あるいは再整備された。こうした動きは、小谷城に限った話ではなく他の戦国大名による巨大化した城郭の防御に通じるものがある。

　例えば岐阜城（岐阜市）では、関ヶ原の合戦時に籠城戦が展開された。この際、主郭部周辺の山上、臨時的な砦群が構築された形跡がある。大坂冬の陣の折の大坂城も、外郭部周囲に複数の出丸（その一つがいわゆる真田丸）を設けている。岐阜城でも、大坂城でも、緒戦で攻防が繰り広げられたのは出丸においてであった。小谷城でも、織田軍によって大嶽が攻撃・占拠され、続いて主郭部へ攻撃が及んでいる。このように籠城戦の帰趨を決定する上で、出丸群は極めて重要な位置を占め、実際激しい戦闘の舞台になったのである。小谷城は主郭部付近も見事な遺構を残し、見所も多いが、戦いの緊張感を味わう上では少し足を伸ばして出丸群を見て回るのも良いだろう。

（髙田　徹）

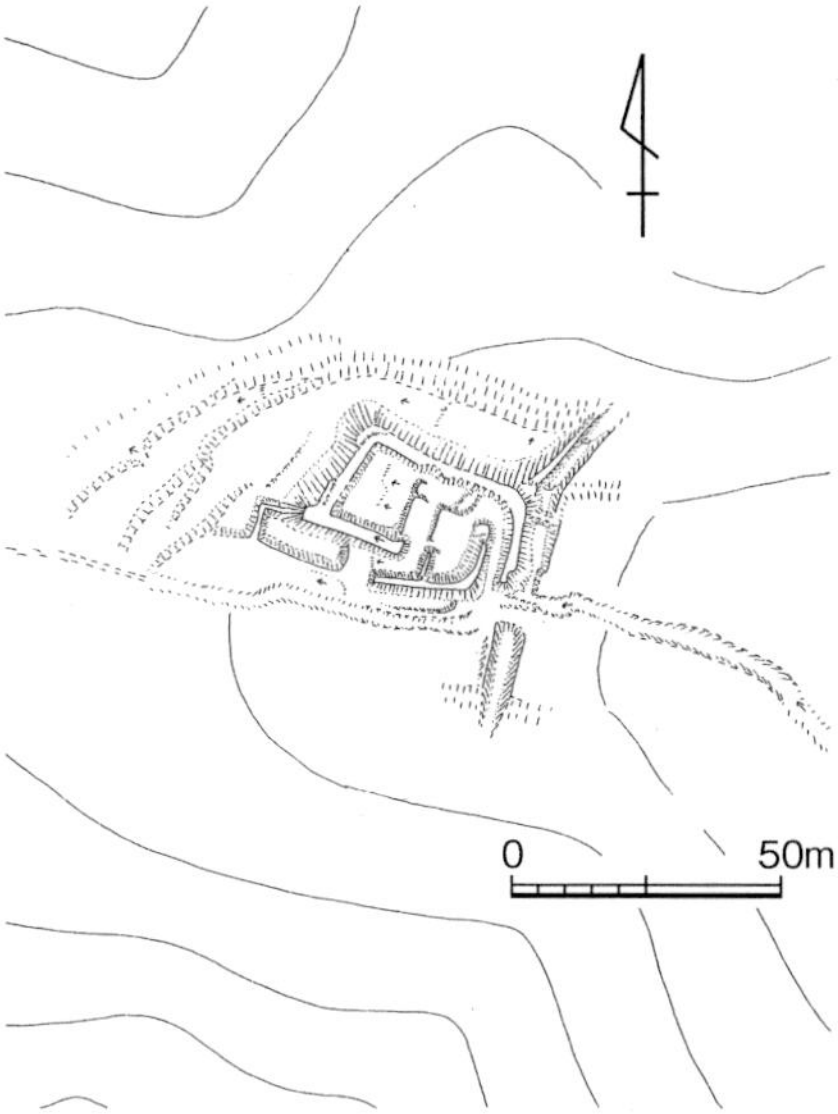

小谷城・福寿丸跡概要図（作図：髙田 徹）

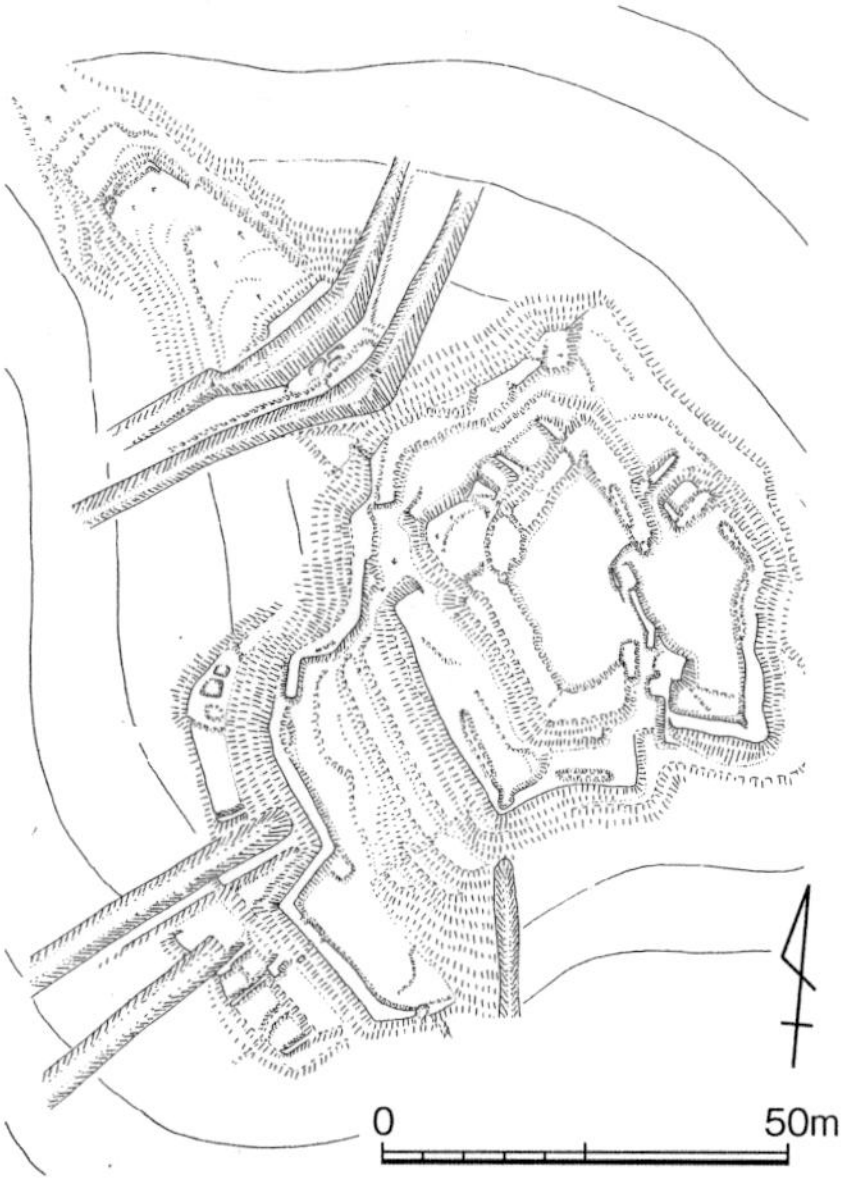

大嶽城跡概要図（作図：髙田 徹）　※未調査箇所有り

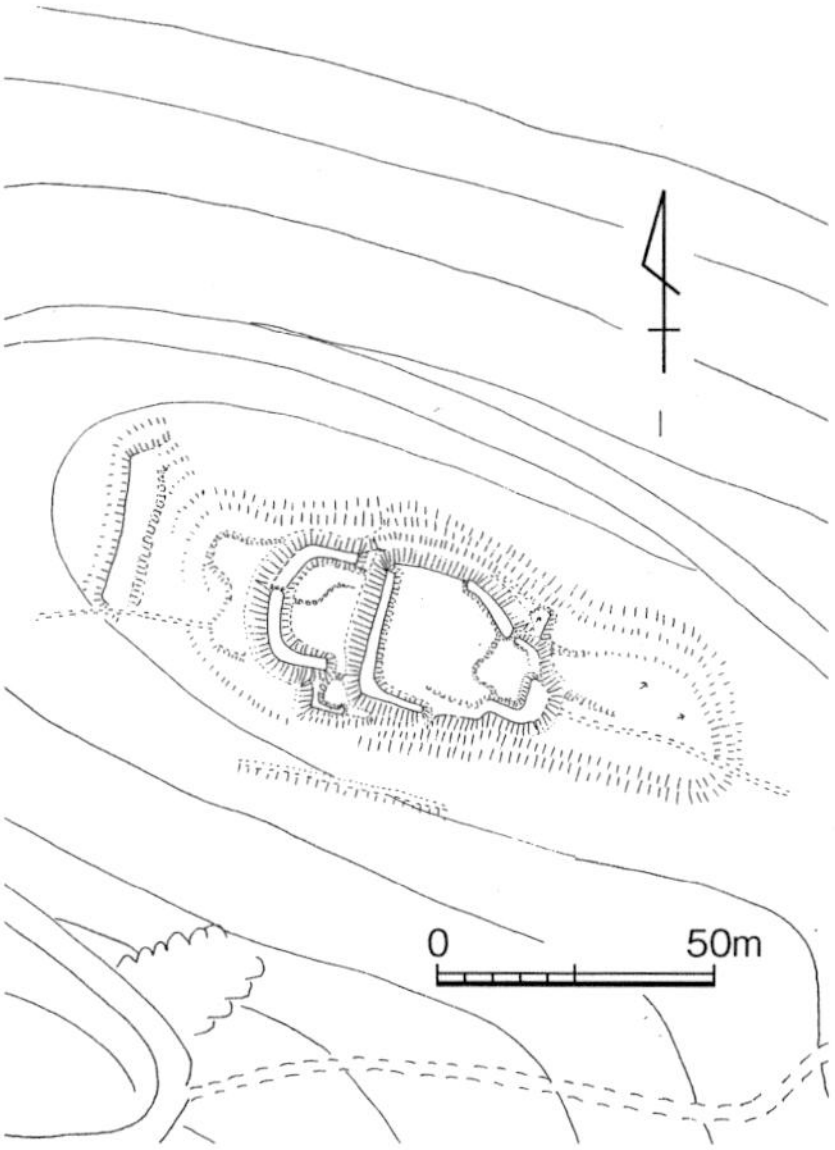

小谷城・出丸跡概要図（作図：髙田 徹）

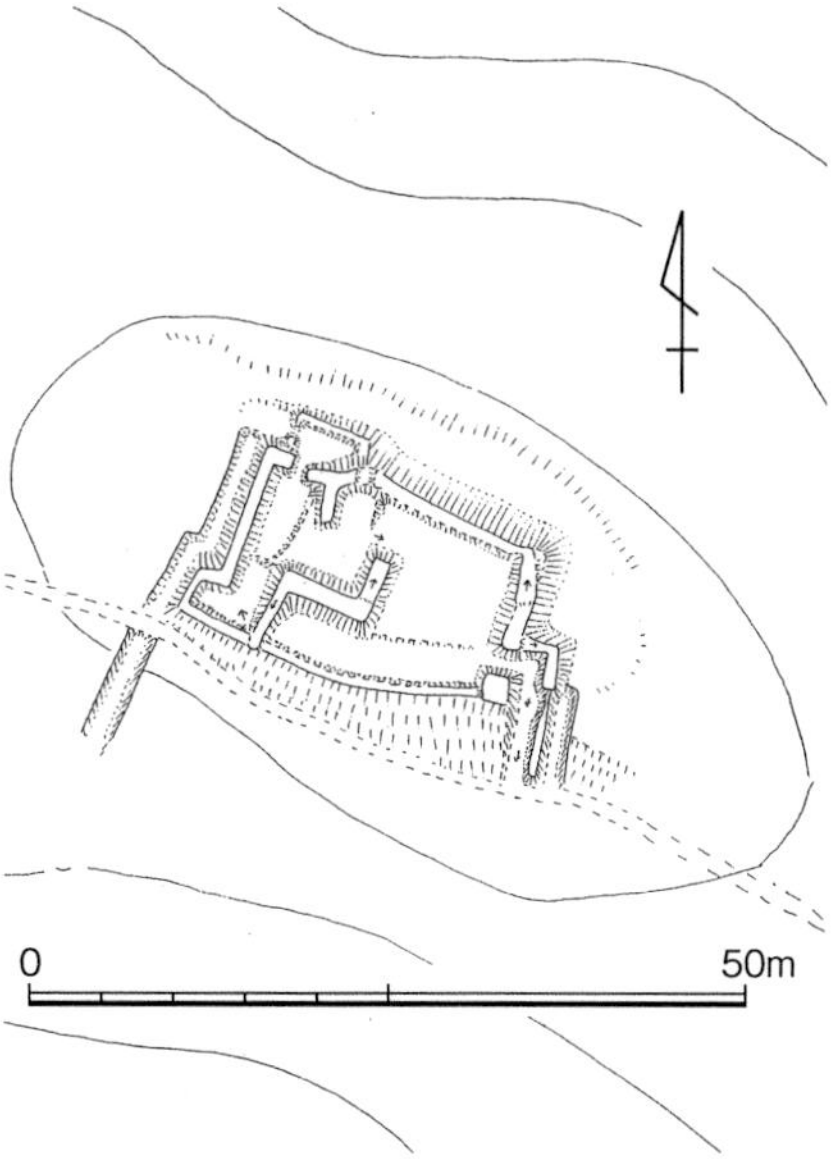

小谷城・山崎丸跡概要図（作図：髙田 徹）

10 山本山城《やまもとやまじょう》 ★

所在地　長浜市高月町西阿閉・湖北町山本
築城時期　(伝)平安末期、戦国期
標　高　三二四m
主な遺構　曲輪　土塁　堀切　多重堀切　竪堀　横堀　虎口　土橋

山本山城は、平安末期に山本義経によって築かれたと伝えられる。もっとも、現状遺構が戦国期以降に築かれているのは明らかである。戦国期には京極氏の支城となり、家臣の阿閉《あつじ》氏・浅見氏が入城している。京極氏に替わって浅井氏が台頭すると、小谷城の支城となり、再び阿閉氏が守るようになる。天正元年（一五七三）、織田信長は浅井長政の籠もる小谷城を攻撃するが、当城を守備していた阿閉貞征《さだゆき》は織田方に寝返った。すぐさま信長は当城の南東約五キロの位置にある月ヶ瀬城を攻略した上で、小谷城の後方に陣を進めた。これを契機に小谷城救援のために近江に出陣していた朝倉軍は撤退し、ほどなく滅亡した。

小谷城の真向かいに虎御前山《とらごぜやま》砦を築いて攻め寄せた信長であったが、小谷城～月ヶ瀬城～当城による防衛ラインに阻まれ、攻めあぐねていたのである。防衛ラインを越えようとすれば、挟み撃ちにあう怖れが大であった。しかし、貞征の寝返りに伴って防衛ラインが崩れてしまえば、信長にとっての脅威は自ずと軽減した。浅井氏もやがて滅ぼされるに至る。当城が小谷城と浅井領国を守備する上では、極めて重要な位置を占めていたのは明らかである。

貞征はその後信長に仕えるが、天正十年（一五八二）の本能寺の変で信長が横死した後、明智光秀に味方した。このため羽柴秀吉によって山崎の合戦後に滅ぼされている。阿閉氏滅亡により当城も廃城になったと考えられる。

山頂の主郭Iを中心に、東西約一五〇メートル、南北約四〇〇メートルにわたって城域は広がる。主郭Iは高さ約二メートルの土塁で囲まれ、南北に細長い。東側の

主郭南側の虎口

虎口《こぐち》にある土塁は若干喰い違っている上、外側には細長い帯曲輪が設けられている。虎口直前で折れ曲がる構造となっている。これに対して南側の虎口は平入りである上、隣接するⅡ郭がだらだらと広がっている。一見、防備に対する意識が薄いように思えるほどである。

ただし、Ⅱ郭付近はかつてブルドーザーによって改変を受け、旧状を伝えていない。子細に観察すると、南側虎口の東側にある土塁は、外側に広がっていた痕跡が認められ、櫓台であった可能性が高い。恐らく主郭ⅠとⅡ郭の間にも、何らかの遮蔽遺構か、通路を規制する遺構が存在していたと考えられる。

Ⅱ郭から東側に下った位置にあるⅢ郭は、南側を除く三方に土塁を巡らす。特に西側の土塁は高く、Ⅲ郭側には堀切を伴っている。現状では、Ⅱ郭側と連絡する虎

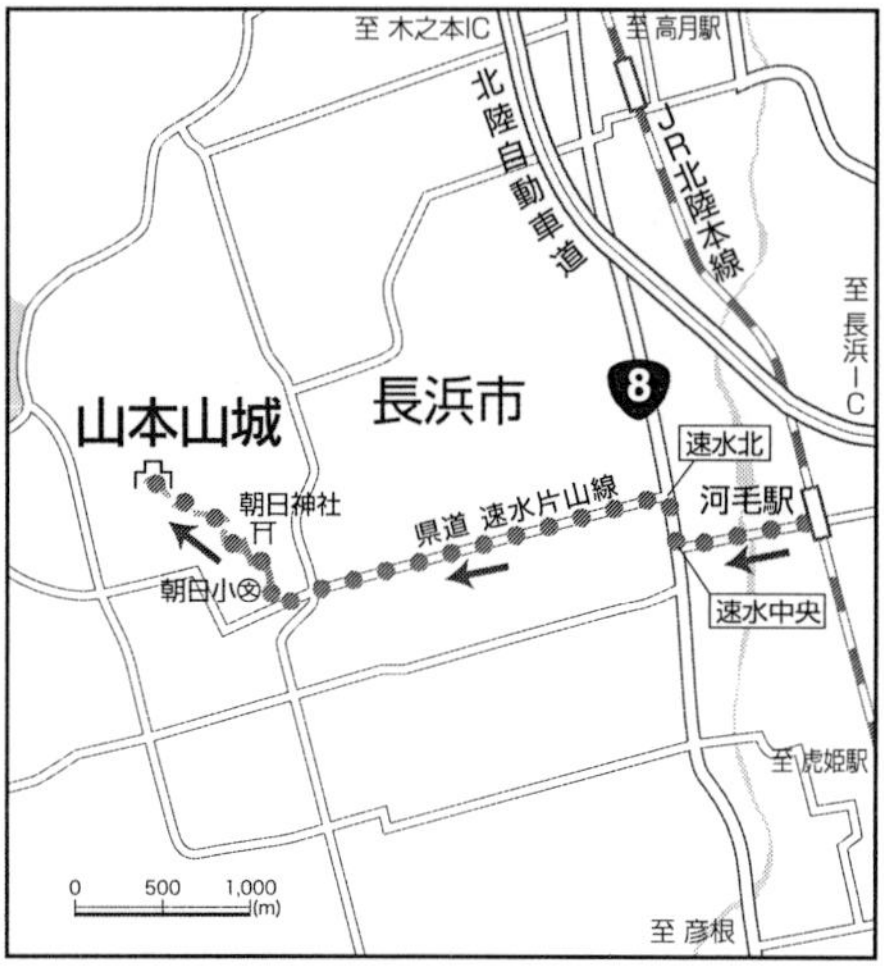

山本山城へのアクセス
JR河毛駅から西へ徒歩約50分で登り口（朝日神社前）。そこから30分登り道で主郭へ到着。

口・通路がはっきりとしない。

　主郭Ⅰのすぐ北側には堀切Aがある。中央部の橋が掛かるあたりは、明らかな破壊道である。元は東端付近に木橋を掛け、南北の曲輪間をつないでいたと考えられる。堀切Aの北側にあるⅣ郭は南北に細長く、その東西には土塁を設けている。Ⅳ郭の北側にはⅤ・Ⅵ・Ⅶ郭と続き、各曲輪間は堀切で区画している。これら曲輪間をどのように連絡していたか、今一つはっきりしない。恐らく斜面部に設けられた通路によって、相互連絡していたのではないかと思われる。

　Ⅶ郭の北側にあるⅧ郭は、四方を土塁囲みとする。東側に虎口があり、Ⅶ郭裾に延びる道が認められる。Ⅷ郭の北東隅は土塁が折れ曲がっており、一見横矢掛りのように見える。ただし、折れ曲がった土塁上から有効に横矢が掛かるようなポイントは見出せない。むしろ塁線を折れ曲げることにより、北側尾根に面する土塁の広がりを限定化し、守備しやすくした処置と考えられる。

　小谷城の支城であった当城は、浅井氏あるいは浅井氏を援護していた朝倉氏の築城術が施されている可能性が高い。北側に設けられた多重の堀切や曲輪群は、織田氏との抗争期に整備されたのではないだろうか。

　なお主郭Ⅰ・Ⅱ郭一帯はハイキング道の一角にあたり、草木も刈り払われて遺構が観察しやすい。加えて西に広がる琵琶湖側の眺望に優れている。ただし、クマの出没情報を聞くこともあるので、冬季以外の探訪には注意が必要である。

（髙田　徹）

主郭北側の堀切

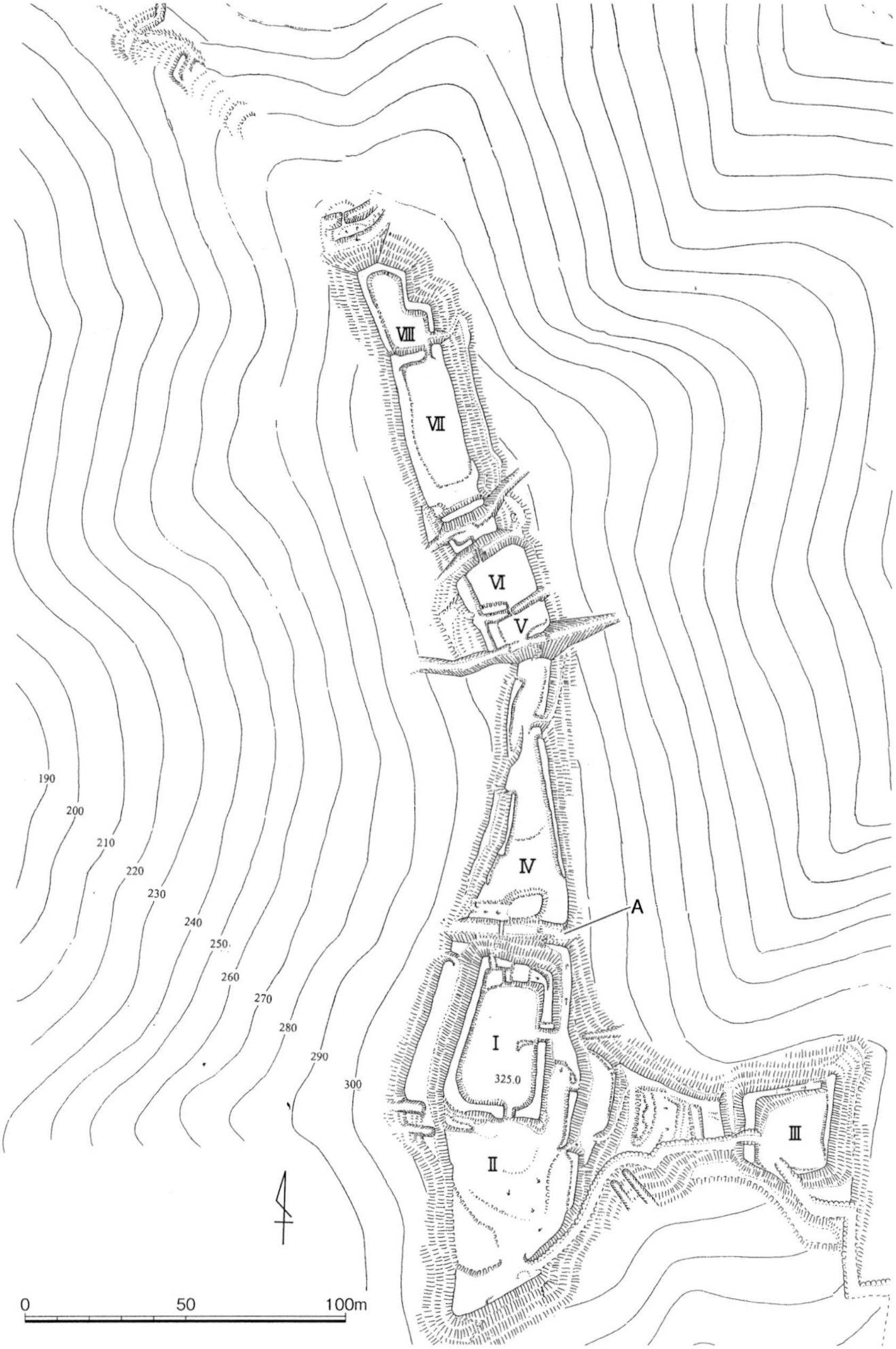

山本山城跡概要図（作図：髙田 徹）

11　虎御前山砦《とらごぜやまとりで》　★

所在地　長浜市中野町・湖北町河毛
築城時期　元亀三年（一五七二）
標　高　二二四m
主な遺構　曲輪　土塁　堀切　竪堀　横堀　虎口

虎御前山砦は、小谷城（長浜市）の西方七〇〇メートルの山上に選地する。当砦は、浅井長政が籠城する小谷城に対する付城（向城《むかいしろ》）として、元亀三年（一五七二）七月二十七日に織田信長が築城した。同年八月九日頃にほぼ完成し、砦内にあった座敷からの景色は大変優れていたという（『信長公記』）。

虎御前山の南側尾根続きにある八相山《はっそうやま》（矢合《やわい》神社のある付近か）と宮部村（長浜市）にも併せて付城が築かれ、その間には幅三間（約五・五メートル）の軍道も築かれている。軍道の東側、つまり小谷城に面した側には高さ一丈（約三メートル）の築地が五町（約五〇〇メートル）にわたって築かれている。軍道の痕跡と思われる地割は、水田の中に一部残っている。

当砦は完成すると信長の本陣となったが、不在時には羽柴秀吉が定番として置かれた他、信長嫡子の信忠が入城している。

廃城時期は明らかではないが、一般には同年八月二十八日に浅井長政が自害してほどなくであろうと考えられている。そして落城した小谷城は、羽柴秀吉に与えられている。合戦に伴い荒廃した小谷城ではなく、真向かいにある当砦、あるいは当砦と小谷城が共に秀吉の居所となった可能性もあるだろう。

南北に延びる尾根上には、六〇〇メートル以上にわたって曲輪群が広がっている。地点ごとに信長配下の武将陣地が伝えられているが、あくまで伝承にすぎない。尾根上にはもともと古墳が点在しており、古墳を利用した曲輪・櫓台も含まれている。

最高所に位置するＩ郭は、主郭に比定される。枡形状の虎口《こぐち》を有するが、内部は狭い。

Ⅰ郭の北側尾根続き、小谷城に正対する位置にあるⅡ郭は木下秀吉陣と伝えられている。中央に古墳を転用したと考えられる土壇を築き、曲輪の周囲には土塁、帯曲輪を設け、複雑かつ技巧的な縄張りとなる。北側尾根続きには、塹壕と思われる浅い堀切を設けている。またⅠ郭側に続く尾根の両側には竪土塁を設けて、内側の通路を囲い込んでいる。Ⅱ郭からは、指呼の間に小谷城を望むことができる。小谷城に対して防備の厳重さをアピールし、かつ有事の逆襲に備えていたと考えられる。

近年、長谷川博美・高橋成計氏らによって新たに遺構が確認された（Ⅲ付近）。それは主郭部の南東に延びた二本の尾根上、そして尾根に挟まれた谷部に広がる遺構である。主郭部近くでは切岸・堀・土塁を伴う曲輪が延び、斜面部では高さ一・五メートル前後、幅三メートル前後の竪土塁となって延びている。部分的に、竪土塁に

西側から見た虎御前山砦（右手後方は小谷城）

虎御前山砦へのアクセス

JR虎姫駅から北東へ徒歩20分で登り口（矢合神社参道前）に着。そこから30分登り道で主郭へ到着。車の場合、矢合神社参道脇から中腹まで上がることができる（駐車スペース有り）。

竪土塁の先端部

沿って横堀・竪堀も認められる。斜面を下った二本の竪土塁は谷部の前面を囲い込み、南側のAで開口する。谷部は墓地となっており、A付近はやや改変を受けているのは間違いない。

これら遺構は、山上の曲輪群と山麓部を結ぶ通路を防御する堀・土塁であり、開口部Aは虎口に比定できる。東方に位置する北国街道、その向かいにある小谷城方面に出撃する際の虎口であったと考えられる。また敵の逆襲を受けた際には、安全に山上に撤退するための備えであったと考えられる。

当砦は築城時期が明らかな上、築城主体、築城目的も明らかである。なおかつ遺構も良好に残されており、元亀三年時における織豊系城郭の指標と言えよう。

山上と山麓部を結ぶ竪土塁・山麓部に設けられた虎口は、天正九年（一五八一）に羽柴秀吉によって築かれた太閤《たいこう》ヶ平《がなる》（鳥取市）の陣城群、文禄・慶長の役時に朝鮮半島南岸部に築かれた倭城に築かれた竪石垣（登り石垣）の先駆的遺構と考えることもできる。

こうした遺構を通じて、改めて元亀三年時における織田氏城郭の軍事的な発達度が明らかになったと言える。従来、北端部に位置するⅡ郭が他の曲輪に比べて発達しているため、天正十一年（一五八三）の賤ヶ岳合戦時に部分的に改修されたと考える見解も出されていたが、新たに見つかったⅢ付近の遺構との類似性が指摘できるようになった。したがって、いずれも元亀三年時に信長によって築かれた可能性が一段と高まったと言えよう。土造りながら織豊系城郭の一指標となる城郭と評価できる。

（髙田　徹）

61　虎御前山砦

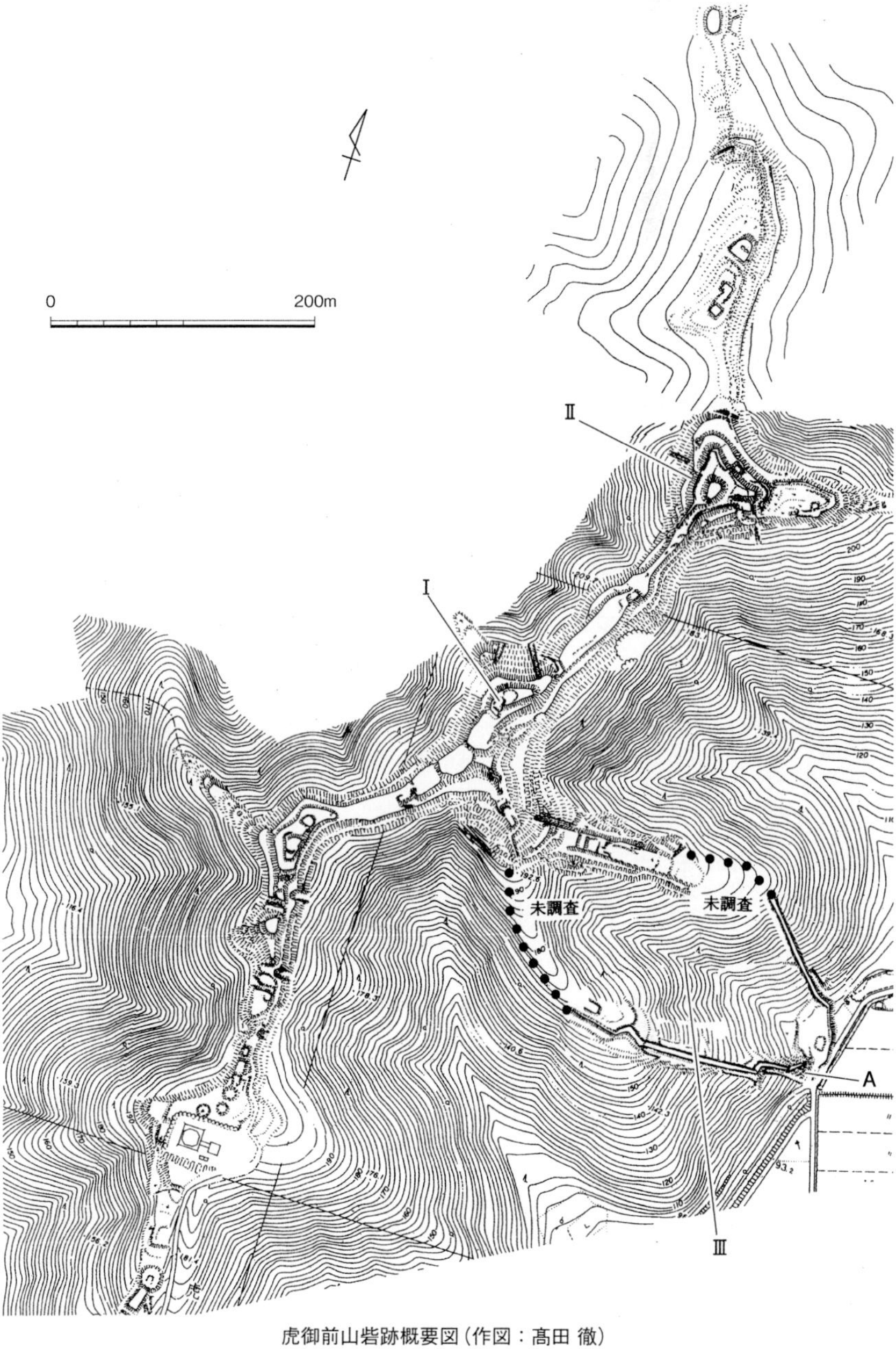

虎御前山砦跡概要図（作図：高田 徹）

12 横山城《よこやまじょう》 ★★

所在地　長浜市石田町・堀部町、米原市朝日・村居田　他
築城時期　十六世紀
標　高　三一二m
主な遺構　曲輪　土塁　堀切

横山城は現在の長浜市と米原市の境にあたる横山丘陵上の比高約一九〇メートルに位置する。横山丘陵は旧坂田郡を東西に隔てており、城の南側には伊吹山麓と長浜を結ぶ観音寺坂が通過し、坂田郡に関わった多数の古文書を残す大原観音寺（伊吹山観音護国寺）がある。また北の尾根続きは後述する姉川合戦で織田信長が本陣を置いた龍ヶ鼻へ伸びている。

横山城の築城時期は定かでないが、『大原観音寺文書』には享禄二年（一五二九）に「しょうない（城内？）のしょうはいの儀（後略）」と記された史料がある。永禄年間（一五五八〜一五七〇）にも赤尾清綱・中島直頼・浅井井演など浅井勢の入城に関わる史料がみられ、戦国時代後半には浅井氏によって拠点化された様子がうかがえる。当時、横山城は浅井氏の本拠・小谷城から、美濃の斎藤氏、江南の六角氏、という東・南二つの境目地域に備える前進基地にあたっていた。

織田信長と浅井長政が敵対した元亀争乱においては、「よこ山」「横山」と『信長公記』に頻繁に登場しており、元亀元年（一五七〇）六月に、上坂・三田村・野村氏らが入った横山城を包囲し、「たつがはな」に織田信長自ら陣取っている。これは小谷城に籠城する浅井氏を野戦に誘い出す計略で、それを受けて横山城救援に南下した浅井・朝倉連合軍との間に野村合戦（通称姉川合戦）が生じた。浅井勢に苦戦しながら辛くも合戦に勝利した織田信長は、開城した横山城に木下藤吉郎秀吉を定番として入れ置く。以後、秀吉は竹中半兵衛らとともに当城を拠点に浅井氏に対する湖北一帯への調略・討伐を実施しており、元亀四年八月の小谷落城まで間に、信長の入城

や浅井勢による南下・攻城などがみられる。また、元亀二年八月には「大風生便敷吹き出し、よこ山の城塀・矢蔵吹き落し候つる」と、塀や櫓が実在したことを示す記録も残る。

小谷落城後の当城はいったん記録に表れなくなるが、天正十年（一五八二）十二月の賤ヶ岳合戦前には「江州北郡表人数打出、長浜之儀（中略）横山城を相拵、人数丈夫に入置候」（『小早川家文書』）とあり、長浜城にいる柴田勝豊に対する押さえとして羽柴秀吉によって再び横山城が使用されている。

北城から北方の小谷城（中央）を望む

城の遺構は標高三一二メートルを測る横山丘陵の最高点を中心に北城、その南の標高三〇四メートルの頂部を中心に南城に分かれ、いわゆる別城《べつじょう》一郭《いっかく》構造を呈している。

北城の遺構は北尾根と南西尾根に広がっており、主郭周辺から北尾根にかけては、階段状に削平した曲輪を連ねて尾根続きを堀切によって遮断している。一方、長くのびた南西尾根には先端を切り離すかたちで中ほどに二重堀切が設けられ、その前後に低い土塁、稜線上の曲輪

横山城へのアクセス
JR長浜駅下車、バスで約15分で石田、坂下、観音寺前バス停。石田バス停から横山北城まで45〜60分。観音寺前バス停から横山南城まで観音寺経由で45〜60分。石田山公園内。

の南側に帯曲輪がみられる。

南城の遺構は南端に近い上下二段の主郭の周囲に土塁をめぐらせて竪堀や竪土塁を設けている。北城との間が東西両面に帯曲輪が付される構造となる。また南端と東尾根を掘り切って遮断する。

北城では南西尾根の縄張りが他に比べて突出している。一方、南城は土塁囲いの主郭など比較的発達した縄張りを呈している。こうした構造の違いから北城が浅井時代の主郭で、南城が織田時代の主郭と考えられているが、北城の南西尾根の遺構は長浜城の柴田勝豊に備えたとする賤ヶ岳合戦前後の改修と考えることも可能であろう。

北城から東方の伊吹山・江濃国境を望む

先に述べたように横山城は、永禄年間、元亀争乱、賤ヶ岳合戦という計三度の軍事的緊張を経ており、現存の遺構は築城後にその改修を経た末の姿と考えられる。にもかかわらず北城では南西尾根以外は階段状に曲輪を連ねた単純な構造に留まっていることは、当時の再利用・改修のあり方を考える上で参考になると考えられる。
なお、平成十五～二十一年（二〇〇三～〇九）には長浜市教育委員会によって横山丘陵について測量をはじめとする確認調査が行われた。横山城の北尾根続きから横山丘陵北端の龍ヶ鼻にかけて、前方後円墳などの古墳を改造した曲輪・堀切などの砦とみられる遺構が数カ所で確認されており、織田勢による横山城攻めや姉川合戦に伴うものと考えられている。横山城でも発掘調査が行なわれ、南城主郭から柱穴・溝が検出され、土塁の改修などが明らかとなった。
横山城は山城として突出して目立った山上に位置しているわけではないが、北城や南城の主郭に立てば、東は伊吹山や美濃の国境、西は琵琶湖や長浜市街、北は湖北平野や小谷城を一望することができる。こうした立地から、史料にたびたび登場する湖北地域の戦略拠点として、繰り返し利用されたことがうかがえよう。（早川　圭）

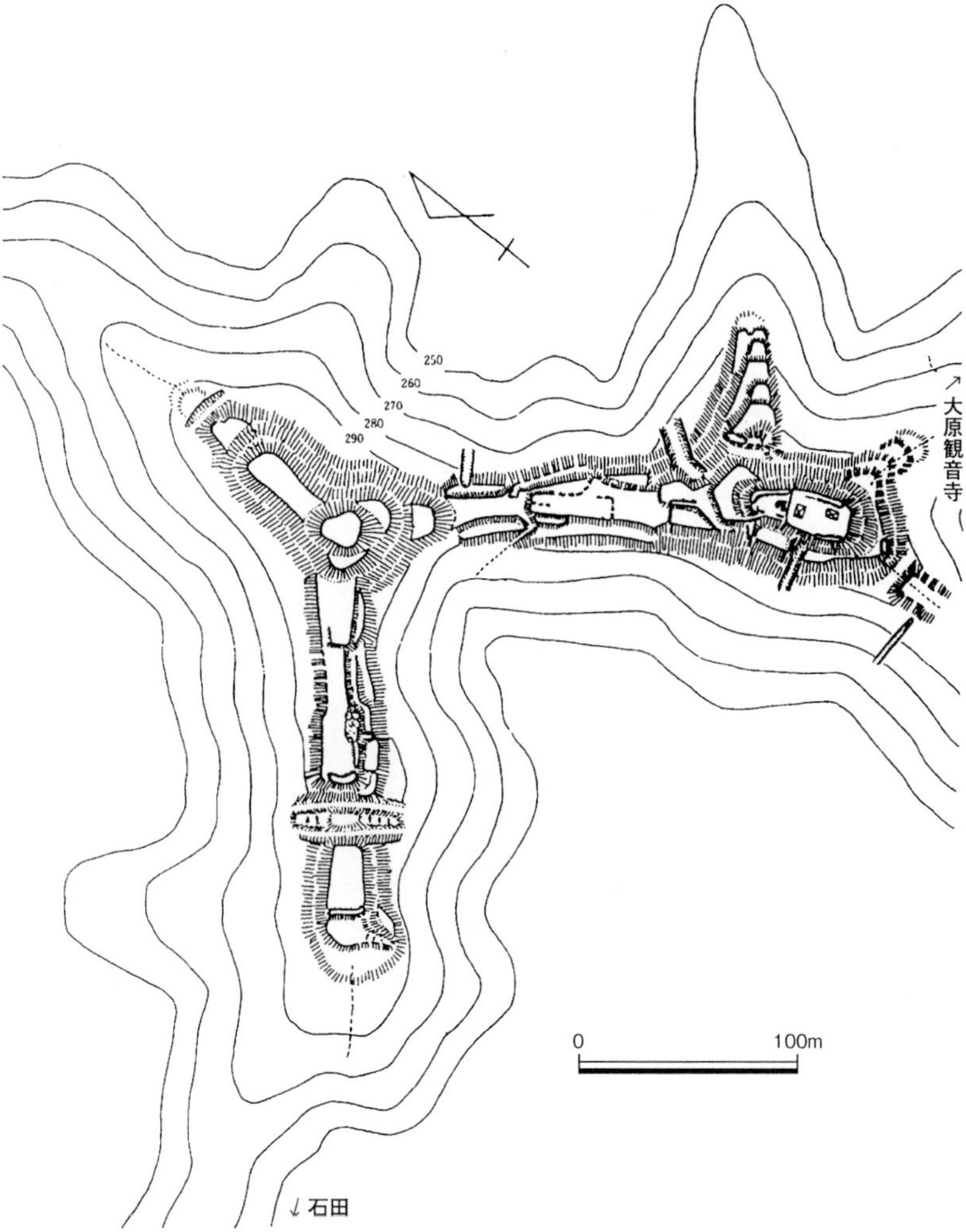

横山城跡概要図（作図：中井 均）

13 弥高寺《やたかじ》 ★★

国指定史跡

所在地　米原市弥高
築城時期　十五世紀末頃
標高　七一五m
主な遺構　土塁　堀切　竪堀　連続竪堀　横堀　枡形虎口　本堂　坊院跡

滋賀県の東北端にそびえる伊吹山《いぶきやま》（標高一三七七メートル）は、その南北稜線を岐阜県との県境とする。滋賀県側は、山頂からいくつかの急峻な支尾根が、琵琶湖に向かって裾を広げている。なかでも、東山道《とうさんどう》（中山道）を望み、現在では、東海道本線や名神高速道路が走る近江と東国を結ぶ狭い平野部に向かって伸びている南尾根が最も眺望にすぐれ、この尾根の標高約六五〇〜七五〇メートル地点に弥高寺（国史跡）がある。

古くから、荒ぶる神の宿る山として信仰を集めてきた伊吹山。九世紀頃、山腹には伊吹山寺《いぶきさんじ》と呼ばれる定額《じょうがく》寺院（朝廷が認めた私寺）があったことが記録にみえる。伊吹山寺は、のちに弥高寺（米原市弥高）・太平寺（同太平寺）・長尾寺（同大久保）・観音寺（同朝日）の伊吹四ヶ寺に分かれ、伊吹の神を祀る伊夫岐《いぶき》神社を拠りどころに、伊吹山の山岳信仰を展開する。弥高寺の発掘調査では、八世紀と判断される須恵器が出土して、伊吹山岳仏教の始まりが全国的にも最古級であることがわかった。そして、最大の規模を有し、中世に本末寺争いを主導した弥高寺が、伊吹山寺の中心であったと考えられる。

一方、弥高寺と論争を繰り広げた太平寺には、「城《じょう》郭結構《かくをかまえむすび》」（元弘三年〈一三三三〉六月付「観音護国寺衆徒等申状」『大原観音寺文書』）と記された文書がある。太平寺には、堀切や土塁などの防御施設は認められないことから、南北朝時代に寺院そのものに立て籠もる行為を指していると考えられる。弥高寺は、明応四年（一四九五）に京極政高が弥高寺から出兵し（『船田後記』）、翌年には京極高清が布陣するなど（『今井軍記』）、北近江の守護京極氏が城郭として利用している。

弥高寺跡の主要な坊院跡群は東西約二五〇×南北約三〇〇メートルの範囲に集中し、本堂跡（東西約六八×南北約五九メートル）を頂点として扇形に坊院跡が展開する。「弥高百坊」の通称どおり、測量調査では、周辺も含めて一〇〇前後の削平地が確認されている。

弥高寺跡全景（撮影：高木浩二）

かつては、山麓弥高集落の平野神社から、幅一メートルばかりの蛇行する山道を、一時間余り登ったが、現在は林道が遺跡直下の駐車場に通じる（通常は入口で施錠）。

駐車場から登ってきた道が東へ曲がったところで、東側に張り出した土塁と上段の土塁によって鋭角に北西へ折れ曲がる。ここが弥高寺の大門跡である。上段と西側の曲輪には道側に高い土塁が巡らされ、武者隠し的な役割を果たし、さらに外側には寺域を囲い込むように空堀が巡り、中世城館の枡形《ますがた》虎口《こぐち》の形状をなす。

弥高寺へのアクセス

JR近江長岡駅から湖国バス曲谷線でジョイ伊吹バス停下車。徒歩約1時間30分〜2時間。

本堂跡の背後には、山頂からの尾根を遮断する大堀切の高い土塁を背に、三角形の曲輪があり、前面に帯曲輪が配置されている。その西側斜面や尾根には長大な竪堀と堀切を随所に配し、東側には四本の連続竪堀群と土塁

大門跡

があり、弥高寺のなかでも特異な遺構で、武家勢力が新たに設けた城郭遺構の可能性が高い。

弥高寺墓地の発掘調査では、京極氏が陣を構えた十五世紀末以降、墓地としての機能をなくしていることが確認され、京極氏の城塞化に伴い、寺院の性格が変容したことがうかがえる。ただし、枡形虎口や横堀、背後の巨大な堀切は、戦国時代後期に出現するもので、明応四年の京極氏による改修とは考えられない。米原市教育委員会による坊院跡の発掘調査で、現存する土塁の盛土のなかに十五世紀の陶磁器が含まれており、その構築が十五世紀より新しいものであることがわかった。

元亀元年（一五七〇）、浅井長政は織田信長の近江侵攻に備えて、弥高寺と谷を隔てて向かいあう東側尾根上の苅安《かりやす》城（上平寺城）を改修するが、この改修は弥高寺にもおよび、枡形や横堀といった発達した城郭施設が設けられたと考えられる。弥高寺は、寺域の内部改変を最低限に抑えながら、縁辺部を厳重に防御して、城郭に改修されているのである。

なお、主要な遺構は、毎年、地元有志による刈り払いで、心地よく見学できる。（髙橋順之）

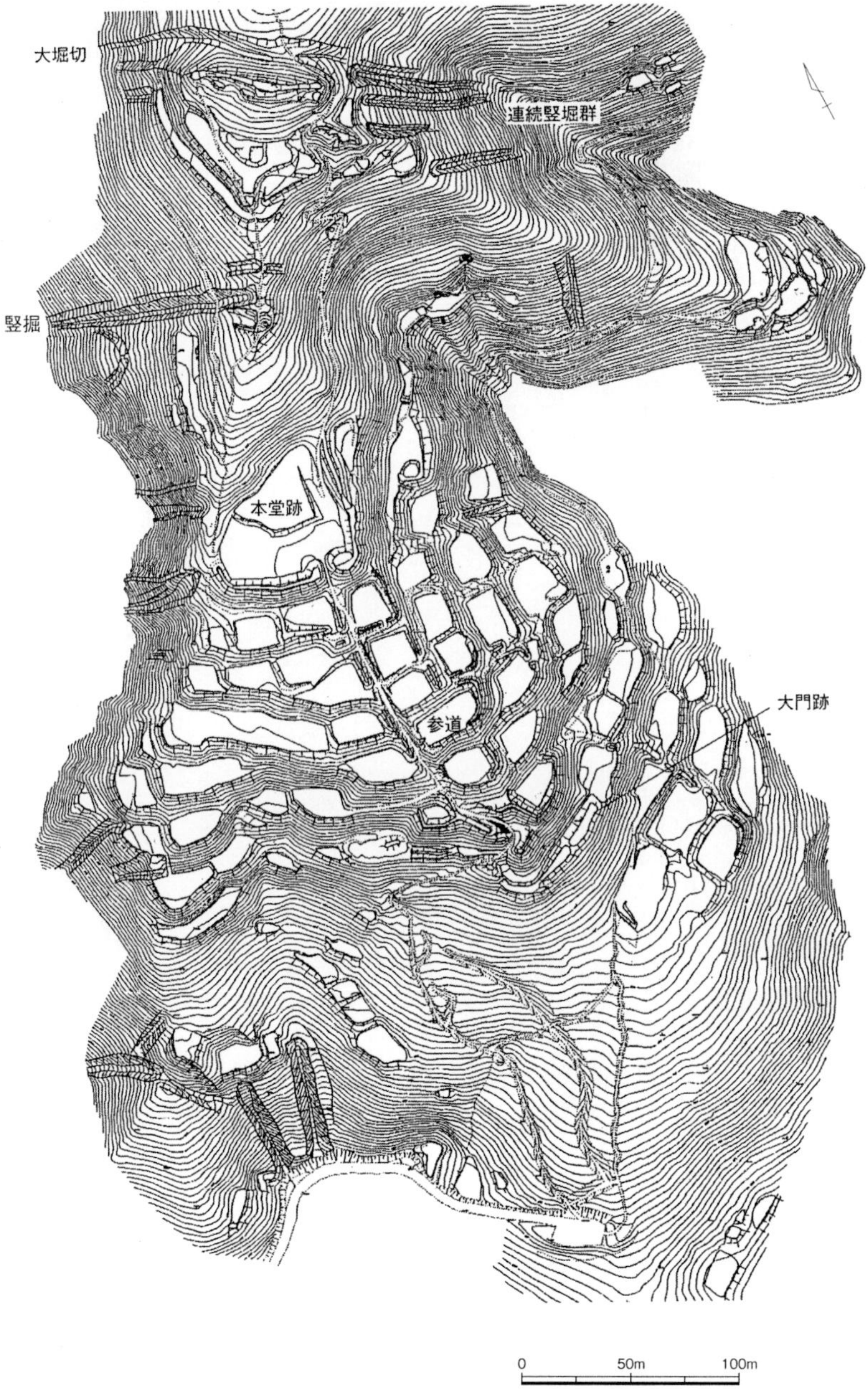

弥高寺跡概要図（作図：米原市教育委員会）

14 上平寺城《じょうへいじじょう》 ★★★

国指定史跡

所在地 米原市弥高・上平寺・藤川
築城時期 十六世紀初頭
標　高 六六九m
主な遺構 曲輪　土塁　堀切　二重堀切　竪堀　連続竪堀　枡形虎口　土橋

北近江の守護京極氏は、仁治二年（一二四一）、佐々木信綱の四男氏信が愛知川《えちがわ》以北の六郡を与えられたことに始まる。南北朝の騒乱期には京極道誉《どうよ》が政権の中枢で活躍し、応仁文明の乱では京極持清《もちきよ》が近江を席巻してその勢力を大きく伸張させた。しかし、文明二年（一四七〇）に持清が死亡すると、家督をめぐり京極家は内訌《ないこう》状態に陥る。永正二年（一五〇五）、内紛を収めた京極高清が、近江の東北端、伊吹山南麓に整備したのが上平寺城である。京極氏の居館、家臣屋敷、城下町、山城で構成され、城下町部分を除いて「京極氏遺跡―京極氏城館跡・弥高寺跡―」の名称で国史跡となっている。

上平寺城は、伊吹山頂から南に派生する尾根が、角度をかえてややゆるやかになったやせ尾根上に、一直線に曲輪が配置されている。主郭Ⅰは、尾根最頂部の標高六六九メートルにあり、周囲には低い土塁が巡る。この主郭の背面が尾根続きとなるため、遮断線として巨大な堀切Aが構えられており、尾根筋を完全に切断している。主郭北端の土塁が高く幅厚となっているのは、この堀切を抑えるための櫓台であったとみられる。主郭の南方には土塁を巡らす曲輪Ⅱ、Ⅲが二段構えられ、主郭との間には東に一本、西に二本の竪堀（B、C、D）を設けて斜面移動を封鎖するとともに、主郭の独立性を高めている。

上平寺城でもっとも注目されるのが、この土塁囲い曲輪の虎口《こぐち》Eである。虎口に対して土塁は直角に屈曲し、常に横矢が掛かる外枡形虎口を形成している。この土塁囲いの二つの曲輪のさらに南方に曲輪が二段設けられているが、その間には堀切Fが構えられ、この堀切を境に北側の曲輪には土塁が構えられ、南側の曲輪には土塁が構えられておらず、曲輪に階層差、または時期差が認められる。さらに南端の斜面地には竪堀Gが放射状に構えられている。

この外枡形虎口や放射状の竪堀群のような施設は戦国期の到達点を示すもので、永正二年（一五〇五）頃に築かれたものとは考えられない。『信長公記』には「去程に、浅井備前越前衆を呼越し、たけくらべ・かりやす両所に要害を構へ候。」（元亀元年〈一五七〇〉六月条）とあり、長比《たけくらべ》城（米原市長久寺）と苅安城（上平寺城）の二城が浅井長政によって築かれたことがわかる。この年四月、浅井長政は織田信長を見限り朝倉義景と結び、敦賀で信長を挟撃する。ようやく岐阜に戻った信長は、ここでいったん軍勢を立て直し、近江への進撃を開始する。浅井長政は信長に対処するために北国脇往還沿いに上平寺城を構え、中山道沿いに長比城を築き、その築城普請には越前の朝倉氏も加わっていた。現存する上平寺城の遺構はこの浅井長政と越前朝倉氏によって築かれた苅安城のものとみられる。

京極氏館跡の礎石建物

上平寺城へのアクセス

JR近江長岡駅下車。交通機関は便が悪いため、タクシー利用約15分。上平寺バス停から京極氏館まで約500m。ここから山城まで徒歩1.5km約50分。弥高集落から弥高寺を経由する道もある。

同時に弥高寺も改修された可能性が高く、苅安城は上平寺城と弥高寺の二つの部分から構成される城であったと考えられる。

　こうして信長軍に対して築かれた苅安城だが、浅井氏から守備を任されていた武将堀秀村は信長方に内応し、守備兵は「取物も取敢へず退散」（『信長公記』）して、信長は戦うことなく近江に侵攻する。

弥高寺から上平寺城を望む

　一方、京極氏の居館は上平寺城の南山麓、上平寺集落の伊吹神社周辺に構えられていた。山城と二元的構造をなし、『上平寺城絵図』（米原市指定文化財）に「御屋形」と表記された区画での発掘調査では、庭園に面した会所および付属する建物と想定される礎石建物の一部が検出され、土師器皿が大量に出土したほか、威信財とされる朝鮮製や中国製の輸入陶磁器が出土している。現在でも、池や多くの景石が残る庭園は、将軍や管領家を中心とする都の文化を領国に持ち込んだもので、守護大名京極氏の社会的地位をあらわす遺構となっている。

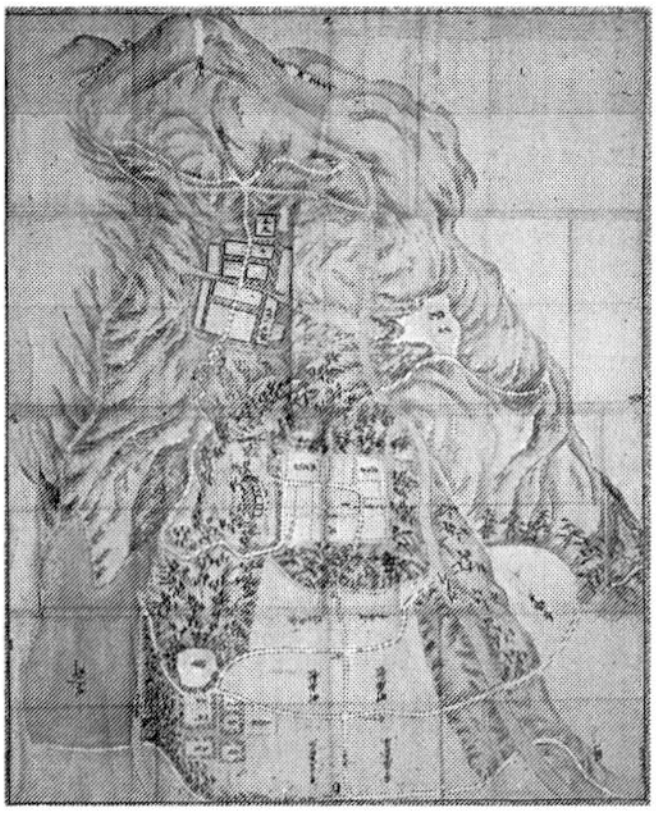
上平寺城絵図（米原市指定文化財）

　さらに絵図には、京極氏館の南に、内堀をはさんで家臣屋敷。外堀の外に町屋敷。西側尾根上の重臣屋敷群。そして、南端に主要街道の越前街道（北国脇往還）を描いている。

　さて、館跡と城跡までの道は、地元自治会により刈り払いが行われ、京極氏館から上平寺城、さらに弥高寺を見学する一日コースは、県内屈指の探訪ルートである。

（髙橋順之）

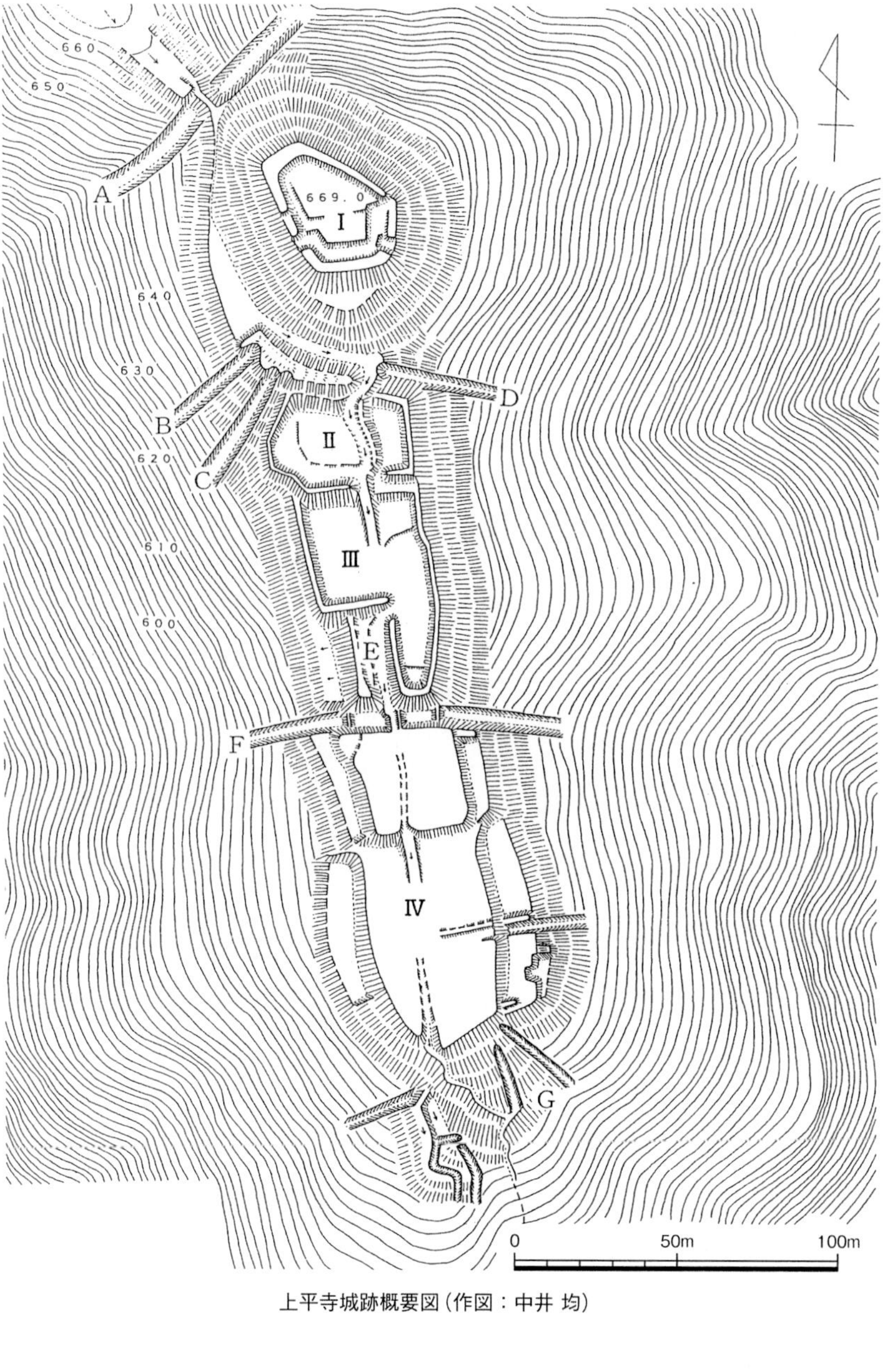

上平寺城跡概要図（作図：中井 均）

15　須川山砦《すがわやまとりで》　★★

所在地　米原市須川、岐阜県関ケ原町
築城時期　元亀元年（一五七〇）
標高　三五一m
主な遺構　曲輪　土塁　竪堀　連続竪堀　虎口

元亀元年（一五七〇）六月二十八日姉川の合戦。姉川を挟んで浅井・朝倉軍と織田・徳川軍の戦いは、はじめ浅井・朝倉軍が優勢だったが、しだいに形勢は逆転し、浅井・朝倉軍は敗走する。このとき、浅井長政の重臣遠《えん》藤喜右衛門直経《どうきえもんなおつね》は、味方の首を高く掲げて織田軍を惑わせながら信長の陣地に近づき、信長と刺し違えようと考えた。しかし、直前で織田方の竹中久作（竹中半兵衛の弟）に発見され、激しく争った末に討ち取られてしまう。遠藤直経の奮戦は、後世、美談として『絵本太閤記』などに語り継がれることになる。

遠藤直経の活躍は戦の場に限ったものではない。大原観音寺（米原市）や飯福寺《はんぷくじ》・竹生島（長浜市）に残る直経ゆかりの書状を見ると、彼は平時においても浅井氏の重臣として政務を行っていたことがわかる。そのため直経は、在地の須川に屋敷と詰の城を構える一方で、浅井氏の居城小谷城下にも屋敷を持っていた。小谷城の絵図に「遠藤ヤシキ跡」が記されている。

遠藤氏がいつ頃から、須川に住み着いたのか、はっきりしたことは不明である。

しかし、大正七年に伊弉冊《いざなみ》神社に合祀された八幡神社と白山神社、そして伊弉冊神社の奥にわずかにその姿をとどめる菅生寺など、遠藤氏ゆかりの社寺がある。ちなみに、「菅生《すごう》」が須川地名の由来とされる。八幡神社は保延四年（一一三八）に遠藤勝衡により、白山神社と菅生寺は建久四年（一一九三）に遠藤菅勝によってそれぞれ建立され、その後、長く遠藤氏によって守り伝えられたという。また、直経の墓は近年まで観音堂裏手にあり、遠藤氏代々の墓地が岩曽の一隅にある。

地元では、山麓に遠藤氏の館跡とされる須川館を構え、水をたたえる下溜池（観音堂溜）は須川館を区画する堀の一部と考えられ、背後の須川山山頂に詰の城として須川山砦を築いたと伝えられている。

須川山砦へは、集落南東の谷部にある伊弉冊神社の背後から南のやや緩やかな尾根を登り、山頂から西に延びる尾根に取り付くルートをとる。別ルートとして、長比城を見学したあとに、稜線尾根を北にたどるほうがわかりやすいかもしれない。須川山砦は長比城の北約二五〇メートルの尾根続きに位置するからだ。

土塁

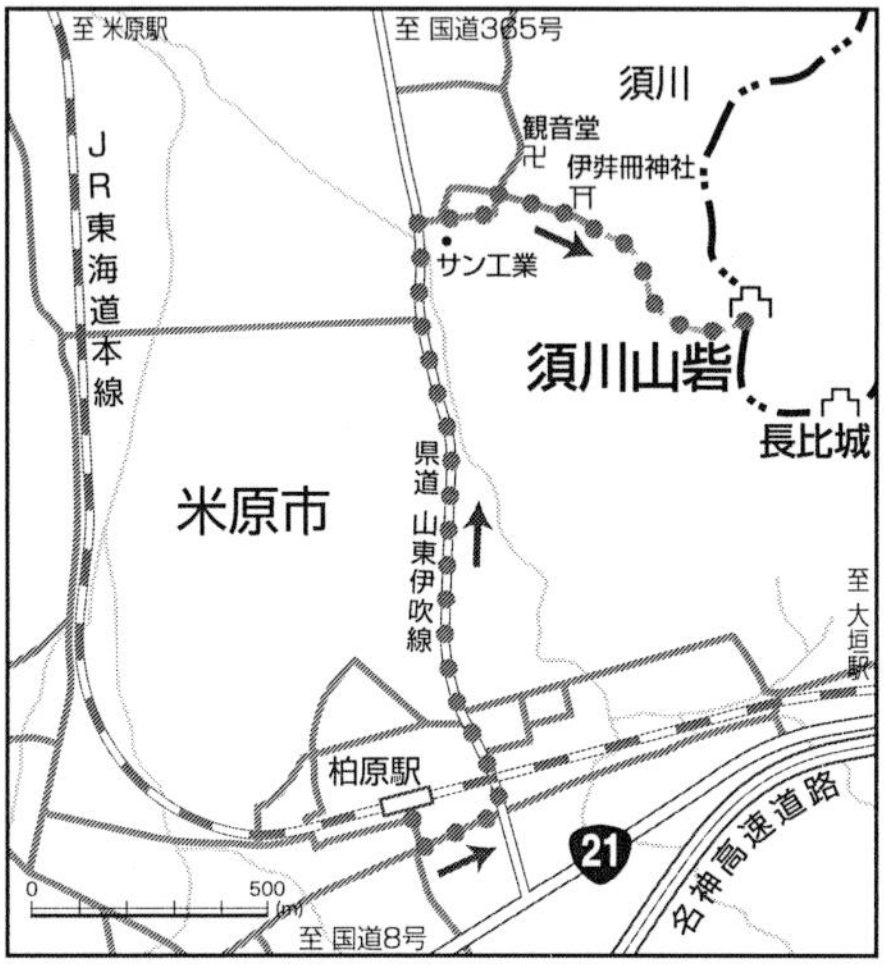

須川山砦へのアクセス
JR柏原駅下車、徒歩約30分。伊弉冊神社背後の尾根を登り約30分。明瞭な登山道はない。

須川山砦は、比較的小規模ではあるが、高い土塁を巡らせて、コンパクトにまとまった縄張りを見せる。土塁で曲輪全周を囲むのは、浅井氏領国に見られる特徴的な遺構であるが、長比城西曲輪の高くぶ厚い土塁は、盛土により外側に切岸を作り出しているのに比べ、須川山砦では切り土して土塁を削り残しているようで、外周は自然地形のままである。

連続竪堀

北側の虎口は細い土塁を突き出して外枡形状となり、虎口の外に土塁を設け、完全な遮断線としている。その外にさらに補助の遮断線として、北方の斜面に三本の連続竪堀を、東には二本の竪堀を落としている。

このような発達した虎口の形状は、一土豪である遠藤氏の詰の城としてのものとは考えられない。また、南側の虎口には、目隠し状の張り出しが東西にあり、出撃用の虎口とみられる。須川山砦は小規模であることから、長比城の中間の尾根鞍部が兵の駐屯地であったと考えられる。曲輪の形状が長比城西曲輪と類似しているなど、長比城と占地や遺構に同様のプランが見られることから、一つの城塞群として評価することができ、須川山砦が北を遮断する役割を担っていたことが想定される。

もちろんこれは、上平寺城や弥高寺、長比城でもふれた、元亀元年（一五七〇）の織田信長侵攻に備えたもので、浅井長政が越前朝倉氏の応援を得て各城郭を改修したものである。このとき、須川山砦もまた、遠藤喜右衛門直経によって防備が急がれ、遠藤氏の詰の城から「境目の城」に改修されたと想定される。ところが、長比城と苅安城（上平寺城）を守る堀秀村が織田軍に内通したため、一群をなす須川山砦も放棄され、決戦は、浅井氏の懐深く姉川に持ち込まれたのである。

（髙橋順之）

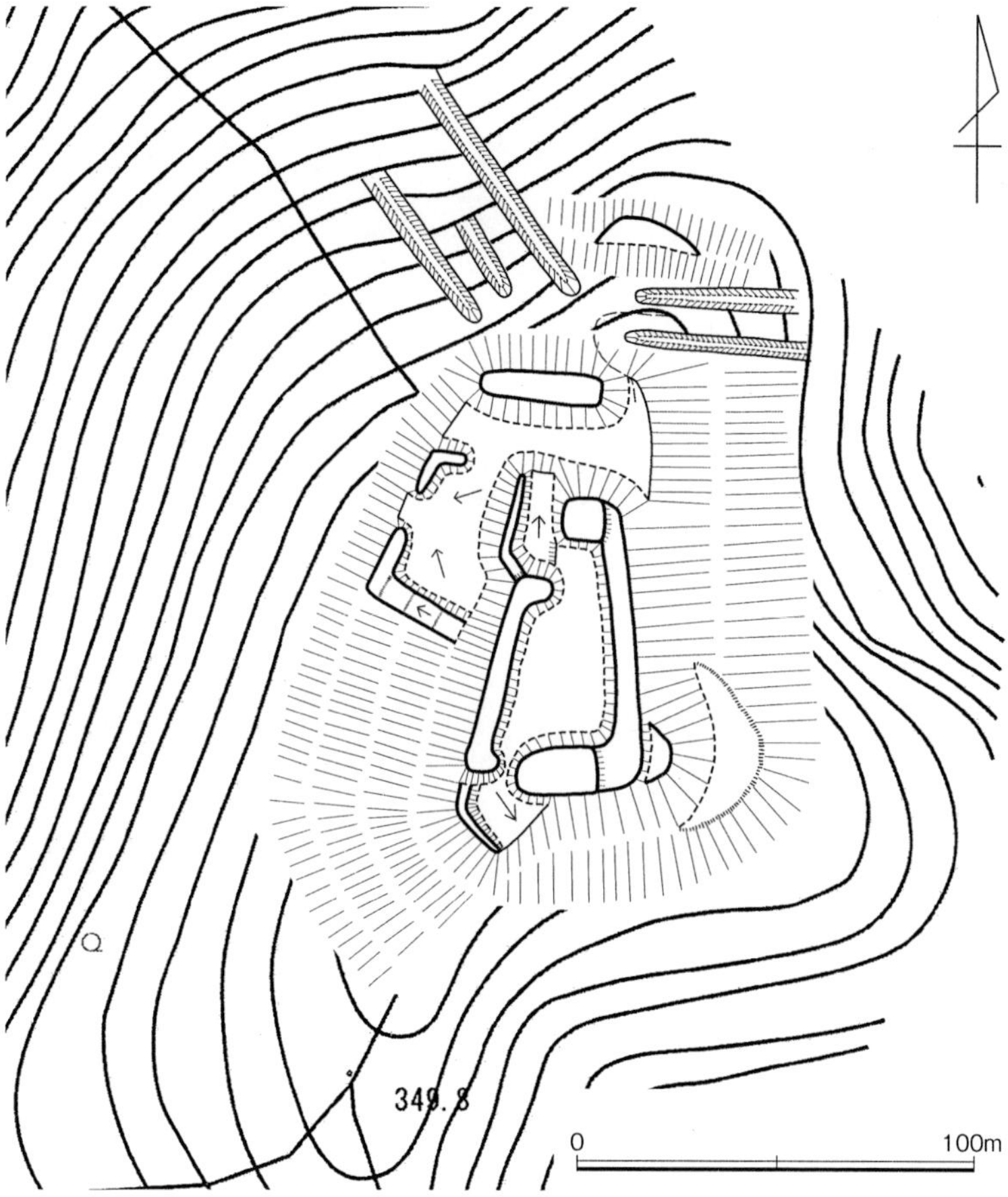

須川山砦跡概要図（作図：石田雄士）

16 長比城《たけくらべじょう》 ★★

所在地　米原市柏原・長久寺、岐阜県関ケ原町
築城時期　元亀元年（一五七〇）
標高　三九一m
主な遺構　曲輪　土塁　堀切　竪堀　虎口

長比城（野瀬山城）は、滋賀県と岐阜県にまたがる野瀬山の山頂にある。一条兼良《いちじょうかねら》の『藤川記』（文明五年）に「たけくらべというは近江とみのとの山を左右に見て行所なり」とあり、東山道（中山道）が近江から美濃の国境をこえるところの南北の山々が、背丈を競い合っているようにそびえることから、このあたりを「たけくらべ」とよんだ。現在、木々に覆われている城跡からは望めないが、城跡へ向かう途中で展望が開け、東山道や江戸時代の中山道柏原宿を一望することができる。

『信長公記』の元亀元年（一五七〇）六月条に「去程に、浅井備前越前衆を呼越し、たけくらべ・かりやす両所に要害を構へ候」とあり、浅井氏が朝倉氏の応援を受けて美濃国境に領国防衛のために築いた。この年四月、浅井長政は織田信長を見限り朝倉義景と結んで敦賀で信長を挟撃する。朽木越えで京都に逃れ、危機を脱した信長は、岐阜で軍勢を立て直し、近江への進撃を開始する。長政は信長に対処するために北国脇往還沿いに苅安《かりやす》城（上平寺城）を構え、東山道沿いに長比城を築いて、ここに坂田郡の武将堀秀村と樋口直房を城将として入れたが、竹中重治の調略により同年六月十九日に投降した。城兵たちは「取物も取敢へず退散」し、信長は「たけくらへに一両日御逗留」して、近江入国を果たす（『信長公記』「島記録」）。

長比城へは、旧中山道のJR野瀬踏切を越えた山麓にある神明《しんめい》神社の鳥居をくぐって登り、ダムの堰堤のところに「長比城」の看板がある。さらに、山腹の秋葉神社から、尾根伝いを直登ぎみに登ると西側の曲輪にたどりつく。

長比城跡から柏原を望む

城跡は、東と西の二つの曲輪から構成される。両者は四〇メートルほどしか離れておらず、東曲輪のほうが一〇メートルほど比高は高い。いわゆる、一城別郭の縄張りで、北近江の「境目の城」に多く見られる。

東曲輪Iは、周囲に土塁を巡らし、南に続く尾根を堀切Aで遮断している。東側の土塁は高さが一メートルほどあるが、南北両方向は、わずかに痕跡を残すのみである。尾根続きの三方に虎口《こぐち》を設け、南側の虎口Bは、尾

長比城へのアクセス

JR柏原駅下車、中山道を東へ徒歩約30分。左手にある神明神社の鳥居が登り口。山腹の秋葉神社経由で尾根伝いに登ること、約30〜40分。

根に対して直接開口せず端部を回り込むようにルートを設定し、内枡形状となる。北側の虎口Cは、土塁を突き出して外枡形状となり、美濃側（東側）を意識した構造が読み取れる。

西曲輪Ⅱは、周囲に高さ一・五～二メートルの土塁を巡らせ、二つの虎口を開く。東側の虎口Dは、土塁を喰い違いに突き出し、外枡形となり、前面に堀切を設ける。南側の虎口Eは、平入りではあるが、二本の竪堀でルートを限定して回り込ませる遮断性の強い構造である。

西曲輪

東西二つの曲輪の間は緩斜面があるのみである。東曲輪の方が比高が高く上位の曲輪ではあるが、西曲輪は全体に高土塁を巡らし、東側の虎口は、長比城のなかで最も洗練された外枡形の形態を示し、非常に独立性の強い縄張りとされる。

長比城については、虎口の形状から東曲輪が先にあり、西曲輪を築いたときに東曲輪も改修したとし、築城主体を朝倉氏とする評価や、虎口構造が朝倉氏が築いた中山の付け城（福井県三方郡美浜町）や、小谷城の山崎丸・福寿丸、丁野山城等の構造に類似していることから、やはり朝倉氏が介在したとされてきた。

しかし、西曲輪の東側虎口は、朝倉氏関係の城郭の虎口よりも規格性を持った発達したもので、元亀年間より後世の改修を想定する見解もあり、交通の要衝に位置していることから、国境を塞ぐ必要のあるような軍事的緊張として、賤ヶ岳合戦の可能性や、小牧・長久手合戦、関ヶ原合戦等があげられている。

（髙橋順之）

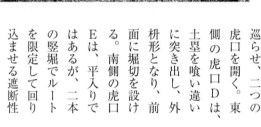

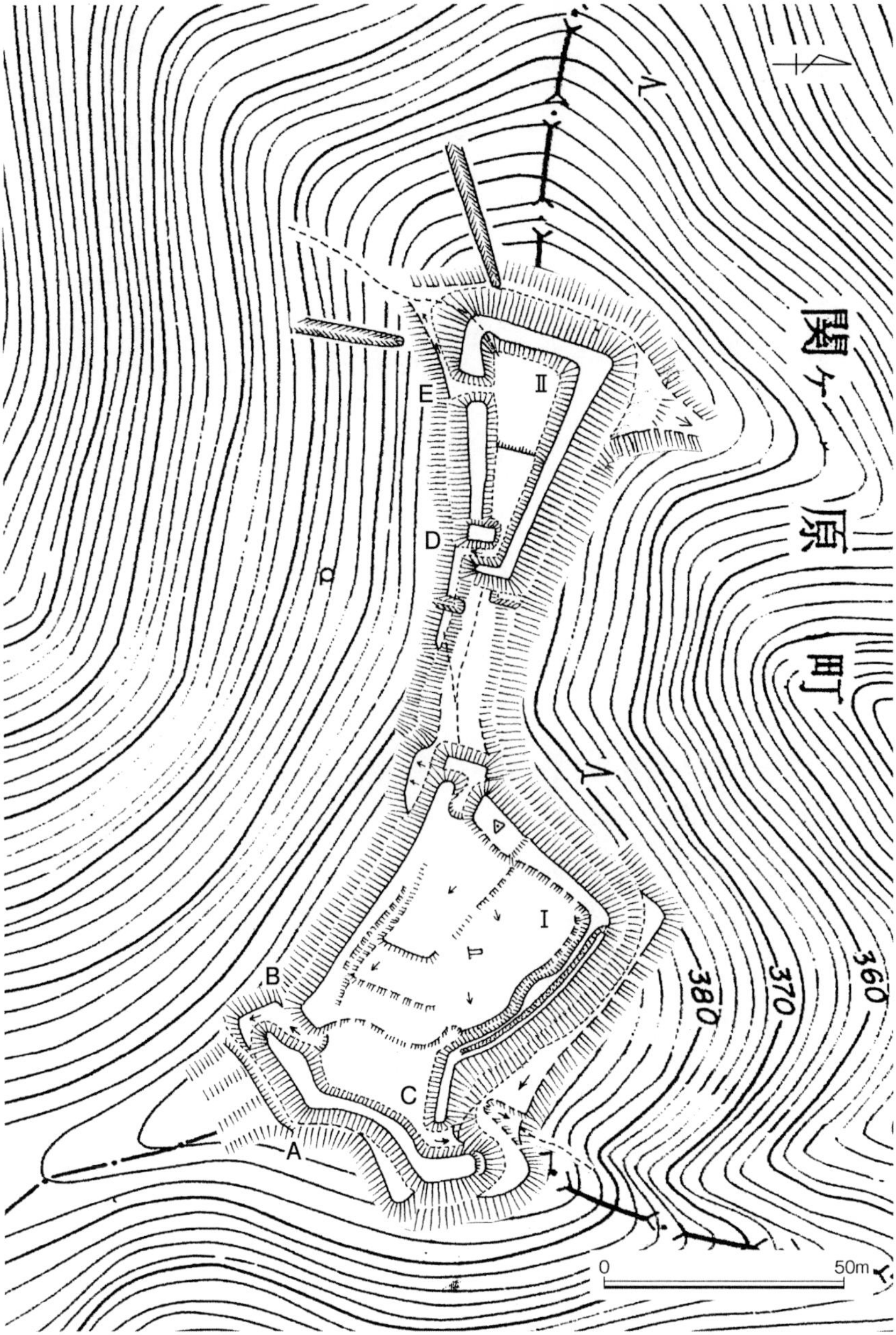

長比城跡概要図（作図：中井 均）

17 八講師城《はっこうしじょう》 ★

所在地　米原市梓河内
築城時期　十六世紀中葉
標　高　四八六m
主な遺構　曲輪　土塁　堀切　竪堀　虎口

米原市河内は、国道二一号の梓《あずさ》交差点で旧中山道と別れ、霊仙山麓の山峡を南へ入った、その名のとおり川沿いの通路状の地形に位置する集落である。ここに京極氏の支城があり、『日本城郭体系』には「小字猪の鼻に所在し、清滝寺のある柏原城に近く京極氏の隠れ城ともいう」。さらに、河内には八講師砦があり「沢田民部大輔なる者が平安時代末にいた所とも京極高光の次男多賀豊後守高忠の拠った所ともいう」という。

「佐々木南北諸士帳」（宝暦三年〈一七五三〉写本）には、「河内八光山城主」として「多賀豊後守、同日向守」が挙げられている。また、「江龍《えりゅう》家《け》文書」（米原市蔵）のなかにある「近江国坂田郡郷士在名帳」（江戸中期から後期）には、八講師城をさすと見られる「稗谷《ひえだに》城主」として「京極九郎高数、同太郎、多賀豊後守高忠、同豊後守貞際」を挙げている。河内周辺に北近江の守護京極氏や有力家臣である多賀氏の伝承があるのは注目される。

河内集落に入ると左側に稗谷林道への入り口がある。林道を車で進むと、眺望が開けた鞍部に至り、この手前の山上が八講師城である。平野部の後背地よりもさらに山中に入った感じがする。林道から斜面を登るとすぐに城域東端尾根上の遺構Ⅷに取りつき、中心部に至る。

中心部は、方形を強く意識した三段の曲輪で構成されており、西の曲輪Ⅰが最も上位で、ここが主郭であろう。ここの南西端には、南尾根を見下ろして櫓台状の遺構が設けられている。八講師城は土塁が多用されていることが特徴で、この遺構からも東と北に土塁が取りつき、とくに、東へ延びる土塁は、中段から下段の曲輪まで連続し、さらに東尾根まで続く。土塁は南尾根にも続き、八

西曲輪の櫓台状遺構

講師城が強く南方面の防御を意識していることがわかる。

中心部最下段の東曲輪Ⅲには、土塁と連動した虎口《こぐち》Aが南側に開く。虎口両側の土塁が厚くなり、石積や石段の痕跡がみられる。下ってすぐ西に折れることから、河内集落からの大手道であろう。さらに、前面には大手防御のための曲輪群Ⅳを配置する。

中心部から派生する尾根は五本あるが、八講師城の特徴は、すべての尾根に曲輪を配置していることである。通常は堀切や竪堀で尾根を遮断して自然地形をそのまま利用するところだが、西尾根Ⅴや南尾根Ⅵでは広く長大

八講師城へのアクセス
車利用。国道21号梓交差点から河内集落に入り、稗谷林道を約15分。林道に車を止め徒歩10分

切岸

な曲輪が続き、造成のためにかなりの土木量を投入されていることがわかる。

北の尾根Ⅶは、急峻な切岸から五段の削平地を設け、東側を土塁や見事な二本の竪堀Bで防御し東側の防御を意識している。全体に鎌刃《かまは》城西郭を彷彿させる。なだらかに延びる東尾根は、南を防御する土塁の内側に、平坦地Cが等間隔で区画されており、先端に見張り台的遺構Ⅷがある。この区画は、兵の駐屯地として機能していたと思われる。

方形を意識した中心部の曲輪。すべての尾根を造成する土木量と、そこに駐屯したと思われる大軍勢の存在を想定すると、八講師城は、単なる在地の城とは考えにくい。冒頭で紹介した京極高数や多賀高忠は、十五世紀後半に活躍した武将で、現状の発達した遺構とは時代的に合わない。そこで、八講師城の築城者として、「郷野文書《ごうのもんじょ》」（『改訂近江国坂田郡志』6）に、「河内」の「御屋形様」と称された京極高広が想定される。上平寺城を国人一揆で追われた高清の長男で、史料上では永禄年間はじめ（一五六〇年頃）まで活動が確認され、坂田郡南部の山間部で勢力を維持していたとみられている。八講師城は、高広段階の京極氏の本城とみられ、西尾根の眼下には河内集落を一望できる。

しかし、南を意識した防御線は、別の軍事的緊張に伴うと考えられる。そこで、元亀元年（一五七〇）の織田信長の近江侵攻に備えて、浅井長政が苅安《かりやす》城（上平寺城）と長比《たけくらべ》城を改修し、東山道（中山道）と北国脇往還を封鎖したことに連動していると想定したい。街道封鎖に伴い、八講師城の南の山間を、美濃の今須から柏原の山中、雄河内谷・雌河内谷を経て上丹生に抜けるルートがあるが、これを防御するための改修ではないだろうか。

（髙橋順之）

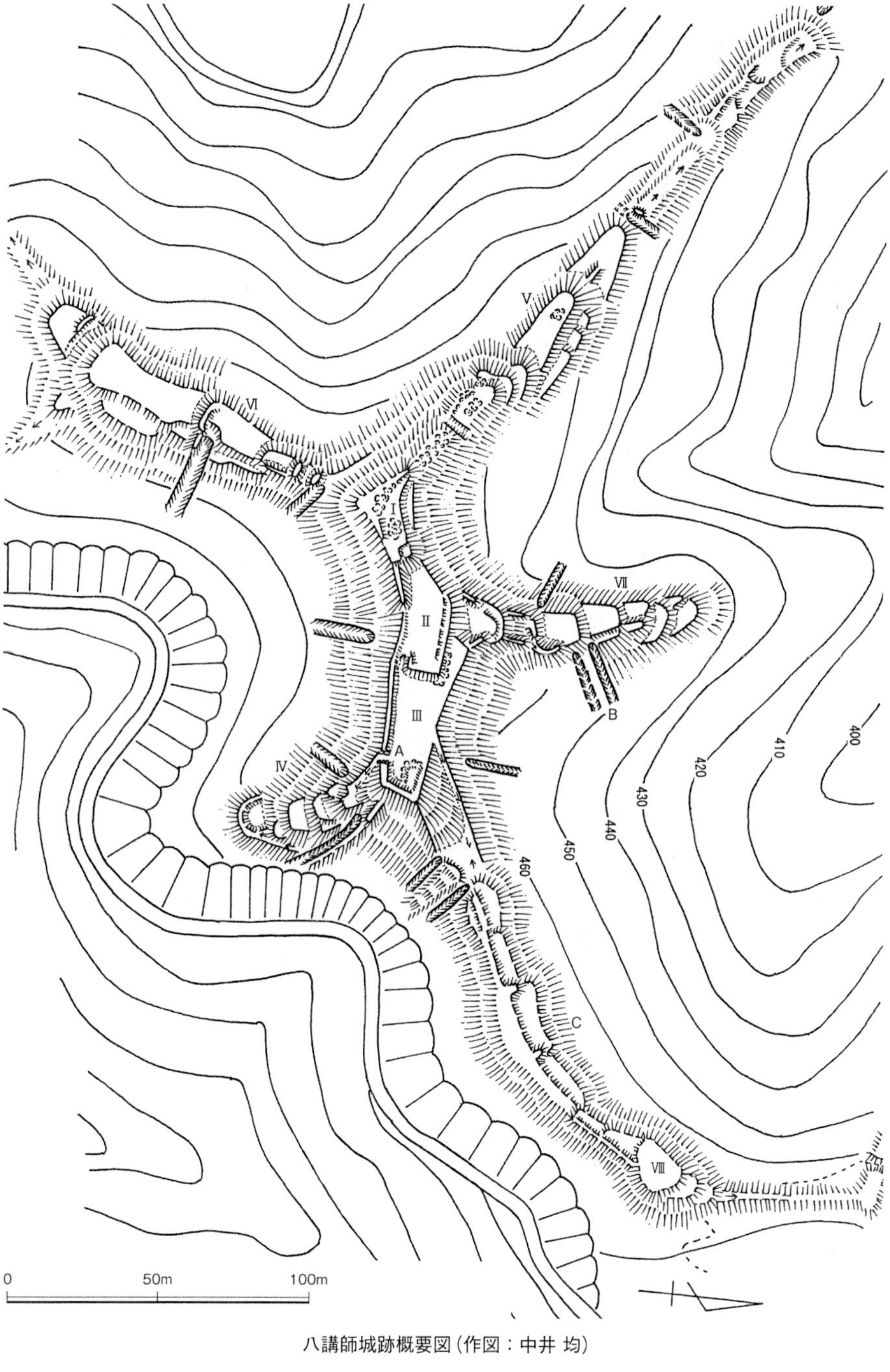

八講師城跡概要図（作図：中井 均）

18 枝折城《しおりじょう》 ★★

所在地 米原市枝折
築城時期 戦国時代
標　高 二六四m
主な遺構 曲輪　土塁　堀切

ＪＲ醒ケ井駅から南に向かい、名神高速道路の高架と河南《かなん》小学校をすぎたあたりで東へ折れると枝折の集落がある。集落南の谷奥に林蔵坊《りんぞうぼう》があり、苔の緑鮮やかな平坦地が広がっている。

林蔵坊の説明看板には、「中世に当地を支配した土肥《どい》氏に由緒ある寺で、堂内には土肥氏が鎌倉から移したと伝えられ、市指定文化財となっている不動明王像が安置されている」と記されている。林蔵坊背後の斜面を登り、鉄塔から南へ馬の背状の尾根を行くと枝折城に取りつく。城は、枝折の村と醒井を見下ろす、標高二六四メートルの尾根稜線上に立地する。背後には、霊仙山への山並みが奥深く続く。山麓には、東山道（中山道）と霊仙山へ向かう丹生谷《にうだに》の道が交差している。

枝折城について記す文献は認められない。『改訂近江国坂田郡志』には、「土肥の古城」として、「醒井村大字枝折字造座の一小山にあり、城主土肥六郎左衛門實勝《さねかつ》は、鎌倉頼朝公の家臣土肥次郎實遠《さねとう》の末葉にして、足利尊氏の世、近江、美濃の野武士を平定して功あり」とあり、「土肥氏に支家三あり」とし、番場・多和田・醒井の三カ所に分住して、箕浦庄の三土肥と称したとある。

その系譜には、六郎兵衛心光「家を嫡子實國に譲り、多和田に隠居す。依りて多和田殿と言う。応永十八年（一四一一）正月廿一日卒」。嫡男實國は、「枝折に住す。醒井殿と称す」。二男心家は「番場に住し、番場殿と称す」とある。そして、承久の変の戦功で箕浦荘の地頭職として下向した御家人土肥氏の子孫の居城と伝えている。

枝折城は、醒井殿と称した系統の詰の城として築かれたようだ。

枝折城に関する記録は直接ないものの、土肥氏に関しては、永享七年（一四三五）七月の八幡宮勧進猿楽桟敷次第書中に「土肥殿」と見えることや、『伺事記録』延徳二年（一四九〇）八月十六日条に「箕浦庄内土肥鹿子分」として登場している。また、『江州佐々木南北諸士帳』には、「醒ヶ井　住佐々木随兵平氏　土肥玄蕃亮」とある。江戸時代の地誌『淡海《おうみ》木《こ》間《ま》攫《ざらえ》』には、「往古、土肥次郎居城セシ事アリトイフ。其ノ譜代ノ臣、池田氏、江龍氏、能勢氏ノ姓名残レリ」とする、江龍は枝折に隣接する下丹生に地名があり、枝折土肥氏が、丹生川に

枝折城跡

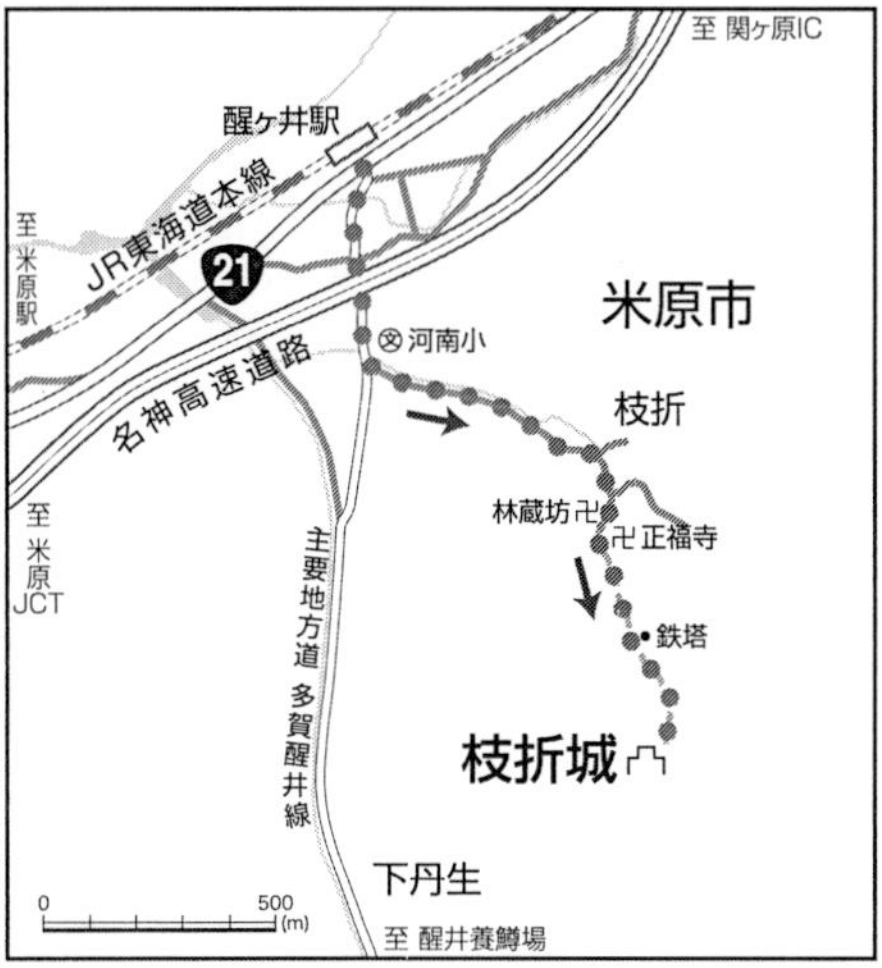

枝折城へのアクセス

JR醒ヶ井駅下車、徒歩約10分で枝折集落。林蔵坊または正福寺の背後から登り約20～30分。

沿った谷筋を支配していたことがうかがえる。

さらに、郡志には、實國の末裔六郎兵衛は、関ヶ原の役に石田三成に属し、三子を率いて従軍したが、西軍が敗れたため、六郎兵衛は因幡鳥取に逃れて客死し、長子市太郎、次子市次郎は戦死して、枝折城は廃城になったと記す。三子吉左衛門は枝折に隠遁し、慶長十八年（一六一三）に同地で卒したと記されている。

堀切

枝折城は、尾根筋上に、ほぼ一直線に曲輪を配置している。主郭Ⅰは北端で二段となり、虎口を形成していたと考えられる。南、東辺に土塁を巡らせ、南端の土塁は一段高く、さらに方形の土壇が設けられており、櫓台とみられる。主郭の北には副郭Ⅲがあり、その外側には巨大な堀切Aを設けて山麓からの尾根筋を完全に遮断している。なお、この堀切は、西側斜面に向かって竪堀となる。堀切の外側は自然地形となり、その先端にも、削平の甘い二段の曲輪が構えられるが、北端の削平地Ⅳには土塁が伴っており、城域と判断される。

主郭直下で尾根は二股に分れるが、西側には土塁Bと堀切Cが構えられ、遮断線としている。さらに主郭の南方背後の山の方が城よりも高いために、尾根筋には二本の堀切Dが設けられ、二重堀切としている。

ところで、二重堀切よりもさらに外側の尾根筋には、尾根線に沿って長大な土塁が構えられている。長大な土橋と報告されているようであるが、二重堀切で明確に城域を設定しており、城郭に伴う遺構の可能性は低い。

このように枝折城は、きわめてコンパクトな構造の城ではあるが、立地や規模、構造などから、近江における在地土豪の典型的な詰城と考えられている。

（髙橋順之）

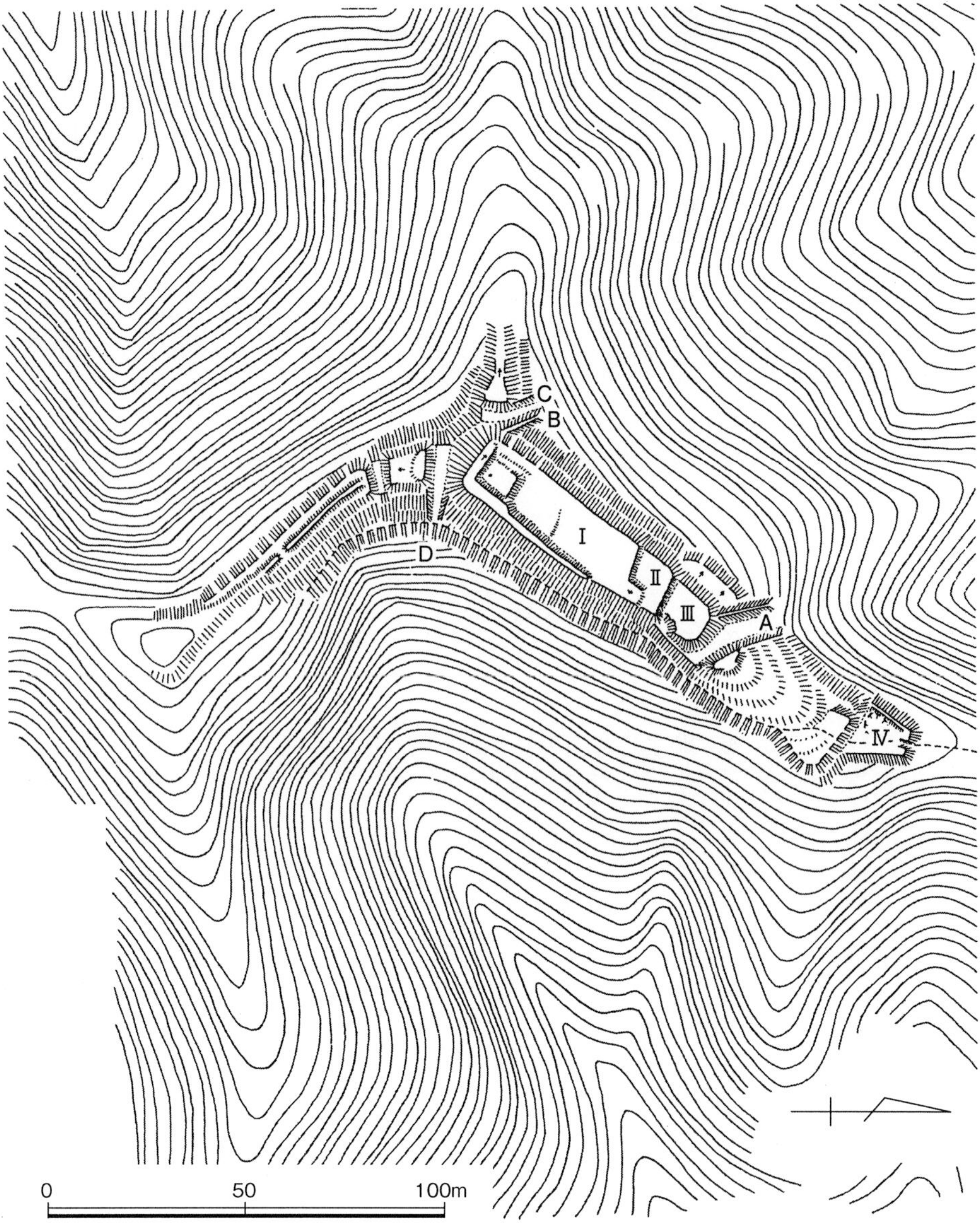

枝折城跡概要図（作図：中井 均）

19 太尾山城《ふとおやまじょう》 ★

所在地　米原市米原・梅ヶ原・西円寺
築城時期　十五世紀後半？〜
標　　高　二五四ｍ
主な遺構　曲輪　土塁　堀切

太尾山城はＪＲ米原駅の東側、比高約一七〇メートルの山上にある。

築城は在地の土豪米原氏によって行われたと伝えられているが詳細は不明である。戦国期の文明三年（一四七一）に美濃の齋藤妙椿《さいとうみょうちん》が近江に侵入し「米原山」で合戦が行われたとするが、この「米原山」が「太尾山」とみられている。山手を通過する東山道と共に米原には湖岸沿いを浜街道が通過しており、近江の南北をつなぐ交通路の通過点となっていた。

天文七年（一五三八）の六角氏による江北攻めでは、湖西から渡海して参戦した永田伊豆守《ながたいずのかみ》や能登殿《のとどの》が「太尾」に着陣している。この後、永禄年間にかけて太尾山城は江北の京極・浅井氏と、江南の六角氏の国境に位置した「境目の城」として佐和山城や鎌刃城・菖蒲嶽《しょうぶだけ》城・磯山城・朝妻《あさづま》城など共に攻防が繰り返された。

太尾山城には浅井方から中嶋宗左衛門（伊香郡）、六角方から佐治太郎左衛門尉《さじたろうさえもんのじょう》（甲賀郡）や吉田安芸守《よしだあきのかみ》、宮木賢祐《みやきかたすけ》など、領国の後方から城番が派遣されていた。天文二十一年（一五五二）の六角義賢《よしかた》から佐治氏への書状には「為太尾山番勢、入城辛労候、彌気遣肝要候」（小佐治文書）とあり、敵前での「番」の任務の様子がうかがえる。永禄四年（一五六一）には吉田安芸守が守備する太尾山城に対して浅井方は磯野員昌《いそのかずまさ》・今井定清の夜襲をもって攻略したが、今井定清が同士討ちで戦死している（『嶋記録』）。

浅井氏の下では中嶋宗左衛門が在城していたが、織田信長の近江進攻と南北抗争の終結によって境目地域は消滅し、元亀争乱のあとは太尾山城も役割を終えて廃城と

鎌刃城から太尾山城を望む（東から）

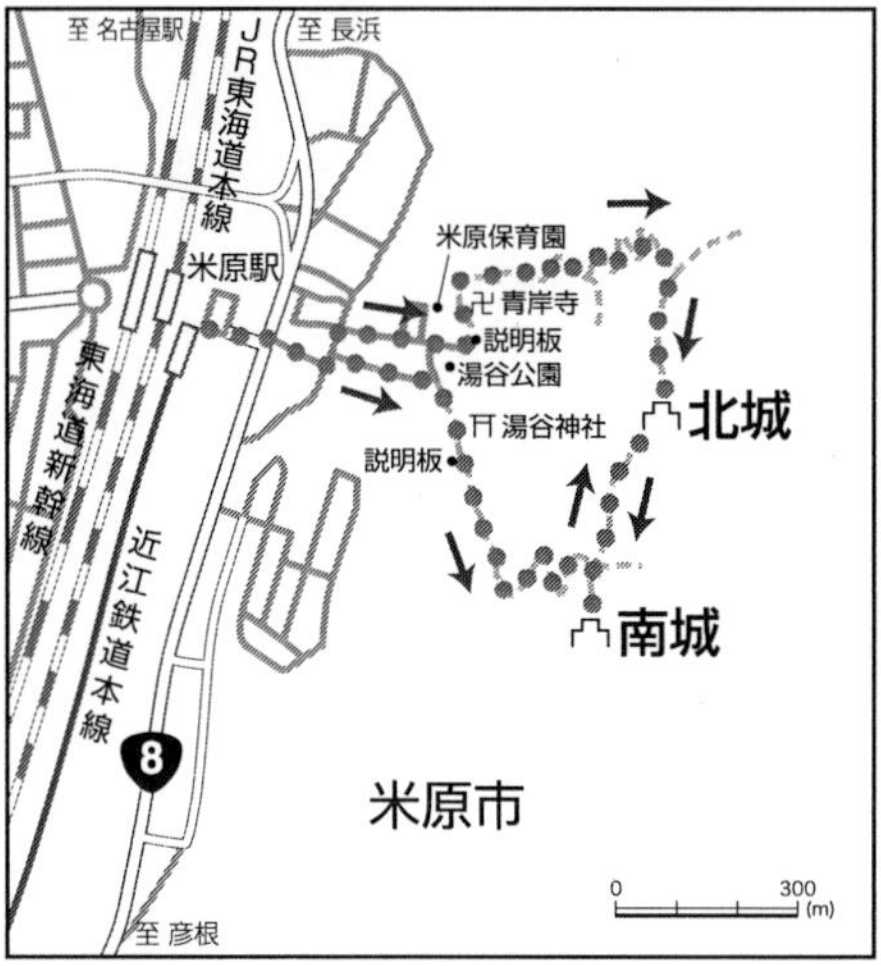

太尾山城へのアクセス

JR米原駅下車、東口から国道8号を渡り直進。突き当りの青岸寺と、南側にある湯谷神社から二通りの登山道が整備されている。ともに徒歩約30分。

なったようである。

城は北城と南城からなる「別城《べつじょう》一郭《いっかく》」と呼ばれる構造で、いずれも尾根上に曲輪や土塁・堀切を階段状に並べるものの、両城の間は自然地形を残している。

北城は北・東面を土塁で囲んだ主郭（北Ⅰ）を中心に、北側は堀切こそ無いものの土塁囲いの曲輪（北Ⅱ）が防御を固めている。主郭から東へ派生する尾根続きは堀切と腰曲輪を設けて遮断する。主郭から南は三段ほど曲輪が並び端を堀切で遮断している。主郭からの眺望は伊吹山や湖西・湖北のほか、鎌刃城・佐和山城を望むことができる。

米原駅前から太尾山城を望む

　南城は山頂のやや小さい主郭（南Ⅰ）北側に土塁囲いの曲輪（南Ⅱ）を設け、いずれも方形を指向した平面形で他の曲輪からの比高差も大きい。その北側には平虎口を持った曲輪（南Ⅲ）が置かれ、北・東の尾根続きに配した堀切へ斜面が続いている。南側へはやや削平が不完全な曲輪が連なり西への尾根続きを城側にかなりの落差を持った堀切によって遮断している。

　こうした土塁囲いの曲輪や、堀切による遮断、曲輪の方形平面の指向については近江の中でも比較的進んだ縄張りであり、境目地域の城として技巧的な普請が施されていたことがうかがえる。先述の別城一郭構造は太尾山城周辺にある菖蒲嶽城・磯山城にもみられ、境目の城における特徴とみられている。

　平成十四・十五年（二〇〇二・二〇〇三）に行われた発掘調査では、北城・南城ともに主郭（北Ⅰ・南Ⅰ）とその北側の土塁囲いの曲輪（北Ⅱ・南Ⅱ）で鉄釘などとともに礎石建物が検出されている。当城について『大原観音寺文書』の「中嶋宗左衛門直頼書状」には「太尾門矢蔵之用、上野より材木三本召寄候云々」とあり、門・櫓があったことを文書と遺構の両面から裏付けている。南城の土塁囲い曲輪（南Ⅱ）では区画溝や集石遺構も検出され、土師器皿《はじきざら》や天目茶碗《てんもくちゃわん》・擂鉢《すりばち》などの出土遺物もあり、境目の城としてかなり恒常的な施設や生活が営まれていたことが明らかとなった。

　現在、南山麓の青岸寺《せいがんじ》から北城、湯谷《ゆたに》神社から南城へと二通りの登山道があり、米原駅からも近く訪れやすい。城跡の各所には調査成果を反映したカラー写真入りの解説版が設けられており、遺構の理解を助けてくれる。

（早川　圭）

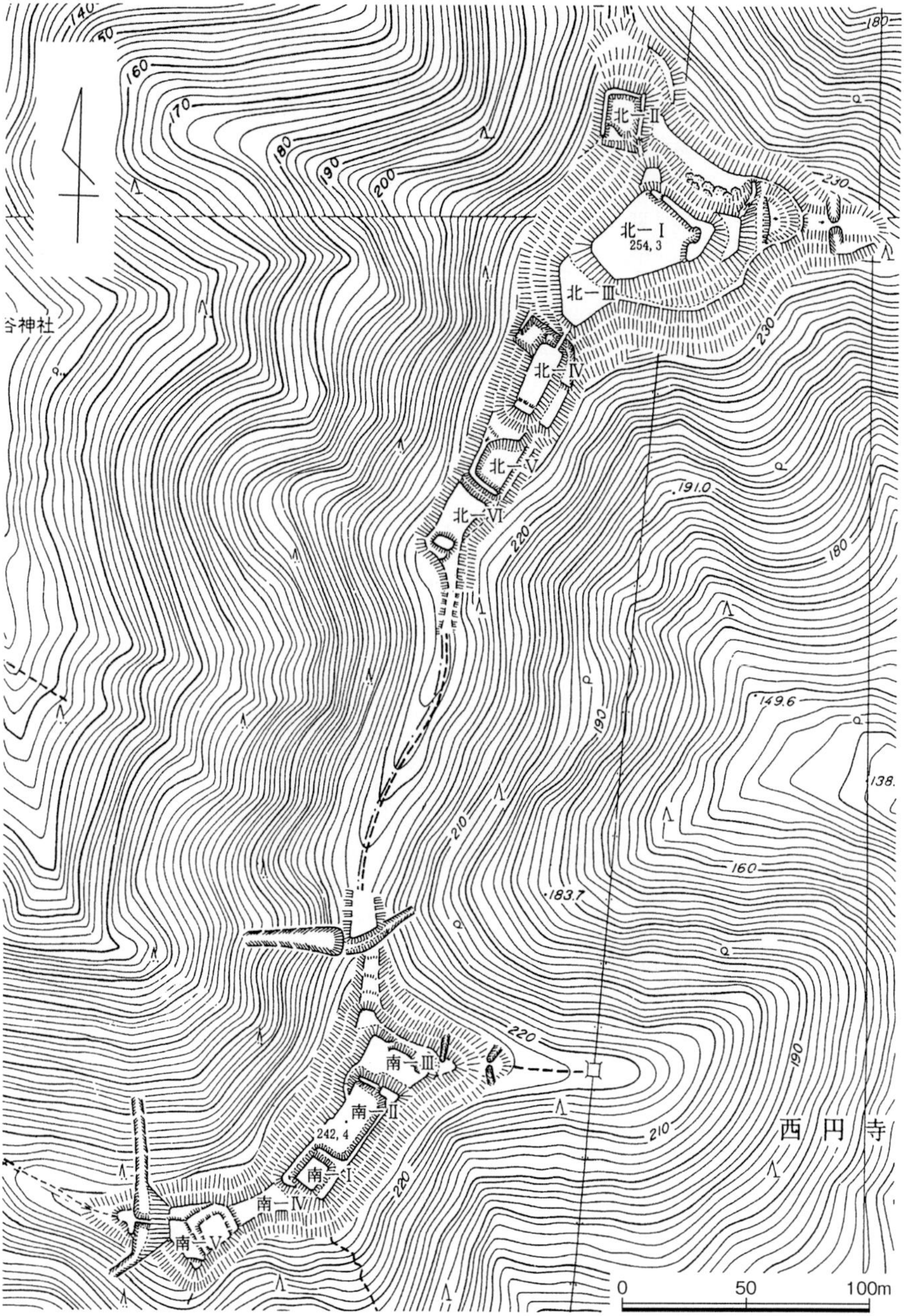

太尾山城跡概要図（作図：中井 均）

20 鎌《かま》刃《は》城《じょう》

★★★

国指定史跡

所在地　米原市番場
築城時期　十五世紀後半？
標　高　三八四m
主な遺構　曲輪　土塁　堀切　虎口　石垣　水の手遺構

鎌刃城は中山道の宿場町である番場の南東山中にある。霊仙山系から西に突き出た比高約一八〇メートルの山頂に位置し、山麓の中山道や、周辺に点在する佐和山《さわやま》城・菖蒲嶽《しょうぶだけ》城・太尾山《ふとおやま》城などを眼下に見下ろし、湖北・湖東方面まで眺望が利く立地である。

鎌刃城の築城については、文明四年（一四七二）に坂田郡の今井秀遠《ひでとお》が堀次郎左衛門の籠る鎌刃城を攻めたという記録（『今井軍記』）が最古である。戦国時代の近江は江北の京極・浅井氏と江南の六角氏が争う構図であり、当時の今井氏は京極方、堀氏は六角方であった。鎌刃城は坂田郡南部に点在する他の城砦群と共に、この南北両勢力の国境位置する「境目の城」として機能していた。琵琶湖側に位置する磯山城・佐和山城・太尾山城に対して、鎌刃城は山間を抜ける中山道や霊仙山中の間道を監視する役目を負っていた。

堀氏や今井氏は坂田郡南部の在地の国人で、南北抗争の中でしばしば服属先を変えている。その度に鎌刃城では攻防戦が行われた記録がみられるが、永禄二年（一五五九）以降は浅井氏に属した堀氏が入城し、浅井方の城となっていた。

元亀元年（一五七〇）に浅井長政が織田信長に反抗すると、長政は織田方に降った堀氏に換えて百々越前守を入れるが、姉川合戦後は堀氏が復帰している。鎌刃城は境目の城である一方、堀氏の城でもあった。その後天正二年（一五七四）に堀氏が改易され、翌年に「江州鎌羽ノ米穀二千俵」が徳川家康に与えられた（『武徳編年集成』）後は廃城になったようである。

鎌刃城は東西・南北ともに約四〇〇メートルを測り、

江北では小谷城に次ぐ規模を誇る。山頂の台形を呈した主郭を中心に西・南・北へのびる尾根上に曲輪を配置し、尾根続きは堀切によって遮断している。南・北の尾根は巨大な堀切を連続させ、西尾根は近江では珍しい畝状竪堀群を設けている。とりわけ南尾根は主郭より高い痩せ尾根上に鋸歯の如く七重の堀切を設けて侵入を困難なものにしている。北尾根の西側には石垣も認められる。土塁囲いや石垣、巨大な堀切や畝状竪堀群《うねじょうたてぼりぐん》など戦国期後半の特徴を備えた山城として評価されていた。

主郭虎口の石積・階段

平成十〜十四年（一九九八〜二〇〇二）に主郭と北端郭を中心に行なわれた発掘調査ではこの評価を上回る成果が得られている。主郭Ⅰは南半分が土塁によって囲まれているが、これが内面・外面共に石積によって構築された石塁であり、北半分の塁線も石積になっていたことが明らかとなった。また、北面中央に凹地があり虎口《こぐち》の存在が予想されていたが、石段や石垣で固められた枡形虎口で、一段下の郭から屈曲させた城道が石段で登る仕

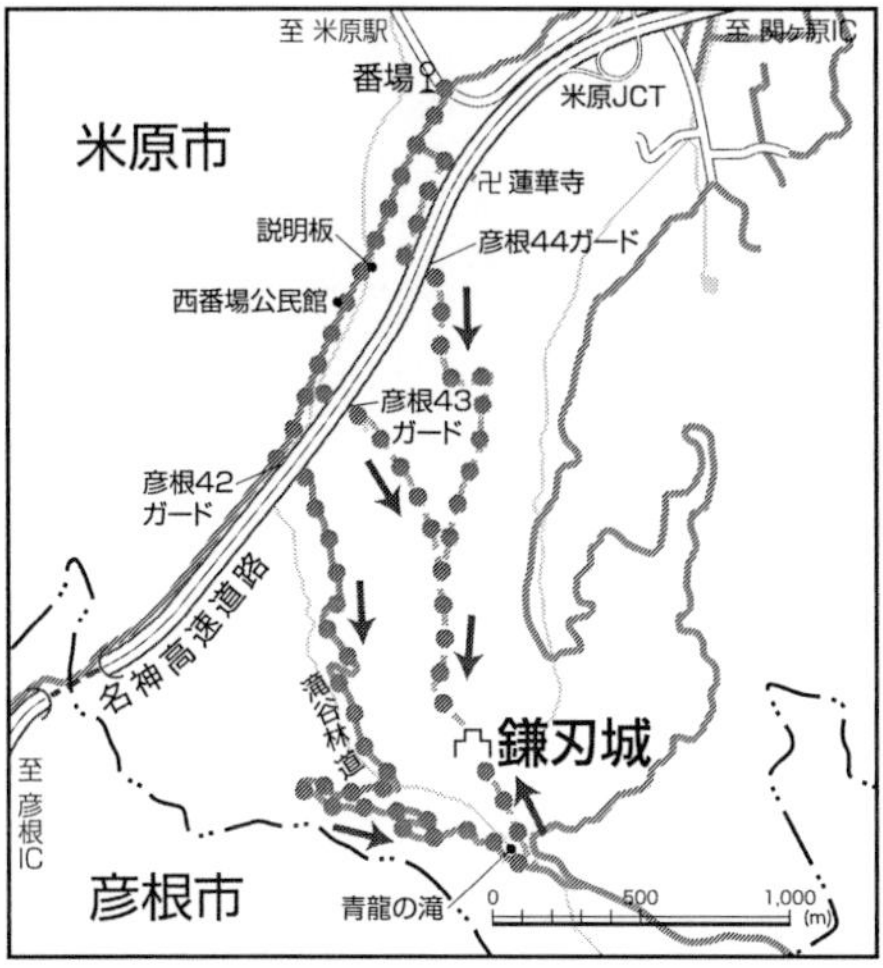

鎌刃城へのアクセス
JR米原駅下車、番場バス停までは6分。そこから彦根44ガードを通り徒歩で約1時間。南側の彦根43ガードや、彦根42ガードを通り林道を抜ける道もある。

組みになっていたことがわかっている。主郭の南側は石塁の下に浅い堀切がめぐり、南端郭（南Ⅱ）との間の堀切も石垣が設けられていた。これらの成果から主郭内部には居住用の建物、石塁上には多聞櫓状の防御用建物が構築されていたとみられる。

鎌刃城遠望（北から）　堀切・主郭・北尾根

北端郭では馬蹄型に土塁で囲まれた曲輪（北Ⅵ）が腰曲輪をはさんで大堀切の上にあるが、この内部から五×五間以上の穴蔵を持った礎石建物が検出されている。その東側には石垣で固めた通路があるが、一×二間の礎石が確認され門が設けられていたとみられる。この一段上の曲輪（北Ⅴ）にも主郭同様凹地がみられたが、ここも石垣・石段による枡形虎口となり門の礎石が検出されている。各曲輪からは建物に伴う鉄釘や、椀・皿など調理具から壺・甕など貯蔵具まで一通りの遺物も出土している。これらの調査成果については各所に解説版が設けられている。

以上の調査成果は、一部に石積を用いた土造りの城という予想を覆し、石垣や礎石建物が多用された石造りの城に近いものであった。ただし、石垣は裏込めが無い石積と言うべきもので、枡形虎口も虎口内部は屈曲せず直進する構造である。これらは織豊系城郭とは系譜を異にする、戦国期城郭の到達点というべきものであろう。なお、畝状竪堀群を備えた土造りの西尾根では発掘調査は実施されていないが、南・北尾根とは時期差が生じる可能性がある。

なお、城の南側の谷にある青龍滝の上には岩盤に石樋を穿った水路の遺構が確認されている。石樋は途中で途切れているが、標高は城内より高いことから竹樋を伝って城内へ導水したものとみられる。

（早川　圭）

97　鎌刃城

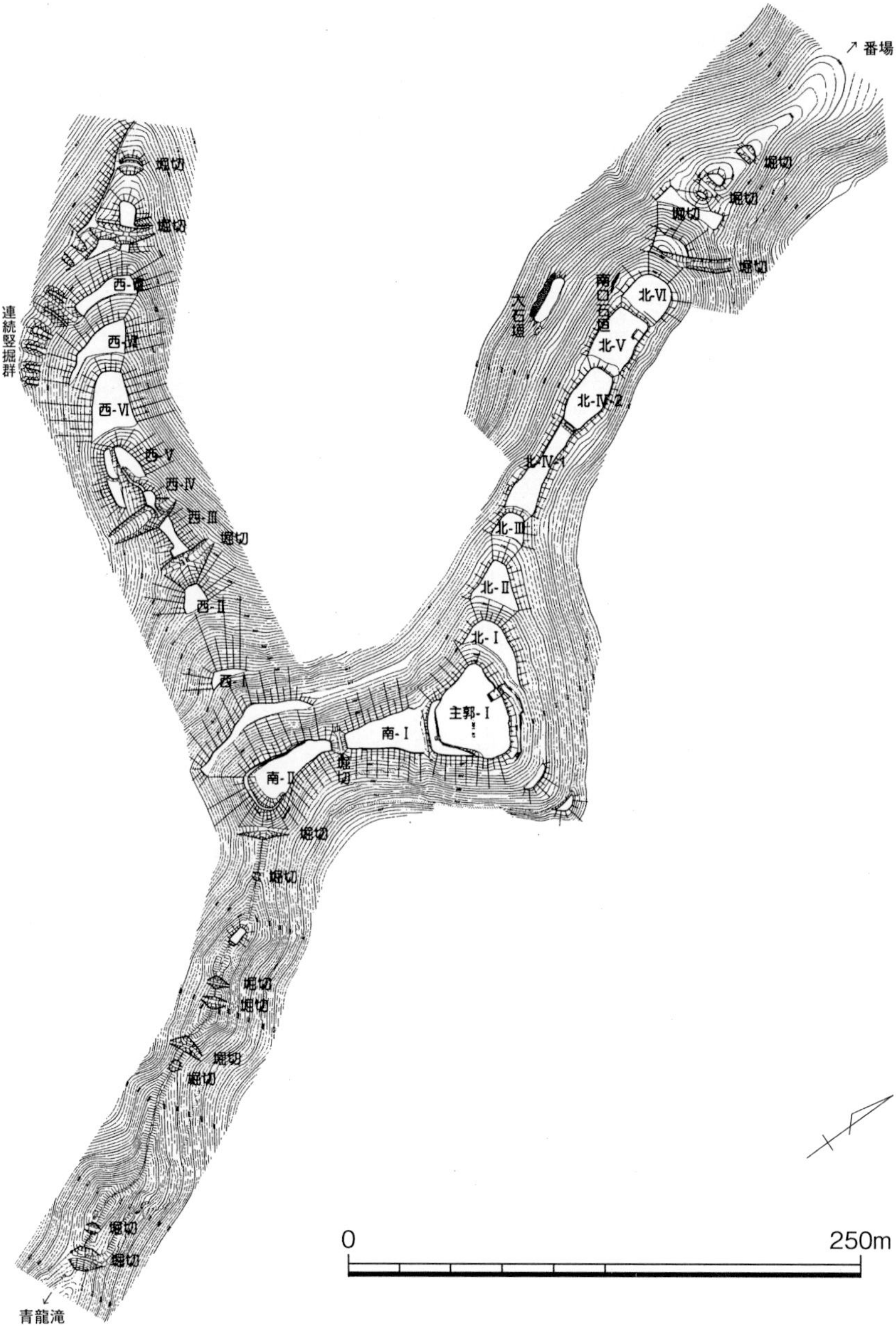

鎌刃城跡概要図（作図：米原町教育委員会作成）

21 男鬼入谷城《おおりにゅうだにじょう》

★★★

所在地　犬上郡多賀町入谷、彦根市男鬼
築城時期　戦国時代
標　高　六八五m
主な遺構　曲輪　土塁　堀切　畝状竪堀群　石垣　櫓台

彦根の山間部に所在する廃村男鬼に所在する戦国時代の城跡であるが、一九八一年度より一〇年をかけて実施された滋賀県中世城郭分布調査でも確認できなかった城跡である。しかしその規模は大きく、縄張りも戦国期後半の発達した構造を示しており、なぜ分布調査で発見できなかったのか、まさに謎の巨大山城である。

謎はそれだけではない。まずその立地も不思議である。通常山城が構えられるのは集落や領域を見下ろす山であったり、街道や河川、港湾を監視できる山であるはずなのだが、男鬼入谷城からは何も見えず、周囲の山々が見えるだけである。さらに城主や歴史に関しても一切不明の謎の城でもある。もちろん城の名称もわかっていない。男鬼入谷城は発見後に付けられた仮称にすぎないのである。

江戸時代に編纂された地誌『淡海木間攫《おうみこまざらえ》』に「男鬼村仏生寺村ノ巽ノ山奥ナリ。往古此所ニ川原豊後守在城ナリ。其城塁跡今ニ猶存セリ」と記されている。これが男鬼入谷城と見られる。ただ城主である川原豊後守《かわはらぶんごのかみ》については他の史料にはまったく登場しない。おそらく川原は甲良と音を同じくするので、甲良豊後守を城主として伝えていたのではないだろうか。

では、改めてその立地についてみておきたい。男鬼集落の南東背後には比婆《ひば》神社が鎮座しており、さらにその背後が標高六六九メートルの比婆山である。城はこの山頂部ではなく、そこから北西に尾根を一旦下がり、再び登りきったところに位置している。山麓には年貢道と呼ばれる道路が通っていたと言われるが、街道や間道といったものではなく、山間部に点在する集落間を結ぶ山

道程度のものにすぎない。つまり領域支配や街道監視といった城でないことはこうした立地より明らかである。

　その縄張り構造であるが、曲輪ⅠとⅡがほぼ同じ高さに構えられており、どちらが主郭か判別がつかない、軍学にいう別城《べつじょう》一郭《いっかく》タイプの縄張りと見てよい。曲輪Ⅱの西面直下には見事な三重の堀切Ａが設けられており、尾根筋を断ち切っている。さらに曲輪Ⅱより北に伸びる尾根上には三段にわたって曲輪を構え、その西辺には土塁が設けられており、西方への強い防御が読み取れる。尾根先端には三段にわたって畝状竪堀群や堀切が連続して設けられており、その形状は圧巻である。

　一方、曲輪Ⅰからは北尾根上に腰曲輪が三段に設けられているが、その間の切岸は垂直に近く、五メートル近い高さで敵を寄せ付けない。そして先端部には二重の堀切で尾根を遮断している。東側に続く尾根上には階段状に削平された曲輪が曲輪Ⅲまで構えられているが、その

Ⅱ郭西面の巨大な三重堀切

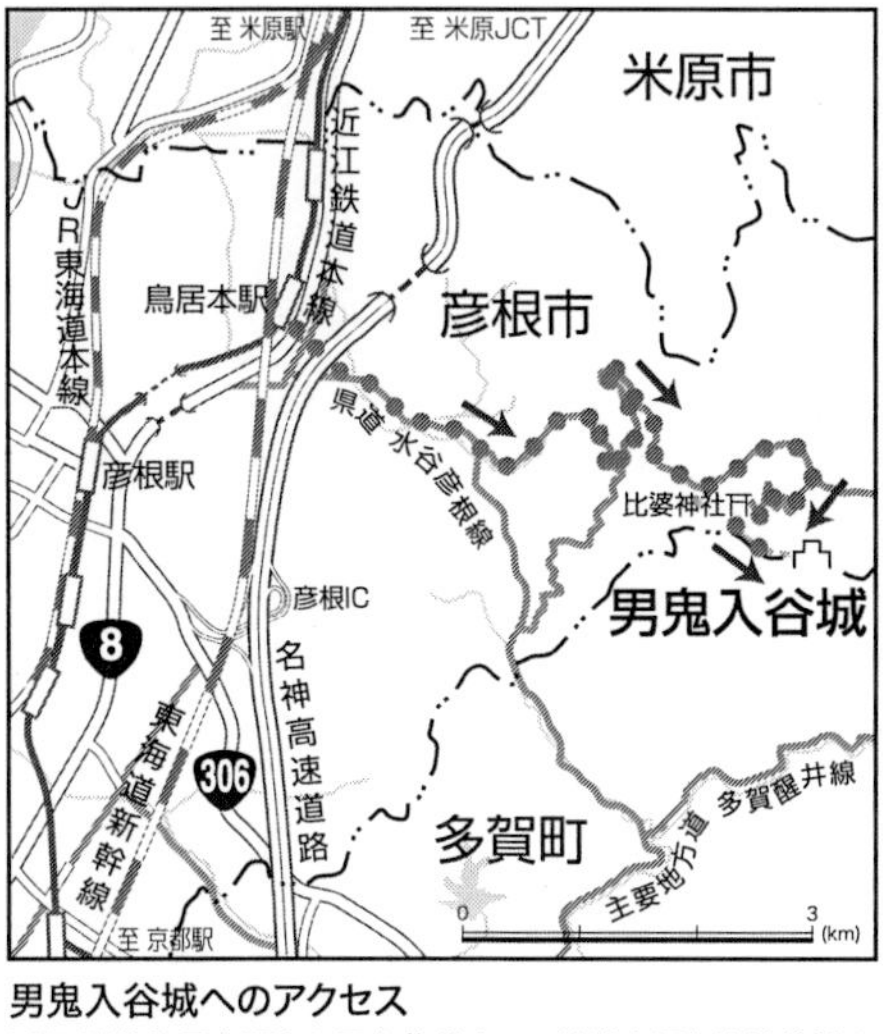

男鬼入谷城へのアクセス

近江鉄道鳥居本駅から男鬼集落をへて林道を通り比婆神社まで約70分。神社の奥から尾根伝いに約1kmで城跡。

間には巨大な堀切Bが設けられている。

城域最東端の曲輪Ⅲの北側尾根に構えられた小曲輪には石垣が巡らされており、その前方は二重の堀切が尾根筋を遮断している。

このように縄張りからは城よりも高くなる西側に対する防御と、北側に伸びる三本の尾根筋に対する防御意識が極めて高いことが読み取れる。

Ⅱ郭北側の土塁と曲輪

こうした縄張りから男鬼入谷城は戦国時代の発達した縄張りを持った城であることがわかる。その縄張りから城の機能や築城主体について考えてみたい。まずその立地は極めて不自然であり、城を構えるべきところではなく、敵から攻められるのを隠すような機能の城だったことを示唆している。いわば隠し砦といったようなものである。隠し砦など実際には存在しないのであるが、実はこの地域ではありうる歴史的状況が存在する。近江では戦国時代に江南は六角氏が、江北は浅井氏が支配していたが、坂田郡から犬上郡の山間部には江北の守護であった京極氏一族の支配下にあったようである。京極氏は戦国時代に高清の長子高広と弟高吉が家督を争う内訌《ないこう》が生じた。天文十一年（一五四二）には和睦し、台頭する浅井久政を攻めて臣従させる。高広は天文十九年（一五五〇）から天文二十二年（一五五三）まで六角氏領にも攻め込んでいる。高広は常に霊仙を越えて芹川沿いに湖東平野に攻め入っていることより、本拠地は犬上郡から坂田郡の山間部にあったと見られ、その居城として男鬼入谷城が築かれたのではないかと考えられる。ここから多賀へ抜け、甲良へ攻め入ったのだろう。

縄張りは近江の戦国山城のなかでも最も発達した構造を示しており、在地の土豪が築いたとはとても考えられない。京極高広が失地回復を狙った山岳拠点として築いたのであろう。

（中井　均）

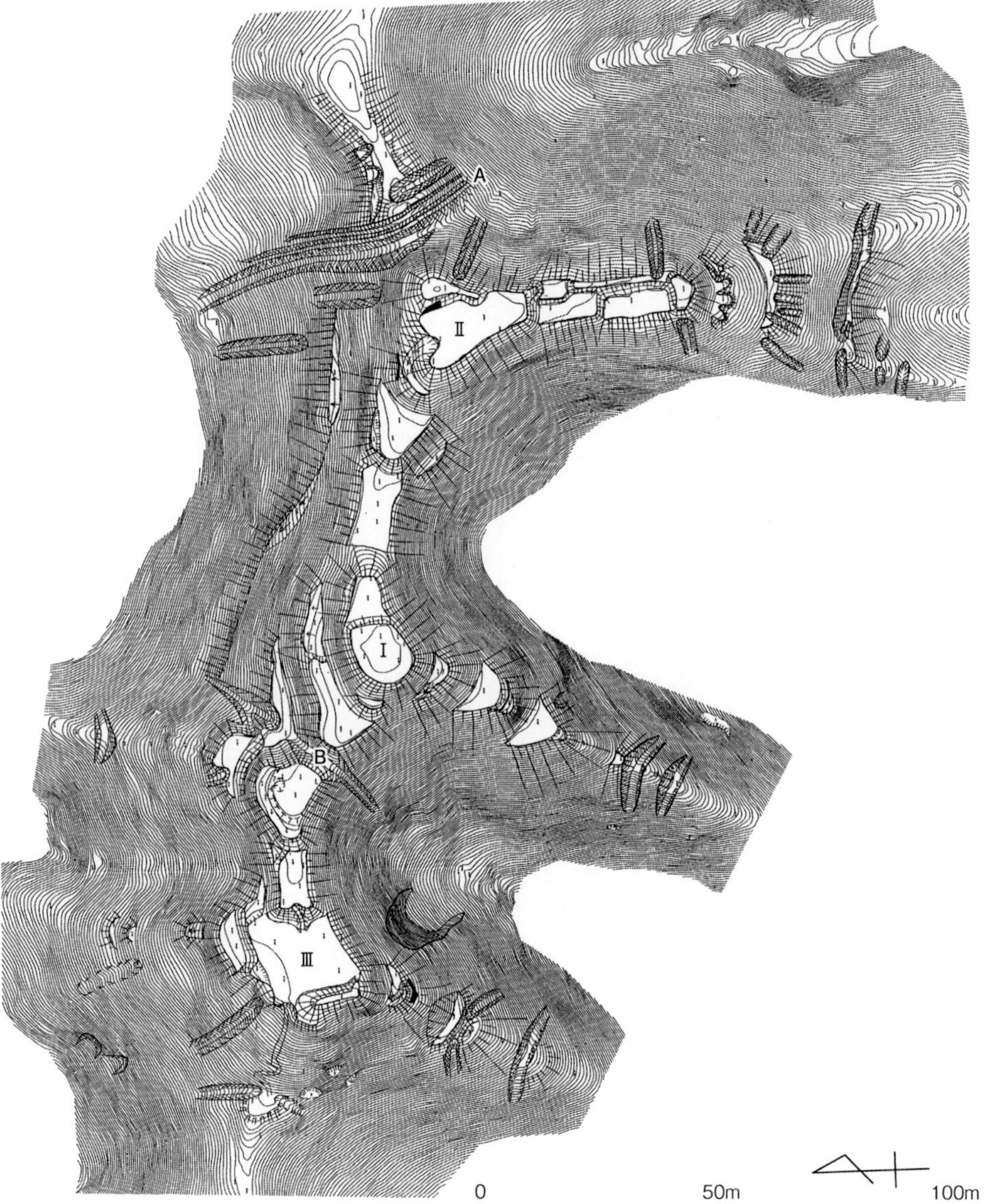

男鬼入谷城概要図（作図：中井 均）

22 桃原城《もばらじょう》

★★★

所在地　犬上郡多賀町桃原
築城時期　戦国時代
標　高　六三四m
主な遺構　曲輪　土塁　虎口　馬出

桃原は多賀から五僧峠を越えると美濃国養老郡や伊勢国員弁郡に抜ける間道上に位置している。『愛智郡志』には京極政高《まさたか》の根拠として、「桃原城は桃原の南方阿弥陀峰に在り大字杉より保月に通ずる交通を扼し城頭の眺望広し、城址の南方は高一丈数尺の築堤を廻らす。数町の長さに互り当年守護の厳なるを追懐すべし」と記して、京極政高の居城としている。京極政高とは京極持清《もちきよ》の三男政経《まさつね》のことで、近江・出雲・隠岐・飛騨四カ国の守護である。持清の没後、京極氏の当主の座を巡り、次兄の政光および甥の高清らと戦った。『愛智郡志』には明応四年（一四九五）に西明寺に陣を張り、桃原と行き来したと記している。また、多賀経忠《たがつねただ》が政経の招きに応じて桃原城に入り兵糧軍資の調達に奔走したとも記している。これらを裏付ける史料はなく、詳細は不明であるが、伝承として守護京極政経の城としている点は注目できる。

その構造は極めて単純で、単郭で周囲を土塁によって囲繞するだけのものである。ただ、単郭ではあるが、その規模は大きく、南北約一二〇メートル、東西約一〇〇メートルを測る。注目できるのは城跡の周囲は北、東、西面が小丘陵の頂部となっている点である。つまり三方を山に囲まれた谷部に選地しているということである。このため、土塁の東面と西面については曲輪内より城外側の方が高く、城内が見下ろされているという、城郭としては異常な構造となっている。城内から見ると、外側からの防御というよりも、むしろ内側から脱出できないような感覚に襲われる。

また、土塁に囲まれた曲輪であるが、削平された平坦面とはならず、中央が谷筋となり西側から東側に傾斜す

西辺の土塁

る自然地形そのものである。虎口《こぐち》は一カ所構えられており、城のなかでもっとも高所となる西辺に平虎口が設けられている。虎口自体は土塁を開口するだけの平虎口である。

この単郭の曲輪の南辺は城の外側に土塁が延長して構えられている。その北端には自然の鞍部に堀切Aを設けて尾根筋を遮断している。この土塁線はほぼ中央で南側が土塁、北側を堀切Aまで切岸としている。ちょうど

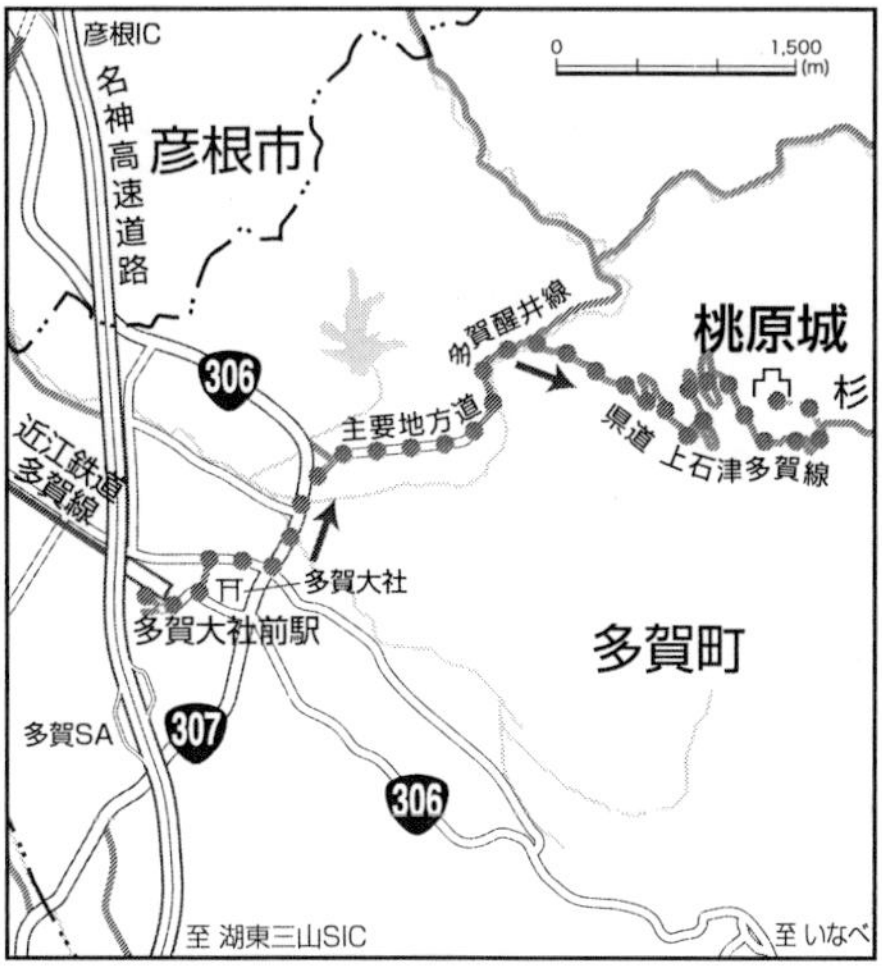

桃原城へのアクセス
近江鉄道多賀大社前からタクシーで20分。または徒歩約120分。杉峠から斜面を約10分登る。

土塁から切岸に変わるところに虎口Bが構えられている。土塁下は帯曲輪状に削平されており、この帯曲輪から斜めに通路を設けて上段が平虎口となっている。この通路を守るように下段の帯曲輪にコの字状に土塁が構えられ、直進を阻んでいる。その形態は角馬出《かくうまだし》そのものであり、虎口B部分だけは非常に発達した縄張り構造を構えている。

曲輪Iより南に伸びる土塁線は城の南の小丘陵をぐるりと巻き込んで構えられている。ここでも土塁線の一段下には北の帯曲輪から続き、南側小丘陵の南裾で途切れている。こうした形状より、杉集落の谷筋から来る敵に対して構築された土塁線と考えられる。そして三方の山の鞍部に土塁を回して兵の駐屯地としたものと考えておきたい。

では桃原城はいつ、誰によって築かれたのであろうか。多賀町教育委員会による発掘調査では曲輪内でいくつかのトレンチを設定して実施されたが、遺構、遺物ともに出土しなかった。虎口Bの馬出部分の調査でも遺構は検出されなかったが、遺物としては用途不明の金属製品が出土している。また、西端の最高所付近では金糞(スラッグ)が表採されている。

一方、滋賀県教育委員会の分布調査報告ではその立地に注目して、多賀から関ケ原へ抜ける間道が通っていることより、関ケ原合戦に備えて築かれた陣城ではないかと推定している。さらに縄張り構造より城郭ではなく、馬を放牧して飼育する牧ではないかとも考えられている。

このように桃原城は城郭であるかどうかも判然としないが、城郭を考えるうえで実に貴重な遺跡であると言える。高いところから俯瞰される構造は城とは言い難い。しかし、虎口構造には馬出という発達した城郭構造が認められる。城郭類似遺構というだけの施設ではないようである。この矛盾をどう考えるのか。城郭を考えるうえで実に興味深い遺跡と言えるだろう。

(中井　均)

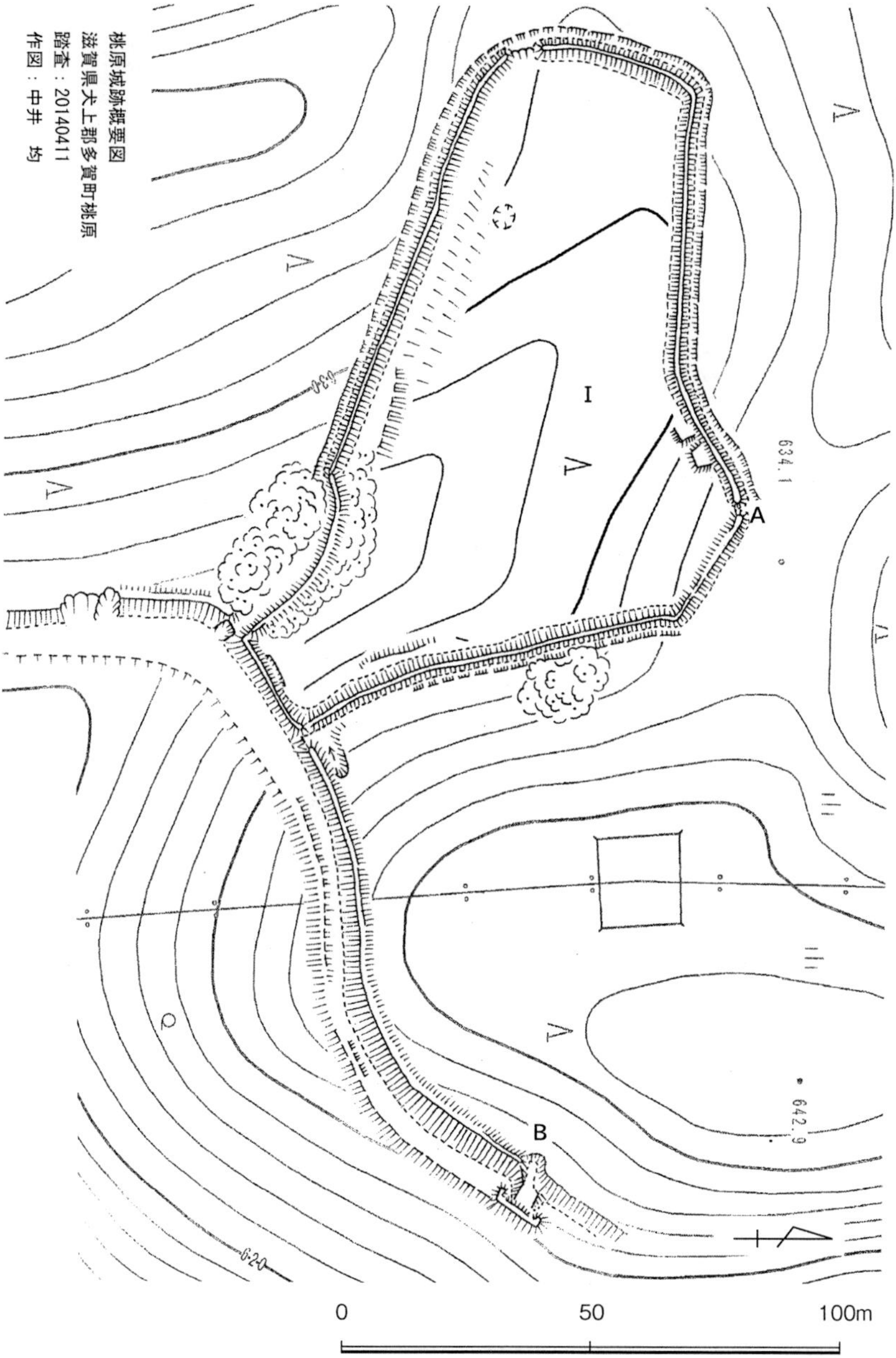

桃原城跡概要図（作図：中井 均）

23 丸山城（丹羽砦）★★★

所在地　彦根市小野町
築城時期　元亀元年（一五七〇）
標　高　一九六m
主な遺構　曲輪　土塁　虎口

丸山城は、佐和山《さわやま》城（彦根市佐和町・古沢町）の東側の鳥居本集落のさらに東側に展開する山塊の尾根先端の山城遺構である。城跡から西方に佐和山城跡を望むことができる。近世の地誌類や地元にも城主などの伝承が伝わっていなかったようである。唯一、城跡の北側に小字「丹殿前」があり、織田信長の重臣、丹羽長秀のことを指していると指摘されている。

標高一九六メートルの尾根最高部に位置する主郭（①）には上部幅の広い土塁が確認でき（ア）、櫓台《やぐらだい》と想定されている。主郭に隣接する曲輪（②）は土塁で囲まれており、一部開口している場所は虎口《こぐち》と考えられている。基本的には最高部の主郭を中心に尾根続きに曲輪を配する単純な構造であるが、土塁による曲輪の防御と虎口・櫓台の配置が確認できる。主郭を中心にその北側と西側を中心に造成が明確で、東側は曲輪造成が確認できるものの不明瞭と言っても過言ではない。しかも、曲輪内を平坦にする意識は主郭を離れるにつれ、弱まっており、標高が下がるにつれ、削平が甘くなる傾向がある。こうした状況から、北から西を向いた普請と考えて差し支えなく、その方向には佐和山城跡が所在する。

佐和山城は、坂田郡と犬上郡の郡境に位置しており、戦国時代末期は浅井方の地域支配の拠点城郭である。

元亀元年（一五七〇）六月二十八日、姉川（長浜市）において浅井・朝倉軍が織田・徳川軍に大敗したのちに浅井方の武将である磯野員昌《かずまさ》は敵中突破して佐和山城に戻り籠城している。これに対して、同年七月朔日、「佐和山へ御馬を寄（寄）せられ、取詰め、鹿垣結はせられ、東百々屋敷御取出仰付けられ、丹羽五郎左衛門置かれ、

丸山城跡より佐和山を望む

北の山に市橋九郎右衛門、南の山に水野下野、西彦根山に河尻与兵衛、四方より取詰めさせ、諸口の通路をとめ、」（『信長公記』）とあり、信長は佐和山城の東西南北にそれぞれ築城させ、それらを鹿垣《ししがき》によりつないで、包囲網を構築している。まさに、先述の小字名や佐和山に対して東の取出（砦）に配置された丹羽長秀は一致するため、丸山城は元亀元年の織田軍による佐和山城攻めの城として築かれたものと考えられている。なお、鹿垣については、現在、土塁・横堀・石垣などの痕跡が一切見られないことから木柵と想定されている。現在、南に構築された城については、ゴルフ場建設に伴い消滅したと考えられており、西彦根山については現在の彦根城の位

丸山城（丹羽砦）へのアクセス
近江鉄道鳥居本駅下車、南東へ徒歩約15分で登山口。登山道の途中骨塔が目印。丸山城まで登山道を約20分。

置であったとされており、陣城に関連する遺構は確認されていない。よって、東の山と北の山に比定されている丸山城と物生山《むしやま》城（彦根市宮田町、本書後掲）は、元亀年間の織田軍による城攻めのための臨時築城（取出・付城・陣城）を示す貴重な遺跡となる。

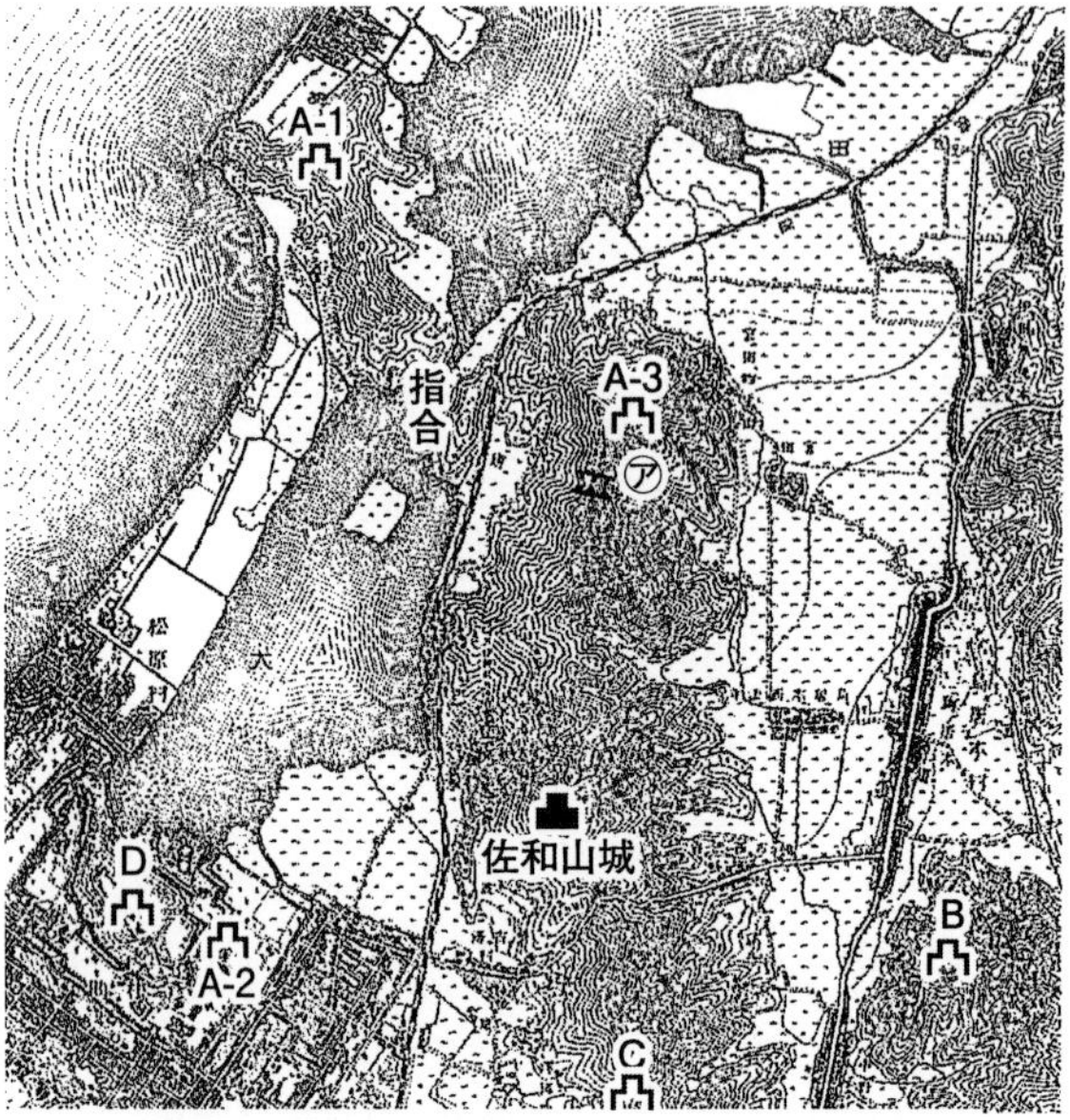

この地図は、陸地測量部発行の2万分の1地形図（旧版、彦根）を複製したものである。

（浅井軍）	佐和山城	磯野員昌
凸（織田軍）	A－1　北の山（磯山）	市橋九郎右衛門
	A－2　北の山（尾末山）	市橋九郎右衛門
	A－3　北の山（物生山ヵ）	市橋九郎右衛門
	B　百々屋敷（丸山城）	丹羽五郎左衛門
	C　南の山（里根山）	水野下野守
	D　彦根山	河尻与兵衛
	㋐　堀切り遺構	

元亀元年の佐和山城攻め配置図
（彦根市2007『新修 彦根市史 第1巻 通史編 古代・中世』より）

佐和山城は、元亀二年（一五七一）二月二十四日に「磯野丹波降参申し、佐和山の城渡し進上候て高嶋へ罷退。則、丹羽五郎左衛門城代として入置かれ候キ。」とあり、籠城戦が終了した。興味深いのは、その翌日に信長は、「佐和山おさへの諸執出（砦）之道具共、両人かたへ可預置候、小谷表之普請之用ニすへく候、（丹羽）五郎左衛門かたへ申遣候条、両人打越間、とりあつめ可置候、ちり候ハぬ様ニ可被申付候、」（『織田文書 増訂織田信長文書の研究』）と、佐和山城を包囲していた陣城の資材を小谷城攻めに転用するように命じていることである。このことは、作事物はすべて、組み立て式となっており、合戦ごとに再利用されるものであったと指摘できる。当城跡は、物生山城跡とともに訪れることをお勧めする。

（下高大輔）

109　丸山城（丹羽砦）

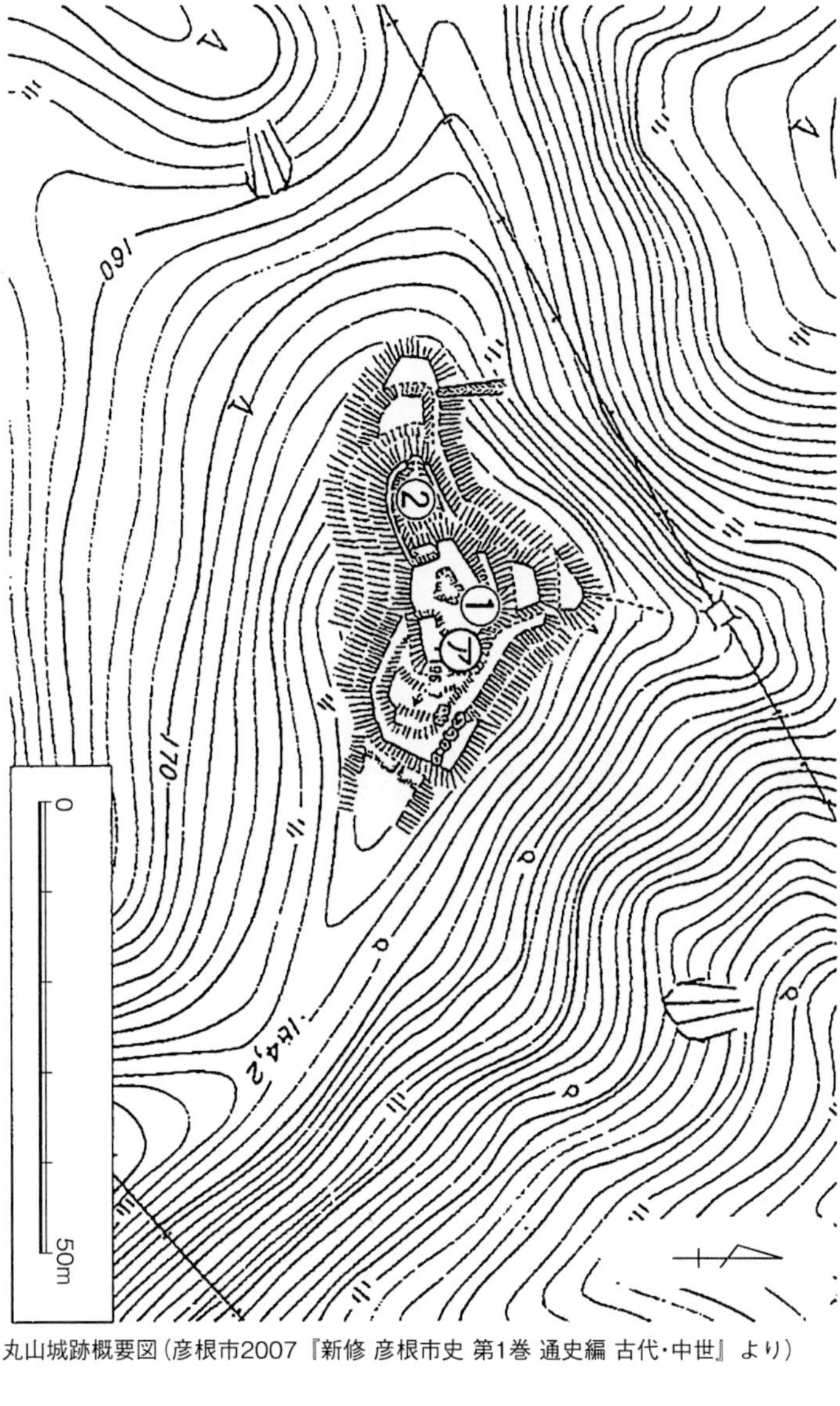

丸山城跡概要図（彦根市2007『新修 彦根市史 第1巻 通史編 古代・中世』より）

24 物生山城《むしやまじょう》 ★★

所在地　彦根市宮田町
築城時期　元亀元年（一五七〇）
標　高　一九二m
主な遺構　曲輪　土塁　竪堀　堀切

物生山城は、佐和山《さわやま》城（彦根市佐和山町・古沢町）の立地する山頂からの北側尾根続きに位置している。

その構造は、尾根最高所の標高一九二メートルに配置された主郭①を中心に複数の曲輪を三方向の尾根線上に配置し、特に佐和山城跡と尾根続きの西側には横堀と堀切を多用することにより、技巧的且つ、虎口《こぐち》の明瞭化が計られている印象を受ける。さらに③の曲輪はいわゆる馬出し的な機能を有していたものと考えられている。物生山城跡も本書前掲の丸山城跡（彦根市小野町）の関連城跡と考えられている。

元亀元年（一五七〇）六月二十八日、姉川（長浜市）において浅井・朝倉軍が織田・徳川軍に大敗したのちに浅井方の武将である磯野員昌《かずまさ》は敵中突破して佐和山城に戻り籠城している。これに対して、同年七月朔日、「佐和山へ御馬を寄（寄）せられ、取詰め、鹿垣結はせられ、東百々屋敷御取出仰付けられ、丹羽五郎左衛門置かれ、北の山に市橋九郎右衛門、南の山に水野下野、西彦根山に河尻与兵衛、四方より取詰めさせ、諸口の通路をとめ、」（『信長公記』）とあり、織田信長は佐和山城の東西南北にそれぞれ築城させ、それらを鹿垣《ししがき》によりつないで、包囲網を構築している。まさに北の山の市橋九郎右衛門が取詰めた取出（砦）こそが物生山城ということになる。この城跡は、先の丸山城に比べると曲輪面が明瞭に削平されるとともに、先述の通り平面構造が技巧的となっている。これは市橋九郎右衛門が織田信長の馬廻衆であったこととも関連していると考えられ、信長自らの在陣の際には、この「北の山」物生山城に着陣することが想定されての普請であったと考えることができるので

南東側山麓より物生山を望む

ある。しかし、信長が佐和山城攻めで在陣した明確な記録は確認できない。

元亀二年（一五七一）二月二十四日に「磯野丹波降参申し、佐和山の城渡し進上候て高嶋へ罷退。則、丹羽五郎左衛門城代として入置かれ候キ。」とあり、籠城戦の終結に伴い、丸山城とともにその役目を終える。

なお、佐和山城跡の北側城域と物生山城跡とのほぼ中間点において、尾根筋を切断する堀切状の遺構が確認さ

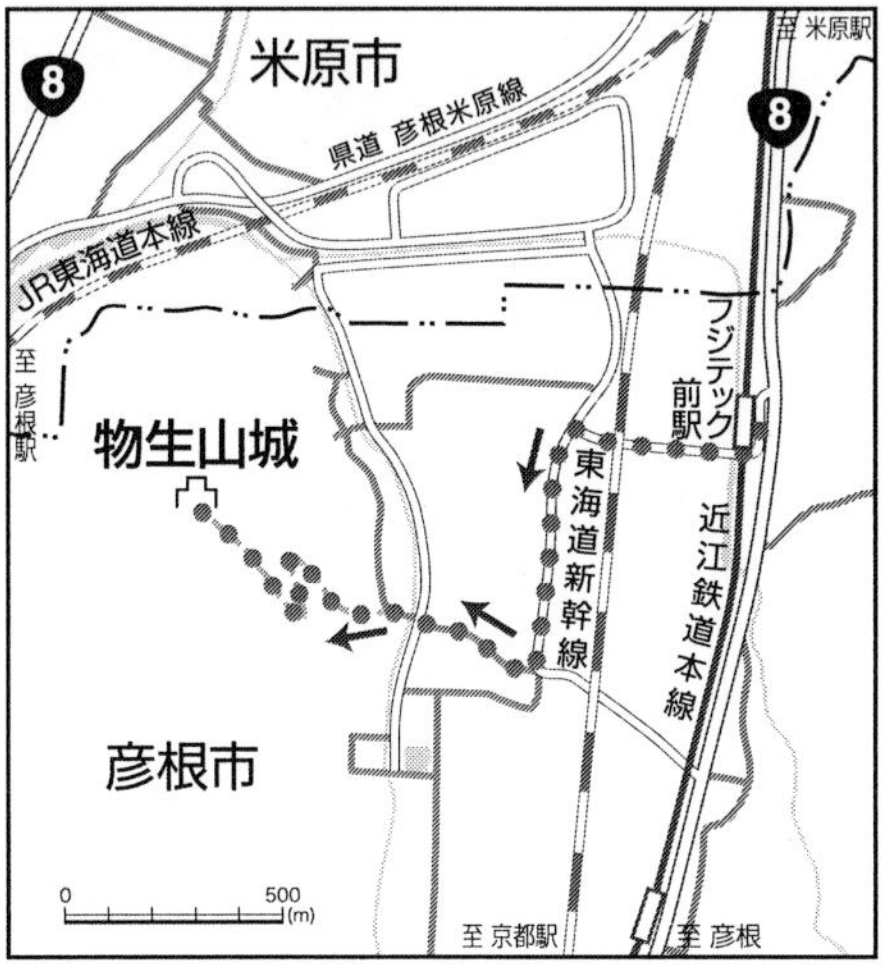

物生山城へのアクセス
近江鉄道フジテック前駅下車、登山口まで徒歩15分。登山道を約20分。

物生山城跡の堀切と土橋

れている。織田軍の構築であれば鹿垣の一部、磯野軍の構築であれば籠城に伴う外郭防御施設と想定されている。
丸山城跡とともには、元亀年間の織田軍による城攻めのための臨時築城（取出・付城・陣城）を示す貴重な遺跡となる。当城跡は、丸山城跡とともに訪れることをお勧めする。
（下高大輔）

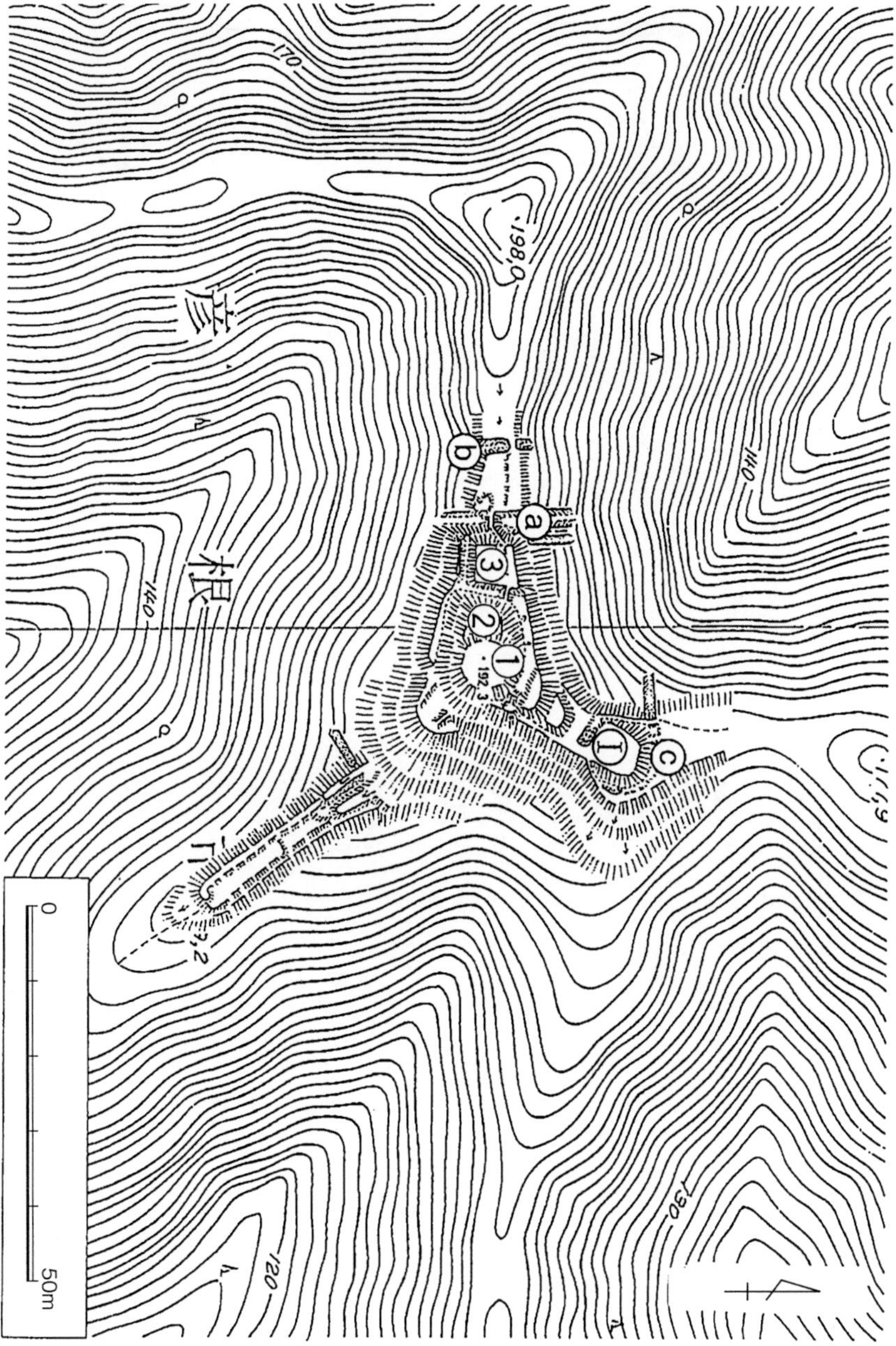

物生山城跡概要図（彦根市2007『新修 彦根市史 第１巻 通史編 古代・中世』より）

25 佐和山城《さわやまじょう》 ★★

所在地 彦根市佐和山町・古沢町
築城時期 鎌倉時代　**主な改修時期** 天正十三年（一五八五）
標　高 二三三m
主な遺構 曲輪　土塁　堀切　竪堀　横堀　虎口　石垣　井戸跡　通路　切岸

佐和山城は琵琶湖東岸に位置し、東山麓には東山道（中山道）と北国街道、織田信長が整備した下街道の合流地点があり、西山麓には琵琶湖の一部である松原内湖がある。佐和山より北が坂田郡、南が犬上郡となる。

鎌倉時代に山麓に館が構えられたとされ、戦国時代には北近江の京極氏（のちに浅井氏）と、南近江の六角氏との勢力の境目としての重要拠点となる。永禄五年（一五六二）頃には、浅井氏家臣、磯野員昌《かずまさ》によって安定した拠点城郭となる。その後、佐和山城は織田軍に包囲され、元亀二年（一五七一）二月に無血開城する。

信長は、居城の岐阜から京へのルートを確保するため、重臣の丹羽長秀を配した。天正十年（一五八二）の本能寺の変で明智光秀方に一時占拠されたのちの清洲会議を経て、信長の家臣であった堀秀政が入城する。

天正十三年（一五八五）閏八月、佐和山城は、豊臣秀次の宿老の一人となった堀尾吉晴が四万石の知行・蔵入地をもって入城する。吉晴による佐和山在城は、同十八年九月前半頃までで、その後は周辺の蔵入地とともに秀吉の直轄となり、検地が近江国で実施され、翌十九年四月頃に佐和山城と付属する蔵入地は石田三成が城代・代官として任命される。そして、文禄四年（一五九五）の秀次事件後に三成は名実ともに佐和山城主となる。これにより三成は居城となった佐和山城を改修するものの、慶長五年（一六〇〇）九月の関ヶ原の戦い直後の佐和山城攻防戦にて落城、戦後は井伊直政に与えられる。直政は佐和山にて没するが、嫡男直継が徳川家康の許可のもと、佐和山から彦根山（金亀山）に居城を移すこととなり、慶長九年（一六〇四）の新城築城に伴い、佐和山城の部材を利用しつつ、本丸が存在した山頂周辺は切り崩されたと伝えられる。松原内湖側山麓には直政の菩提寺として清凉寺が建立され、歴代井伊家当主墓所とともに旧城佐和山を「御山」として守り伝えている。

現在、認識されている城跡は、「山中」・「山麓」・「城下町」と大きく三つに分けることができる。「山中」は江戸時代に作成された絵図の記載名称などから本丸・二ノ丸・三ノ丸・西ノ丸・太鼓丸・法華丸など尾根山頂部に立地する各曲輪群とこれらをつなぐ曲輪群と通路などで構成される。石垣は主に本丸跡周辺のみで確認されている。「山麓」は標高二三三メートルの佐和山山頂から派生した複数の尾根間に形成された谷底部のことで、絵図には「侍屋敷跡」「城米蔵跡」などと記されている。

本丸北東隅の石垣

※山頂付近には他にも石垣遺構があるが、遺構保護と安全確保のため決められた範囲での見学としてください。

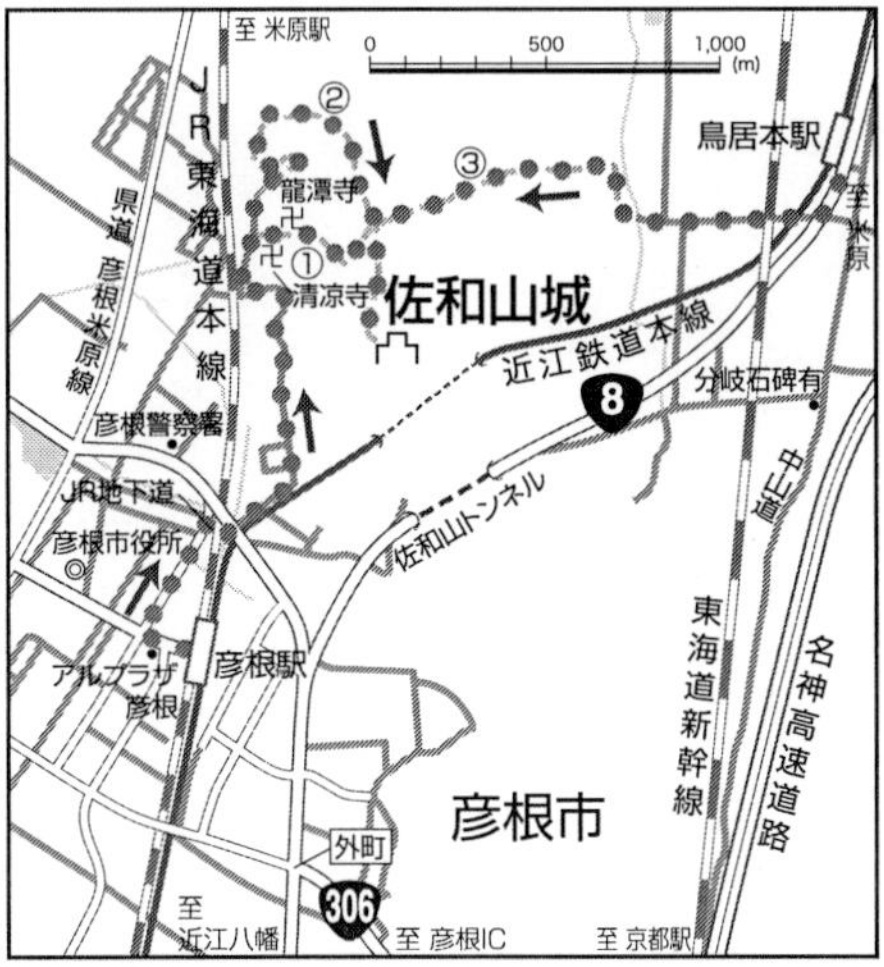

佐和山城へのアクセス

①東山ハイキングコース/龍譚寺道登山口（ＪＲ彦根駅より徒歩15分。山頂まで30分）②東山ハイキングコース/大洞弁財天奥の院登山口（JR彦根駅より徒歩20分。山頂まで40分）③龍潭寺道/鳥居本側登山口（近江鉄道鳥居本駅より徒歩15分。山頂まで40分）※私有地のため現地案内板等に従うこと。①②登山口前に市観光駐車場・トイレあり。

佐和山山頂を境とした東山麓（鳥居本側）地区と「城下町」は、おまん川と呼ぶ内堀跡と土塁によって画される。その外縁部には小野川と呼ぶ外堀跡も残る。近年、主に

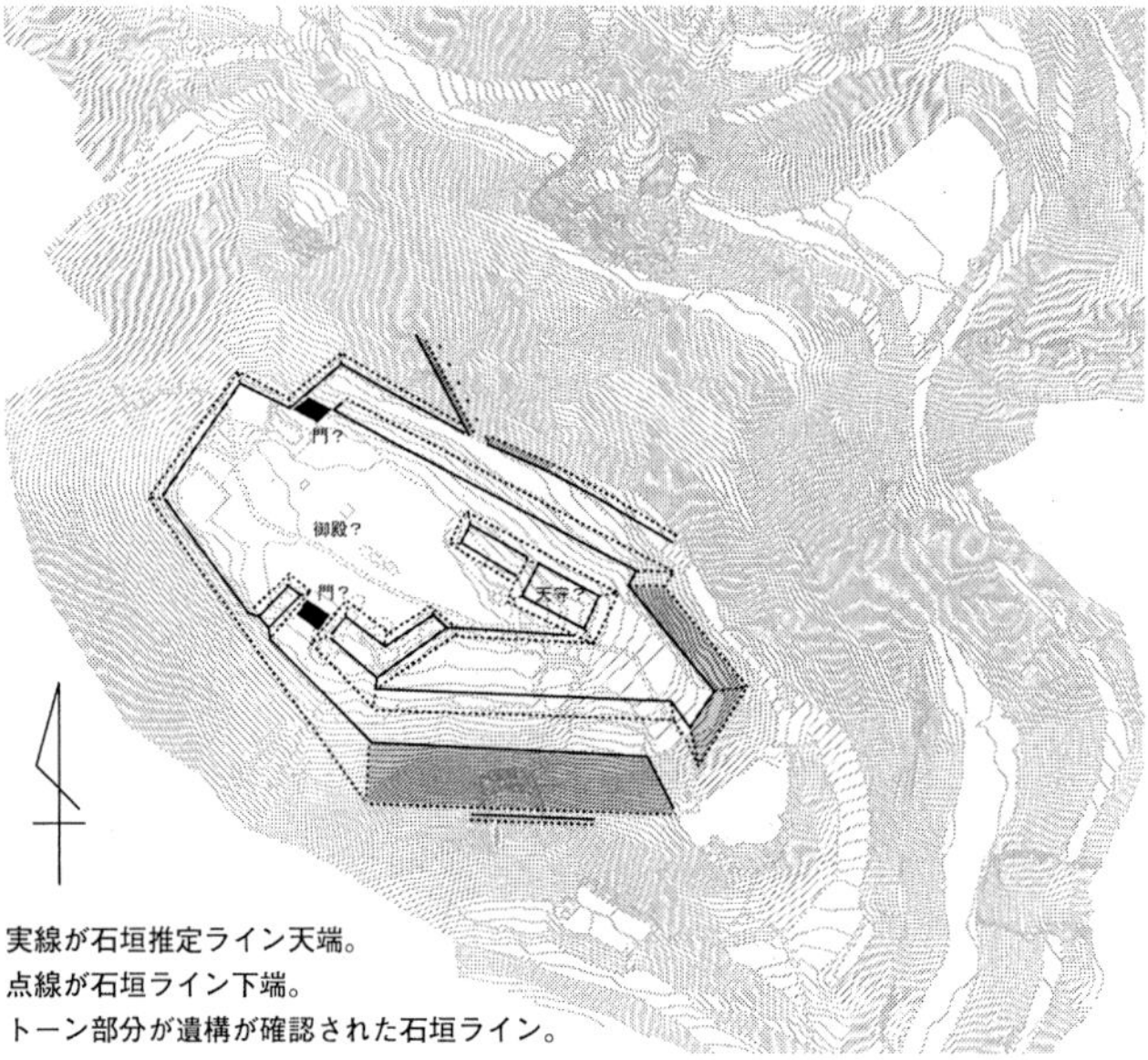
門？
御殿？
門？
天守？
実線が石垣推定ライン天端。
点線が石垣ライン下端。
トーン部分が遺構が確認された石垣ライン。

本丸周辺平面構造復元案
（作図：下高大輔、2014年作製図を2018年に一部修正）

内堀と外堀との間で大規模な圃場整備や国道八号線バイパス建設に伴い城下町跡の景観は大きく失われてしまい残念である。

　昨今の調査・研究により佐和山城の変遷については具体的に語れるようになってきている。戦国時代の佐和山城は佐和山山頂を中心とした広範囲に小規模な曲輪が展開した山城であった。山中に散乱分布する瓦片の製作技法には二種類あり、古い技法の瓦は本丸よりも南側曲輪群に分布する。よって、丹羽長秀段階頃に太鼓丸南の大堀切と西ノ丸・二ノ丸北の大堀切により城域を集約、本丸から太鼓丸あたりの曲輪群に瓦葺き建物を有する城郭として改修したと推定される。堀秀政段階にも「広間之作事」とあることから、何らかの手が加えられている。また、東山麓の素掘りの巨大な堀と土塁は、類例城跡として天正十三年新規築城の八幡山城（近江八幡市）や水口岡山《みなくちおかやま》城（甲賀市）にも存在する。よって、同年に佐和山城に入城する堀尾吉晴による構築の可能性が高く、東国の徳川氏や北条氏に備えての改修であると考えられる。この年の十一月末に、佐和山城は西美濃から北陸地方を中心としたいわゆる

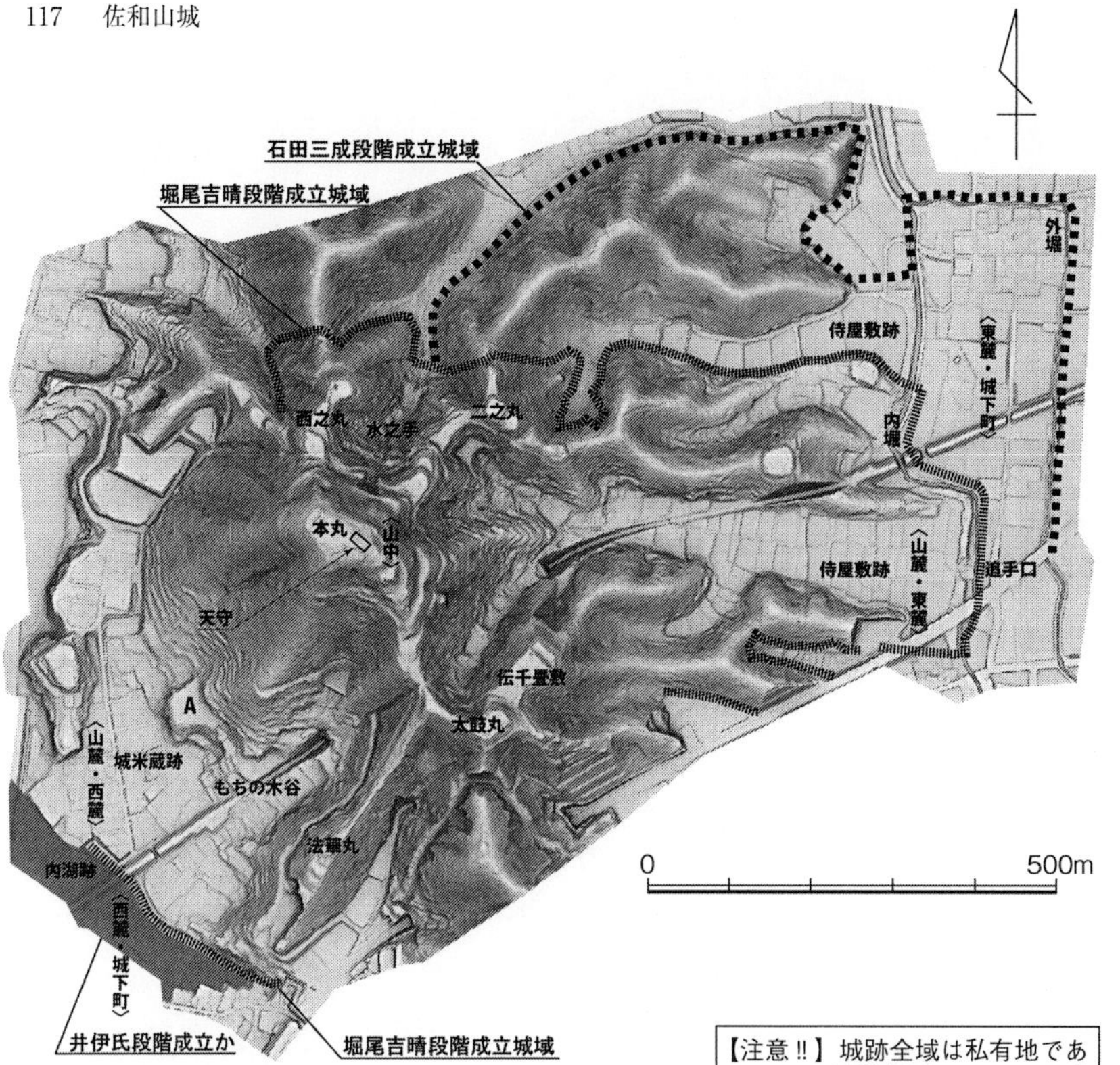

佐和山城跡城域成立推定図
（彦根市教育委員会2017掲載図をベースに下高作成）

【注意‼】城跡全域は私有地であることや遺構保護のため、見学については現地案内板で決められたルートのみとしてください。

「天正大地震」に見舞われる。これに伴って、山頂部本丸は改修されたとも考えられる。現在、本丸跡は、井伊氏による改変により往時の姿は留めていないが、残された地形と石垣遺構から復元できる。この復元本丸の縄張りは、先述の八幡山城や水口岡山城の主要部と近似する構造となる。天正十三年に八幡山城と佐和山城・水口岡山城は、本城と支城群の関係となることは無視できない。このように、山頂部の本丸や東山麓に遺る堀・土塁などは、天正十三年の堀尾吉晴による改修痕跡と考えられる。石田三成はこの姿の城を拝領し、自らの居城となった段階で城下町とそれを囲い込む外堀（「惣構」）を中心とした普請を行ったと考えられる。変遷著しい佐和山城を理解するため、八幡山城と水口岡山城も同時に登城することをお勧めする。　（下高大輔）

26 彦根城《ひこねじょう》 ★

中堀以内と外堀跡一部が国指定特別史跡

所在地　彦根市金亀町他
築城時期　慶長九年（一六〇四）
標高　五二m
主な遺構　曲輪　土塁　堀切　竪堀　横堀　虎口　石垣　井戸通路　切岸　礎石　天守　櫓・馬屋

慶長五年（一六〇〇）の関ヶ原合戦後、井伊直政は石田三成の佐和山城とその旧領を与えられる。しかし、直政は新城築城計画を立てた矢先に、佐和山にて死去。その嫡子直継は、金亀（彦根）山に、同九年から近隣の諸大名の助役を得て築城を開始する。慶長十九・二十年の大坂の陣により築城工事の中断が余儀なくされる。その後、井伊氏単独の普請により元和八年（一六二二）頃には、金亀山を中心に内堀・中堀・外堀、そして人工河川の善利《せり》（芹）川も堀とする大城郭が完成する。当初の築城目的は、大坂に本拠を置く豊臣氏への徳川氏側の備えとされ、江戸時代を通して井伊氏の居城として機能し続ける。

彦根城は江戸時代の姿を示す絵図が複数残されており、中でも内堀より内側を描く『御城内御絵図』（文化十一年・一八一四）と、主に内堀より外側から城下町にかけて詳細に描く『御城下惣絵図』（天保七年・一八三六）は、具体的な諸施設を知りうる貴重な資料である。これらの絵図は彦根藩の普請方が描いたもので、測量図によって、絵図の精度が極めて高いこと、地形・地割が良好に遺っていることがわかる。

城郭構造は山麓に堀を巡らし、山上部中央に天守のある本丸、その両翼として西之丸・太鼓丸を配置し、石垣による巨大な大堀切を介して西之丸側にはさらに出曲輪、太鼓丸側には鐘之丸を配する。これらの曲輪へは四本の登城路が存在するが、そのほかは切岸によって防御が施される。このような縄張りは一見すると中世山城のような単純な曲輪配置のようにみえるが、各曲輪は近世城郭の特徴である高石垣によって構築され、さらに太鼓丸に至っては曲輪を意味する「丸」と称されているが、現地をみると平坦面ではなく、緩やかな斜面となっており、本丸と鐘之丸を繋ぐ登城路を石塁によって完全に囲い込み、多聞櫓《たもんやぐら》である天秤櫓や瓦塀などで防御し曲輪化している。太鼓丸側の堀切は、その底を登城路の一部としている。堀底の幅や深さの巨大化が図れたのは堀切に高石垣を採用した結果である。山麓部分は内堀によって防御され、五本の木橋が掛けられ、大手御門と表御門には石垣と諸門・櫓による枡形虎口が築かれた。これらには山上部と山麓部を直結するかたちでいわゆる「登り石垣」と巨大な竪堀が付属する。さらに三本の登り石垣と竪堀により、内堀より内側の山麓諸施設は山上と山麓を直結しつつ、主に五つに分割される。彦根城の特徴として忘れてはならないのが、大手御門橋から表御門橋の間にある腰巻石垣《こしまきいしがき》・鉢巻石垣《はちまきいしがき》といわれる土手を介した石垣である。この間以外にも腰巻石垣で内堀が形成されているが、その上は土塁となる。

一方、主に内堀より外側から城下町にかけての城郭としての特徴に目を向けた時に、内堀同様に中堀も石垣により構築されている。しかし、現地をみるとその様相は内堀と全く異なることに気づく。先述の通り、内堀は腰巻石垣と称される低い石垣で構築されたものであったが、

佐和口より天守と太鼓丸を望む

彦根城へのアクセス

JR彦根駅下車。西へ徒歩15分。

中堀に関しては明らかにすべて高石垣によって構築されている。また、一定の間隔で櫓が配置され、近代でいうところの一種の要塞のような景観であった。さらに城内への進入路は四カ所に限定され、うち三本は土橋であり、巨大な枡形虎口で防御が施された。現在でも現地にはその名残である石垣や門の礎石とそれに建てられた柱の規模を示す痕跡を確認することができる。中堀と内堀の間には上級家臣屋敷地が置かれたが、中堀より外側には城下町が置かれた。その城下町も外堀によって防御されていた。その防御は堀が掘削され、その廃土によって巨大な土塁（土手）が築かれたものであり、内堀や中堀のようにすべてに石垣を構築するものではなかった。外堀は、虎口部分に石垣や門を配置して防御の要とした。外堀の大部分は埋め立てられてしまったが、城下町南東側の一部では現在も極めて良好なかたちで土塁や堀などを目にすることができる（特別史跡飛び地）。人工河川の芹川も今でも往時の景観を彷彿させる。

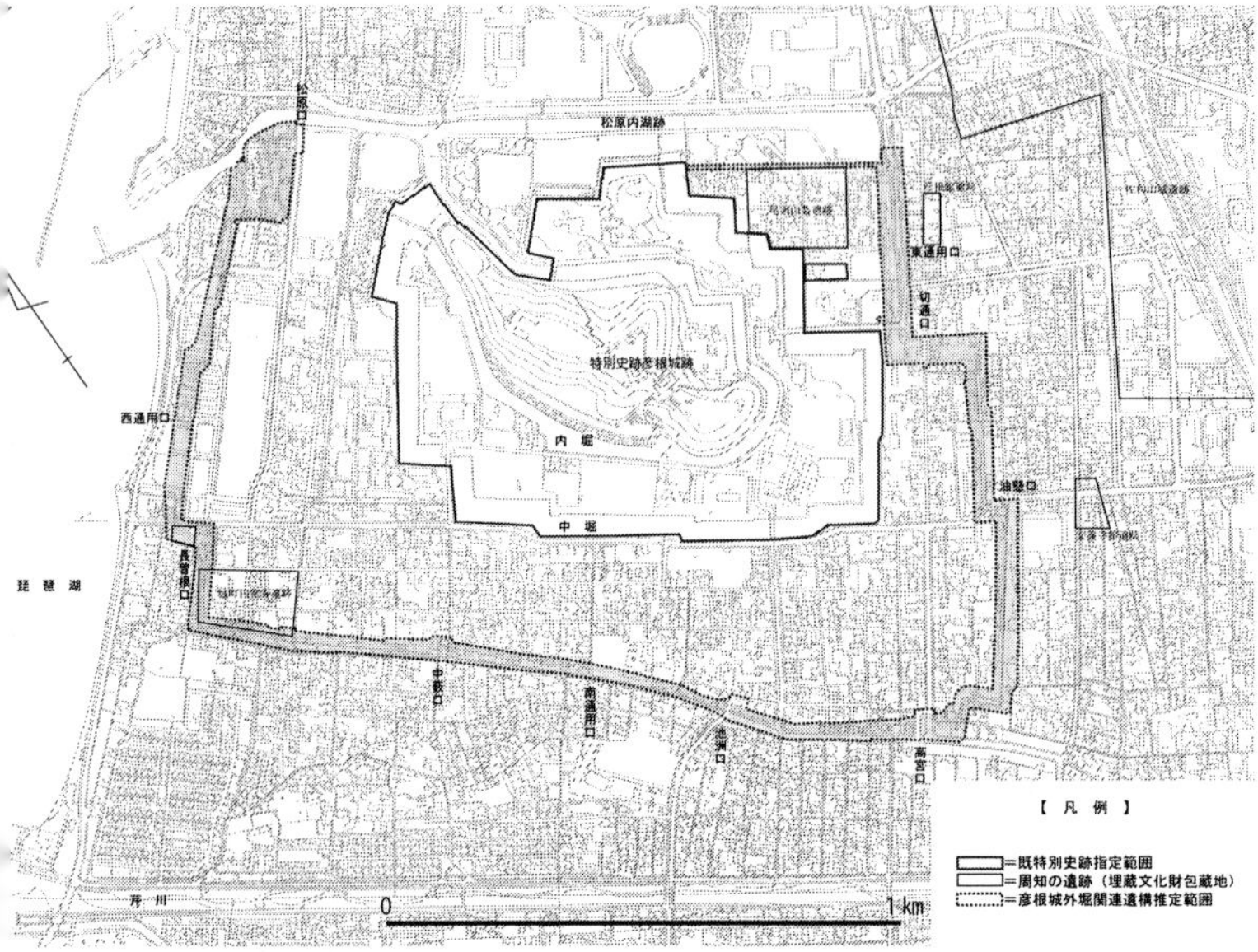

彦根城外堀跡
（彦根市教育委員会2015『彦根城外堀関連遺構範囲確認調査報告書１』より）

　彦根城は石垣・瓦葺き礎石建物・天守などの重層建築物を配し、巨大な堀や土塁を形成する大土木工事を要する近世城郭であるのと同時に、切岸・竪堀・堀切などの中世山城にみられる防御施設を多くとり入れて築城された、いわば中世城郭と近世城郭の融合した大城郭であった。ぜひとも、城下町も含めて散策してほしい。（下高大輔）

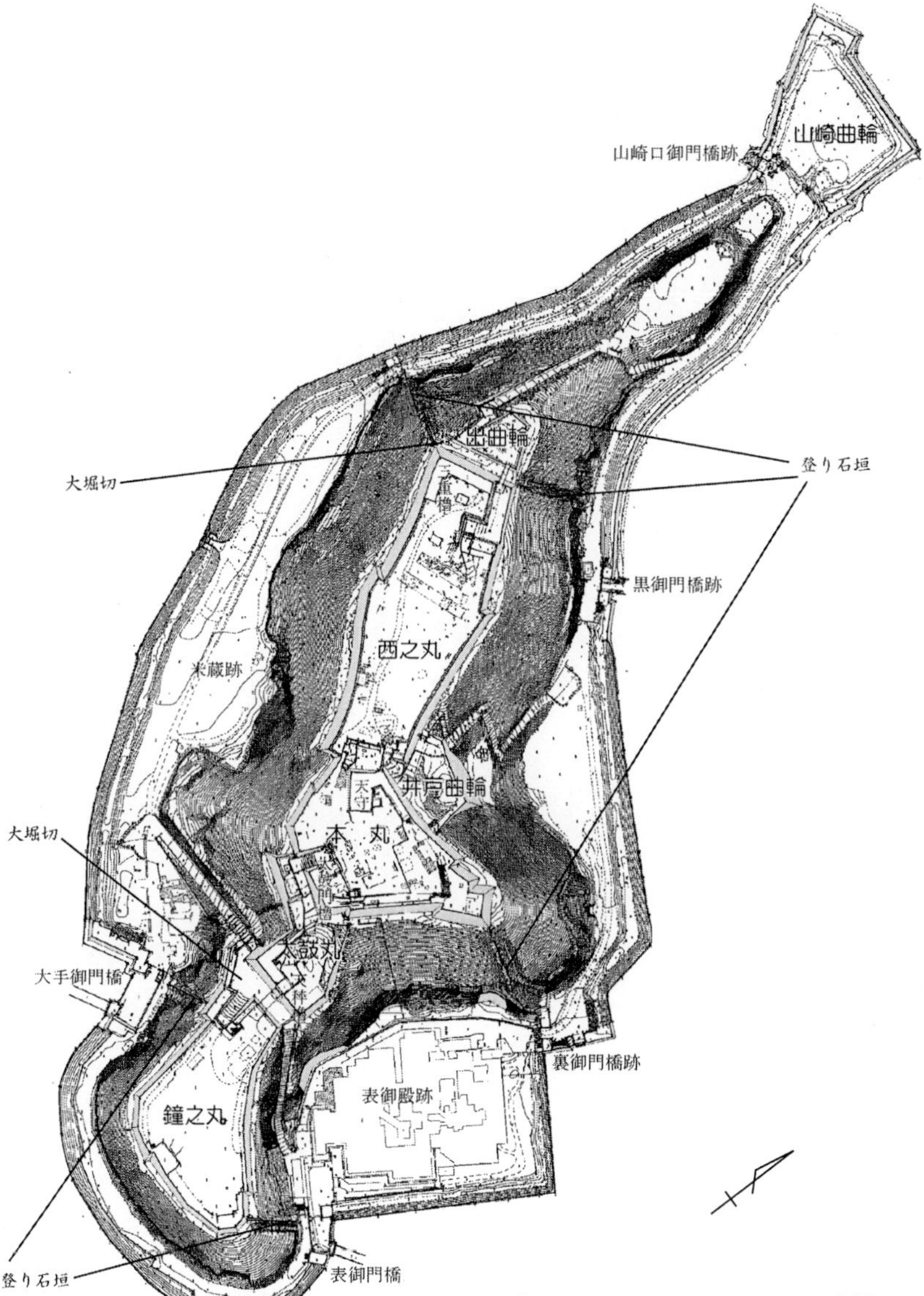

彦根城内堀以内測量図
（彦根市教育委員会2015『特別史跡彦根城跡石垣保存修理工事報告書２』掲載図に加筆）

27 日夏城《ひなつじょう》 ★★

所在地　彦根市日夏町
築城時期　一六世紀か
標　高　一七二m
主な遺構　曲輪　土塁

日夏城は湖東平野の北側で最も大きな山塊である荒神山（標高二八四メートル）の北側に伸びる尾根先端、標高一七二メートル付近に所在する。西側山麓には琵琶湖の内湖の一つである曽根沼、南東方向から北側にかけては宇曽川が琵琶湖へと流れる。

城跡の平面構造は、尾根を削り出して造成されたと考えられる比較的大きな曲輪が三つ（①～③）南北に配される。また、①曲輪の南端で、城跡内で標高が最も高い箇所には小規模な二段の雛壇が設けられ、その最南端に小規模な曲輪Aが設けられる。さらにその南端には荒神山山頂からの尾根筋を遮断する目的と考えられる堀切が食い違った配置で確認できる。一方、①と②曲輪の間にも同規模の曲輪Bが設けられ、①曲輪側から登ることができる。これらA・B曲輪は櫓のようなものを設けて物見をするには最適な場所・配置となっている。②曲輪には南北で段差を確認できるが、城郭機能時の姿を反映しているかは定かではない。③曲輪はこれまでの曲輪とは異なり、南北と東側に土塁を設けた構造となっているところに特徴がある。

現在、この城跡へは、荒神山全体に張り巡らされたハイキングコースの一部となる南北に走行する山道を使えば辿り着くことができる。しかし、城郭が機能していた時期は、城跡北端は極端に斜面がきつくなっており（傾斜がきつくなった箇所を下った北端が唐崎神社境内となる）、南端には防御施設と考えられる堀切が配されている。また、西側斜面についても北側と同様で傾斜がきつい。城跡に遺された③曲輪の土塁の配置や東西南北の地形の傾斜を考えると、城跡東側の緩斜面のいずれかに登

日夏城跡の曲輪と土塁

城路があった可能性を想定できる。

日夏城跡は、それ自身を示す直接的かつ良好な史料が乏しいために、築城主体をはっきりと見出すことが難しい。従前から言われているのは、この地域の在地領主であった日夏氏の居館に対する詰めの城との指摘が一般的である。日夏氏は近江守護職佐々木六角氏の配下にあり、永禄年間（一五五八～一五七〇）にはそれと敵対する浅井氏家臣の磯野員昌《かずまさ》から攻められている。その後は浅井

日夏城へのアクセス

JR河瀬駅下車、荒神山公園まで徒歩40分。唐崎神社裏手から登り、徒歩約20分。林道などから尾根筋を登ることもできる。

方となるも、元亀四年（一五七三）の織田信長による小谷城攻めにより、浅井氏とともに討ち死にしている。これにより日夏城も廃城となったとされる。

日夏城跡尾根先端にある唐崎神社（ここから登ると城跡北端に至る）

しかし、城跡が所在する荒神山には他にも城跡や古代以来の山岳寺院跡が点在する。こうした状況も鑑みて、荒神山全体での日夏城跡の位置付けが不可欠となる。その一方で、先程の遺構確認で見出した登城路の想定から、城跡東側から宇曽川に向かってのつながりも無視できない。この近辺には発掘調査によって確認された妙楽寺遺跡・古屋敷遺跡と呼ばれる中世後半を中心とした集落遺跡が展開する。これらの集落の出土遺物には一定量の輸入陶磁器が含まれていることから、琵琶湖や宇曽川を利用した物流経由地としての側面の検討が必要な地域となる。その地帯に向けた登城路の想定や、琵琶湖と宇曽川を見渡せる立地は、単なる在地の城跡とのみ考えるのではなく、広域的な視野での再検討を必要とし、謎多き城跡であると言えよう。

日夏城跡は先述の通り、荒神山のハイキングコースの一部に含まれている。城郭遺構を意識したハイキングは、歴史に触れる楽しみを一つ増やす材料を提供してくれるだろう。

（下高大輔）

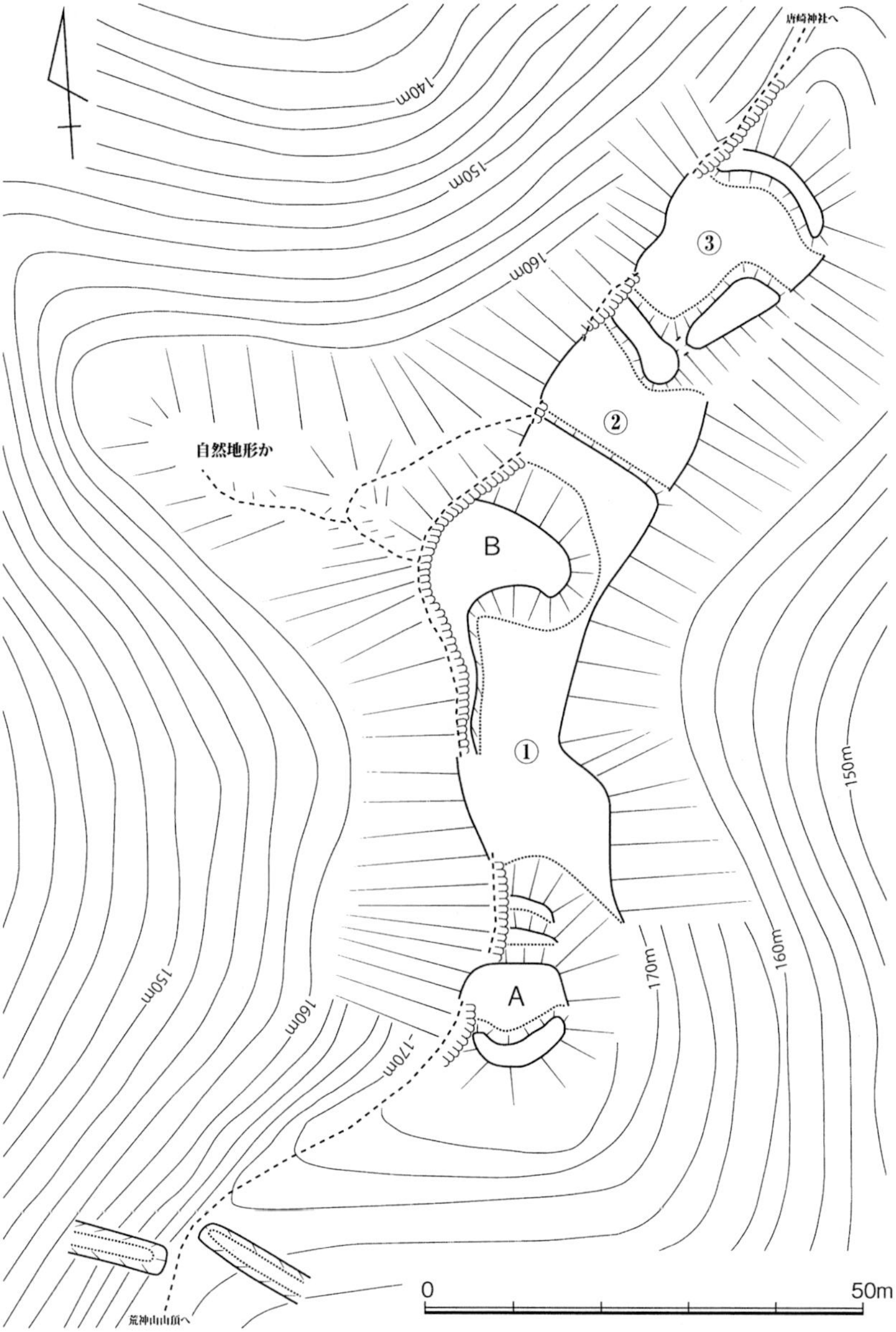

日夏城跡概要図（作図：下高大輔）

28 山崎山城《やまざきやまじょう》 ★

所在地　彦根市稲里町・清崎町・賀田山町
築城時期　天正年間後半（一五八二～九二）頃
標　高　一四七m
主な遺構　曲輪　堀切　虎口　石垣　切岸　櫓台

山崎山城は全面発掘調査が実施され、市の史跡に指定されているにも関わらず、調査成果が反映されていない公園整備となっているため、現地で城郭遺構を見出すのが困難である。ここでは発掘調査成果図をもとに新たに作成した図で解説する。

曲輪は、山頂尾根地形に制約されるかたちで東西に雛段状に配置される。標高一四七メートルの山頂付近に櫓台《やぐらだい》と推定される穴蔵遺構をもつ東西に長いⅠ郭、その東側に一段下がって多聞櫓基礎のような基壇状石垣が検出されたⅡ郭、さらにその東側に遺構面の削平が著しかったⅢ郭である。南面を中心に石垣下部が残っており、北面では一部通路状の帯曲輪が確認されている。Ⅲ郭南側は、約九メートルにわたって石垣が検出されておらず、石垣が途切れて少なくとも東側に隅石と考えられる築石が確認されている。さらにこの石垣が途切れた空間内でほぼ一列に地山を掘り窪めた穴が三基検出されている。このことから、当該箇所が虎口《こぐち》である可能性は高い。一方、Ⅰ郭内の推定櫓台の西側は、発掘調査前に尾根線を遮断するために設けられた堀切が確認されていた。これより西側は、平坦面と把握されていたが、発掘調査の結果から、曲輪に伴うものではなく、自然地形であるとの結論となっている。現在は、発掘調査の発端ともなったタンクが設置されており、検証不可能である。

山崎山城は近江守護六角氏傘下の山崎氏の城とされる。山崎氏は永禄十一年（一五六八）の織田信長の近江入国時に織田氏傘下になったとされる。天正四年（一五七六）に信長が自らの居城である安土城を築城開始し、その山下町繁栄策の一つとして街道も整備してい

発掘調査でみつかった石垣

る。街道は、荒神山と山崎山の間を抜けるかたちで、南西方向から北東方向へ抜ける道であり、極めて山崎山を意識した敷設である。当時「下街道」と称され、山崎山城や安土城の東方を概ね南北走行に敷設されていた古代以来の主要街道を「上街道」と称した。「下街道」は江戸時代になると朝鮮通信使が往来したことから「朝鮮人街道」と呼ばれている。安土の北方方向に目を向ける

山崎山城へのアクセス

県道２号（朝鮮人街道）を賀田山交差点から宇曽川を渡ってすぐ川沿いに右折。山沿いに進むと駐車場がある。JR河瀬駅からは徒歩約40分で駐車場。駐車場からは整備された階段を登ると城跡。徒歩約15分。

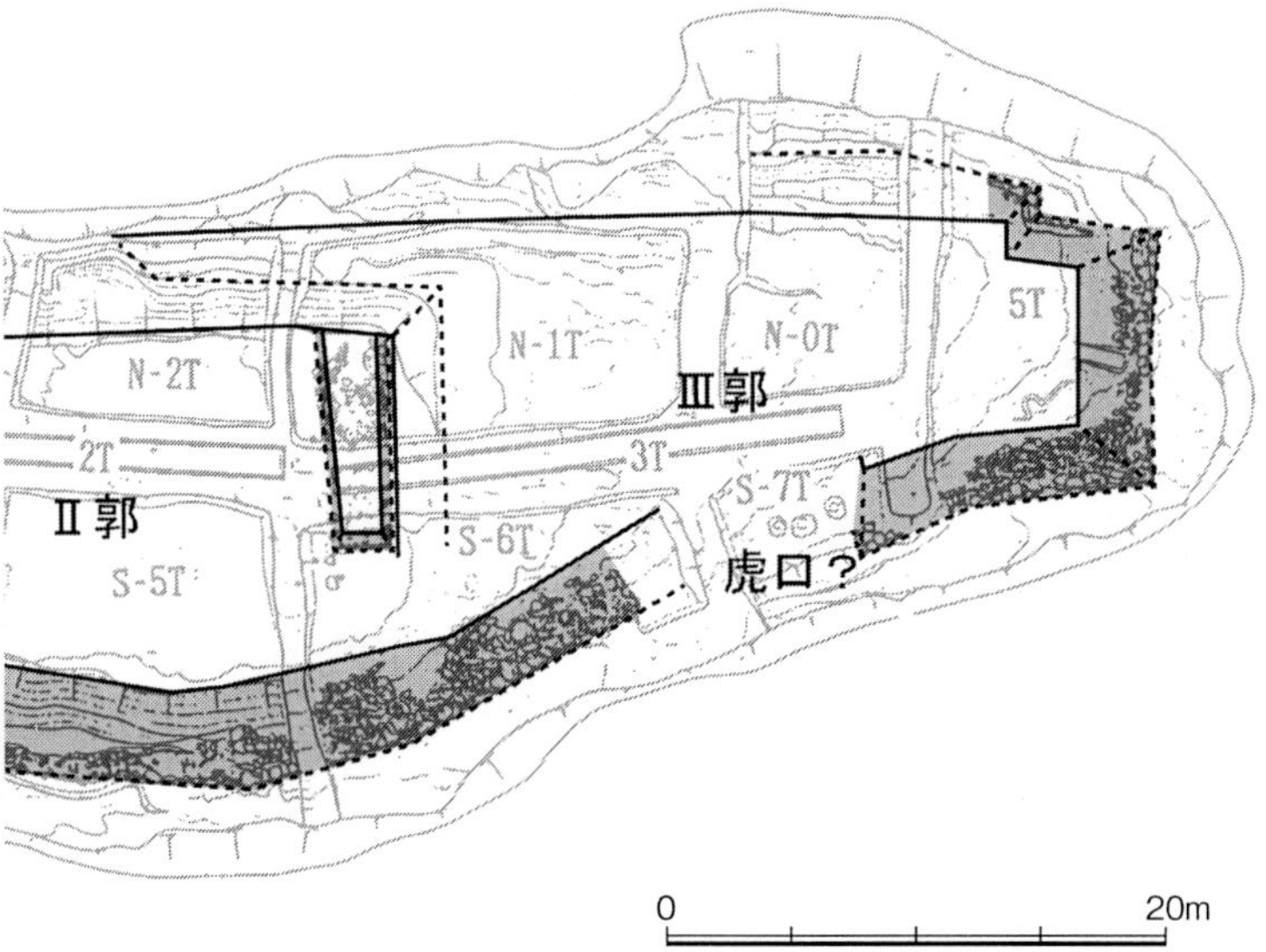

と下街道と上街道の結節地点に織田家重臣の丹羽長秀の居城である佐和山城が立地する。佐和山城は安土城の北方の守りとして機能しており、山崎山城はその中間に位置した。天正十年（一五八二）に信長が甲斐武田氏を滅ぼした後に、旧武田領から徳川家康領を経由して岐阜から安土へゆっくりと凱旋している。その際、織田家家臣らが自らの居城などに「御茶屋」を立てて、主君信長の休憩所をそれぞれ設けて信長本人が立ち寄りながら、安土へ帰城している。その安土に帰り着く最も手前にあるのが「山崎」の「御茶屋」となる。同年六月の本能寺の変では、山崎氏は安土の自邸を焼払って居城である山崎に立て籠もっている。その後、近江国内において織田家重臣同士の柴田勝家と羽柴秀吉間で緊張関係が発生する中、羽柴方が山崎に軍勢を配置している。この頃、山崎氏は摂津三田に移封となり、山崎山城も廃城となるとされている。なお、文禄三年（一五九四）正月に豊臣秀吉が京都より尾張清須までの宿送伝馬人足

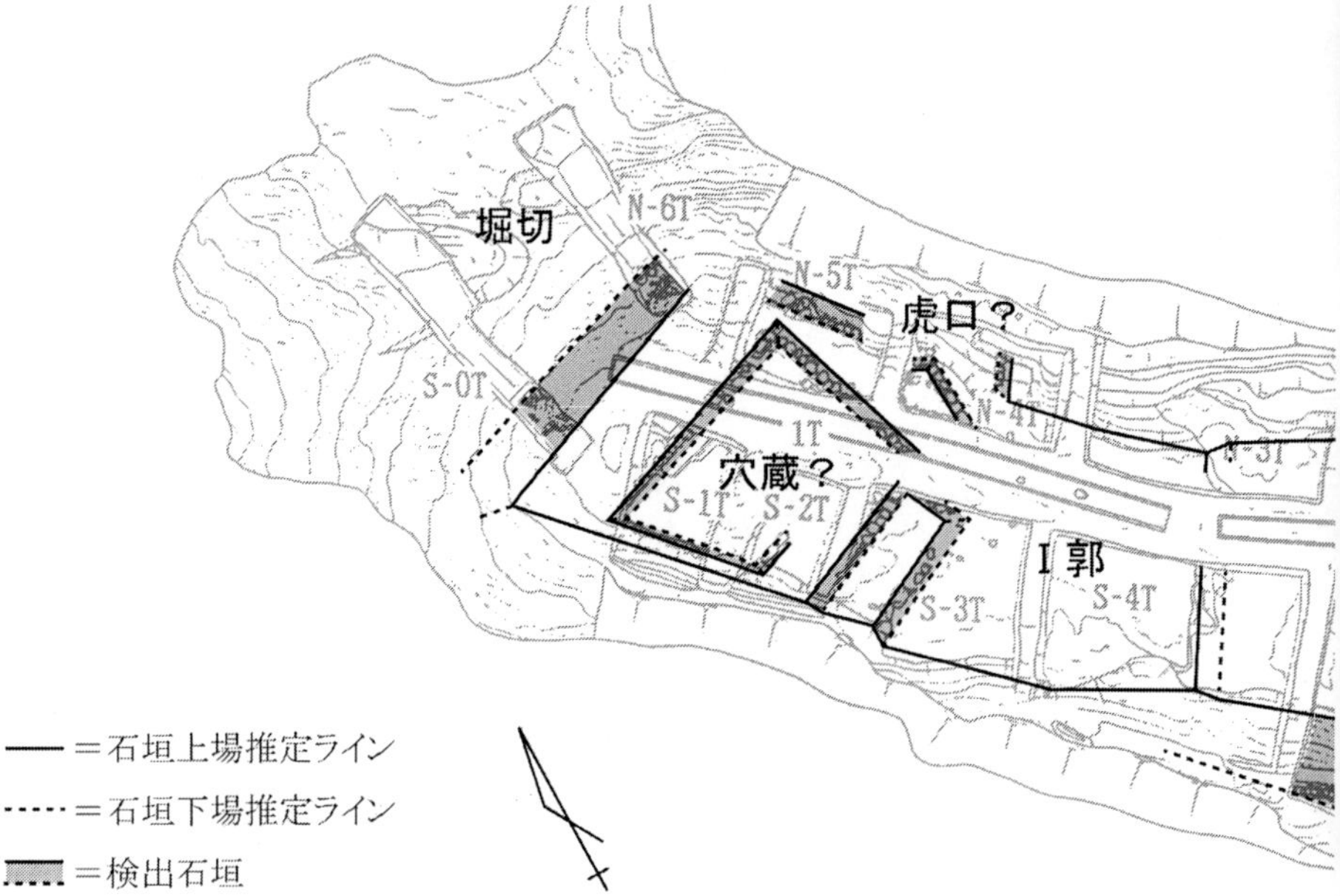

山崎山城復元図
（下高大輔2017「近江山崎山城の再検討」『淡海文化財論叢』第９輯　同刊行会より）

を定めており、「山さき」の名称が記されている。これが直接的に山崎山城のことを指すかは不明である。

発掘調査でみつかった山崎山城の遺構は、石垣の特徴や先述の「御茶屋」の記事から織田信長生存中の安土城と同時期の城であり、廃城に伴い破却されたという評価がなされている。

しかし、筆者が発掘調査成果や石垣の特徴を丁寧に再検討した結果、石垣築石は街道を石引き道として山崎山廃城後に近隣での新規築城に利用された可能性を指摘している。その場合、天正十三年（一五八五）に新規築城の八幡山城や慶長九年（一六〇四）の彦根城の採石場となった可能性もあるということである。また、先述の文禄三年の文書を含めて、石垣の年代観についても安土城よりも若干後出の天正年間中であると指摘している。

つまり、発掘調査で検出された石垣造りの山崎山城は、織田信長死後の豊臣政権下に改修されたものと考えられる。

（下高大輔）

29 勝楽寺城《しょうらくじじょう》 ★★★

所在地　犬上郡甲良町正楽寺・多賀町楢崎
築城時期　戦国期
標　高　三一五m
主な遺構　曲輪　土塁　竪堀？　石垣　切岸　礎石（石列）

勝楽寺城が位置する山地は、近江国と伊勢国の境をなす鈴鹿山系の一部であり、北側には鈴鹿山系を起点とした犬上川が琵琶湖へと流れる。西側には広大な湖東平野が展開しており、城跡が立地する山頂部付近から平野部北側はすべて眺望できる。

城跡は標高三一五メートル地点をほぼ中心に、南北に展開する山頂尾根部に曲輪群が段差を介して展開する単純な平面構造である。最南端に位置するⅦ・Ⅷ曲輪については造成されておらずに自然の尾根を利用して曲輪と見立てたと考えられており、現時点で湖東平野側に最も眺望が開けたⅦは「上臈《じょうろう》落《お》とし」と呼ばれている。また、隣接する曲輪と極端に高低差のある細長い曲輪Ⅳの立地は、勝楽寺城の中心に位置する。さらに、Ⅲを中心にその北側に展開するⅠ・Ⅱと、Ⅴを中心とした南側曲輪群はそれぞれの中心曲輪の標高がほぼ同じであるため、Ⅳ曲輪を介して大きく二つに分離しているように見える。特に注目すべき曲輪は標高が最も高いⅢである。他の曲輪とは様相が異なっており、曲輪全体に石垣を確認できる。これら石垣の様相も、かつては眺望がきいたであろう西側面と虎口（図2虎口2）が存在していたと判断できる北面には自然石を二ないし三段積み上げた低い石垣が曲輪縁辺部を形成する（図2③④）。一方南側から東側の一部については割石を用いた同程度の高さの石垣が確認できる（図2①②）。割石による築石間の隙間観察によって、背面には栗石が存在していることが確認できる。曲輪南西側縁辺部に土盛り（土塁）が確認できるとともに、石垣が途切れていることを勘案すると、虎口（図2虎口1）が存在していたと考えられ、土塁は櫓

主郭南面石垣

台の可能性もある。一方、北側の虎口（図2虎口2）については、人頭大程度の石が数石にわたって列をなしており（図2⑤）、礎石建物の存在が想定できそうである。曲輪内には自然石が露頭している部分があるが、基本的には平坦化されている。このように、他曲輪とは一線を画するほどの違いがⅢ曲輪のみで見られる。

　城跡の説明板は、高築豊後守が京極高氏《たかうじ》（道誉《どうよ》）の所領と館を守るために応安元年（一三六八）に築城したと

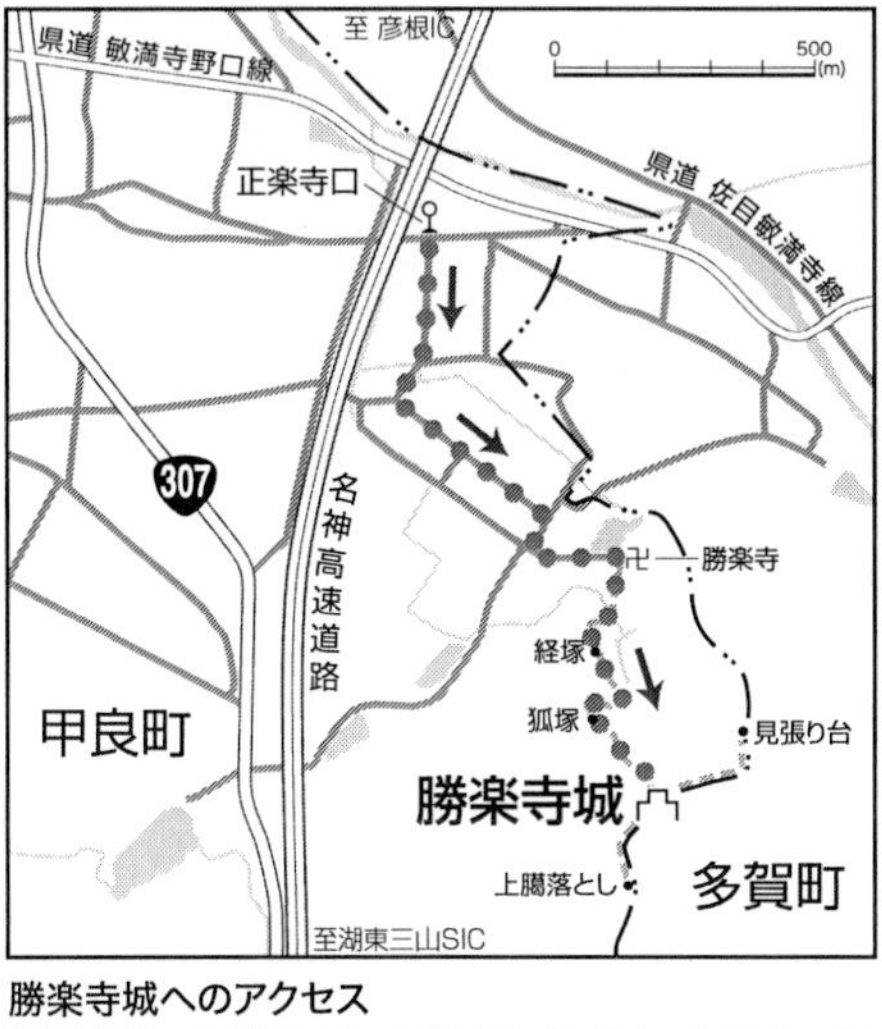

勝楽寺城へのアクセス

JR河瀬駅下車、湖国バスで正楽寺口バス停まで約15分。バス停から勝楽寺までは徒歩約20分。勝楽寺から経塚・狐塚を経て約40分。勝楽寺から城の北側へ登る道もあるが急登の難路。

している。高築豊後守は『大洞弁天当国古城主名札《おおぼらべんてんとうこくこじょうしゅみょうさつ》』に、「大竜院殿高岩宗心大居士　犬上郡勝楽寺村城主高築豊後守」とでてくる人物であるが詳細は不明である。現在、勝楽寺城跡の西側山麓の登城路手前には京極道誉の菩提寺である臨済宗建仁寺派勝楽寺があり、境内墓地には道誉の墓とされる石塔がある。これらのことを勘案すると、勝楽寺城は京極道誉と密接な関係があった可能性があり、現在の勝楽寺のある場所にかつて道誉の館が営まれ、そのすぐ背後の山地を詰城とした可能性が想定できる。そして、道誉の死後に館が菩提寺となったと考えられる。さらにその後は、『嶋記録』天文四年（一五三五）の記事に「覚へ、今井敏満寺ニ有し比、多賀豊後守居城ヲ敵責候事有と見へ申候、豊州城、古ハヤツヲ又セウラクジナドにもありしよし申伝候」とあり、犬上郡下之郷（現甲良町）を拠点とした多賀豊後守家の持城であったとされている。多賀氏は主に京極氏の被官として活動していた。

これまで、歴史的に南北朝期に有名な京極道誉以降、戦国期に至るまで、京極氏関連の山城として評価がなされ、居館と詰城の関係において比較的古い事例として紹介されていた。しかし、今回のⅢ曲輪の石垣や建物に伴う石列などの遺構群は、臨時的な築城というよりも、恒常的な築城と考えられ、時期も戦国期の築城ないし改修と考えた方がよさそうである。その際、近江の城郭で、石垣を多用する築城主体は北近江の京極氏ではなく、南近江に勢力があり、勝楽寺城からも目視することができる観音寺城に本拠を持った六角氏であることは想起すべきである。山麓には六角氏の被官であった楢崎が地名としてすぐ横に存在している。京極氏勢力から六角氏勢力へと当地の支配権が移った際に築城ないし改修されたことも想定すべきである。こういった観点から言えば、勝楽寺城はいわゆる境目の城としての役割を担って築城・改修されたのかもしれない。

（下高大輔）

郵 便 は が き

お手数ながら切手をお貼り下さい

５ ２ ２-０ ０ ０ ４

滋賀県彦根市鳥居本町 655-1

サンライズ出版 行

〒

■ご住所

■お名前《ふりがな》　■年齢　　歳　男・女

■お電話　■ご職業

■自費出版資料を　希望する ・ 希望しない

■図書目録の送付を　希望する ・ 希望しない

サンライズ出版では、お客様のご了解を得た上で、ご記入いただいた個人情報を、今後の出版企画の参考にさせていただくとともに、愛読者名簿に登録させていただいております。名簿は、当社の刊行物、企画、催しなどのご案内のために利用し、その他の目的では一切利用いたしません（上記業務の一部を外部に委託する場合があります）。

【個人情報の取り扱いおよび開示等に関するお問い合わせ先】
サンライズ出版 編集部　TEL.0749-22-0627

■愛読者名簿に登録してよろしいですか。　□はい　□いいえ

ご記入がないものは「いいえ」として扱わせていただきます。

愛読者カード

ご購読ありがとうございました。今後の出版企画の参考にさせていただきますので、ぜひご意見をお聞かせください。なお、お答えいただきましたデータは出版企画の資料以外には使用いたしません。

●書名

●お買い求めの書店名（所在地）

●本書をお求めになった動機に○印をお付けください。

1．書店でみて　2．広告をみて（新聞・雑誌名　　　　　　）

3．書評をみて（新聞・雑誌名　　　　　　）

4．新刊案内をみて　5．当社ホームページをみて

6．その他（　　　　　　）

●本書についてのご意見・ご感想

購入申込書　小社へ直接ご注文の際ご利用ください。お買上 2,000 円以上は送料無料です。

書名　　　　（　　　冊）

書名　　　　（　　　冊）

書名　　　　（　　　冊）

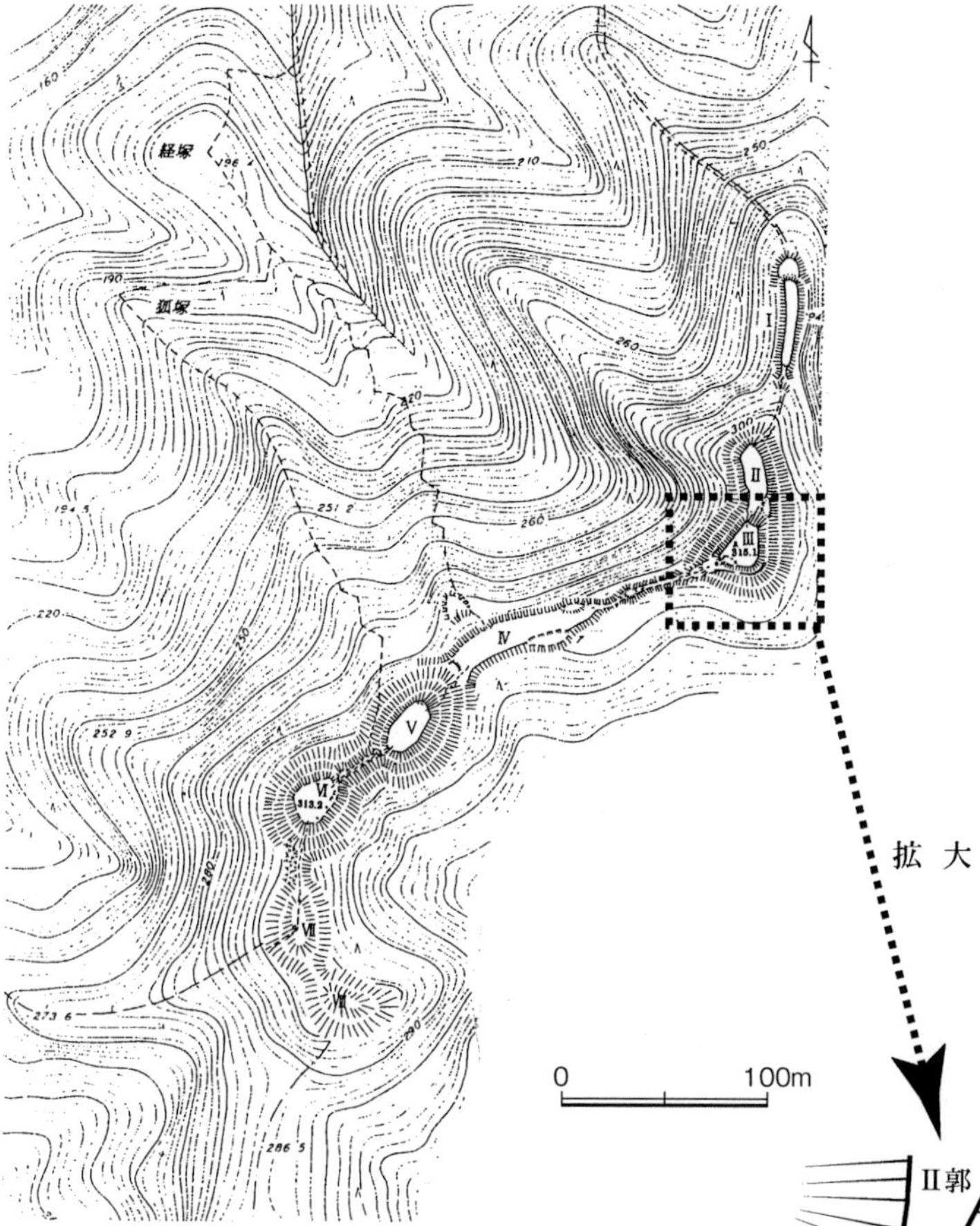

図１　勝楽寺城跡概要図（早川圭氏作図）

中井均 編 2006『近江の山城ベスト 50 を歩く』サンライズ出版

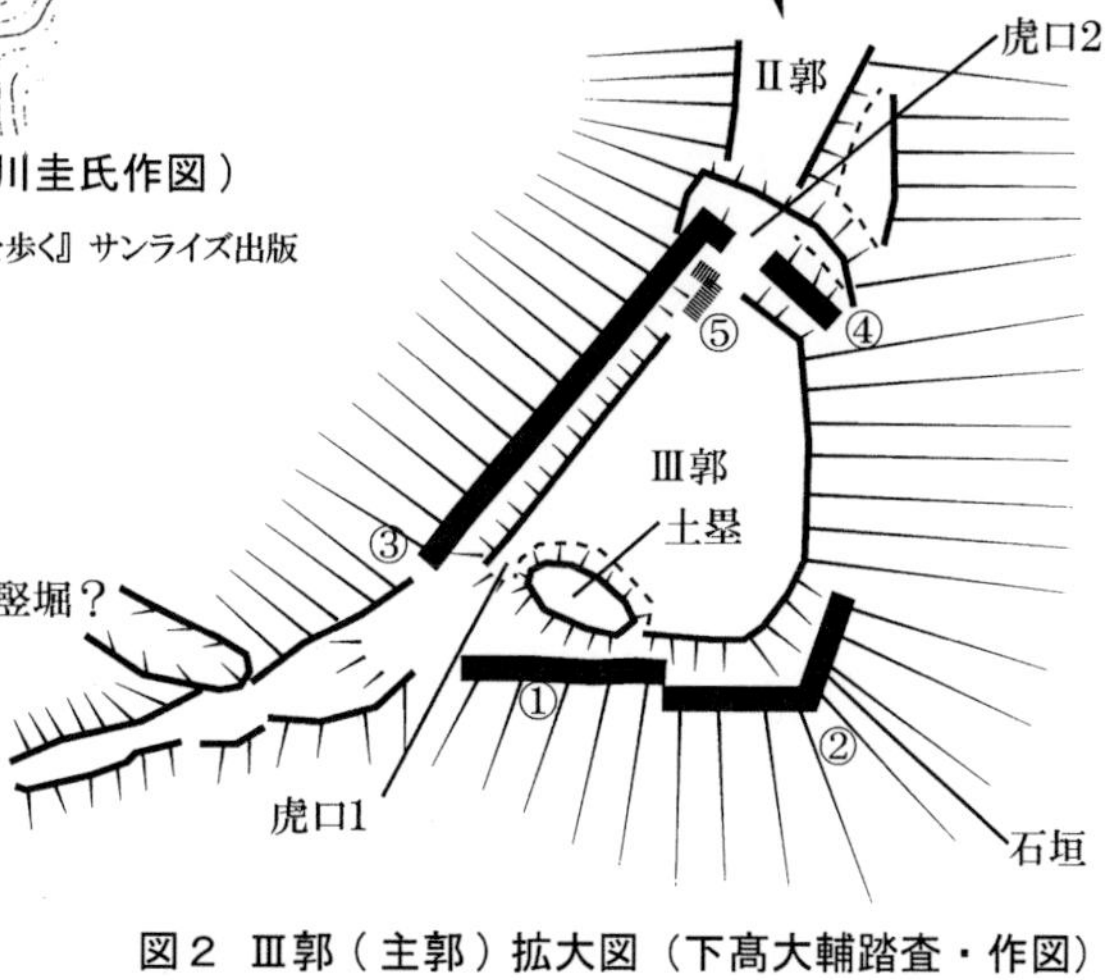

図２　Ⅲ郭（主郭）拡大図（下高大輔踏査・作図）

30 和田山城《わだやまじょう》 ★★

所在地　東近江市神郷町・五個荘和田町
築城時期　十六世紀前葉〜中葉か
標高　一八〇m
主な遺構　曲輪　土塁　竪土塁　竪堀　虎口　櫓台

鈴鹿山脈から近江の湖東平野を貫き、やがて琵琶湖へと流れる愛知《えち》川の中流域の南岸に一つの独立丘陵が存在する。東近江市の旧能登川町と旧五個荘町の境にあるこの独立丘陵は名称を和田山といい、和田山城はこの丘陵の山頂部に位置する。この和田山と愛知川はまさに接しており、河川と流域の平野部を押さえるのに有利な位置に存在している。

城主などは定かではなく、城についての具体的な記録も残っていない。ただし、永禄九年（一五六六）に浅井長政が南下してきたときや、永禄十一年（一五六八）に織田信長が近江に侵攻してきたときは、六角勢は愛知川を挟んでこれらと対峙しており、そのときにはこの和田山城も重要な役割を担ったと考えられる。近世の地誌では、永禄十一年の織田と六角の戦いの折に六角氏家臣である和田氏のほか、数名の領主の軍勢が城の守備についたとされるが、実際は定かではない。ちなみにこのときの戦いは、上流側の箕作山城が主戦場となり、箕作山城が落城した後、六角氏は観音寺城から退去し、甲賀郡へと逃れた。永禄十一年の『信長公記』の記述には、信長が観音寺城周辺の諸城「わきわき数箇所の御敵城」をやり過ごし、箕作山城を強襲して落城させたとある。和田山城はこの「わきわき数箇所の御敵城」の一つにあたるのであろう。

城域は山頂域にほぼ限定される。その中で、主郭に該当するのは、最も広い面積を有する曲輪Ⅰである。曲輪Ⅰの北東側に接して、後期古墳が存在しているが、これは戦国期には曲輪Ⅰに接する櫓台Aとして機能したのであろう。曲輪Ⅰの周囲は、高さ約〇・五〜〇・八メートル

曲輪Ｉの喰違虎口

の土塁が巡っており、南西辺にある虎口Bは曲輪Iの土塁による喰違虎口となっている。
　西側の尾根から曲輪Iの虎口Bまでは、平面的に複雑な構造を呈している。まず、喰い違いの外側の土塁には堀が接しており、さらにその南西側においても後期古墳の残けつが存在する。この古墳も戦国期には曲輪I虎口外側の櫓台Cとして機能していたのであろう。この部分については、曲輪Iの喰違虎口の外側に接して、さらに

和田山城へのアクセス
JR能登川駅から南東へ徒歩30分、神郷共同墓地より約20分。バスの場合、近江鉄道バス角能線（市ケ原行き）乗車。佐生バス停もしくは東佐生バス停下車。徒歩20分で北側山麓墓地到着。さらに徒歩20分で山頂城跡へ。

突端に櫓台を付設した外枡形状の虎口が連続する構造に読み取ることができる。

城の西側は、地形が少しずつ下降する尾根が続いていくが、この方角には堀切などの遮断施設を認めることはできなかった。城域の北東側の尾根続きも同様である。また、城の北西側の斜面には帯曲輪が存在し、その両端部は竪土塁や竪堀などで区画されている。

和田山南側から城跡を望む

結果として特異な虎口構造を呈しているが、曲輪Ⅰに直接接している喰違虎口については、もともと狭い曲輪の中で面積を大きく占有してしまっている。おそらく戦国期のある段階において本来の曲輪Ⅰの内部に後補して改修されたものであると思われる。また、織田信長侵攻時の防御拠点としての重要性の割には、城域が著しく限定されており、実際の守備時には縄張りの上では城域外となる尾根上にも軍勢を配していたのではないかと思われる。このことは、観音寺城周辺に存在する六角氏被官の山城についても同様の傾向が認められる。すなわち、具体的な防御施設が存在するエリアは山頂部付近に限定されており、なおかつ山頂からの尾根続きには堀切などの遮断施設は存在していない。おそらく尾根を遮断して中心部の防御性を高めるより、尾根上に配置した守備兵との連携確保が優先されたのではないかと考えられる。

（福永清治）

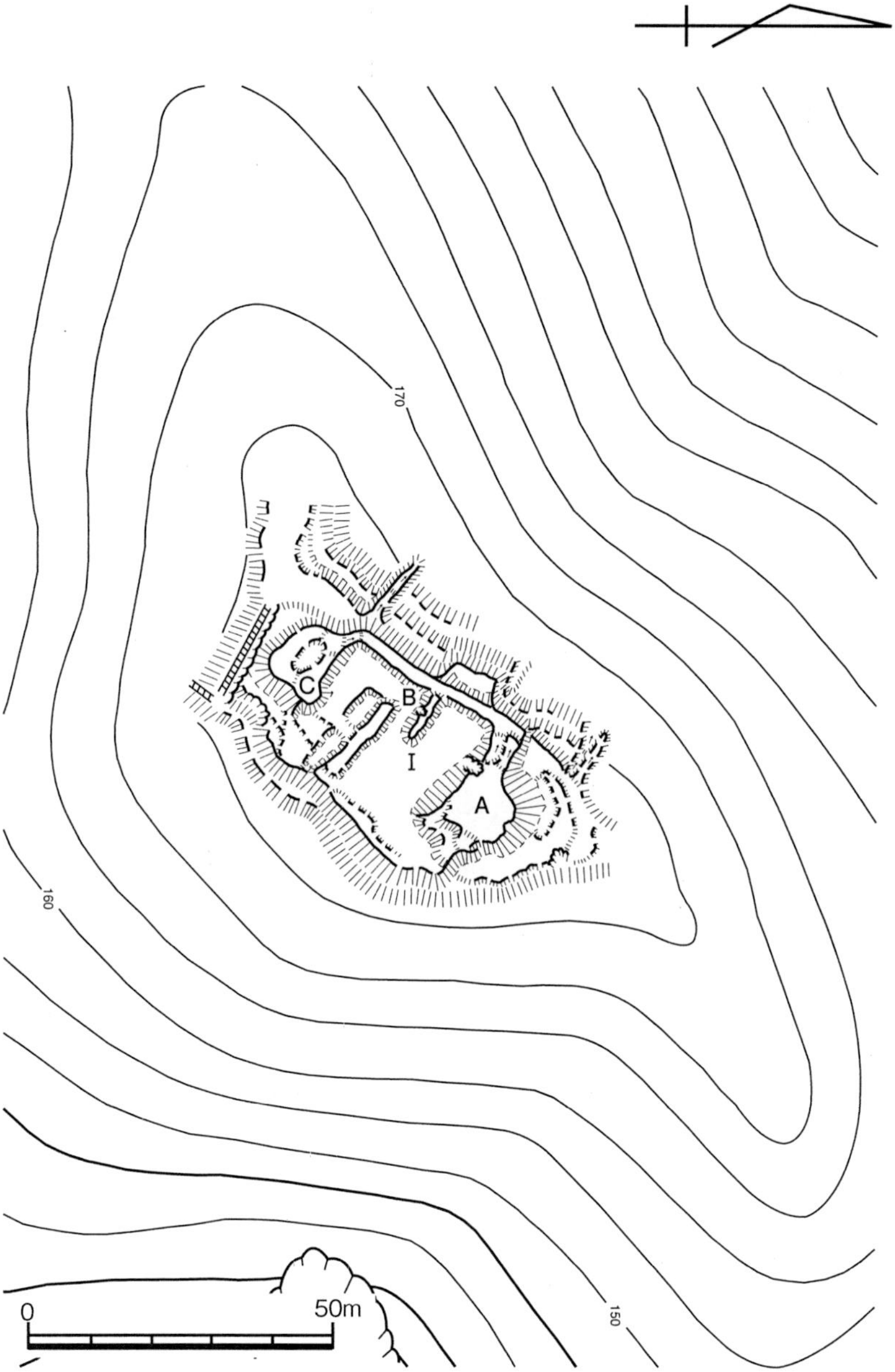

和田山城跡概要図
（東近江市教育委員会作成実測図をベースにして福永清治作図）

31 佐生城《さそうじょう》

★★

所在地　東近江市佐生町・日吉町
築城時期　戦国時代
標高　一五八m
主な遺構　曲輪　土塁　石垣　櫓台　堀切

佐生城は近江守護六角氏の居城である観音寺《かんのんじ》城の築かれた繖山《きぬがさやま》から北方に伸びる尾根先端のピークに位置している。城跡には後藤但馬守城跡と刻まれた石碑が建てられており、佐生城が後藤氏の居城であったことを示している。ただ、佐生城主を後藤氏とする史料は認められず、城主についての詳細は不明である。なお、後藤氏とは戦国時代の六角氏の重臣で、東近江市中羽田《なかはねだ》を本貫としていた。現在中羽田には県史跡に指定されている後藤氏館跡という方形館跡が残されている。館は四周に巨大な土塁を巡らせ、外周には堀が巡る。その規模は方一町を上回り、一辺約一二〇メートルを測るという巨大なもので、守護の館とほぼ同じ規模を有している。

ところでこの後藤氏館を居館とすると、佐生城はその詰城となるが、両者の距離は約一〇キロも離れており、単純な詰と居館という二元的構造ではなさそうである。その関係を知るために佐生城の構造を見てみよう。

佐生城は基本的には単郭の小規模な山城である。城の背後には繖山に伸びる尾根が続いているが、尾根を切断する明確な堀切は認められず、わずかに片側斜面に竪堀Dが認められるのみである。これは背面を遮断する必要のなかったことを示している。つまり観音寺城と一体として機能していた城と見ることができよう。曲輪Ⅰの平面は三角形を呈しており、南辺は石垣A、他の二辺は土塁B、Cによって築かれている。虎口《こぐち》は明瞭ではないが、東側に構えられていたようで、堀切状の方形の窪みと石垣が複雑に組み合い、石垣の中央で平虎口が開口している。また、北側尾根に対してのみ、石垣（石列）が築かれ、中央には石段が残されており、虎口であった可能性が高い。また、その北方尾根の先端にも堀切状の痕跡が認められ、中央には土橋が架かる。

　南辺の石垣Aは西端部で凸形に屈曲しているが、これは横矢を意識したものと見られる。このように佐生城は石垣によって築かれたことを最大の特徴としている。

南辺石垣の出隅部

　石垣出隅部には巨石が用いられ、算木《さんぎ》積《づみ》も指向されている。なお、石材は大半が自然石であり、矢穴技法で割られた石材は認められない。こうした構造の石垣は観音寺城の石垣と石材の加工に大きな相違があり、それは時代的な相違なのか、工人の違いによるものなのかのいずれかと考えられる。

　現在、湖南地域で石垣が認められる城郭は観音寺城、佐生城、星ヶ崎《ほしがさき》城、三雲《みくも》城である。このうち星ヶ崎城は曲輪となる平坦面を有さず、堀切もなく、土塁も認められない。山頂近くに石垣を一面のみに築く不思議な構造の城である。山麓には西方寺と呼ばれる中世寺院が存在

佐生城へのアクセス
JR能登川駅から東へ徒歩約20分、佐生の共同墓地より登る。
また、北向岩屋十一面観音からのルートもある。

している。おそらく城ではなく、山岳寺院の奥の院的な施設だったのではないかと考えられる。

　これに対して観音寺城、小堤城山《こづつみしろやま》城、三雲城の石垣は矢穴技法によって人工的に割られた巨石を用い、内面には栗石（裏込め石）を充填させるという共通した技法によって積まれている。どうも六角氏は観音寺城を詰城としていただけではなく、最後には甲賀へ逃げることを念頭に、観音寺城から小堤城山城に移り、甲賀の三雲城に逃げ込むというルートを想定していたものと思われ、そうした城には石垣を築いたものと見られる。一方、観音寺城の北方防御に関しても当初は観音寺城の北壁を削り込み急峻な切岸を屏風のように構えることによって防御していたのであるが、湖北の浅井長政が織田信長と婚姻により友好関係を深めていくなかでは対処しきれなくなり、北方の橋頭堡《きょうとうほ》として繖山の北端に出城として築かれたのが佐生城だったと考えられ、その守備に入れ置かれたのが後藤但馬守であった。中羽田の後藤氏館との距離的な矛盾はこうした結果であり、佐生城は決して後藤氏の詰城として築かれたものではない。おそらく後藤氏の詰城は雪野山の山頂にあったと想定される。

南辺の石垣

　石垣は曲輪を囲繞するのではなく、南辺のみに築かれている。佐生城の南山麓には東山道（後の中山道）が走っており、街道から見せることを意識したものか、もしくは街道よりの敵に対して築かれたものかのどちらかで、一方面のみを石垣としたものと考えられる。
　このように佐生城は六角氏によって観音寺城防衛の最前線として永禄年間頃（一五五八〜一五七〇）に築かれたものと考えられるが、信長の侵攻に際しては戦うことなく放棄されたものと考えられる。
（中井　均）

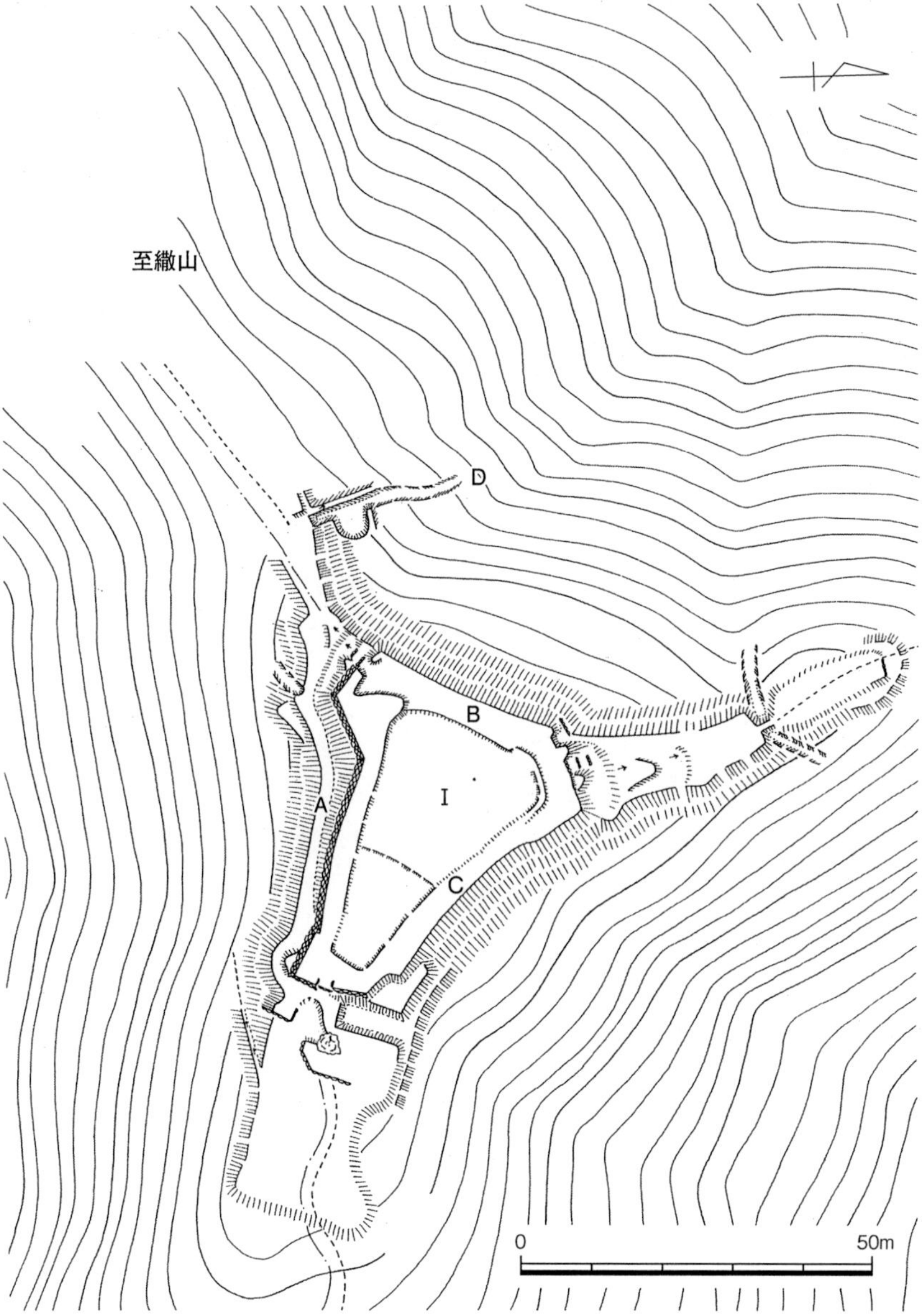

佐生城跡概要図（作図：中井 均）

32 安土城《あづちじょう》 ★

国指定特別史跡

所在地　近江八幡市安土町下豊浦、東近江市南須田町
築城時期　天正四年（一五七六）
標高　九九・七m
主な遺構　曲輪　枡形虎口　石垣　天主台　登城道
摠見寺三重塔・二王門

織田信長の居城である安土城は近江でもっとも有名な城跡である。天正四年（一五七六）、信長は居城を岐阜から近江安土へと移した。新たな居城を近江国蒲生《がもう》郡安土の地に求めたのは、中山道と伊勢街道が交差する陸路の要衝であったことに加えて、琵琶湖東岸のほぼ中央に位置する湖上交通の要衝であったことも見逃せない。さらに重要な点は湖岸にそびえる安土山だったことである。信長は居城を小牧山、岐阜金華山の山頂に山城を構えている。居城を移動するだけではなく、必ず山城を居城としたのである。

安土城の最大の特徴は城域全てを石垣によって築いたこと、本丸の中心に天主という高層建築を造営したこと、そして城郭建物のすべてが瓦によって葺かれたことである。この三つの要素は以後の日本城郭に取り入れられることとなり、戦国時代の城とはまったく異なる城が登場したのである。安土築城はまさに日本城郭の革命といってても過言ではないだろう。

石垣は戦国時代の城郭石垣の限界であった高さ四メートルを優に超え、一〇メートルに達する高石垣となる。粗割した石材を積み上げるが、隅部では石材の長辺と短辺を交互に積み上げる算木積《さんぎづみ》が萌芽している。『信長公記』には「大石を撰取り、小石を撰退けられ」と記されているが、黒金門や二の丸では鏡石となる巨石が配置されている。その最大の石が蛇石と呼ばれるもので一万人が三日三晩かけて持ち運んだと記されている。しかし、現在石垣面にはそのような巨石は認められず、謎の大石である。

天主は「天守」ではなく、「天主」と記されている。

外観五重内部七階の巨大な高層建築で、大工は熱田御大工である岡部又右衛門があたり、内部の障壁画は狩野永徳が、金具は京の金具師後藤家が担当した。外観を伝える絵図や絵画はまったく残されておらず、信長が永徳に描かせた安土屏風がローマ法皇に送られたが、その所在は行方不明となっている。現在安土山の最高所に不等辺多角形の天主台が残されており、巨大な礎石が整然と並んでいるが、ここは穴蔵と呼ばれる地下室にあたる。

安土城二の丸石垣

瓦については唐人の一観という人物に命じて奈良衆に焼かせたとあり、軒瓦や飾瓦、鯱《しゃち》などには金箔が貼られていた。このように高石垣や絢爛華麗な天主、金箔瓦といった要素は軍事的なものではなく、見せるということを非常に意識した城であり、信長政権のシンボルとして築かれた城だったのである。

ところで現在南山麓から一直線に伸びる石階段が大手道と呼ばれている。ただ大手道とは城に至る道を呼ぶものであり、城内道を大手道と呼ぶのは間違いである。さらに大手道は城下を貫通する道であるが、安土の城下は南には設けられていない。西南山麓が安定した段丘面であり、城下もここに営まれている。そうなれば大手はこの城下を縦貫する道であり、城内に通じる大手門は百々

安土城へのアクセス

JR安土駅から徒歩25分。県道2号、下豊浦を越えてすぐ。駐車場あり。入山料700円必要。

橋口であったと考えられる。

この百々橋口からの登城道を登りきったところにあるのが摠見寺《そうけんじ》である。信長は仏教嫌いと思われているが、城内に寺院を設けている。安土城への入り口に摠見寺を配置したのである。現在二王門と三重塔が残り、重要文化財に指定されている。この二棟は摠見寺の建物ではあるが、信長の築いた安土城の建物でもある。

本丸には御殿の礎石が残るが、その柱間は一間が七尺二寸という巨大なものである。本丸御殿には「御幸間」と呼ばれる部屋があり、天皇の行幸を考えていたと言われている。さて、こうした御殿のあり方より現在大手と呼ばれる直線道路の目的を考えると、通常の大手からの登城道が百々橋からのものであるのに対して、極めて特別な通路であったと考えられる。信長や天皇、賓客などの登城にのみ使われた登城道だったのだろう。

安土城南面の直線登城道

では、この直線道路の両側に構えられた屋敷地は誰の屋敷地だったのだろうか。なかでも山麓に二段に構えられた広大な屋敷地が伝羽柴秀吉邸と言われているが、天正四年の秀吉の序列から考えてこのような一等地に広大な屋敷を構えられるはずがない。ここは山麓の信長居館と考えられる。信長のプライベートな居住空間は天主であり、本丸御殿は行幸など極めて特別な空間であり、山麓にパブリックな空間を構えていたはずであり、それこそが伝秀吉邸であった。

天正十年（一五八二）の本能寺で信長が誅殺されると安土城も天主などが炎上する。その後一旦修復され、信長の孫三法師が入城するがまもなく廃城となり、摠見寺以外はすべて解体され、石垣のみが残る城跡となっているが、普請、作事は日本城郭の革命的画期となった城郭であり、その後の日本の城郭に多大な影響を与えた城であった。

（中井　均）

145　安土城

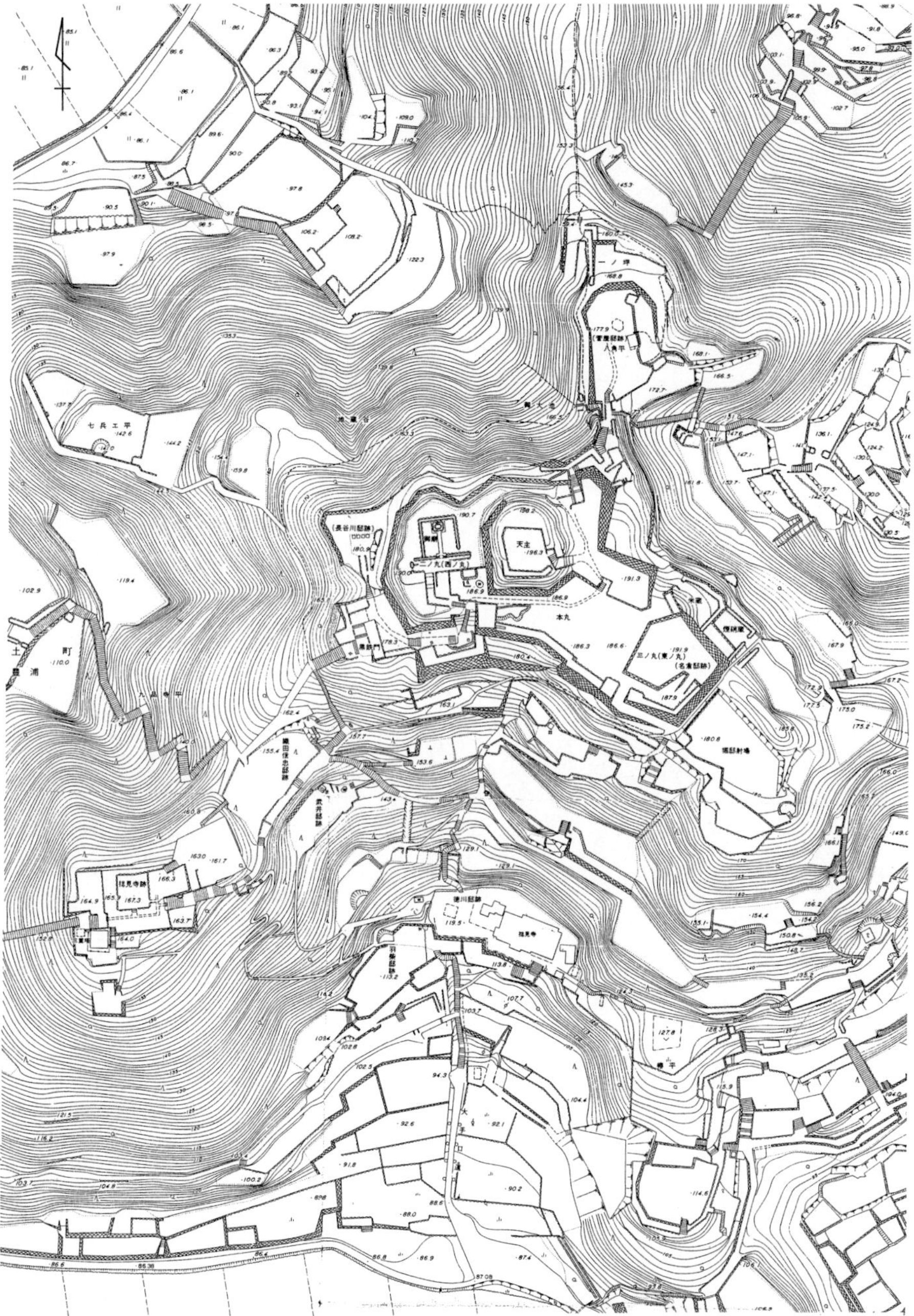

安土城跡概要図（滋賀県中世城郭分布調査４　滋賀県教育委員会）

33 観音寺城《かんのんじじょう》 ★

国指定史跡

所在地　近江八幡市安土町石寺、東近江市五個荘川並町
築城時期　十五世紀後半？
標　高　四三三m
主な遺構　曲輪　土塁　虎口　石垣　井戸跡

　観音寺城は南側の石寺集落からの比高が約二五〇メートルに及ぶ繖山《きぬがさやま》山上一帯に存在する。戦国期に築かれた城郭としては、かなり広範囲に石垣が用いられている。山上の一角が観音正寺《かんのんしょうじ》境内となっているのもよく知られている。聖徳太子によって建立されたとの伝承を持つ同寺は、西国三十三札所として古くから崇敬を集めてきた。『太平記』によれば、建武三年（一三三六）近江守護六角氏が「観音寺ノ城郭」に籠もって戦ったとする記事が見られる。この時期、比高の高い山上に位置する寺院を一時的に城郭として利用することは、各地でしばしば行われていた。ただし当城の場合、次第に寺院周囲を恒常的な城域として整備し、ついには寺院を取り込んでいったか、もしくは駆逐するに至っている。同時に六角氏の居城として、さらには六角氏領の政庁として体裁を整えていったと考えられる。

　弘治二年（一五五六）には、六角氏は石垣普請を金剛輪寺（愛荘町）の西座に命じている。この頃に、城域の石垣が整備されたと考えられている。

　ところが永禄十一年（一五六八）、上洛途次の織田信長が箕作山《みつくりやま》城（東近江市）を力攻めし、わずか半日で落城させてしまう。すると六角氏は籠城することなく、観音寺城を捨てて退去してしまう。信長は空き家となった観音寺城に入城するが、ほどなく廃城とした模様である。

　山上には無数の曲輪群が設けられているが、主郭らしい場所がにわかに見出せない。本丸と呼ばれる曲輪は存在するものの（他の曲輪の呼称も含めて、あくまで伝承にすぎない）、最高所に位置するわけではなく、防御性が特段優れているとは言えない。こうした構造を通じて

六角氏権力の脆弱性や限界性が指摘されてきた。

　ただし織豊系城郭や近世城郭に多く見られる曲輪の求心構造を軸に、軍事性の強弱を計るのが妥当であるとは必ずしも言えない。複数の曲輪が主郭機能を担っていた可能性とて考えられるのである。

　また城域の北端となる尾根上には、「大土塁」と通称されているラインが見られる。これによって城域をまとめ、北側からの防衛に対処していたと考える説がある。もっとも「大土塁」上にあっても、頂部となる三国丸では石垣を設けて遮断線を構築している。その東側の鞍部には、虎口《こぐち》・通路を設けて区画している。細部の遺構に関してはさらなる読み取りが可能になるし、軍事的な評価も未知数と言えるであろう。

　近年、観音寺城を巡って注目を集めている点として、

大石垣

観音寺城へのアクセス

JR安土駅から桑実寺まで徒歩45分、桑実寺から伝本丸まで徒歩約25分で着。ただし桑実寺入山料として300円が必要。他にも安土町石寺側等からの登山道あり。車の場合、五個荘川並町側から有料道路で布施淡路丸下まで着。観音正寺境内は入山料500円が必要。

観音正寺との関係性が挙げられる。先述のように早くから観音正寺は山上に位置していたのだが、戦国期には山麓に移動し、江戸期になって再び山上に戻ったとされている。当初の本堂・子院の位置や広がり、城郭との関わりをめぐって諸説が唱えられている。具体的には石垣の構造、縄張りの検討等を通じて諸氏による見解が示されているわけだが、明確な結論を得るには至ってない。城と寺が同居したかのように城道・参道がそれぞれ設けられていたとの説もある。

平井丸虎口

もう一点は、北原治氏によって指摘された「観音寺城技法」と呼ばれる石材分割手法が認められる点が挙げられる。原石に二～三程度の矢穴を穿ち、効果的に分割加工した上で石垣の石材として用いているものである。池田丸や女郎岩の大石垣等に認められる。矢穴の変遷、石垣加工技術を考える上で注目される遺構と言える。

山上の遺構は広大で見るべき箇所は多く、謎もまた多い。ただし、現地に建つ案内板は限られており、立ち入りができない箇所もある。崩れかかった石垣や岩場等、危険な箇所も少なくないので、くれぐれも注意が必要である。

なお南側山麓にある天満宮には高さ約六メートルに及ぶ石垣が認められ、付近は城主居館に比定されている。ただし、石垣に囲まれる範囲は山上の本丸・平井丸・池田丸等と比べるとかなり狭い。周囲に関連しそうな石垣による区画も見られず、やや孤立的な感がある。観音寺城に伴う重要な空間であったのは間違いないだろうが、城主居館という見方にも再考の余地があると思われる。

（髙田　徹）

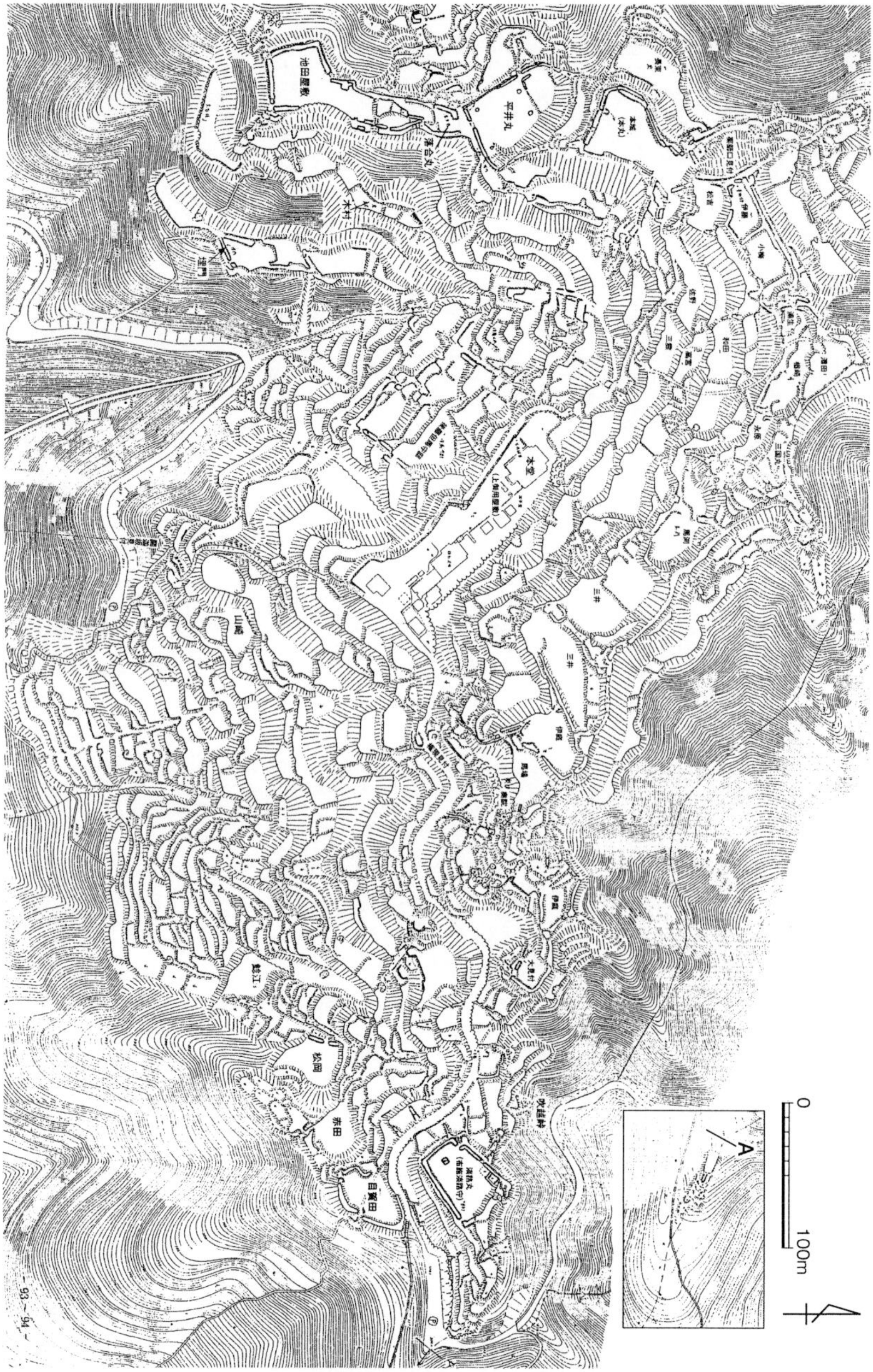

観音寺城跡概要図（踏査・作図：藤岡英礼）
村田修三氏『五個荘町史』1992年所収図面を下敷きに、加筆・修正、再トレース

34 箕作山城《みつくりやまじょう》 ★★

所在地　東近江市五個荘伊野部町
築城時期　文明三年（一四七一）？
標　高　三二四m
主な遺構　曲輪　土塁　石垣

箕作山城は、清水山城とも呼ばれる。観音寺城の南東約一・二キロ、旧東山道を隔てた山上にある。この城は文明三年（一四七一）に佐々木政堯《まさたか》が室町幕府の命を受けて築城し、佐々木高頼の観音寺城に対抗したのが始まりと言われる。また永禄五年（一五六二）に家督を義《よし》弼《すけ》に譲った六角承禎《しょうてい》（義賢《よしかた》）は観音寺城から箕作山城に移ったとされるが、詳細は明らかではない（北側山麓にこの時の城を比定する考えもある）。

その歴史がはっきりするのは、織田信長との間で激戦が繰り広げられた永禄十一年（一五六八）のことであり、『信長公記』に詳述されている。

足利義昭を要して上洛を果たそうとする信長は、途次を領する六角氏に対して人質を差し出した上で、信長のために奔走するよう要求する。替わりに上洛を遂げた暁には、所司代に命じるという条件を出したが、六角氏は拒絶した。近江に進軍し、九月十一日に愛知《えち》川近辺に陣を置いた信長は、自身で六角氏側の諸城を見回した上で、六角氏父子が籠もる観音寺城と箕作山城を攻撃の対象として絞り込む作戦を立てている。

翌十二日、信長は佐久間信盛・木下藤吉郎・丹羽長秀・浅井新八に箕作山城攻めを命じ、申の刻（午後三時～五時頃）から夜にかけての間に落城させた。信長は直ちに箕作山城に入城し、引き続いて観音寺城攻めに掛かろうとしていたところ、六角氏は観音寺城から逃亡した。

翌十三日、信長は観音寺城を接収している。その後、京に向かって快進撃を続けたのは周知のとおりである。

信長軍の進行時、六角氏は領内の城郭それぞれで籠城戦を展開し、当主らは観音寺城と箕作山城に籠もっていた。東山道を南下してくるであろう信長軍を観音寺城と箕作山城を結んだラインで食い止めつつ、信長軍を分散させた上で撃破しようと考えていたのかもしれない。

ところが信長は六角氏側の城郭配置の隙を衝き、かつ一気に箕作山城を攻略してしまった。本来観音寺城の防衛の一角を担うはずであった箕作山城は、あろうことか信長によって観音寺城攻めの付城に転化されてしまった。わずか半日足らずで防衛ラインの一翼を崩された上、続いて観音寺城への攻撃態勢を敷かれてしまっては、六角氏も退去するしか術を持たなかったであろう。

観音寺城から見た箕作城

六角氏側にとっては、箕作山城は本拠である観音寺城の防衛、領国の防衛上、それだけ重要な位置を占める城郭であったと考えられるのである。

山頂部のI郭が主郭に比定されるが、送電用の鉄塔に伴い、土盛りや掘削が行われており、少なからず改変を受けている。鉄塔の南側には、資材搬入用に拡幅された

箕作山城へのアクセス
近江鉄道河辺の森駅から西へ徒歩約50分で登り口（八幡神社前）に着。そこから40分登り道で主郭へ到着。

道が延びている。

それでもⅠ郭の北・東・西側には土塁状の高まりが見られ、西側のAは虎口に比定される。Aから少し西側に下がったBには、現状で二段からなる石垣が見られる。石垣の内側は狭く、かつ虎口に比定されるAの延長に位置している。石垣は、虎口受けの小曲輪に伴うものと考えられる。北西側に延びた尾根に向かい合う位置でもあるから、敵の侵攻を一時的に食い止める役割を期待されていたのであろう。現状で石垣が認められるのは、Bのみであり、明瞭な城郭遺構と言えるのもBのみである。

Ⅱ・Ⅲには平坦地が見られるが、それほど広くはない。Cには堀切状の凹地が見られるが、幅も狭い上、浅いものである。Ⅳ付近はほとんど自然地形に近く、堀切を設けた形跡もない。

主郭部から北東へ約二〇〇メートル下った尾根上には、大正十一年に建設の「史蹟箕作山城阯」石碑が建つ。ただし付近には、明瞭な城郭遺構は認められない。

『信長公記』を読む限りでは、六角氏領・観音寺城の防衛を担い、一気に落城させられたとはいえ、信長軍を相手に戦闘を展開しうるほどの城郭でもあった。にもかかわらず、現実には小規模な上、一部に石垣を止める程度にすぎない。支城とはいえ、観音寺城との格差があまりに大きく、不明な点の多い城郭である。　（髙田　徹）

石垣

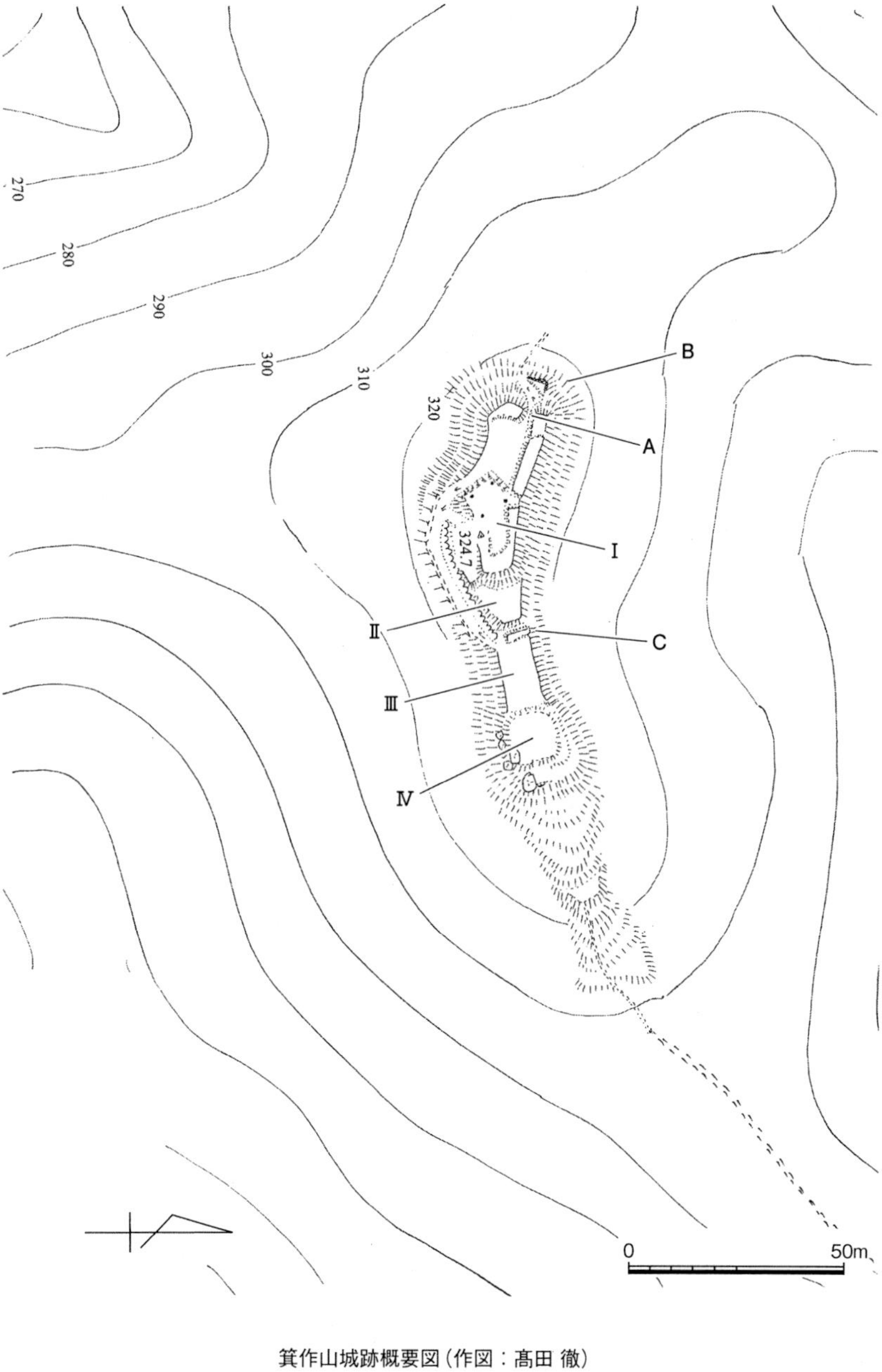

箕作山城跡概要図（作図：髙田 徹）

35 北之庄城《きたのしょうじょう》 ★★

所在地　近江八幡市北之庄町・南津田町
築城時期　十六世紀代
標　高　二五二m
主な遺構　曲輪　土塁　堀切　横堀　虎口

近江八幡市の北部には、標高三〇〇メートル程度の山々が複数の山塊を形成しており、内湖が干拓される以前、これらの一部は本来琵琶湖の島であった。北之庄城は、かつて鶴翼山と呼ばれていた八幡山の北側の尾根に存在する。八幡山の山塊は内陸側にあって島ではないが、北側の山麓近くに西の湖への水道が通過しており、琵琶湖にほぼ隣接していた位置関係になる。

当城に関する一次史料の記録はほとんど確認されていない。江戸時代中期に著された『近江輿地志略《おうみよちしりゃく》』では、この北之庄城を指すと思われる記述の中で、城跡から西の湖水道を挟んだ対岸に存在する阿弥陀寺に関連する旧跡地であるとの解説がなされている。城としての記録は残されておらず、現段階では城主が誰であったのか、周辺で戦いが行われたのかどうかは不明である。

遺構は、標高約二五二メートルの尾根のピークから北に向かって広がる。城域を大きく分けると、南半分の上段部と北半分の下段部に分けることができる。上段部にある曲輪Ⅰが主郭に該当する。この曲輪南端部が山頂部にあたり、その地点から両側に土塁を伸ばし、曲輪全体を土塁囲みとして方形を意識した平面形となる。曲輪の虎口《こぐち》Aは北隅に存在する。この虎口は、段差や小規模な土塁によって、曲輪中央まで屈曲を伴った進入路設定がなされている。曲輪Ⅰの南側が城の背後にあたり、堀切Bによって防御される。堀切Bの外側から北東側にかけて土塁が構築され、曲輪Ⅰの南東辺を横堀が防御するかたちとなる。

曲輪Ⅰの虎口Aを北へ降りると下段部の曲輪Ⅱへと至る。曲輪Ⅱから曲輪Ⅰまではほとんど自然地形のままで

左：八幡山城跡　中央：北之庄城跡

北之庄城へのアクセス

JR近江八幡駅北口より近江鉄道バスで長命寺線乗車。北ノ庄ラコリーナ①か豊年橋和船乗り場②下車、西へ徒歩15分で北ノ庄神社へ至る。神社脇の登山道より徒歩45分で北ノ庄城へ。

あり、進入路設定が不明瞭となっている。下段部のエリアは、東西両側に尾根地形があり、その中間の谷部を曲輪としている。曲輪Ⅱの内部は、段差や土塁などで、およそ一〇メートル四方単位の小規模な方形区画がいくつも形成されている。高さが最も低くなる曲輪南西側では、用途不明の土坑が六基存在する。

曲輪Ⅱの虎口は三カ所開口する。まず、北側の虎口Cは、北側山麓部から直登する道が取り付く。西側に隣接する尾根地形も利用し、虎口手前で二回の屈曲を経て曲輪内部に入る構造である。西側の虎口Dは、西側山麓部から直登する道が取り付く。基本的には平入りの構造であり、直線的な進入路設定で曲輪内部へと導くが、虎口の土塁内側に武者隠し状の小規模な空間が確保されている。そして、南東隅の虎口Eは、南から曲輪Ⅰ東側の斜面を迂回して伸びる道が取り付く。虎口手前で二回の屈曲を経て曲輪内に進入させる構造で、曲輪Ⅰから下ってくる地形を利用して、内枡形虎口が形成されている。虎口の南側に接しては、小規模な曲輪が構築されている。この地点は、虎口に至る進入路や虎口空間を制圧する絶好の位置にあり、発達した縄張り技法が導入されている。

そのほか、曲輪Ⅱの東西両側にある尾根地形には、その突端部に櫓台状の高まりが存在する。この地点からは、東・北・西への湖岸や平野部に対する眺望が特に優れている。

この城には、縄張り上の評価で不自然な点が存在する。まず、発達した虎口技術が導入される一方で、曲輪Ⅱから曲輪Ⅰに至る重要な経路では、地形が曖昧で、進入路設定が不明瞭なこと。曲輪Ⅱ内部では、谷状地形の中に細かい内部区画が形成されているが、城郭ではあまり見られない遺構であることなどである。特に、山の中腹の谷部が積極的に利用される施設は、近江では天台寺院などによくみられる事例であり、北之庄城も前身は山寺であった可能性が高い。おそらく、曲輪Ⅱの虎口や曲輪Ⅰの防御など、一部が城の縄張りに改変されて山城に転用されたものと考えられる。

前述の『近江輿地志略』では、この城について阿弥陀寺の関連施設であるとの考察がなされていたが、平安時代末期、一部が琵琶湖の島であった近江八幡市北部の山塊には、天台回峰行の行場ルートが開かれていた。そのルートは二通り存在し、水茎岡山城の前身の香仙寺から長命寺を経由して伊崎寺へ至る「洛刃峰」のルート、そして香仙寺から八幡山城前身の法華寺を経由して伊崎寺に向かう「法華峰」のルートである。後者の法華峰のルートは、まさに北之庄城が存在する尾根道を通過していたと考えられ、北之庄城の前身には回峰行にも関連した寺院施設が存在した可能性が考えられる。

（福永清治）

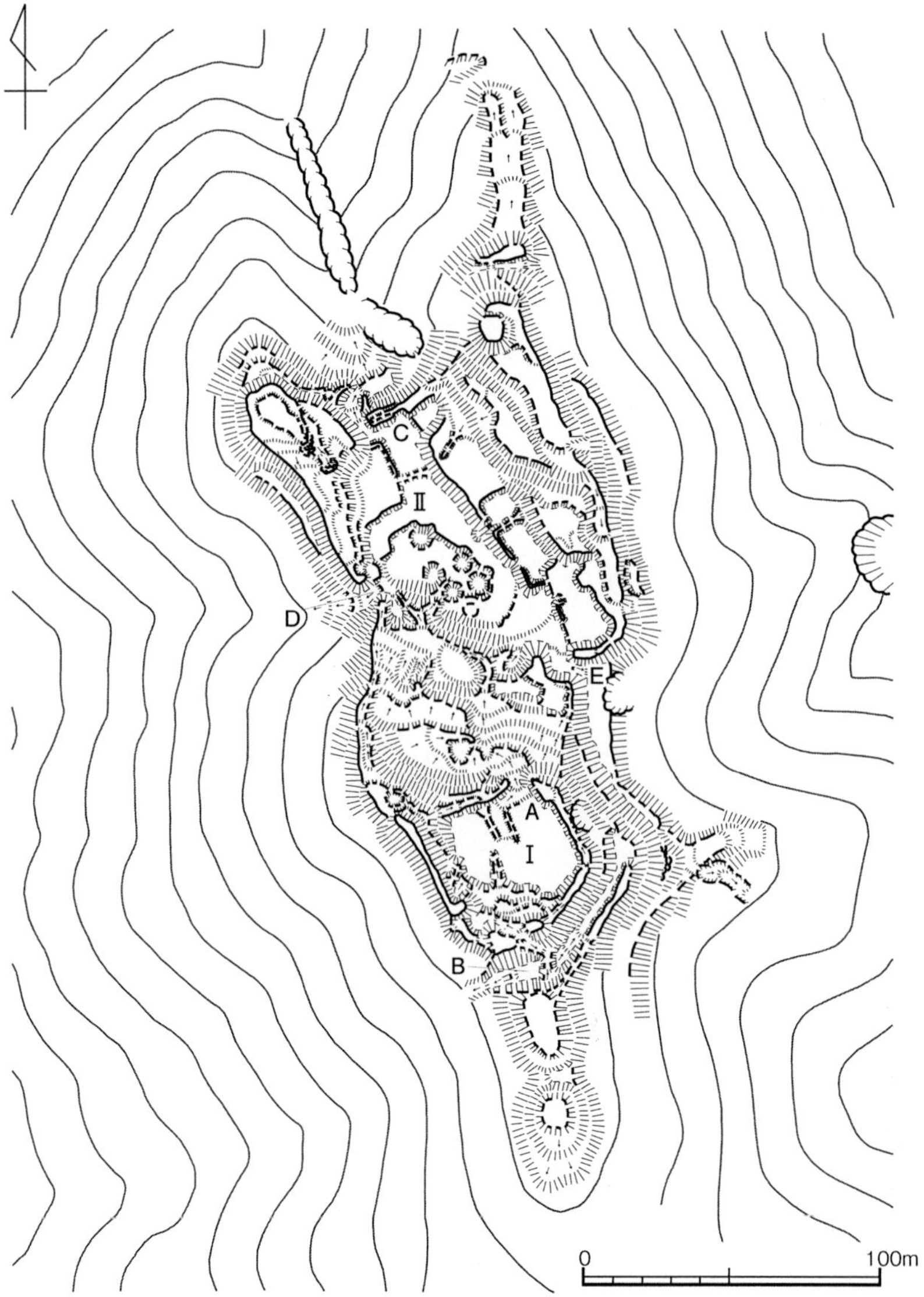

北之庄城跡概要図
（近江八幡市作成実測図をベースに福永清治作図）

36 八幡山城《はちまんやまじょう》 ★

所在地　近江八幡市宮内町・舟木町・多賀町・南津田町
築城時期　天正十三年（一五八五）
標高　二八三m
主な遺構　曲輪　堀　堀切　虎口　石垣　切岸　礎石　通路

八幡山城は、昭和三十八年（一九六三）に京都より移ってきた門跡寺院の瑞龍寺《ずいりゅうじ》がある鶴翼山《かくよくざん》（標高二八三メートル）山頂を中心に南側山麓にかけて遺構が展開する。概要は、山頂に本丸、その周囲の各尾根に二ノ丸・北ノ丸・西ノ丸・出丸を配し、「山上部曲輪群」を構成する。それに対し、南側山麓には雛壇状の曲輪群とその中央部を貫通する大手相当の道で構成された「山麓居館群」がある。山麓居館群を囲い込む形で山頂から伸びてくる東西の尾根があり、それぞれ中腹から山麓にかけて曲輪と考えられる平場が確認できる。これら山上部曲輪群と山麓居館群はほぼ石垣で形成されている。「西尾根の施設群」は大量の石仏が転用された石垣で複雑な登城路を形成しており、その行き着く先は山頂部の出丸ではなく、山麓居館群最上部の平場となる。ここでは発掘調査が実施されており、大型礎石建物跡や金箔瓦などが確認された場所となる。この建物の正面玄関は周囲の石垣の配置から、山麓居館群をほぼ南北に貫く直線路最上部に位置する虎口《こぐち》空間と考えられることから、西尾根上に展開する石垣で形成された複雑な曲輪と登城路は山麓居館群の搦手《からめて》と考えていいだろう。山上部曲輪群には出丸から山麓部にかけての谷地形にジグザグの登城路の痕跡が確認できることから、大型建物の背後にかつては登城路が存在していたと考えられるが、昭和四十二年（一九六七）の土砂崩れで確認することができない。いずれにしろ、山上部と山麓部を繋ぐ登城路は、本丸の西側、土砂崩れで石垣が崩壊した部分に存在していたと考えられている虎口に達するわけであるが、本丸と二ノ丸をつなぐ複雑な虎口（現瑞龍寺山門付近）と比較すると簡素な構造と言わざるをえない。よって、山上部の大手は東尾根と考える方が妥当であると考える。こうした登城路から考えると、八幡山城全体は山上部曲輪群と「大平」「小平」と呼ばれる東尾根が一体のものであり、山麓居館群と西尾根の施設群が一体のものであることが指摘できる。山麓居館群南側は「八幡堀《はちまんぼり》」と呼ばれる琵琶湖の内湖に直結した堀と土塁が構築されており、さらにその南側に「城下町」を配する。

大量の石仏が転用された西尾根施設群の石垣

なお、八幡山城跡にも江戸時代に作成された『江陽八幡山古城絵図』と呼ばれる絵図が残されており、その本丸に相当する部分には天守台のような形状を持つ石垣が描かれている。

八幡山城は天正十三年（一五八五）潤八月以降に羽柴（豊臣）秀吉の甥の秀次の居城として築城が開始された城郭である。天正十八年には秀次が尾張に移封となり、京極高次の居城となる。そして、関白となった豊臣秀次

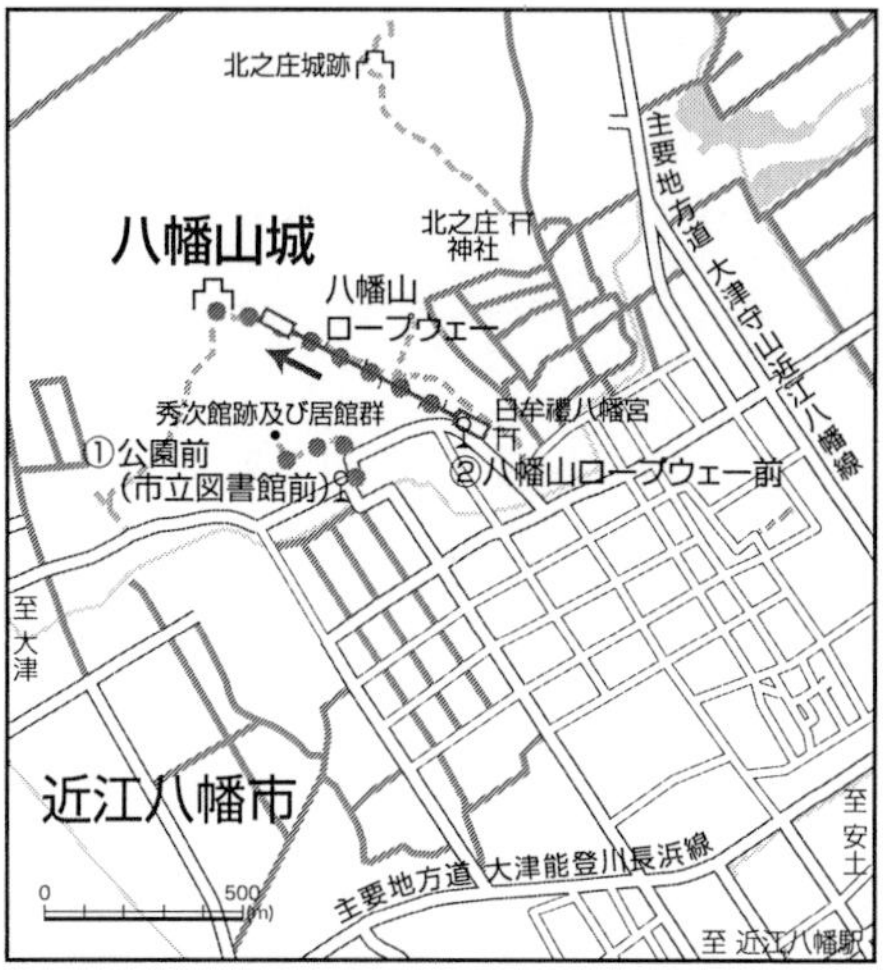

八幡山城へのアクセス

山麓の居館へは、JR近江八幡駅北口より近江鉄道バスで公園前（市立図書館前）①で下車徒歩５分。山頂の城郭へは、JR近江八幡駅北口より近江鉄道バス市内循環線乗車、八幡山ロープウェー前②下車、ロープウェーで頂上へ。（居館横の公園からの登山道からも登城可能。徒歩約40分）

の文禄四年（一五九五）の自害を契機に廃城となる。築城から廃城までわずか十年の存続期間である。特に前半の天正十三年〜十八年には、八幡山城は甲賀市の水口岡山城と彦根市の佐和山城と密接な関係を持つ。それは、「於江州所々、自分弐拾万石、幷其方相付候宿老共当知行、弐拾三万石相加、目録別紙在之、都合四拾三万石宛行畢、相守此旨、国々政道以下堅可申付者也、（天正十三年）潤八月廿二日　秀吉花押　羽柴孫七郎（秀次）殿」とあり、豊臣秀次が近江国に二十万石と秀次の宿老共に二十三万石が宛がわれたことから窺える。この宿老は水口岡山城の中村一氏、佐和山城の堀尾吉晴、長浜城の山内一豊などである。秀次とその宿老共の所領は近江国全体に対して面的に展開しているのではなく、主要街道の分岐点を固めつつ、それらを治める拠点城郭も主要街道でしかも、近江以東を意識した配置となっている。このことはすでに指摘されている通り、秀次の近江支配段階で敵対関係にあった徳川家康などの東国諸将を意識したものと考えられている。さらに言うと、天正十三年以前より存在する佐和山城は言うに及ばず、秀次の近江支配段階に新規築城された八幡山城と水口岡山城は、山城という共通点があり、東国からの京方面へのルートには山城を配置したものと考えられる。

本丸北側石垣

　このように、天正十三〜十八年の豊臣秀次による近江支配段階は、八幡山城が秀次の居城（本城）であり、宿老共の水口岡山城や佐和山城が八幡山城の「支城」という位置付けができるのである。山上部の平面構造についても類似点が多く、ぜひとも比較しながら登城してほしい。

（下高大輔）

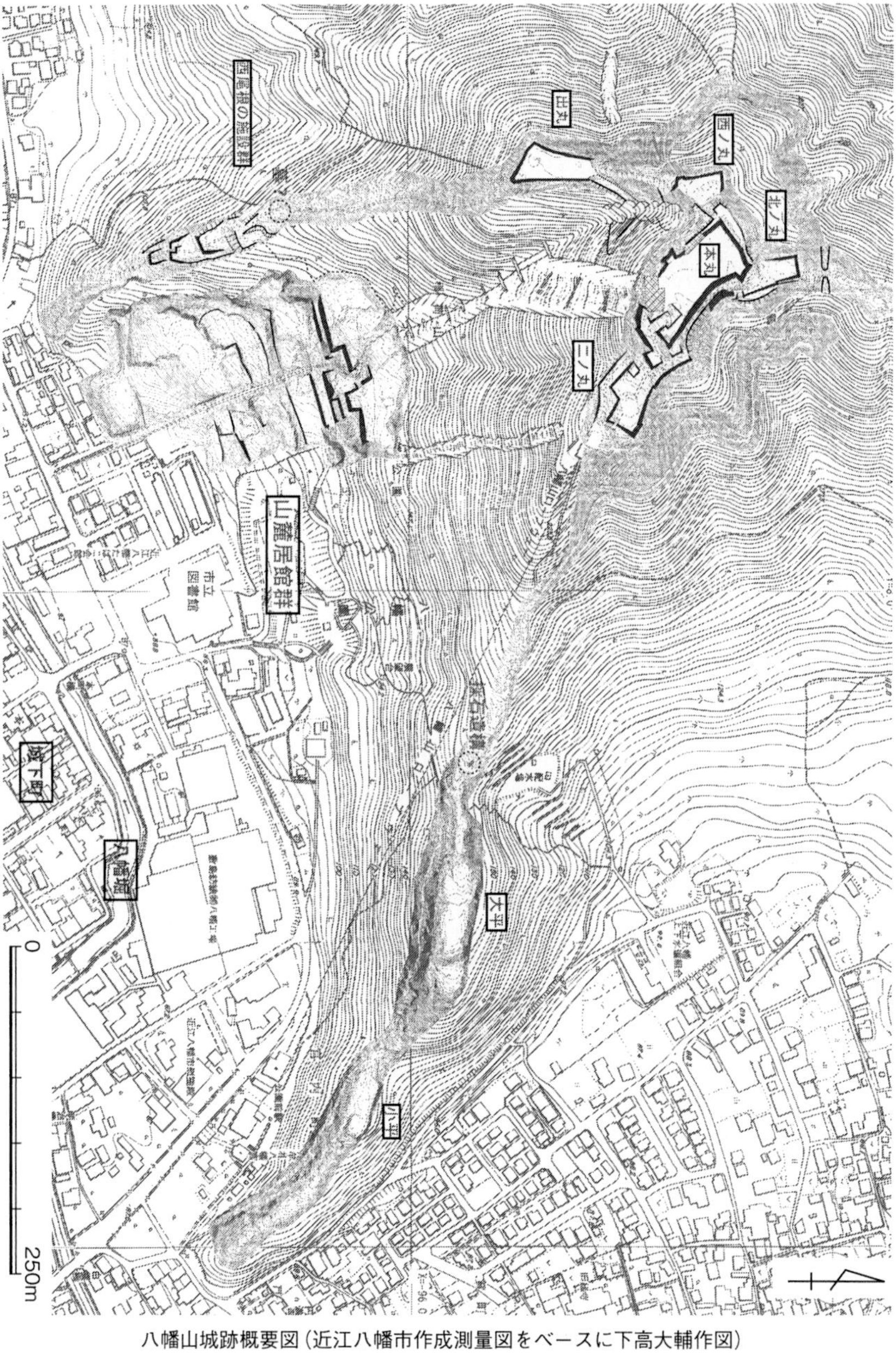

八幡山城跡概要図（近江八幡市作成測量図をベースに下高大輔作図）

37 水茎岡山城《すいけいおかやまじょう》

★★★

国指定史跡

所在地　近江八幡市牧町・水茎町
築城時期　十五世紀末
標　高　一八八m
主な遺構　曲輪　土塁　空堀　竪堀　虎口　庭園

かつて、琵琶湖の周囲は多くの内湖が存在し、湖の汀《てい》線《せん》は複雑に入り組んでいた。水茎岡山城が存在する湖岸の独立丘陵も、以前は内陸側に水茎内湖という内湖が存在しており、城の周囲は湖に囲まれていた。

また、琵琶湖は重要な水上交通路であり、多くの人と物資が湖上を往来していた。水茎内湖にも田中江という主要港があり、この港への航路は水茎岡山城のすぐ西側の水道を通過する必要があった。こうした水運面でも当城の位置が重要であったことが考えられる。

さらに、水茎岡山城の独立丘陵から長命寺山や八幡山を経て、伊崎寺へと至る尾根筋には、平安時代末期に天台回峰行のルートが開かれた。水茎岡山城が築城される以前から、この地点には香仙寺という天台寺院が存在し、回峰行の宿が設置されて多くの信者・行者が訪れていた。

このように、この地が本来信仰や交通の面で重要な拠点であったことを示しているのである。

城主は、守護代伊庭氏の被官で蒲生郡の国人領主の九里《くのり》氏とされる。

具体的な記録に現れるのは、永正四年（一五〇七）に室町幕府管領の細川政元《まさもと》が暗殺されて以後、将軍と管領の後継者争いが激化したときである。当時の六角氏当主の六角高頼《たかより》は、当初、足利義澄《よしずみ》・細川澄元《すみもと》を支援した。『和長卿記』などによると、永正五年（一五〇八）、足利義尹《よしただ》に都を追われた足利義澄は、坂本から一時的に長命寺に逃れ、その後九里氏に身を寄せたとされる。このときの退去先が水茎岡山城と考えられている。永正七年（一五一〇）、足利義尹は、細川高国をして義澄を匿う伊《い》庭《ば》・九里を討伐する軍勢を差し向けた。伊庭・九里勢はこの戦いに勝利したものの、足利義澄はその後も都への帰還が叶わず、水茎岡山城で病没したとされている。

　その後、九里氏が六角高頼《たかより》に謀殺されたこともあり、永正十一年（一五一四）に伊庭氏が六角氏に対して再度反乱を起こす。『長享年後畿内兵乱記』では永正十五年から十七年にかけて、水茎岡山城を中心に戦闘が行われたとされる。結局永正十七年に開城するに至り、伊庭氏の反乱が終息した後に廃城になったと考えられる。

長命寺境内から水茎岡山城を望む

　城域は、主峰の大山と琵琶湖に突き出た頭山に広がる。大山の山頂部は東西に長い尾根地形で、Ⅰ〜Ⅲの主郭域の曲輪群が東西に長く展開する。この主郭域には、上から南側にかけて二〜三段分の曲輪が存在し、北側の斜面に対しては土塁Aや帯曲輪Bが防御を担う。主郭域からは、山の南側斜面にかけて主要な曲輪の展開がある。Ⅰ・Ⅱ間の虎口Cから城内道を伝って中間のⅣへと至る。さらにⅣから城内道を山麓側へ進むと、同比高に長く曲輪が展開する帯曲輪域へと達する。この帯曲輪域の東端には竪堀D、西端には土塁を伴う帯曲輪Eが存在し、山頂の主郭域を守る防御ラインとして機能する。中腹の帯曲輪域の

水茎岡山城へのアクセス
JR近江八幡駅北口から近江鉄道バスで野ケ崎線乗車、元水茎か牧町西口下車、徒歩40分で貯水池への階段前へ。そこから徒歩15分で貯水池、池裏の藪を登ると水茎岡山城。

下は、山麓部まで城内道Fが直線的に走り、その道に接して三〇×一五メートル程度の長方形の平坦面が階段状に連続するエリアとなる。また、その東には別の城内道Gがあり、幅およそ一〇メートルの横堀Hによって防御された広いVが存在する。さらに、Vの東には、山麓から直線的に伸びる道がⅥまで続き、その両側に平坦面が連続するエリアが存在する。

一方、大山の北側斜面では山麓側に遺構がある。まず、頭山との鞍部は現在湖岸道路が存在するが、かつてはこの場所にも曲輪が存在した。Ⅶはおよそ四〇×二五メートルの方形曲輪で、昭和五十一年の発掘調査では礎石建物が六棟検出されている。地元の伝承では、Ⅶが足利義澄の館跡とされている。この地点から大山の北側山麓にかけても曲輪群が展開する。Ⅷは、およそ三〇メートル四方の方形曲輪であり、東西二辺を土塁・虎口で防御し、一角には庭園を備える。このエリアの中心的な居館であるとみられる。

全体的には、独立丘陵の広範囲に城域が展開し、大きくは山頂域と山麓側に分けられる。山頂の主郭域の中でどの曲輪が主郭にあたるかは曖昧であるが、主郭域全体としては城域の中で強い求心性を持つ。これを守る防御ラインとしては、帯曲輪を主体に土塁・竪堀なども備える。これらが、広い城域や長い尾根地形に即して長大なラインを形成する。山麓から山頂域までの進入路設定も明確であり、重要な個所には虎口《こぐち》も存在する。山麓側では、直線的な城内道に接して規則的な曲輪配置があり、家臣団の屋敷地を思わせる構造である。また、ひときわ広い面積を有し、城内で唯一横堀を巡らすVは、城主クラスの山麓居館であろうか。一方、Ⅵから山麓までのエリアは、近江の天台寺院の構造と同じであり、現状ではこのエリアに香仙寺境内を想定したい。なお、Ⅵからの直線道は山麓の平野部まで一直線に敷かれており、想定される境内域は山麓平野部まで大きく展開していく。

縄張りでは、防御ラインと虎口の手法に特徴がみられ、城が機能したとされる十六世紀初頭の技術水準を示していると考えられる。城の歴史としては、将軍後継争いや伊庭氏反乱などの戦いの舞台となったが、恒常的な勢力拠点としても機能した様相が認められる。十六世紀初頭の城郭遺構を検討するうえで課題も多いが、非常に興味深い城郭である。

（福永清治）

水茎岡山城跡概要図（作図：福永清治）

38 長光寺城《ちょうこうじじょう》 ★★

所在地　近江八幡市長光寺町・長福寺町、東近江市上平木町
築城時期　十六世紀前葉～中葉か
標　高　二三四m
主な遺構　曲輪　土塁　竪堀　石垣　井戸跡

近江湖東の平野部には、観音寺《かんのんじ》城が存在する繖《きぬがさ》山や、箕作山《みつくりやま》城が存在する清水山など、独立した山塊がいくつか存在し、その頂上付近には戦国期に山城が築城されてきた。長光寺城は、現在の名称で瓶割山の山頂部に存在する。城の北西側山麓約一キロの地点には、旧中山道が通過し、城の北東約四キロの地点に存在する観音寺城とは、旧中山道でつながる位置関係である。

築城は、応仁の乱後の十五世紀後葉と伝えられる。当時は六角氏の後継者争いで、六角高頼と六角政堯《まさたか》が戦っており、六角政堯が長光寺城を拠点にしたとされる。また、当城は織田信長の近江侵攻後、元亀元年（一五七〇）に信長家臣の柴田勝家が籠城したことでも知られる。伝承では、近江での勢力を挽回しようとする六角勢に城を包囲された柴田勢は、勝家が城内の水甕を全て破壊して不退転の決意を表し、城内から出撃していったとされる。この伝承が元になって、現在の瓶割山の名称がある。

城の遺構は、山頂部から三方向に伸びる尾根上に展開している。主郭である曲輪Ⅰは尾根の中心に位置し、城内の曲輪で最も広い面積を有する。曲輪Ⅰの外周には帯曲輪を巡らす構造であり、その外周切岸には部分的に石垣が構築される。曲輪Ⅰ南西側に構築された石垣Aは、高さが四メートルを越す高石垣である。曲輪Ⅰの南西側は尾根地形の鞍部Bであり、堀切の役割を果たしている。また、西側山麓からの登城路はこの鞍部に接続しており、この地点が虎口《こぐち》の役割も果たしている。この鞍部を挟んで曲輪Ⅰの南西側に曲輪Ⅱが存在する。

曲輪Ⅱは削平も良好であり、外縁の一部には小規模な

近江八幡市武佐町から長光寺城跡を望む

土塁も存在する。曲輪Ⅱ西側の切岸には一条の竪堀Ｃが認められる。曲輪Ⅱの南端にはスロープ状の降り口が存在し、曲輪Ⅲから進入する際の虎口Ｄとなる。ここには小規模な石垣を伴うが、構築状況からみて、後世に積まれたものとみられる。曲輪Ⅱの南側にも尾根の鞍部があり、曲輪Ⅲとの区画となる。曲輪Ⅲは小規模であり、削平も良好ではない。竪堀のような掘り込みが曲輪内まで入り込んでおり、この部分は後世に地形が改変されたの

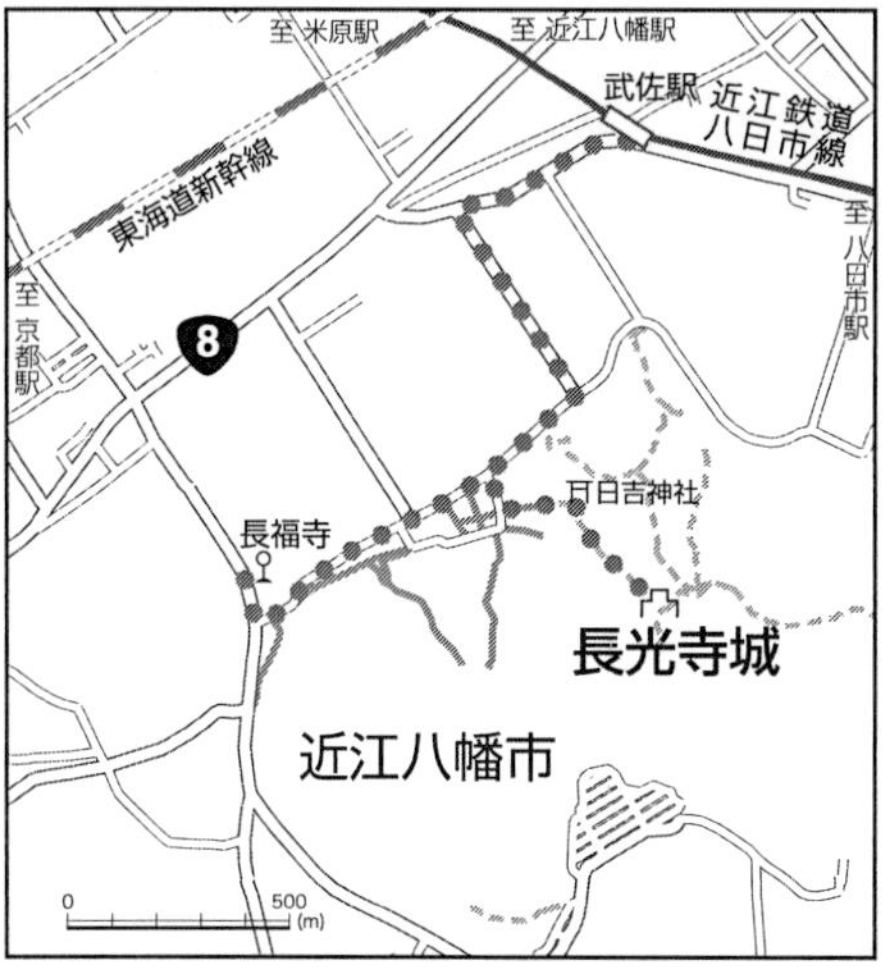

長光寺城へのアクセス

JR近江八幡駅南口から近江鉄道バス日八線乗車、長福寺下車徒歩20分で日吉神社へ、そこから徒歩40分で長光寺城。または、JR近江八幡駅から近江鉄道で武佐駅下車、徒歩30分で日吉神社へ。

であろう。

曲輪Ⅰの東側は、曲輪面がなだらかに下降し、曲輪Ⅳへと至る。この曲輪Ⅳから東へは南方向に尾根地形が屈曲しており、不整形なままの自然地形が連続していく。曲輪Ⅳの南側斜面は数段の腰曲輪状の遺構が存在する。これらは尾根の屈曲部付近と通路でつながっており、通路の先にある方形を意識した掘り込みEは枡形状の虎口となる可能性がある。曲輪Ⅳ東側の北側斜面には竪堀が存在するが、斜面を断面半円形に大きくえぐり取ったもので、他の個所の竪堀と様相が異なる。おそらく後世の地形改変によるものであろう。

曲輪Ⅰの北西側では、小規模な平坦面の連続があって、堀切土橋を挟んだ尾根の突端部に曲輪Ⅴが存在する。曲輪Ⅴは平面形が方形を指向し、外縁に土塁を構築して城域先端部における防御を固めている。

全体の特徴としては、山頂部を中心に尾根上にも大きく城域を展開させている。観音寺城至近の地域では観音寺城以外で最も規模が大きい山城である。防御施設では、自然地形の鞍部を踏襲して堀切の役割を持たせているものはあるが、尾根を大規模に遮断して設けた堀切は存在しない。これは、湖東地域の六角氏段階の山城に通有の特徴である。また、進入路設定も全体としてやや曖昧な印象を受ける。虎口に比定できるものは存在するものの、土塁や堀などの遮断線を使用して設定された明確な虎口は認めがたい。

先に述べたように、この城には元亀元年に柴田勝家が籠城したとされる。しかし、現段階で地表面から確認できる遺構や縄張りは、元亀年間の段階よりも古相の印象があり、全体的には六角氏段階に構築されていた遺構であると考えたい。おそらく柴田勢の在城は短期的なものであり、大規模な縄張り改修は実施されなかったのではないかと考えられる。

（福永清治）

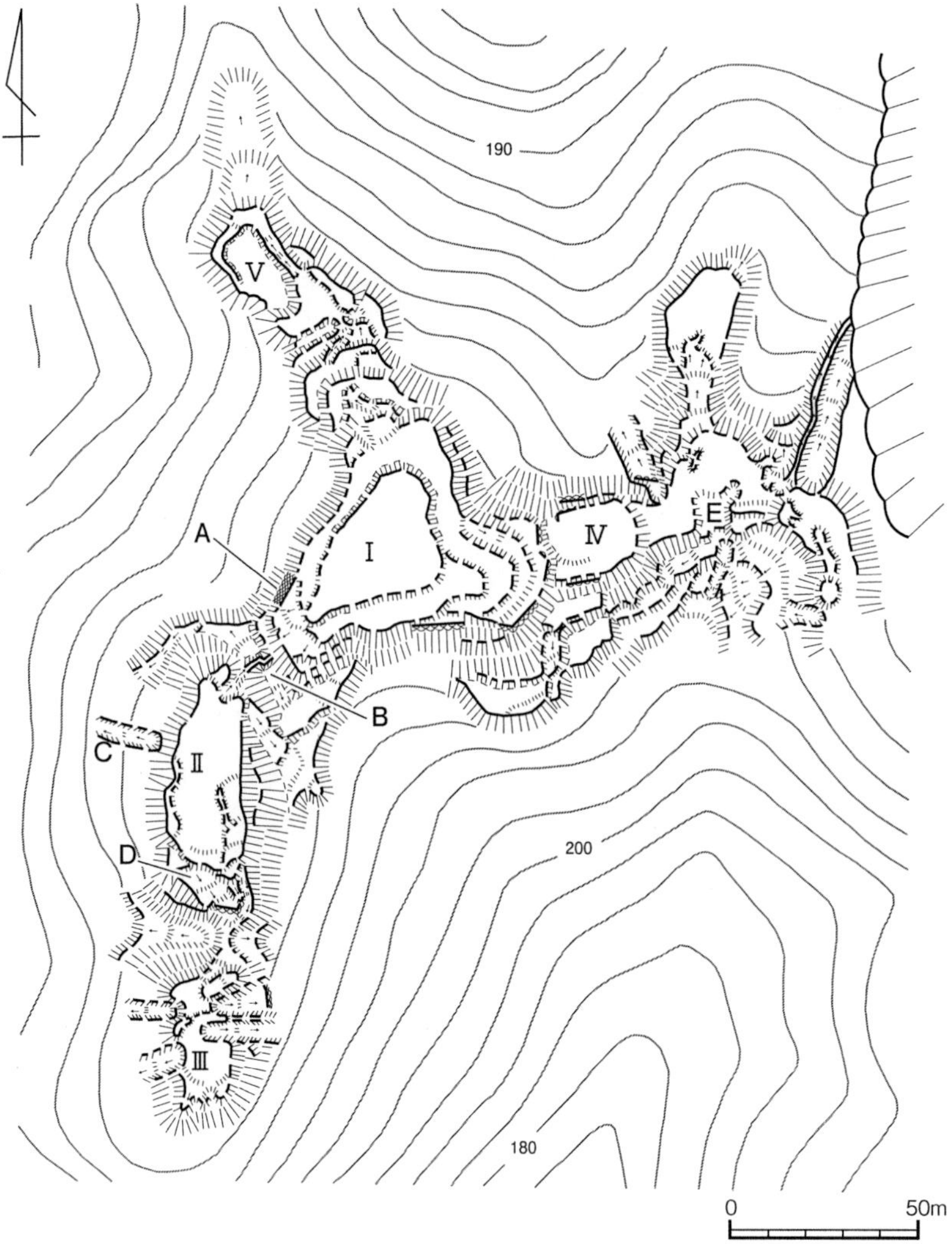

長光寺城跡概要図
（振角卓哉氏作成縄張り図をベースに再踏査して福永清治作図）

39 布施山城《ふせやまじょう》 ★★

所在地　東近江市布施町・稲垂町
築城時期　十六世紀前葉～中葉か
標　高　二四〇m
主な遺構　曲輪　土塁　畝状空堀群　竪堀　虎口

布施山城は、六角氏の本拠観音寺城の南方約七キロの位置に存在する。地形的には、旧八日市市と旧蒲生町の境に東西に伸びる布引丘陵の西側の突端付近に該当する。この地は六角氏被官の布施氏の本貫地であり、城の北東側山麓約一キロの位置に布施の集落が存在する。集落内にはかつて布施氏の館跡があったとされ、その伝承地も存在するが、現在その遺構は地表面からは確認できない。

六角氏被官の布施氏は、有力な二つの系統が存在することが知られている。一つ目は布施の地を本貫とし、布施山城の城主の布施三河守家であり、二つ目は布施の地から東に約五・五キロの位置にある大森城の城主である布施淡路守家である。

『近江蒲生郡志』によると、この城は永禄六年（一五六三）に起きた「観音寺騒動」の後に登場する。当時の六角氏当主である六角義弼《よしすけ》が、重臣の後藤氏を観音寺城内で謀殺したが、この事件で多くの家臣が反発し、観音寺城内の自邸を焼き払って自領へと引き上げていったとされる。その後の永禄九年（一五六六）正月、布施氏は北近江の浅井氏と呼応して布施山城で挙兵し、浅井氏は愛知川近辺まで侵攻するに至った。この年の九月には、六角氏と浅井氏との間で大きな決戦があり、六角氏は大敗を喫したとされる。最終的には蒲生氏の仲介によって六角氏家中の混乱が収拾され、永禄十年（一五六七）には分国法である六角氏式目が著された。

城は布施山の山頂部を中心に城域を広げる。この山頂部には、築城される以前に古墳時代中期の築造とみられる前方後円墳が存在しており、その墳丘部を利用して城の曲輪が構築されている。まず、主郭は曲輪Ⅰが該当す

東近江市布施町方面から城跡を望む

る。前方後円墳の後円部にあたり、平面形状が円形に近い。曲輪の縁辺には、幅二〜四メートル程度、高さ〇・五メートル程度の土塁が巡らされており、曲輪Ⅱがある北東側に平入りの虎口《こぐち》Aが開口する。この虎口の土塁両脇には石垣が残っており、『近江蒲生郡志』所収の大正六年実測図には巨大な岩石が虎口両側に渡されている。本来は石垣と巨石によって門が構築されていたものと思われる。おそらく古墳の石室の石材を利用して築かれた

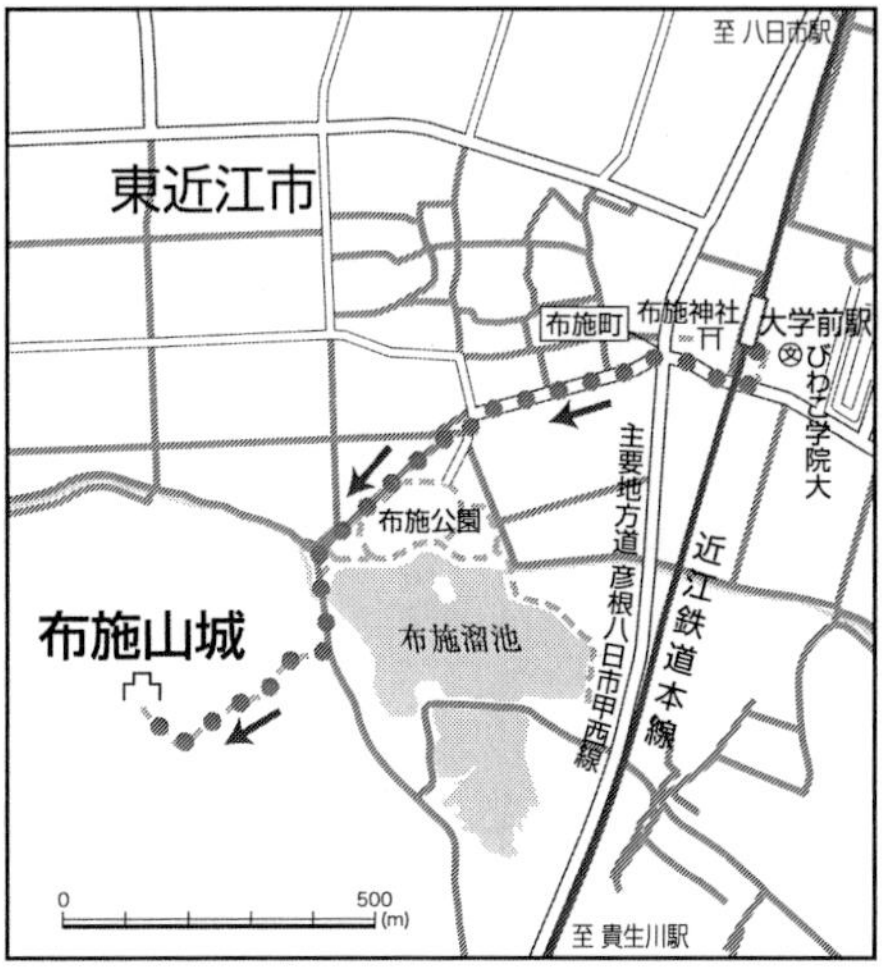

布施山城へのアクセス

近江鉄道本線大学駅下車。徒歩20分で布施町集落を抜けて布施溜池へ。溜池近辺から布施山への登り道へ。山麓から城跡まで徒歩30分。

ものであろう。

主郭の曲輪Ⅰの北東側に副郭の曲輪Ⅱが存在する。前方後円墳の前方部を利用して構築されており、平面形状が台形に近い。この曲輪も縁辺部に幅三〜四メートル程度、高さ〇・八メートル程度の土塁が巡らされている。曲輪Ⅰの虎口Aに向かって、虎口受けのスロープBが存在し、曲輪Ⅱからはスロープを登り、直角に進行方向を屈曲させて曲輪Ⅰの虎口へ進入することになる。曲輪Ⅱの虎口Cは曲輪南東辺に開口している。こちらも平入りの構造であるが、虎口受けが進入路を南西方向に屈曲させており、虎口までの進入路が曲輪Ⅱ南端の土塁上から制圧を受ける構造になっている。

布施山城跡北東側上空からの鳥瞰図（作図：福永清治）

曲輪Ⅰから西方向と南東方向に尾根地形が続いているが、この尾根上には堀切などの遮断施設は存在しない。尾根からの敵兵に対しては、専ら曲輪Ⅰの土塁が防御の役割を果たすことになる。この尾根の両脇には竪堀がそれぞれ構築されており、曲輪Ⅰ南西側の切岸には四条分の竪堀が連続して掘られる。切岸を登ってくる敵兵の水平方向の移動を制限する畝状《うねじょう》空堀群《からぼりぐん》である。

当城は、城域が山頂部近辺に留まり、決して規模の大きな山城ではない。曲輪二つ分の範囲を見ても、普請された範囲で籠城を行うにはあまりに手狭であると思われる。一方、曲輪外側の尾根続きには堀切などによって完全に遮断するのではなく、最低限の連携は確保されている。このことから、普請の痕跡こそ認められないが、尾根続きにも兵の駐屯をある程度企図していたと思われる。

このように、観音寺城近辺の六角氏被官の山城には、城域が山頂部近辺に限定されるものが多い。これは、六角氏による築城規制が働いた結果である可能性もあろう。

（福永清治）

173　布施山城

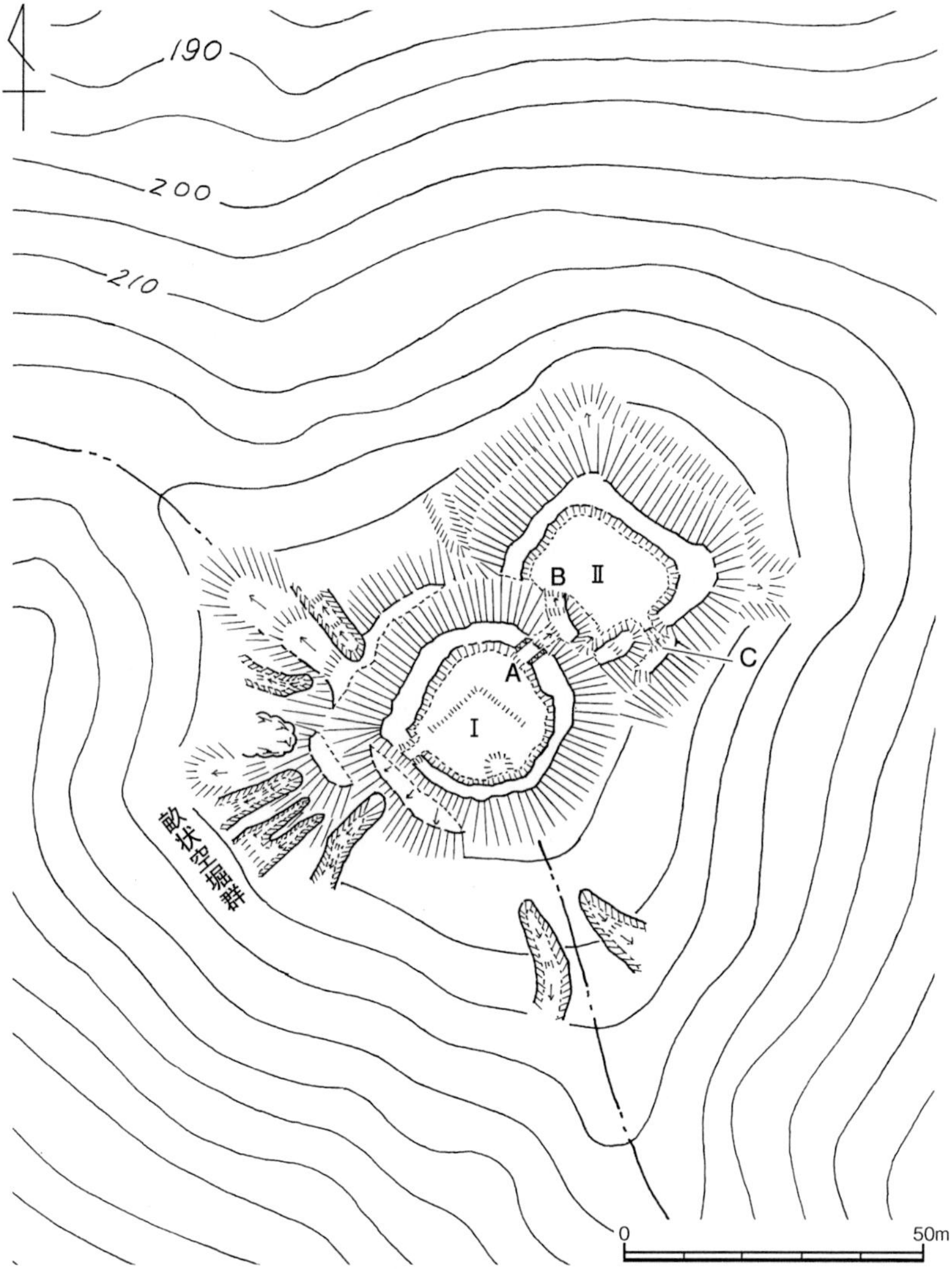

布施山城跡概要図（作図：福永清治）

40　星《ほし》ヶ《が》崎《さき》城《じょう》★

所在地　野洲市大篠原、蒲生郡竜王町鏡
築城時期　十五世紀末～十六世紀前葉
標　高　二二六m
主な遺構　曲輪　石垣

野洲市と竜王町との境にある鏡山は、蒲生郡と野洲郡とを分ける境界の基点であり、大きくは近江の湖東と湖南を分ける基点としても機能している。星ヶ崎城は、鏡山から旧中山道に向かって伸びる尾根の突端付近に立地している。旧中山道からの比高差は約一一〇メートルであり、この地点は旧中山道が切通し状の地形を走るため、街道を制圧するのに非常に有利なポジションにある。

具体的な城の記録はほとんど残存していない。この周辺地域では、城域付近の地名で「星ヶ峰」の地名も存在するため、別称として星ヶ峰城とされる場合もある。また、竜王町側の山麓部には、六角氏の一族とされる鏡氏が存在したことから、その山城ではないかとする説も存在する。

遺構は、尾根先のピークの一つであるⅠを中心に展開する。Ⅰの南西辺と北東辺の一部に石垣が残存する。南西辺の石垣Aは、構築された距離が約三六メートル、残存する高さが最も高い箇所で約一・六メートルを計る。石垣の両端は隅角部が残存しており、直角に屈曲して二メートルほどの長さで石垣の北西辺と南東辺を形成している。一方、北東辺の石垣Bは約三メートルの残存である。こちらも石垣の隅部が残存している。Ⅰの北東辺は一部に崩落した痕跡があり、本来は石垣が長く構築されていて、Ⅰ全体が石垣を伴う長方形の曲輪であった可能性もある。

Ⅰの内部は概ね平らに削平された状況である。Ⅰ内の北東側の斜面近くには、直径一〇～二〇センチの礫が集められた集配石遺構が四カ所認められる。Ⅰの北側は痩せ尾根状となる地形のⅡが伸び、こちらにも集配石遺構

が二カ所存在する。現在は、このⅡの西側に北側山麓からの道が取り付いているが、ここは本来の道ではなく、Ⅱの東側に見られる降り口CからⅡの北側をまわる経路が本来の通路であると考えられる。この通路に接しても低い石垣が構築されている。

Ⅰ南西辺の石垣A

Ⅰの南側はほぼ同比高の尾根伝いとなる。若干の削り残しと見られる地形もあり、全体的にも自然地形に近い状況である。この南側の尾根伝いから、尾根地形が南東側と南西側に分岐する。南東側を行くと、地形は下降することになるが、最終的には鏡山山頂へとつながっていく。一方、南西側は一旦地形が上昇するものの、西側の山麓へと進むことになる。双方ともこの間に堀切などの城郭遺構は認められない。

星ヶ崎城へのアクセス

JR野洲駅南口から近江鉄道バス野洲アウトレット線乗車20分、道の駅竜王かがみの里バス停下車。道の駅から城跡まで徒歩20分。

Ｉの東側では、東側山麓から登ってくる道が取り付く。Ｉへ到達する前の傍らに巨岩Ｄが存在し、その前面にも小規模な平坦面が存在する。また、現在Ｉにとりつく道の南側直下にも通路状の遺構が存在する。この遺構の斜面側には古相の石垣Ｅが存在する。この部分は現状では通路として機能していないが、現在Ｉ南端に取り付く通路が構築される以前のものである可能性が考えられる。

野洲市大篠原から星ヶ崎城跡を望む

遺構として目を引くのは、やはり石垣であろう。城域の規模が大きくないために、構築される地点こそ決して多くはないが、Ｉ南西辺の石垣Ａは高さもあって、見事な石垣である。使用されている石材は、表面で縦四〇～六〇センチ程度、横六〇～一〇〇センチ程度の自然石である。積み方は、築石の間隙に間詰石を使用し、平らな面を表面に据えて全体の面取りを丁寧に行いながら、一層ずつ積み上げる整層積みがなされている。

発達した技術で石垣が構築されている一方で、この城には堀切や土塁といった敵兵の侵入を遮断する施設が全く存在しないのも大きな特徴である。こうした疑問を考える際に考慮すべき周辺情報として、「弥勒寺」・「正法寺」といった小字名があることが挙げられる。当城が過去に周辺域に存在した寺院の施設の一つであるという可能性も検討する必要があろう。しかし、城郭的な要素を完全に否定するものではない。発達した石垣の存在は、同じく石垣が多用され、星ヶ崎城から鏡山を経由した尾根続きに存在する小堤城山城と関連がある可能性もある。小堤城山城の位置からは旧中山道への牽制が弱いため、その補完を目的として尾根続きの位置に星ヶ崎城が築城された可能性も考えられよう。

（福永清治）

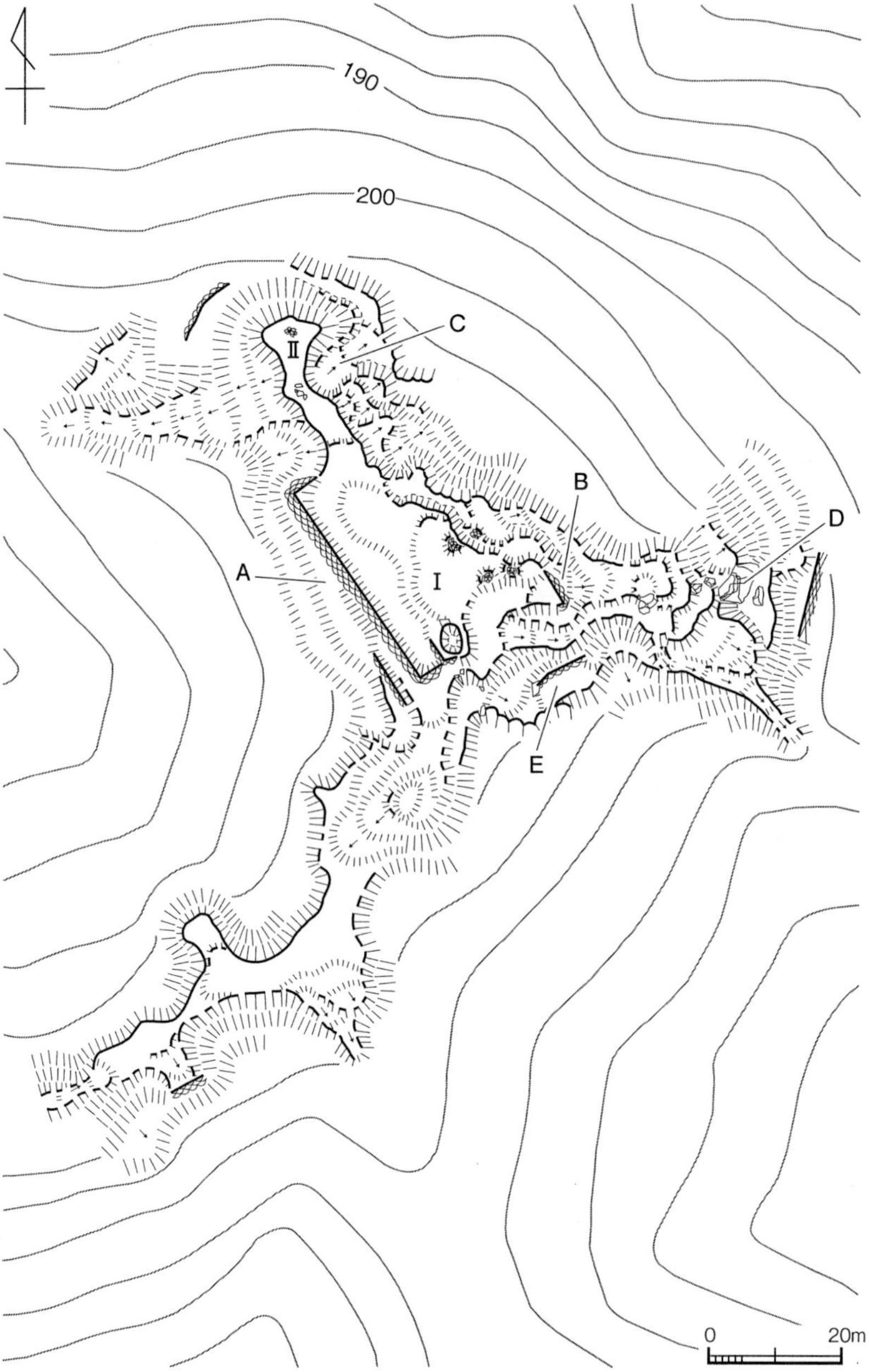

星ヶ崎城跡概要図
（竜王町教育委員会作成実測図をベースにして福永清治作図）

41 小堤城山城《こづつみしろやまじょう》 ★★

所在地　野洲市小堤・大篠原
築城時期　十五世紀末～十六世紀前葉
標高　二八六m
主な遺構　曲輪　堀切　虎口　石垣

野洲市の南東部は、鏡山から派生する山地が広がっており、小堤城山城はその中のピークの一つから城域を派生させている。城から北西方向の山麓側およそ一・五キロには旧中山道が走り、戦国期にも主要な交通路として機能した。この中山道から野洲市南東部の山地に向かっては、湖南市菩提寺を通過して東海道方面へ抜ける間道《かんどう》が存在したとされ、小堤城山城の地点が湖東・湖南、そして甲賀方面ともつながっていたことを示す。

城主は、戦国期の野洲郡一帯に勢力を保有した国人領主である永原《ながはら》氏と考えられる。

戦国期前半までの六角氏の領国では、守護代が担当の郡の郡代あるいは奉行となるシステムであり、野洲郡は蒲生郡の馬淵氏が郡代であった。永原氏はかつて馬淵氏の家臣であったが、十六世紀初頭からは六角氏の直臣となり、野洲郡での勢力を馬淵氏から継承したようである。以後、行政・軍事両面において六角氏領国内で勢力を伸張させたが、織田信長の近江侵攻からは一族の大半が織田方へ付き、その後、信長家臣の佐久間信盛の与力となったとされる。

「小堤城山城」の城名は現代の名称であり、戦国期には本来の名称が存在したはずであるが、これを明確に記録した戦国期の史料は少ない。一部の史料には、当時永原氏の城として「上」と「下」の二城が認識されていた記述があり、「上」が小堤城山城、「下」が野洲市上屋《かみや》にある平城「永原城」に該当するとみられる。

城域は、城の最高所である曲輪Iから派生する尾根上、そして北西側の中腹部まで展開している。メインの登城路は北西側山麓からのルートである。

まず、城域の北西山麓側は、道の両側に小規模な平坦面が階段状に連続するエリアとなる。進入路沿いには随所に石垣があり、このエリアで最も広い曲輪には平入虎《ひらいりこ》口《ぐち》の両側が石塁となる箇所Aも存在する。両側に平坦面が連続するエリアを登りきると正面に石垣Bが存在する。この石垣は高さ約一・六メートルで、切り出し石材を使用しており、随所に石材切断時に付けられた「矢穴」が存在する。さらに直進すると、再び正面に石垣Cが現れ、進入路が屈曲を繰り返して曲輪Ⅳへと至る。屈曲するルート上の視線の正面に大きな石垣を配置する工夫がみられる。Ⅳは城域内でも広い面積を持つ曲輪である。ここまでの進入路は曲輪Ⅳからの制圧下にあり、山麓から連続する曲輪の中で最も防御が固められた構造を持つ。

曲輪Ⅲ北端の櫓台石垣F

このことから、曲輪Ⅳは城域内でも中心的な役割を持った曲輪であることがわかる。

曲輪Ⅳからは石段を通じて曲輪Ⅱへ登ることができ、登りきった地点の虎口Dは枡形状となる。そして、曲輪Ⅱから堀切Eを挟んで曲輪Ⅲが存在する。曲輪Ⅲの先端部には高さ約三メートルの石垣Fがあり、これは尾根側からの敵兵を意識した櫓台として機能したのであろう。この曲輪Ⅱと曲輪Ⅲは尾根上に連続した配置であり、こ

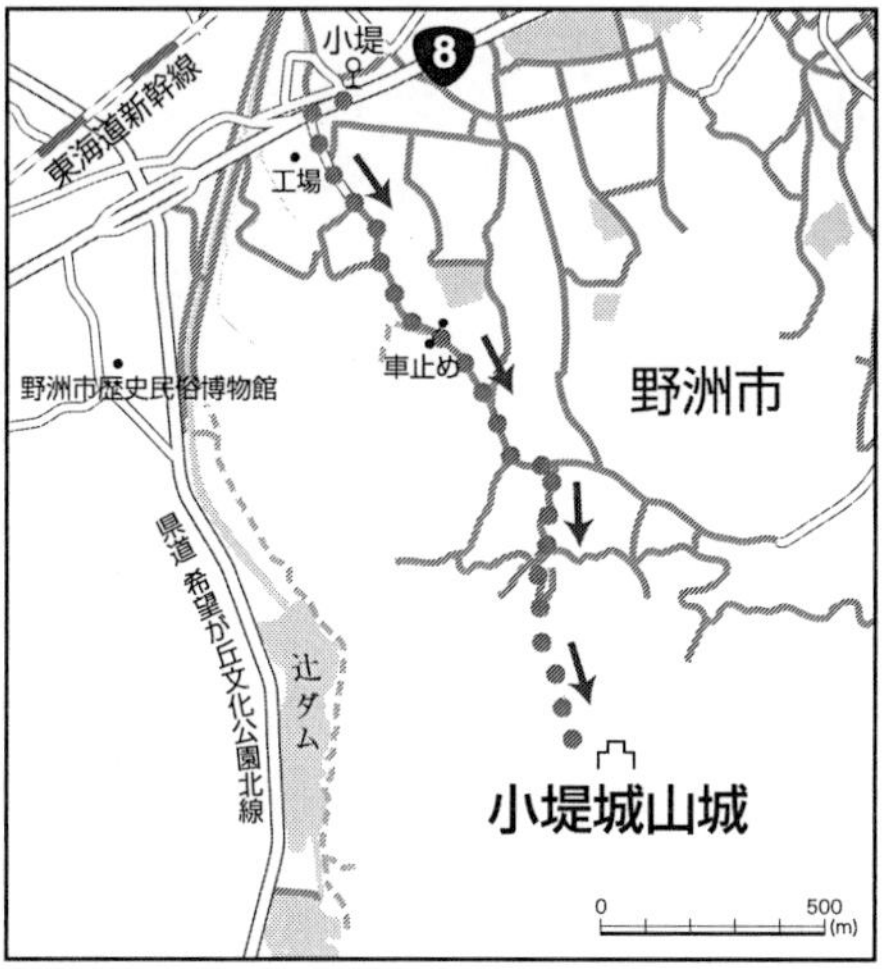

小堤城山城へのアクセス

JR野洲駅南口から近江鉄道バス野洲村田線または野洲アウトレット線乗車6分。小堤下車、バス停のある国道8号線から城跡までは徒歩40分。

の尾根が土塁の役割を持って曲輪Ⅳを防御する。

曲輪Ⅱの虎口D付近から、山頂部へと続く道があり、これを登ると山頂部尾根筋の北西側端部へと取り付く。山頂部の尾根筋は曲輪Ⅰを中心とし、両方の尾根筋に曲輪が連続する。この曲輪群の南西側切岸に石垣が存在する。特に、曲輪Ⅰ南側に存在する石垣Gの隅部は、算木積みの前段階となるもので、この城の石垣技術の水準を表している。

野洲市大篠原西池から城跡を望む

この城の縄張りの全体的な特徴は次のとおりである。

まず、山麓側の曲輪群から曲輪Ⅳまでの構造は、近江の天台寺院の境内構造に酷似している。近江の他の城郭では、六角氏の本拠である観音寺城が寺院境内を城郭に転用しており、武家と有力な寺院勢力の密接な関係を読み取ることができる。

次に、石垣が多用される点である。使用されている石材は城域周辺で豊富に産出される花崗岩で、基本的には自然石による野面積みの石垣である。安土城が築城される以前の戦国期の近江の城郭で、石垣を多用する事例は観音寺城・三雲城など数例に限定される。

以上の特徴からは、当城と観音寺城の縄張り構造に一定の共通項を認めることができる。六角氏は、近江の寺院勢力下の石工集団を再編して観音寺城の石垣を構築したとされており、おそらく小堤城山城の石垣も六角氏から何らかの協力を受けているのであろう。

また、三雲城とともに、石垣を多用する城郭が六角氏の意図のもとで築城されたことを類推できる。六角氏は、長享元年（一四八七）の将軍の近江征伐以来、甲賀郡の山間地を有事の退去先としている。織田信長の近江侵攻時もこの方策を取っており、甲賀郡の土豪の支援を受けながら、平野部の奪回に向けて抵抗を続けていた。小堤城山城と三雲城の築城の背景には、六角氏がこうした戦いでの臨時拠点として使用する構想も存在したのであろう。

（福永清治）

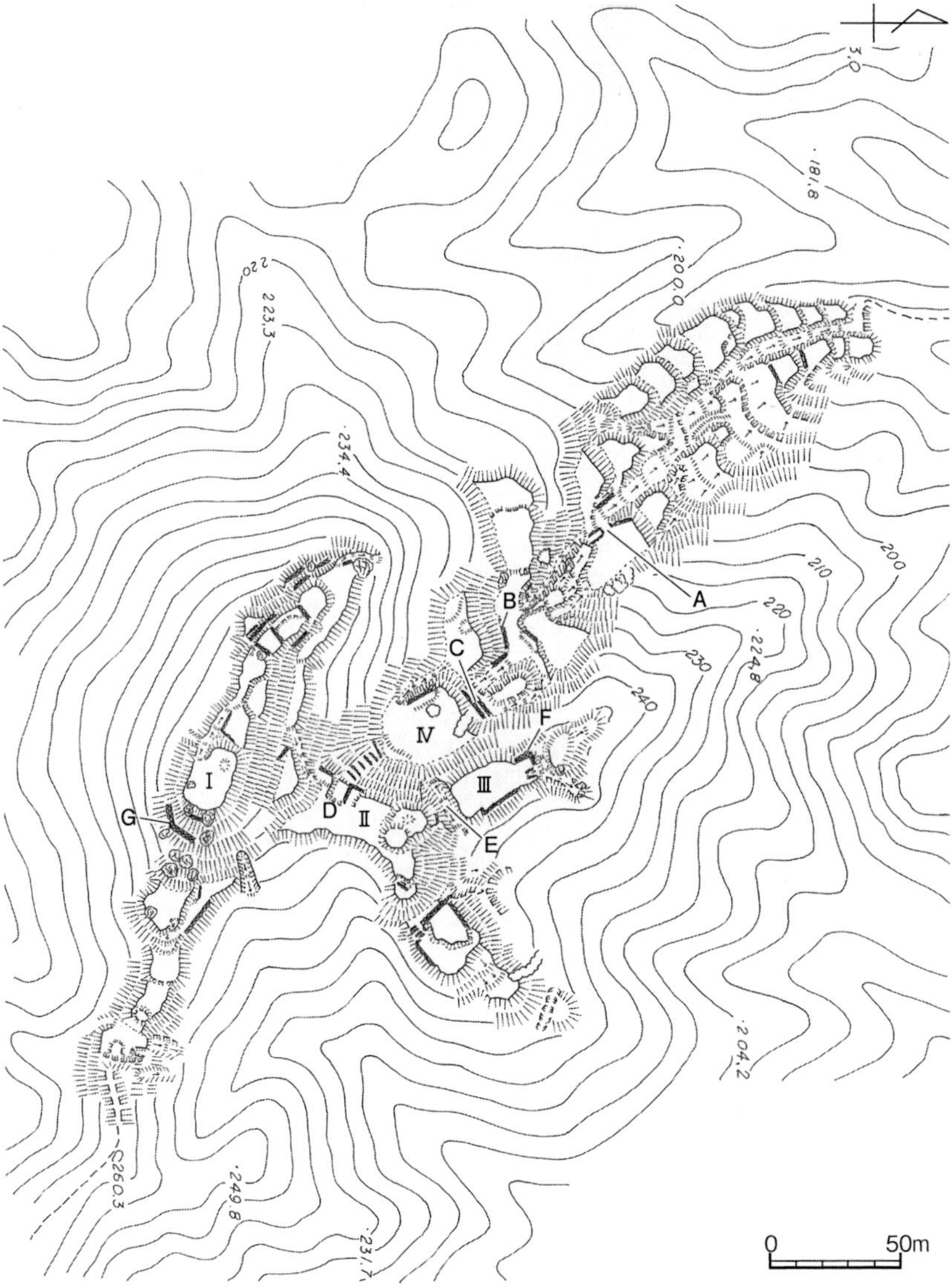

小堤城山城概要図（作図：福永清治）

42 多喜山城《たきやまじょう》 ★

所在地　栗東市六地蔵・伊勢落
築城時期　十六世紀中葉
標　高　二二三m
主な遺構　曲輪　土塁　虎口　石垣

多喜山城は、野洲川中流域にあり、近江湖南の平野部が開ける基点付近にあたる。このエリアの野洲川左岸に沿って旧東海道が東西に通過しており、城からは旧東海道が直下に見下ろせる位置関係にある。城からの視点を旧東海道沿いに西方向に移すと、野洲川の下流域も一望に見下ろすことができる。

当城の歴史または城主についての詳細な記録は残存していないようである。

城の遺構は、現在日向山《にっこうやま》と称される山の山頂付近に展開している。主として二つの曲輪配置があり、山頂部にあたる曲輪Ⅰが主郭に該当する。曲輪Ⅰは縁辺が土塁囲みの構造である。曲輪面から土塁の天端までは〇・五～一・五メートルの高さであり、西辺の土塁の一部には石垣が残存している。曲輪Ⅰの北東側の隅には、外周の土塁を利用しながら、およそ一五メートル四方を土塁で囲んだ遺構が存在する。内部は穴蔵状となっているが、櫓台《やぐらだい》あるいは南側に接する虎口《こぐち》Aに対する武者隠しの陣地であると思われる。曲輪Ⅰ東側にある虎口Aは、城の南東側山麓から登る山道が取り付いており、虎口手前の位置では、曲輪Ⅰからの制圧が効くように、道を迂回させて虎口に取り付けている。虎口Aは曲輪Ⅰ内部に進入するまでに一定の空間が確保されている構造で、前述の土塁囲みの部分や南側の曲輪Ⅰ内の両方から虎口内を制圧できる構造となる。

曲輪Ⅰには、南西隅にもう一カ所の虎口Bが存在する。この虎口の構造も特徴的であり、曲輪Ⅰ南辺の土塁がかぎ形に屈曲し、曲輪Ⅰ西辺の土塁と喰い違いの構造を呈する。虎口Bには、城の西側尾根から曲輪Ⅱの南直下を

栗東市六地蔵から多喜山城跡を望む

通る道が取り付き、曲輪Ⅰ南辺のかぎ形土塁によって進入路が屈曲させられた後に虎口内に導かれる。この虎口は、曲輪の内側と外側との間に一つの空間を設定し、その空間内で敵兵を阻止する枡形虎口に発達する移行期の遺構として、城郭研究者の間で基準資料となっているものである。

曲輪Ⅰの西側に隣接して曲輪Ⅱが存在する。この曲輪の南辺・西辺に土塁が巡らされており、西側尾根筋から

多喜山城へのアクセス

JR手原駅下車、登山道入り口まで徒歩約40分、またはタクシーで10分。登山道（石段）からは徒歩約20分。

曲輪Ⅰ内部

の敵兵の侵入と、南直下にある虎口Bまでの進入路に対する防御を担うものであろう。曲輪Ⅰと曲輪Ⅱの連絡は、曲輪Ⅰの虎口Bの手前で西側尾根筋からの進入路と合流するかたちでつながっていたものと思われる。

枡形虎口の発達段階から、この城は主に永禄年間末期から元亀年間までに機能したと考えられている。当時、観音寺城を退去した六角氏の本拠は甲賀郡の山間部にあり、野洲川流域と愛知川流域の二つのエリアで織田勢と戦っていた。野洲川流域では湖南の一向一揆勢力と呼応しながら前進と後退を繰り返していたようであり、一時は野洲川下流域まで戦端を押し戻している。このときの織田勢は柴田勝家と佐久間信盛の軍勢であり、元亀元年（一五七〇）の野洲川の戦いで両者が激突した。このときの戦いは織田勢が勝利し、六角勢は再び甲賀郡の山間部への退去を余儀なくされている。

野洲川中流域には、この時期両勢力が城を築いたとされ、それぞれに発達した縄張り技術が導入された。この後の織豊系城郭でみられる枡形虎口への過渡期の虎口を持つ多喜山城は、織田勢によって築城されたと考えられている。

（福永清治）

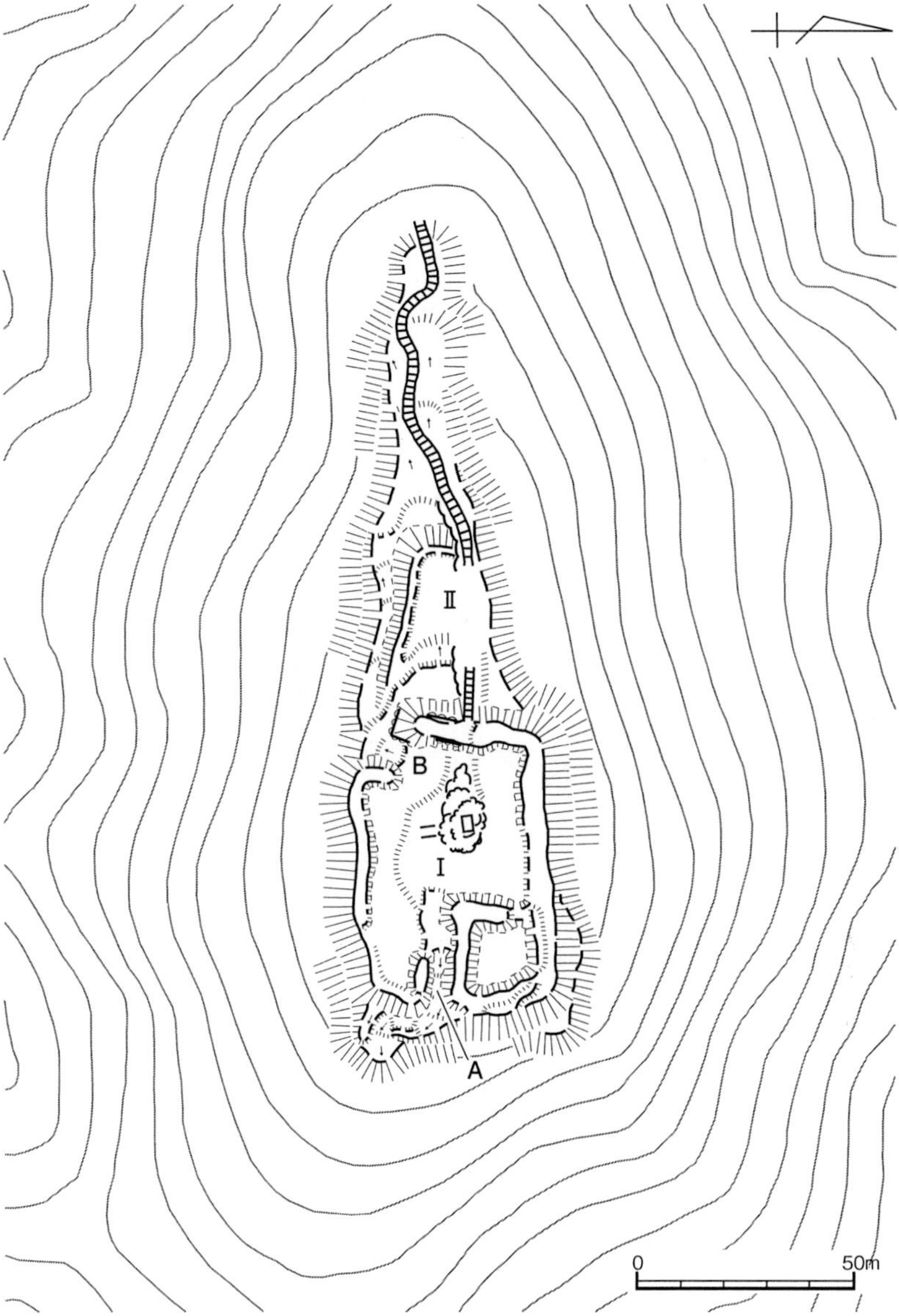

多喜山城跡概要図（作図：福永清治）

43 三雲城《みくもじょう》 ★★

国指定史跡

所在地 湖南市吉永
築城時期 十五世紀末〜十六世紀前葉
標高 三三四m
主な遺構 曲輪　枡形虎口　石垣

滋賀県湖南市の中央部は野洲川両岸の平野部であり、その北側は竜王町との境にある十二坊山を中心とする山塊、南側は栗太郡から甲賀郡へと広がる山系となる。三雲城は、湖南市の平野部を北側に見下ろす、栗太・甲賀の山系の支尾根上に築城された。この地点は、甲賀郡山間地の北側の突端に位置する。

城主は六角氏の有力な家臣である三雲氏とされる。城の北東側直下の山麓部には、三雲氏の本拠である三雲氏館が存在し、三雲城は館の背後の尾根上にあたる。

城について正確に記された記録は少なく、六角氏の家中における三雲氏の立ち位置についても現段階においては不明な点が多い。甲賀郡史の記述では、長享元年（一四八七）の将軍足利義尚《よしひさ》による近江征伐に伴い、六角高頼が甲賀郡へ退去した際、甲賀武士が高頼の軍事行動を支援したが、三雲氏はその中心的な役割を果たしたとされている。南北朝期から室町前期までの史料で三雲氏の名が記されるものは多くはないが、十六世紀前葉からは他の六角氏有力被官と連ねるかたちで三雲氏の名が散見される。おそらく六角氏家中では、比較的新興の勢力にあたると考えられる。永禄十年（一五六七）の六角氏式目では、三雲定持と三雲成持が署名しており、元亀元年（一五七〇）の野洲川の戦いでは、六角勢として参戦した。

城の構造では、城域内の最高所はⅠおよびⅡが該当する。Ⅰは東西に長い尾根状の地形であり、Ⅰ南側の鞍部を挟んでⅡが存在する。双方ともに削平面のある曲輪として評価できるが、土塁や堀などの防御施設は存在せず、自然地形に近い状態であると言える。Ⅰから北側には、地形が急に下降し、曲輪Ⅲへと至る。Ⅰの北端部には、石垣による突出部Aが存在し、この地点から石垣を伴う土塁BがⅢの西側塁線へと伸ばされている。この塁線上にある石垣Cは、高さ約二・四メートルで、城域周辺で採集される花崗岩を使用した石垣である。

曲輪Ⅲは、城域内でも安定した面積を持つ広い曲輪である。前述のように、西側塁線には幅の広い土塁があり、南側は東西に長いⅠが土塁の役割を果たしてⅢの防御を固めている。そして、Ⅲの東側には、高さ約一・八メートルの石垣によって空間を作った枡形虎口《ますがたこぐち》Dが存在する。この枡形虎口の空間は長方形を呈しており、外部から曲輪Ⅲまでの進入路は、枡形内で二度の屈曲を強いて敵兵の直進を阻止するものである。

曲輪Ⅲの虎口を東へ降りるとⅣへと至る。Ⅳは面積ではⅢよりも広いが、削平が不十分な緩斜面であり、曲輪として積極的には評価しがたい。ただし、守備兵の駐屯地的な利用は可能であったとみられる。Ⅳの東側の尾根先端には八丈岩と呼ばれる巨大な岩盤Eが露呈する。

曲輪Ⅲ枡形虎口の石垣

三雲城へのアクセス

JR甲西駅または三雲駅下車。コミュニティバス「めぐるくん」甲西南線乗車（甲西駅南口から4分）。夏見バス停下車。旧東海道沿いに看板あり。青少年自然道場手前を右折する。

当城の特徴としては、次の点が挙げられる。

まず、主郭は最高所のⅠ・Ⅱではなく、曲輪Ⅲであろう。Ⅰ・Ⅱは面積も限定されており、発達した防御施設は存在しない。一方、曲輪Ⅲは石垣を伴う土塁が背後を防御し、敵兵の侵入に対しては枡形虎口がこれを阻止する。面積も広く、中心的な曲輪として評価できよう。

次に、石垣の多用である。前述のように、二メートル以上の高さのある石垣が構築される。石材の用法としては、石垣表面から見て横長の石材が使用され、その大きさは横幅一・二メートル以上、高さ〇・八メートル以上の石材が多く使用される。これが一層ずつ層を成して積み上げられる。ほとんど築石のみで構成され、築石を安定させるための間詰石は少ないため、観音寺城などで多くみられる石垣よりも古相の感を受ける。

本来、甲賀郡では、甲賀郡中惣を構成する在地領主により、小規模な方形単郭の館城が多数築かれてきた。三雲氏も甲賀郡の領主であるが、三雲城の縄張りは甲賀郡中惣の館城とは規模や構造の上で異なる点が多い。また、石垣の多用という点から見ても、他の甲賀郡の館城とは性格を大きく異にすると見ることができる。

近江南部において、観音寺城のほかに石垣が多用される城郭は限定される。その背景としては、六角氏による規制が働いたか、あるいは技術的な問題で被官クラスの城郭では導入できなかった可能性などが想定される。いずれにせよ、三雲城における石垣の多用からは、築城や縄張りに対して六角氏の意向が介在した可能性を考えるべきと思われる。

長享元年の戦乱の際、六角氏は本城である観音寺城から甲賀郡へと退去して長期戦に持ち込むという戦術を取った。すなわち、地形の複雑な山間部と本拠に近い平野部との間を行き来しながら、戦いを有利に展開させ、やがては本拠地を回復するのであるが、このとき以来甲賀郡は六角氏にとって有事の拠点として認識されるようになった。観音寺城と小堤城山城、小堤城山城と三雲城は互いに視認可能な位置にあり、両城は、甲賀郡と観音寺城とをつなぐ役割を持っていたのではないだろうか。このような戦略上重要であった有力被官の城の縄張りに対し、六角氏が影響力を行使したと考えられる。

（福永清治）

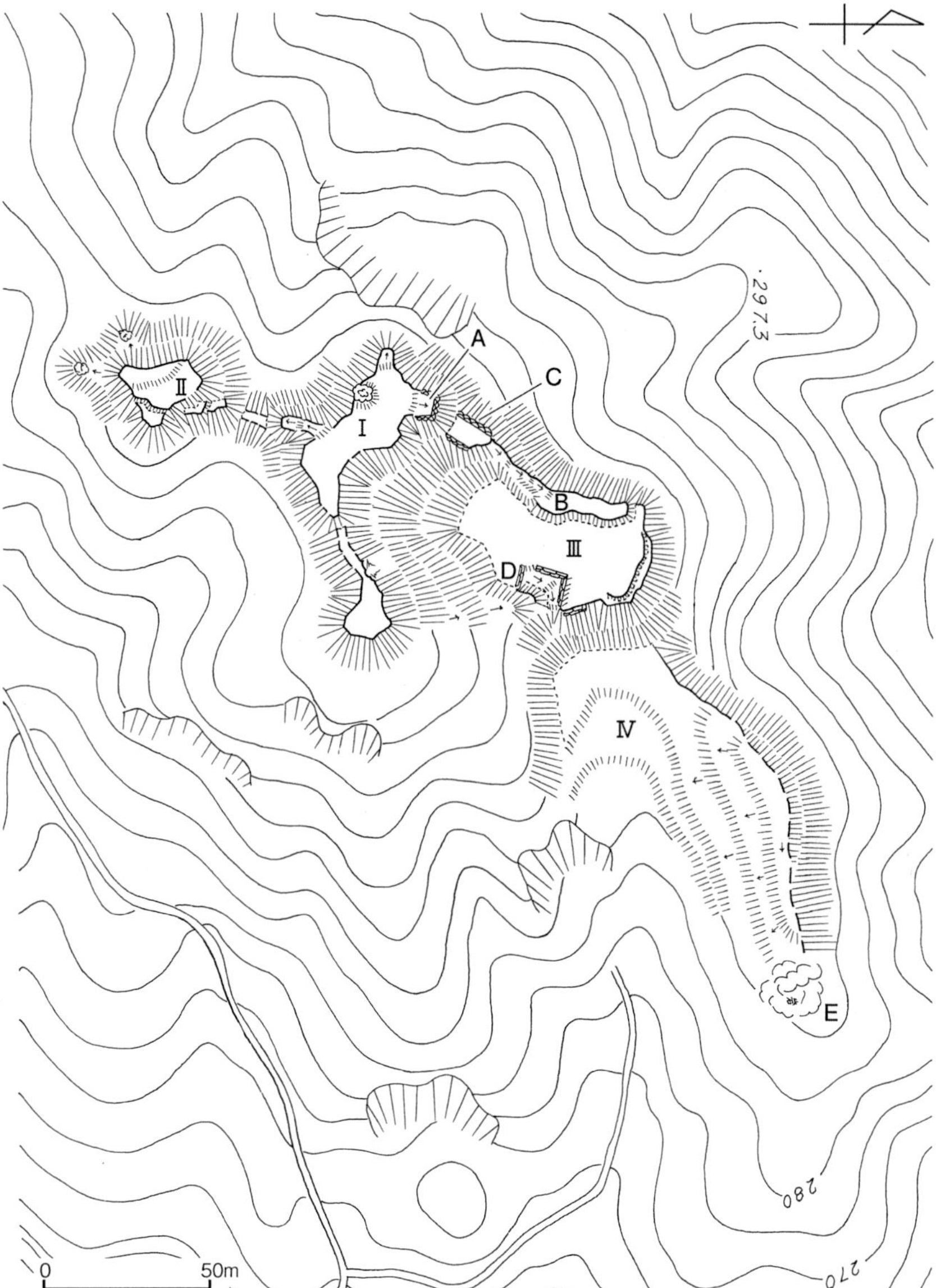

三雲城跡概要図（作図：福永清治）

44 水口岡山城《みなくちおかやまじょう》 ★★

所在地　甲賀市水口町水口
築城時期　天正十三年（一五八五）
標　高　二八三m
主な遺構　曲輪　空堀　堀切　竪堀　虎口　石垣　竪土塁

天正十三年（一五八五）、甲賀の地を治めていた甲賀衆が、羽柴秀吉によって改易される。いわゆる「甲賀ゆれ」である。その後、秀吉は直臣の中村一氏を岸和田から水口へ移し、大岡山（現在の古城山）に城を築かせた。築城に際しては、石垣の石材を三雲城、用材や瓦などを矢川寺から調達したことが伝えられている。また、山中にあった大岡寺《だいこうじ》は一氏が築城にあたり、南方の字地頭へ寺を移したとされる。

石垣の石材に五輪塔が使われているほか、発掘調査で見つかった石組溝の側石には石仏が転用され、大岡寺に由来するものか、または周辺の寺院から持ち込まれたものと考えられる。さらに、寺院から転用されたとみられる瓦も多く出土し、矢川寺遺跡と同笵の軒瓦も確認されている。なお、石垣の石材は、城域内で採取したと推測される花崗岩と菫青石《きんせいせき》ホルンフェルスを主体としており、三雲城から石材を運んだかどうかは不明である。

城跡が立地する標高約二八三メートルの古城山は、甲賀郡内で最も規模が大きい独立丘陵である。山頂からは甲賀郡内のみならず、近江国が一望できる。

山頂の主郭を中心に東西方向に規模の大きな曲輪を並べ、城の中枢部を形成する。それぞれの曲輪は堀切によって区画されている。東側の一段低い位置に出丸状の曲輪を置き、東斜面から南側斜面にかけて小曲輪を多く配置する。竪堀や竪土塁も多く存在する。このような状況から東側を意識した縄張りと考えられる。

水口岡山城の築城と同じ頃、秀吉の甥秀次は八幡山城を築城した。秀次には五名の宿老が付けられたが、中村一氏もその一人であった。江戸時代初期の絵図によれば、山頂部に城の中枢部、山麓に御殿があったとされる。この構造は、秀次の八幡山城や同じく秀次の宿老であった堀尾吉晴が城主となる佐和山城と同様であり、天正年間後期の近江における築城のあり方を反映しているとみられている。また、水口岡山城は東海道、八幡山城と佐和山城は東山道を抑える交通の要衝に立地している点も共通する。このような視点から秀次体制下での近江支配の一翼を担ったと推測される。さらに、東に鈴鹿峠を望む水口岡山城は、対東国を見据えた重要な拠点でもあった。

主郭部の石垣

天正十八年(一五九〇)の小田原攻め後、中村一氏が駿河国駿府城へ移されると、増田長盛が城主となり、さらに文禄四年(一五九五)には長束正家が城主となる。増田長盛と長束正家はともに五奉行に名を連ねた。このような城主の変遷からも水口岡山城が豊臣政権の中で重要な位置を占めていたことが窺える。

近年、甲賀市教育委員会が実施した発掘調査によって、城の構造が明らかになりつつある。主郭の東西端に位置する櫓台では、東櫓台が東側に張り出しを持つ構造であったことがわかり、西櫓台は五輪塔を転用した石階段が付随する構造であったと判明した。

水口岡山城へのアクセス

近江鉄道水口駅より登山口まで徒歩約10分。登山口に案内板あり。周辺道路には水口岡山城跡の案内標識あり。山麓より散策道を徒歩約20分で山頂へ。山中には散策道が多数あり、城跡の隅々まで見学することが可能である。

さらに、出土した瓦から、東櫓には大溝城から運ばれた瓦と水口岡山城用の瓦が伴い、西櫓には寺院から転用した瓦が用いられたと推定されている。

大溝城から水口へ建物の部材を運ばせたことが記されている『西川家文書』の最新の研究成果によると、部材の移動は長束正家が城主となった以降に行われたと考えられ、文禄四年以降に城が大規模に改修されたと想定される。

水口岡山城を空から望む

慶長五年（一六〇〇）、関ヶ原の戦い後、城は東軍方の池田長吉に接収された。廃城となった詳細な年代ははっきりしないが、揚羽蝶文鬼瓦や志野焼が出土する状況から、一定期間、城は維持され、徳川幕府による水口御殿や水口城の築城に際して破却され、建物の用材や石垣の石材が運び出されたものとみられている。

水口岡山城は、同時期の近江国内の城では最大規模を誇る。山麓部には城下町が整備され、豊臣政権の拠点城郭にふさわしい。近世に描かれた絵図に残る街区は、現在の区画でも確認することができ、山麓部の枡形や堀の位置も推定できる。山上の城郭とともに山麓の御殿、さらには城下町が一体となった豊臣期の城郭の様相がみられる貴重な城跡である。（小谷徳彦）

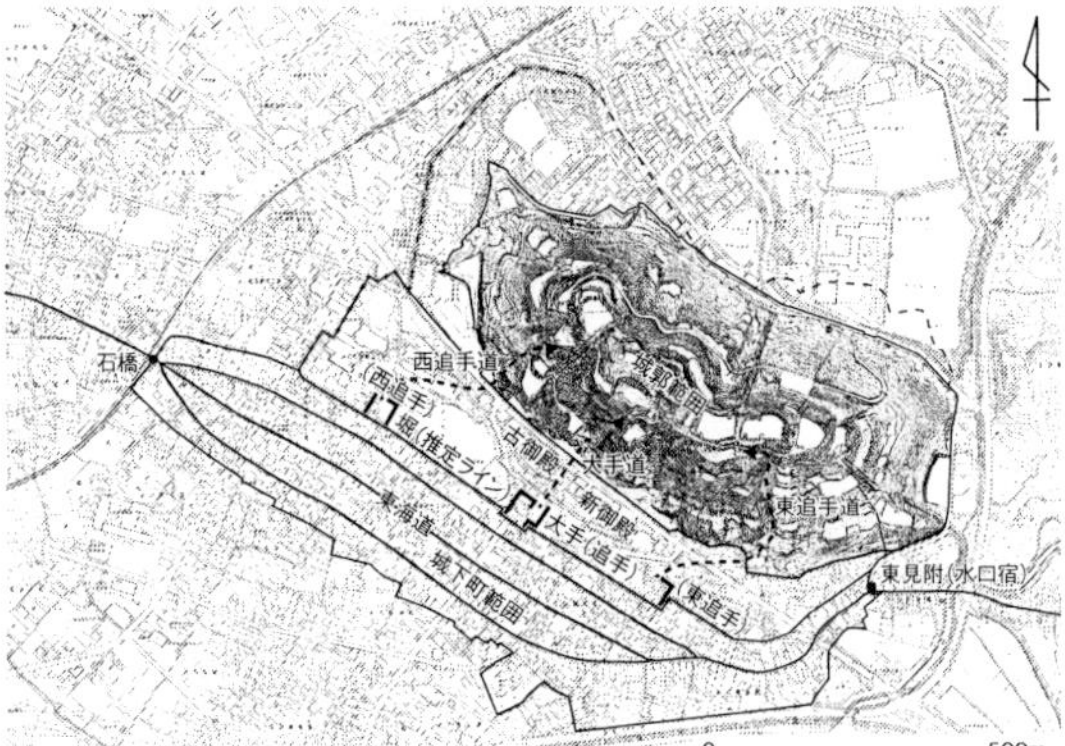

城郭と城下の範囲

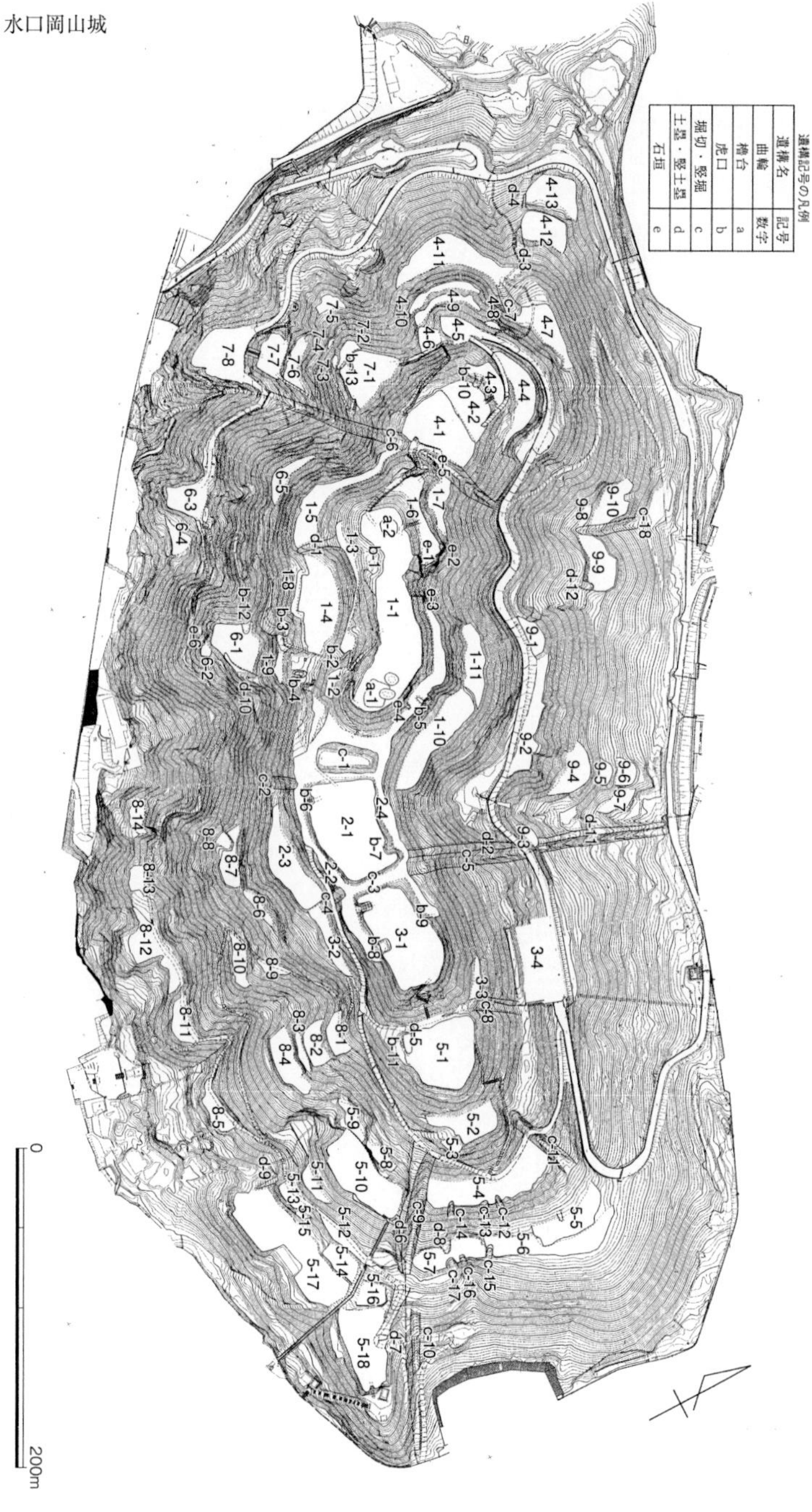

水口岡山城城郭遺構概要図（作図：甲賀市教育委員会　『水口岡山城跡総合調査報告書』より転載）

45 大森城《おおもりじょう》 ★

所在地　東近江市大森町
築城時期　十六世紀前葉～中葉か
標　高　二三一ｍ
主な遺構　曲輪　土塁　虎口

東近江市の旧八日市市と旧蒲生町の境には、布引丘陵という比高差およそ七〇メートルの低丘陵が東西方向に長く伸びている。大森城はこの丘陵の中央部にあり、北側の平野部に直面する地点に築城されている。城の北側山麓は愛知《えち》川によって開かれた平野であり、上流側の一部には河岸段丘が存在している。

城主は六角氏被官の布施氏とされる。布施氏は二つの系統が知られており、一つは布施氏の本貫地を治める布施三河守家と、二つ目が大森城の城主である布施淡路守家である。布施山城の項でも述べたように、布施氏は永禄九年（一五六六）に六角氏に叛旗を翻し、布施山城一帯が戦いの場となっている。北近江の浅井氏を巻き込んだこの戦いは六角氏の敗北となったようであるが、永禄十年（一五六七）には分国法である六角氏式目が著され、観音寺騒動以来動揺していた家中の再建が期された。この六角氏式目には六角氏の有力家臣二〇名の署名があり、その中に布施淡路入道の名が見える。

城は、布引丘陵のピークのうちの一つを中心に城域を展開させる。この中で、大きくは上段の曲輪群と下段の曲輪群に分かれるが、段差や土塁による区画などから、Ｉ～Ｖの曲輪で捉えることができる。この中で、主郭は上段の最奥部にあたる曲輪Ｉが該当する。

城域外から城に侵入するには、北側山麓から尾根地形を進む経路と谷筋を進む経路の二通りが存在する。谷筋を進む経路については、尾根鞍部となるＦを通過し、虎《こ》口《ぐち》Ｅを経て曲輪Ｖへ進入する。虎口Ｅは平入りの構造であるが、虎口までの経路が曲輪Ｖの土塁、またはＧからの制圧を受ける。鞍部のＦは堀切ではないが、やはりＧ

の土塁からの制圧を受けて防御される構造であろう。北側尾根筋からの経路は、虎口Dを経て曲輪Ⅳへと入る。虎口Dまでの経路は、曲輪Ⅳ北側の土塁と櫓台が進入路を制圧して防御を効かせている。虎口Dは、手前で進入路を直角に屈曲させ、東側の土塁が鍵形に外側に回りこんでいるため、外枡形のような形状となる。この虎口の西側に接する土塁上にも櫓台《やぐらだい》が存在したとみられる。Ⅲ～Ⅴの下段における曲輪群の外周は、このような土塁や櫓台によって防御されている。

下段の曲輪群からⅠ・Ⅱの上段の曲輪群へは、スロープ状のBを登っていく。Bを登り切った地点には虎口Cが存在する。この虎口は斜面の掘り込みと外側への土塁の回り込みによって小さな枡形状の空間を創出しており、進入路も虎口内で直角に屈曲させている。

虎口Cから曲輪Ⅰへは、曲輪Ⅱを右下に見る通路を進んで虎口Aへと進入する。曲輪Ⅰは概ね四角形の平面形で、北を除く三辺について縁辺部に土塁を備えている。土塁は幅二～三メートル程度のもので、曲輪面からの高

曲輪Ⅰの外枡形虎口

大森城へのアクセス

近江鉄道八日市駅下車タクシーで15分。または近江鉄道長谷野駅下車。徒歩約90分。

さは約〇・五メートルと、決して高くはない。虎口Aは曲輪の西側にあたり、南側の土塁が鍵形に外側に伸びる形状であり、虎口D同様に平面的には外枡形の形状となる。曲輪Ⅱは曲輪Ⅰの西側に隣接し、曲輪Ⅰよりも約〇・八メートル低い位置にある。

曲輪Ⅰ〜Ⅴの外側の状況は、まず曲輪Ⅰの東側は尾根続きの地形であるが、ここにも堀切などは認められない。

北東側山麓から大森城跡を望む

そして、北側の山麓部では、小規模な平坦面が無数に連続する状況が見て取れる。その展開状況は曲輪Ⅰ〜Ⅴの範囲を大きく凌駕しており、この範囲が城域であったかどうかは現段階では不明である。縄張りとしては、山頂部の曲輪Ⅰ〜Ⅴは、外周の土塁囲みで一体化して完結しており、山麓部の平坦面群とは連続性は認めがたい。

縄張りの全体的な特徴としては、虎口へ至る進入路が常に曲輪の土塁の制圧下に置かれるように配置されており、虎口内も直進を許さず、かならず屈曲させて曲輪へ導いている。明確な枡形虎口とはならないが、進入路設定では防御性に富んだ虎口構造であると言えよう。おそらく戦国末期の所産であると見られる。

ところで、大森城周辺の歴史の中で、大森城も関係する可能性がある軍事的な緊張期は二つ存在すると思われる。一つ目は永禄九年の布施三河守家が六角氏へ反乱を起こし、布施山城周辺が戦場となった時。二つ目は元亀元年(一五七〇)の六角義治が織田勢に抵抗し、大森城から愛知川の対岸にあたる鯰江城で攻防戦が行われた時である。いずれの時期にも大森城が使用された可能性があり、このタイミングで城の虎口などが改修された可能性がある。

(福永清治)

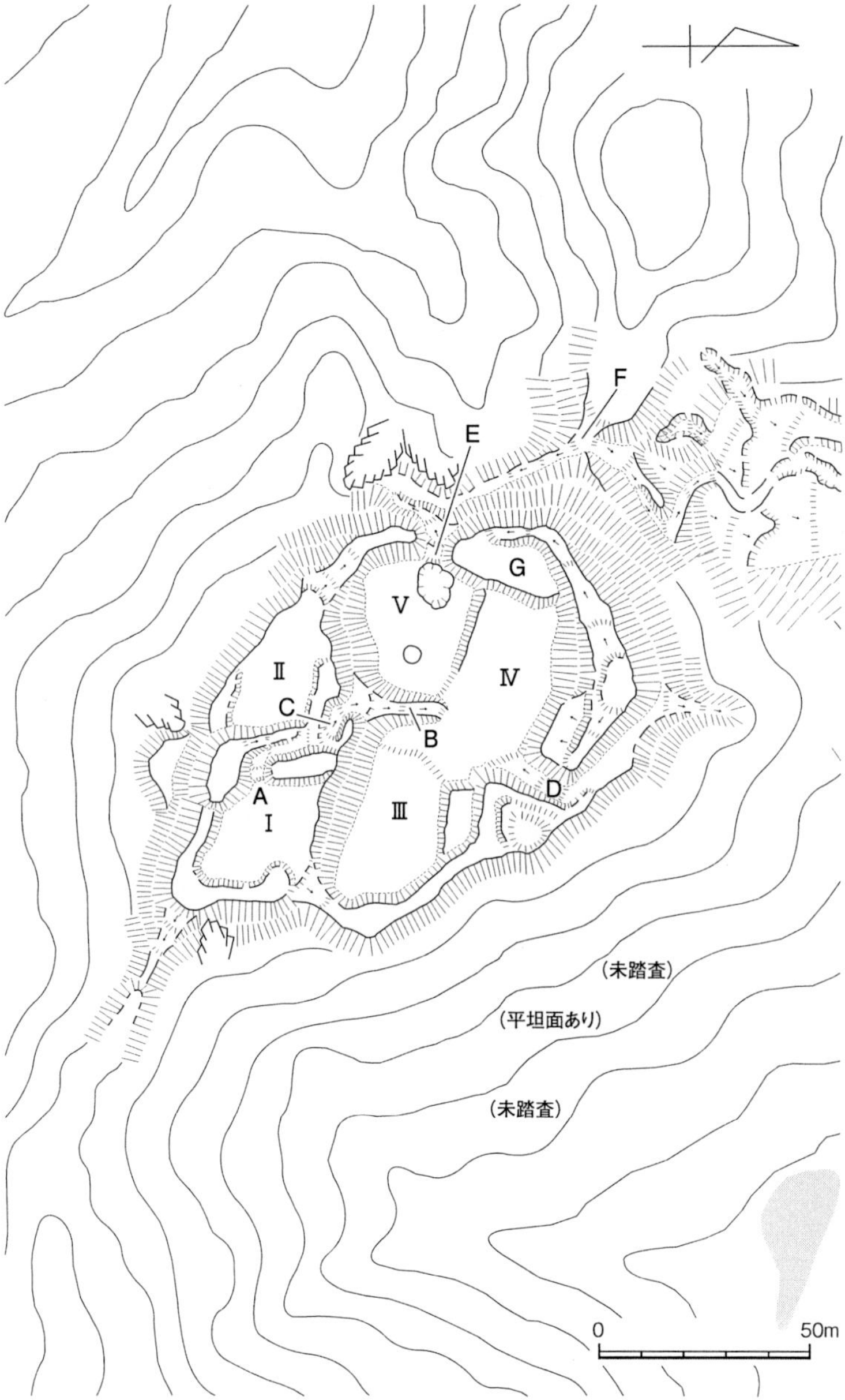

大森城跡概要図（作図：福永清治）

46 和南城《わなみじょう》

★★

所在地　東近江市永源寺町和南
築城時期　戦国時代
標高　三〇〇m
主な遺構　曲輪　土塁　堀切　石垣

近江国の東方最奥部に位置するのが永源寺《えいげんじ》谷である。滋賀県中世城郭分布調査では旧永源寺町内で二〇カ所の城館跡が確認されている。また『永源寺町史』では二三カ所で城館の存在が記されている。その分布は愛知《えち》川に沿った平野部の集落内に在地の土豪の館として構えられた居館と、永源寺谷の最奥部に八風《はっぷう》街道を押さえるために築かれた山城の二種に大きく分類される。そのなかで集落背後の山地に詰城として構えられたのが和南城である。

城跡は愛知川の支流和南川に沿って形成された扇状地の最奥部の集落、和南の多度神社背後の尾根先端上、標高三〇〇メートル付近に築かれている。彦根の長寿院に残る『大洞弁財天当国古城主名札』は江戸時代に作成されたものであるが、和南城の城主を小倉三河守と記している。一方、同じく江戸時代に作成された『江州佐々木南北諸士帳』には高木右近大輔と記されているものの詳細は不明である。『愛智郡志』では南北朝時代以来小倉氏の一族である和南大炊助実経、和南弥三郎などが在城とある。永禄三年（一五六〇）から同七年（一五六四）に上の腰の用水問題から佐久良城主小倉実隆、市原城主の小倉氏、甲津畑城主の速水氏、桜谷城主の寺倉氏らの蒲生《がもう》郡勢に対し、山上城主小倉右近大夫、山田城主の小倉右京亮良秀、和南城主の小倉源兵衛と八尾城、相谷城の小倉一族が連合した神崎郡勢とが和南などで戦っている。

和南城の構造は、幅約三〇～五〇メートルの丘陵尾根筋一杯に築かれている。主郭Ⅰは前面に堀切Aによって集落との間の尾根を切断して城域を画している。背面には巨大な土塁Aを構えて後方防御としている。この土塁

Bは主郭Ⅰを両手で抱え込むように南北辺にも伸びて主郭を囲繞している。注目されるのは南辺土塁の裾部に石列が巡らされていることである。土塁の土留めとして構えられたものと考えられる。

和南城石列

主郭Ⅰの東背面にはⅡ郭が構えられている。ただこのⅡ郭は主郭Ⅰから尾根続きに高くなっているところであり、曲輪とするのは躊躇され、さらに曲輪としては削平が非常に甘く、自然地形の傾斜を残しており、やはり積極的に曲輪と評価できる空間ではない。しかしⅡ郭の背面には土塁Dを伴う堀切Cが構えられており、明らかに城域として取り込んでいたことはまちがいないようである。さらにⅡ郭の背面も削平は甘いがⅢ郭が構えられて

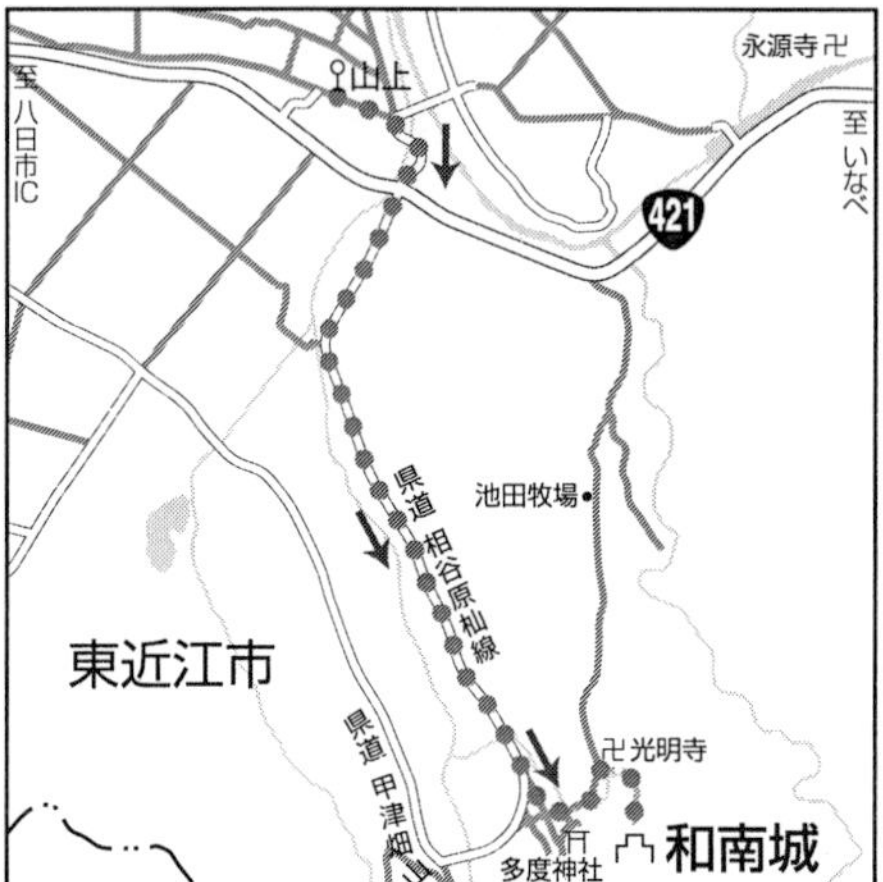

和南城へのアクセス

近江鉄道八日市駅下車タクシーで30分、または湖国バス山上バス停から徒歩30分。多度神社の裏手。城跡まで徒歩10分。

和南城石列

いる。このⅢ郭は堀切Eによって尾根を切断している。これより尾根上には防御施設は見受けられず、この堀切Eが城域の東端となるものと考えられる。

このように和南城の縄張りはゆるやかに下る尾根筋に堀切や土塁を構えるものの、その内側はほとんど削平せず、最下部の尾根先端のみを削平するという構造となる。Ⅱ郭、Ⅲ郭は曲輪というよりもむしろ堀切間の空間でしかなく、曲輪機能はⅠ郭だけの単郭の城郭として評価すべきかもしれない。

和南城の中途半端な縄張りについて『永源寺町史』では未完の城郭としており、主郭背後の未削平については大規模な堀切様横堀・竪堀を連接するように配して第二主郭を計画していたとする。主郭ⅠやⅡ郭に見られる土採痕はこうした未完成を物語る遺構ではないかとも記している。ただ、土塁や堀切などは用いられているが、虎口や折など発達した構造は見られないことより、在地土豪の詰城と見られ、長い年月機能していた城のようである。未完成ではなく、やはりこの構造は完成されたと見るべきで、主郭Ⅰだけの単郭構造の城に、背面防御として三重に堀切を設けたのであろう。

（中井　均）

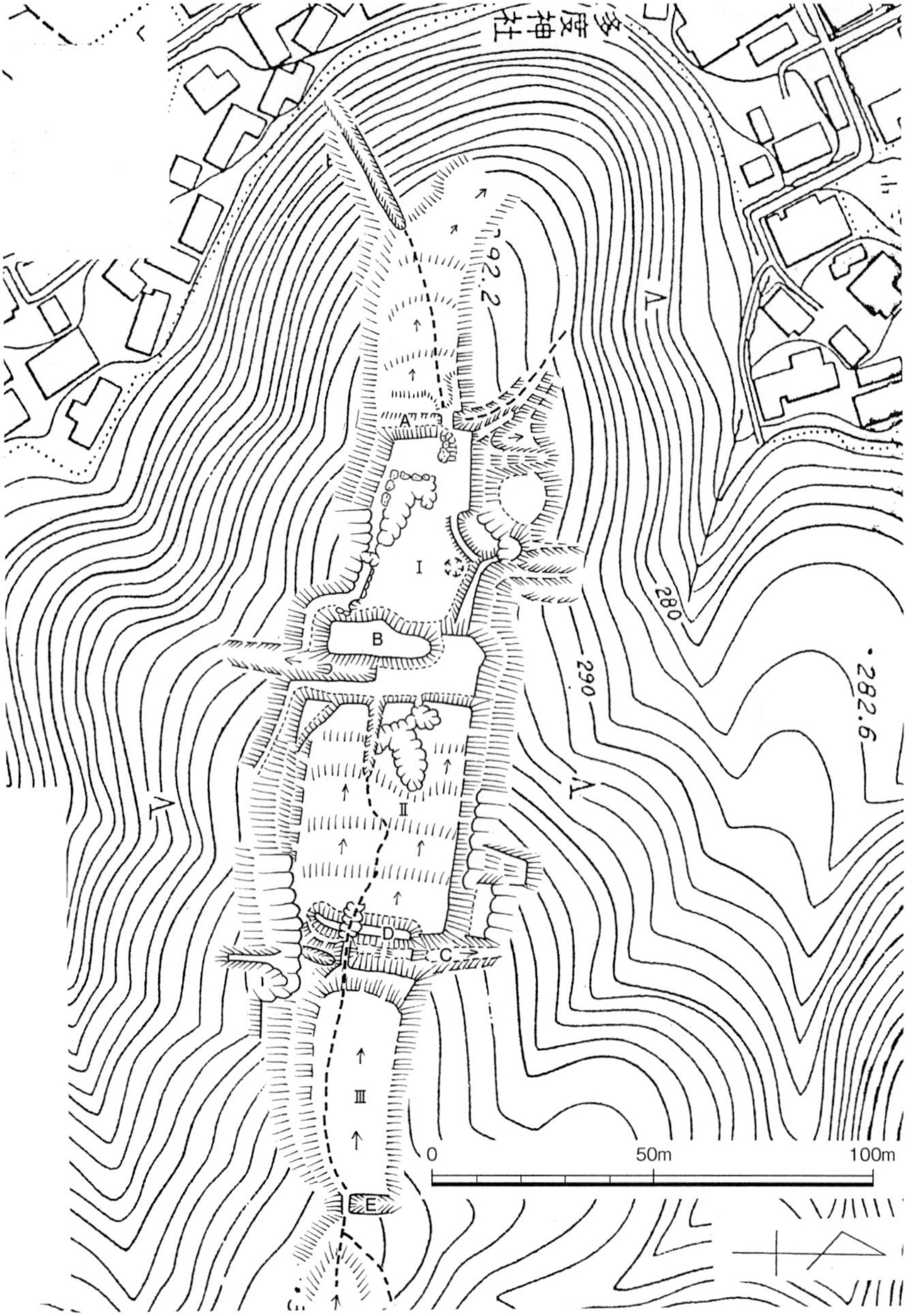

和南城跡概要図（作図：中井 均）

47 佐久良城《さくらじょう》 ★★

所在地　蒲生郡日野町佐久良
築城時期　応仁・文明年間
標　高　二一〇m
主な遺構　曲輪　土塁　堀切　竪堀　石積

佐久良城は、八風街道沿いの市原から分岐した道が、佐久良地区へ通じる要所に当たる、佐久良地区背後の低丘陵上に位置する。

この地域は、中世「奥野、奥野保、奥津保、奥津野、奥津野保」などと呼ばれ、南北朝期には守護六角氏のもとで蒲生郡の郡奉行を務めた儀俄氏が支配していた。至徳二年（一三八五）十二月十九日付『足利義満御判御教書』によると、儀俄氏が「奥野保勘定使職・押領使職・同預所職」として数代にわたり統治していた事がわかる。南北朝期の末には、儀俄氏に代わり小倉氏がこの地を支配したと考えられるが、詳細は不明である。

小倉氏は、清和源氏十八代の正親が愛智郡小椋（東近江市）を領し、以後「小倉」を名乗ったことに始まるとされる。のち数家に分かれながら勢力を広げ、応仁の乱勃発時点では惣領と考えられる左近将監家・越前守家を中心に、永源寺（東近江市）から桜谷（日野町）一帯に勢力を誇っていた。惣領の小倉左近将監実澄は京極持清に属し、八尾城（東近江市）を拠点として活動したことが記録に残る。当時、実澄は乱を避け近江に避難して来た相国寺の学僧横川景三、桃源瑞泉、景徐周麟らを永源寺に庇護していた。『小補東遊集』には、応仁元年（一四六七）十月に彼らを「私亭」に招いたことが記されており、これが佐久良城を指すと考えられている。持清没後は、文明五年（一四七三）に近江守護を継いだ京極政高（政経）や、その子材宗に属したが、十五世紀末期頃から六角氏への接近を図っていた。

実澄の二代後にあたる実光は、六角氏による伊勢侵攻の大将を務めるほどになったが、負傷し湯治中に一揆勢により殺害されてしまう。この時、実光には嫡男が居なかった為に、蒲生定秀の三男「実隆」が養子として小倉家に入ったことから内紛が起こり、反抗した一派が佐久良城の東に位置する鳥居平城に籠ったとも伝えられる。

実隆は、永禄三年（一五六〇）時点で、六角氏の永源寺代官として政務に当たっていたことが記録に残る。また、実澄の菩提を弔うために佐久良に仲明寺を建立するなど、小倉家内や六角家臣団の中で基盤を固めつつあった。ところが、その最中の永禄七年、それまで度々、山上郷の年貢を押領した小倉右京太夫に対して、実隆は代官として追討に出陣したが、三月十六日の和南山（東近江市）合戦で死去（討死と伝わる）してしまう。戦闘はその後も続き、三月二十三日には小倉右京太夫が永源寺塔中に報復と考えられる焼討ちを行っている。五月一日には佐久良において、六角方の寺倉吉六の家臣である園城式部丞が小倉右京太夫と合戦しており、さらに五月二十三日に小倉右京太夫が、永源寺塔中を再び焼討ちするなど、実隆の死後も戦は続いていた。この結末は明らかでないが、『氏郷記』は蒲生定秀が拠点を焼き討ちしたことで、小倉右京太夫が敗れたとしている。この後の小倉惣領家の動向は不明だが、蒲生氏の一門とし

佐久良城跡を南から望む

佐久良城へのアクセス

近江鉄道日野駅下車、タクシーで20分、または近江バス横町停から徒歩1時間15分、日野町営バス佐久良バス停から徒歩5分。佐久良城下に鎮座する八幡神社の麓の大きな説明板や石碑、標柱が建てられている。神社社務所へ至るコンクリート道を約20m上り、配布資料が置かれたポストから擬木の階段を登り、獣害避けの柵から進入し、左折すると城跡に至る。

て存続したことが後の記録からわかる。

その他、城に関する記録は、近世以降の地誌類が中心であり、『淡海温故録附巻　古城之図』や『蒲生郡志』には、城跡が記された図が添付されるが、現存遺構とこれらの内容には差異が見られ注意が必要である。

佐久良城の遺構は、「下の城山」と称する比高約四〇メートルの丘陵上、東西約二五〇メートル、南北約一六〇メートルの範囲に残存している。主郭Ⅰは丘陵西端部を東西約五四メートル、南北約四五メートルの方形に掘り込み、周囲を高さ約四メートルの土塁としている。土塁の四隅は櫓台状を呈するが、南東・南西部上面は後世の攪乱を受けている。一方、矩面は下方にのびる竪土塁状となり、特に北東と南東隅部は大きく突出する。虎口Aは平入りで、東方の尾根方向に開口する一方、西側にも搦手と伝わる開口部が見られる。Aの前面は、底面に段差を伴う大規模な堀切Bとなっており、土橋により曲輪Ⅱへと連絡している。この付近では石積みが腰巻状に見られ、Aや土橋、Ⅱの西側矩面などでは数段積まれている様子も確認できる。こうした石積の使用は町内では類例が見られず、この城の特徴となっている。Ⅱはいわゆる馬出状遺構と考えられ、曲輪内をクランク状に開削した通路が残る。Ⅱから東へ約五メートル下方には、堀切C・Dを挟んで曲輪Ⅲが設けられている。Ⅲは南辺に土塁や横堀を伴うものの削平はかなり甘く、駐屯地としての使用が考えられる。なお、Ⅲの東矩面に沿って、近世以降の石切場と考えられる改変が見られる。

Ⅰ周辺の防御の特徴として、Bの開口部付近に配された複数の竪堀が挙げられ、Ⅰ・Ⅱ間を強く遮断する意識がうかがえる。また、Ⅰの西矩面は岩盤を掘削した堀切E、南矩面は帯曲輪Ⅳのみである一方、北面は折れを伴う横堀状のF、長大な複数の竪堀に加えて曲輪Ⅴを設けるなど、あきらかに北面を強く意識したものとなっている。

各所における遺構の差異は、改修の時期差と考えられるが、北面の折れを伴うFや複数の竪堀、竪土塁などの遺構はその最終段階と思われる。

その時期については、遺構の内容などから、六角氏が鯰江城（東近江市）に籠城し、さらに隣接する市原郷（東近江市）が六角氏に呼応して織田信長に対し一揆を起こした元亀元年～四年（一五七〇～一五七三）段階と考えられよう。

（振角卓哉）

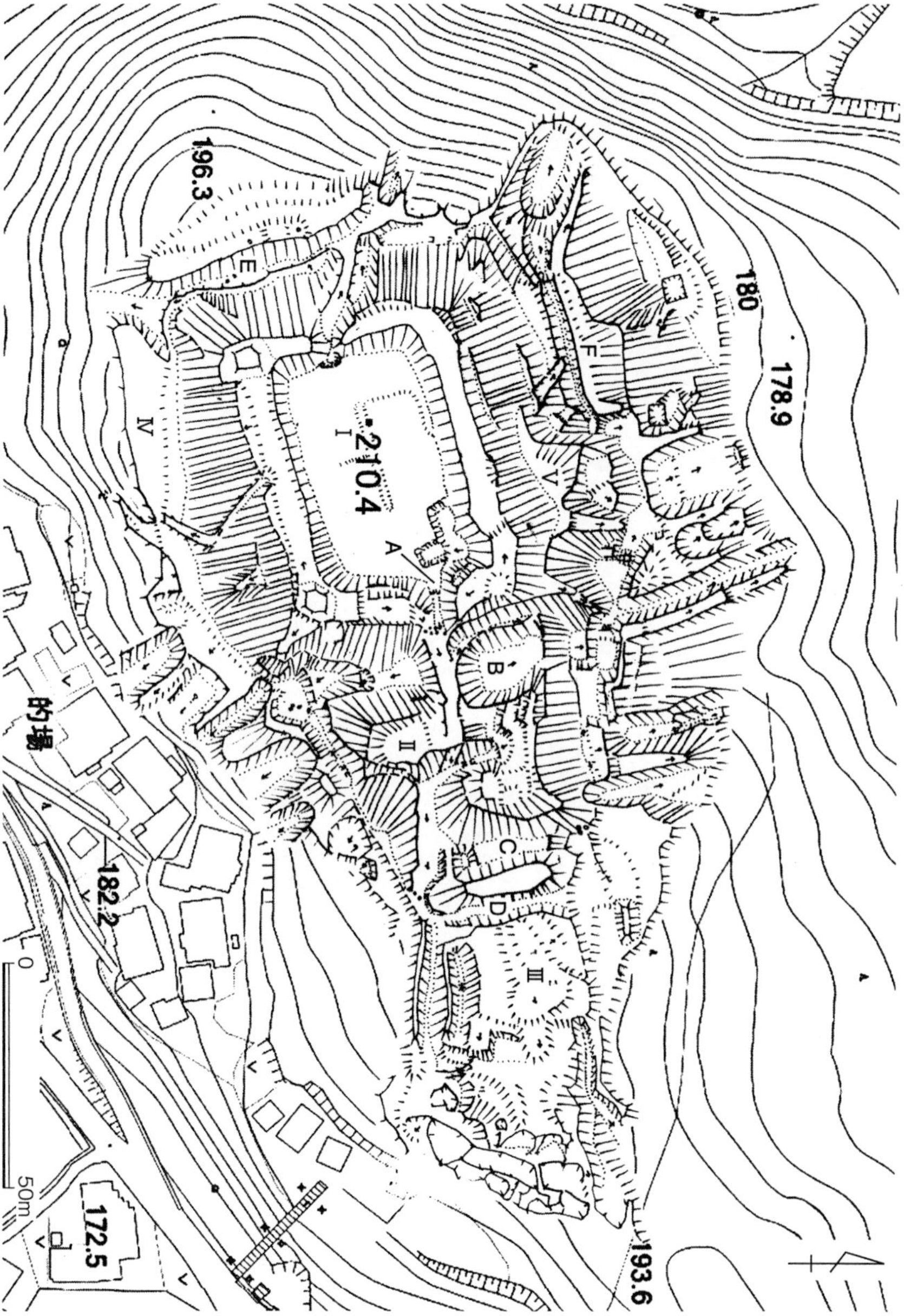

佐久良城跡概要図（作図：振角卓哉）

48 鳥居平城《とりいひらじょう》 ★★

所在地　蒲生郡日野町鳥居平
築城時期　十六世紀中頃
標　高　二二四m
主な遺構　曲輪　土塁　堀切

鳥居平城は、日野町北東部の東桜谷地区を流れる前川の左岸段丘上（標高二二〇～二三〇メートル）に位置している。前川に面する北面は、比高約四〇メートルの急斜面となっている一方、鳥居平の集落が広がる南面は比高約二〇メートルと低く、やや緩やかな斜面となっている。

中世後期、桜谷一帯は小倉左近将監家・越前守家が支配していたが、十六世紀の中頃に蒲生家から養嗣子として実隆《さねたか》を迎えたことから分裂し、反対勢力が鳥居平城に籠ったと伝わる。また一説には、かつて鳥居平城の東約七〇〇メートルの丘陵上に存在した四ツ谷城の支城として築かれたとも言われる。

記録については近世以降の地誌類のみである。『淡海温故録』には「鳥比良は昔屋形左近将監満高城を築て、是に在城と云う」とあり、『淡海温故録附巻　古城之図』の「蒲生郡奥津保四ツ谷古城全図」には、「砦」と記された四カ所の削平地が描かれるものの、遺構の現状と大きく異なり注意を要する。城主については『蒲生旧趾考』が、蒲生家家臣の寺倉氏と記すほか、『近江蒲生郡志』では「東桜谷村大字鳥居平の山上に在り……吉倉氏の城と云う……」と記されているが詳細は不明である。また、鳥居平の集落内には、落城伝説に伴う城主の墓所（首塚）とされる五輪塔一基が伝えられている。

遺構は、丘陵上に東西約七〇〇メートルにわたり、約二〇カ所の曲輪や土塁、堀切などが残存している。城域は大きく三つの遺構群に分かれており、北西遺構群は三ヶ所の大規模な曲輪Ⅰ・Ⅱ・Ⅲから成り、一部を除き高さ約一～三mの土塁で取り囲んでいる。土塁は曲輪の背後に対しても設けられている上、各曲輪間には高低差

鳥居平城を西より望む

一〇メートル以上の堀切を設けており、極めて独立性が高い。
　続く遺構群はY字型に尾根が分岐する位置に立地しており、中央の通路状遺構Aを挟んで、東側にⅣ等の小規模な曲輪群が設けられている。前川に面する東辺部は、急斜面に関わらず約一〜三メートルの土塁を設けているが、各曲輪間は、段差や低い土塁で区切る程度となっている。Aの西側には、最高所（標高二二三・八メートル）に位置し、主郭と考えられる曲輪Ⅴが設けられている。周囲を高さ約三メートルの土塁で囲み、北西端に他の曲輪では見られない喰違虎口Bを設けている。Ⅴの南東には堀切Cを挟んで曲輪Ⅵがあり、全体的に削平が甘く、堀切Dに面する南東端にのみ土塁を設けている。Dの南東には曲輪Ⅶ・Ⅷが設けられるが、ここでも土塁は側面にはなく、あくまで堀切に面する側にのみ設けられている。
　また、南矩面にはⅤからⅧに至る長大な帯曲輪Ⅸが設

鳥居平城へのアクセス
近江鉄道日野駅下車、タクシーで15分、または近江バス横町停から徒歩1時間、日野町営バス西川原バス停から徒歩15分。願正寺前に「鳥居平城跡」の表示板。坂道を上り民家の庭先を通り各曲輪へ。

曲輪間に設けられた堀切

けられている。この遺構群の曲輪は、規模は様々だが方形の平面プランを指向している点が特徴となっている。

それに続く南東遺構群は大規模な曲輪X等が設けられている。この遺構群の平面プランは不整形から方形を指向したものまで様々であり、曲輪間の堀切や土塁は小規模で、側面の土塁もほとんど見られない。面積は広大だが防御性は著しく低く、駐屯地的なもの、あるいは耕作地などと考えられる。

以上のように、各曲輪の独立性が極めて高く、求心性が低いことが特徴として挙げられる。こうした点から見ても、伝承や近世以降の記録に記されるような一家臣の城郭とは考えがたい。一方、山麓に残る上人谷という小字の存在や、遺構の配置、Aの存在などは寺院遺構と類似する点が多く、寺院を転用した可能性も考えられる。或いは天文年間の六角氏による北伊勢侵攻時に陣城としての使用も候補として挙げられる。

なお、特徴的な遺構として、Ⅱ～Ⅳの北辺隅部（矢印部分）に集中して竪土塁の構築が認められることから、最終的には佐久良城と同時期に修築されたものと考えられる。

（振角卓哉）

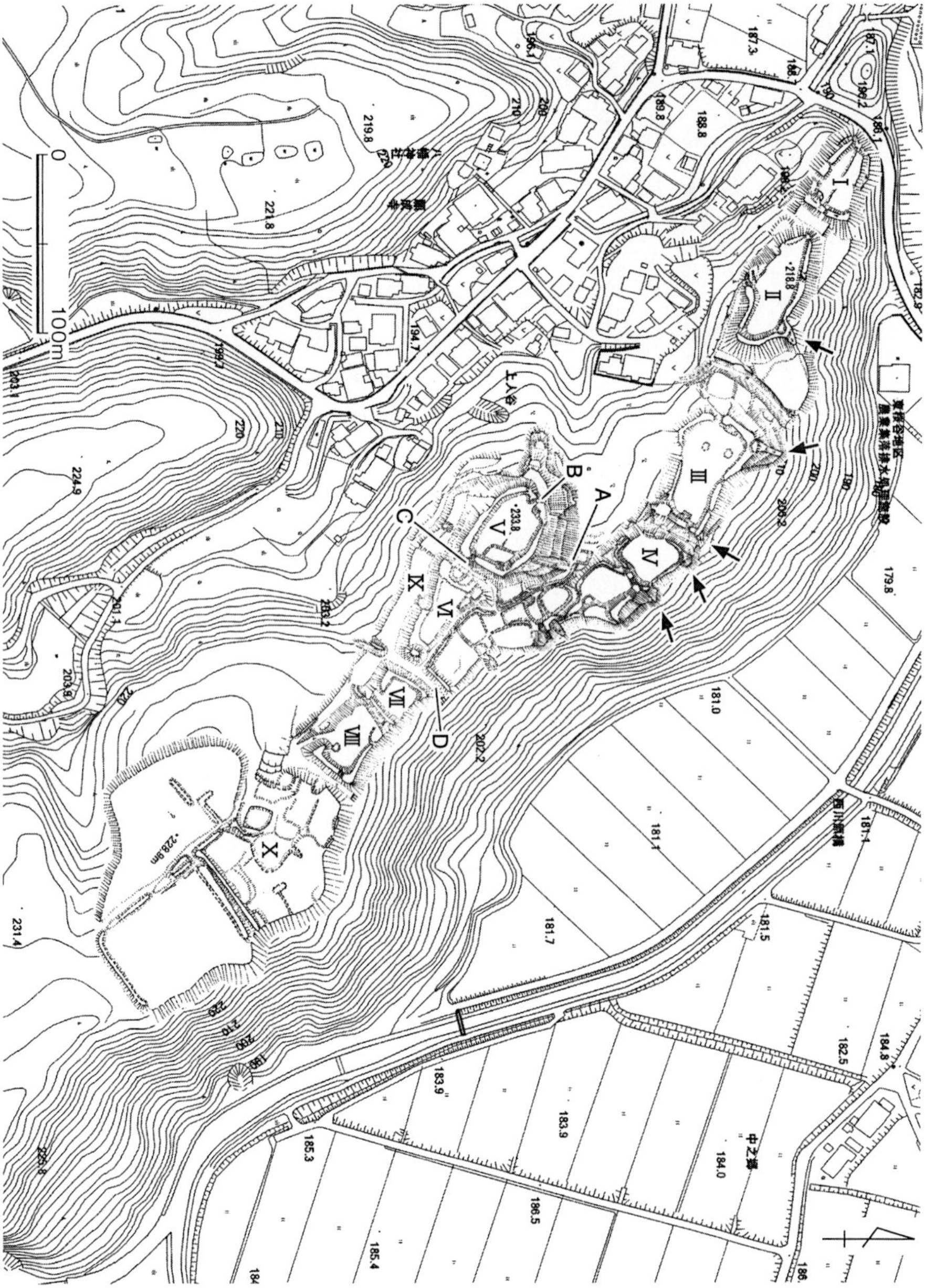

鳥居平城跡概要図（作図：振角卓哉）

49 音羽城《おとわじょう》 ★★

所在地　蒲生郡日野町音羽
築城時期　十五世紀後半
標　高　二八三m
主な遺構　曲輪　土塁　堀切　井戸

音羽城は、音羽地区の日野川左岸丘陵上に位置する。中世、蒲生郡の南端を領していた蒲生惣領家の本拠とされる。

築城については、応永二十二年（一四一五）に蒲生秀綱あるいは蒲生秀紀など諸説あるが伝承の域を出ない。

記録上の初見は明応元年（一四九二）で、「公方、今日蒲生館に入御あるべきの由……」とあり、甲賀へ逃亡中の六角高頼を攻めるために、将軍足利義材が幕府方の「蒲生館」に本陣を移す計画があったことが記されている（「大乗院神社雑事記」）。しかし、文亀二年（一五〇二）に始まる「第一次伊庭の乱」の際には、六角高頼が蒲生氏を頼り音羽城に避難したことから、翌年三月二十二日から「日野之蒲生館」は、伊庭氏を援助した細川政元の家臣赤沢朝經による攻撃を受け（「公藤公記」）籠城戦を行っている。いずれも中興の祖と言われる蒲生貞秀の事績であり、音羽城に関わるものと考えられることから、蒲生惣領家は十五世紀末頃から、六角氏に接近している様子がうかがえる。これも一因となり、貞秀没後に次男の高郷と孫の秀紀の間で後継者争い起き、音羽城がその舞台となった。

大永二年（一五二二）七月二十日、六角定頼が秀紀の音羽城に対して二万の軍で押し寄せた。秀紀は八カ月間に及ぶ籠城戦を耐え抜いたが、翌年三月八日に降参し、音羽城は「銘城之間、六角モ雖惜之、惣国ニ城郭可停止之間、則自十日破之云々」（『寺院雑要抄』）と記されるように、いわゆる「破城」を受けている。詳細は不明だが、守護による「破城」に関する記録の初見となっている。この後、秀紀は鎌掛城に退き、音羽城は廃城となっ

音羽城跡を北より望む

たとされる。

遺構は、明治以降の数度にわたる公園造成や溜池の堰堤用の土砂採取による改変が著しいことが、現況と大正六年（一九一七）の測量図「音羽城趾図」（『近江蒲生郡志』）との比較などからわかる。特に主郭Ⅰ一帯は大きく削平された上に、土砂搬出用トロッコの軌道敷設の際、大規模な横堀状に掘削されており、井戸跡や部分的な土塁、南辺の堀切Aが残るのみである。

一方、堀切Aを挟みⅠの南へ続く尾根上には、小規模な曲輪Ⅱ・Ⅲや堀切B・C・Dが残る。特にA・Bは本来合流してY字状の竪堀となり、西方山麓まで延びていたことが「音羽城趾図」からわかる。また、Ⅰの西下方の「伝土屋敷（Ⅳ）」や「伝出曲輪（Ⅴ）」も一部に改変を受けるものの残存している。特に、Ⅴの北東及び北西

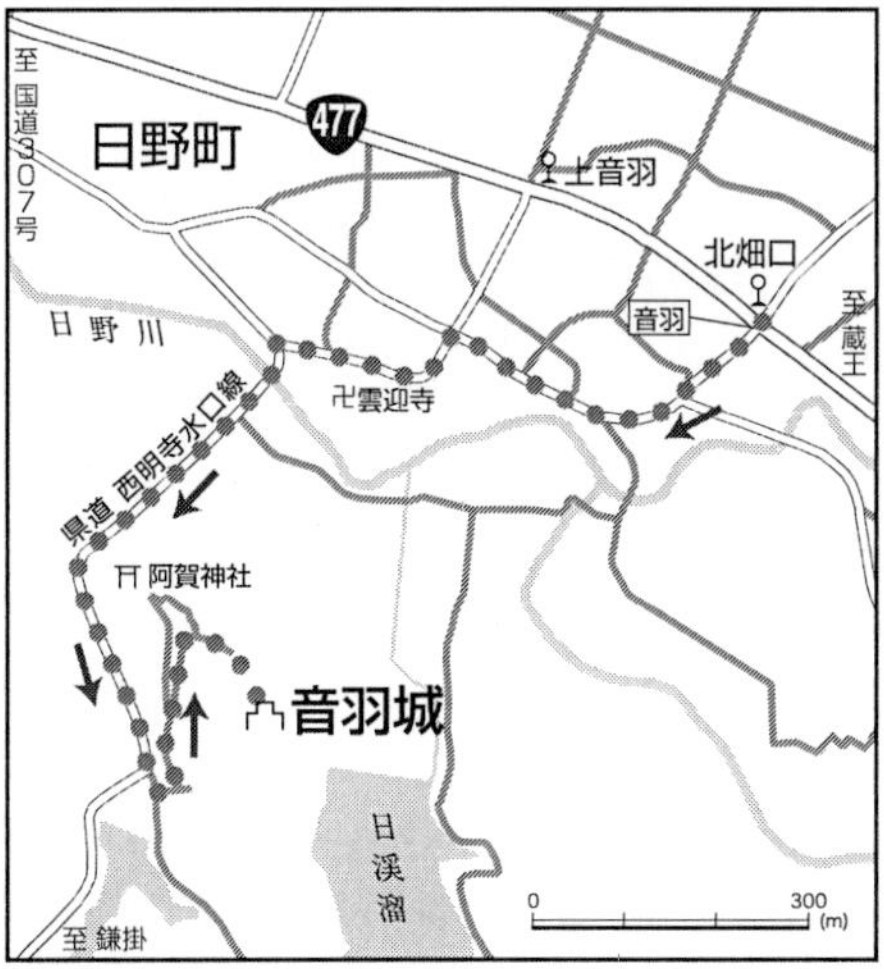

音羽城へのアクセス

近江鉄道日野駅下車、タクシーで20分、または近江バス北畑口停から徒歩15分。舗装路が山上まで延びる。

隅部分から下方に延びる竪土塁Ｅ・Ｆといった特徴的な遺構を見ることが出来る。

ところで、文化十三年（一八一六）に描かれた『音羽古城全図』には、Ｉに石垣で囲まれた方形の「本丸」や、「二丸」「南丸」といった曲輪や門が描かれている。本図は想像部分も含まれるため注意を要するが、「音羽城趾図」にも、石垣ではなく礫の表記であるものの同様の曲輪が記されており、大永年間の廃城時以前のものとは考えられない遺構が存在した可能性がある。さらに、Ｉやにおいては、元亀・天正年間のものと考えられる瓦が出土、採集されている。通説では、当時、蒲生氏は中野城を居城としており、当主の蒲生賢秀や賦秀（のちの氏郷）は、織田信長の家臣として活動していた時期に当たる。元亀元年（一五七〇）には、千草越えで岐阜に帰国する信長を、蒲生賢秀が警護したことが記録に残る。音羽城は千草、八風越えと東海道を結ぶ間道沿いに位置しており、拠点防衛のために山城である音羽城を再整備したとも考えられる。

（振角卓哉）

音羽城主郭跡の様子

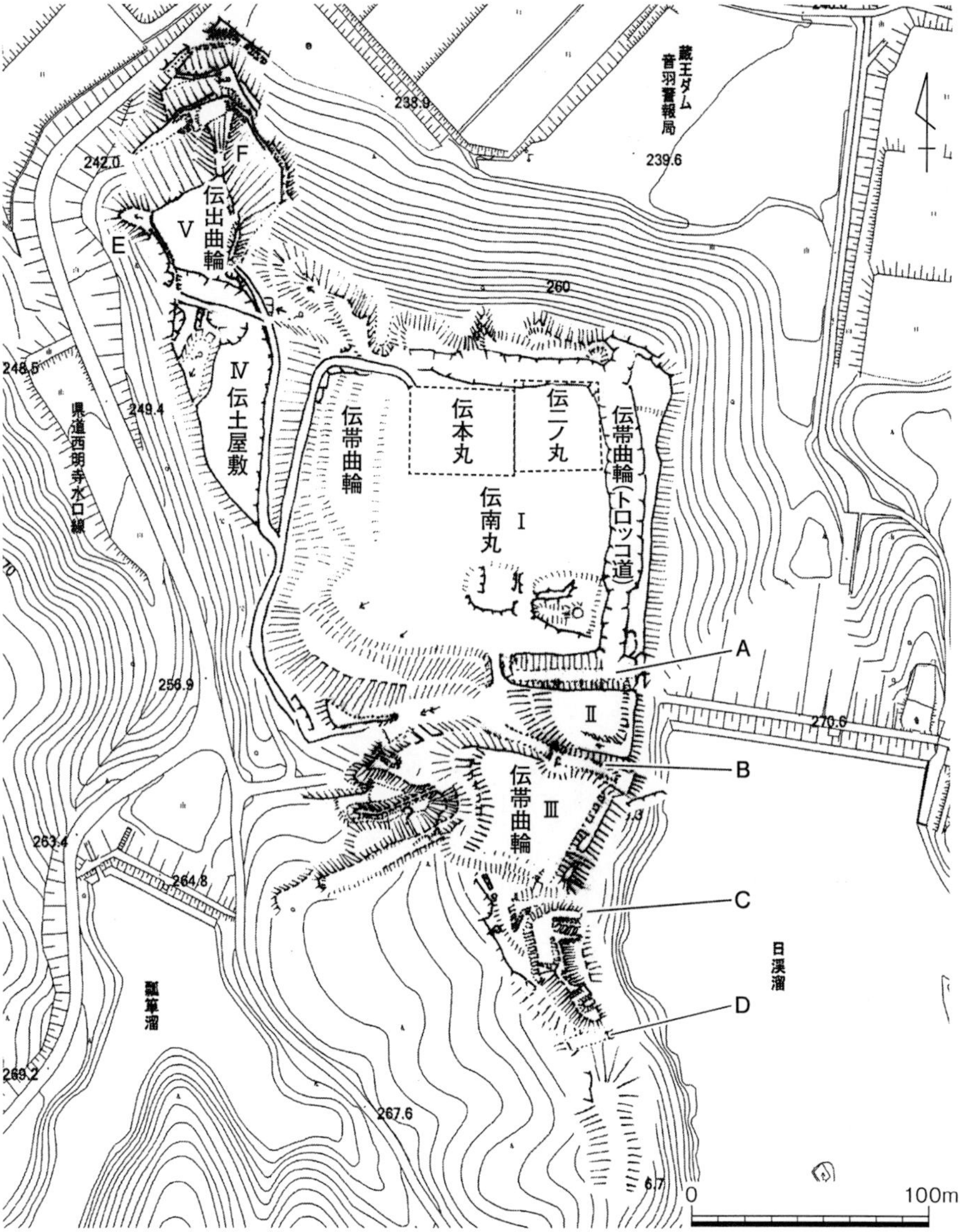

音羽城跡概要図（作図：振角卓哉）

50 鎌掛城《かいがけじょう》・山屋敷《やましき》 ★★★

所在地　蒲生郡日野町鎌掛
築城時期　南北朝時代あるいは十六世紀初頭
標高　三七四m
主な遺構　曲輪　土塁　堀切　井戸　石積

鎌掛城は鎌掛地区の東方、天然記念物「鎌掛の屏風岩」がある城山一帯に位置する。甲賀郡との境目にあたり、中世、東山道愛知川と東海道土山を結んだ「市道（のちの御代参街道）」と、千草越えから音羽城を経由した道が合流する要所にあたる。

鎌掛城に関する同時代の記録は確認されておらず、近世以降に書かれた断片的なもののみである。それによると、創築は建武二年（一三三五）で、中野左衛門尉清信が砦を築いたことに始まるとされる。そして、文亀二年（一五〇二）頃、蒲生秀行がこれを修築し、家臣の武村伯耆守重綱を入れ守備させたと伝えられる。大永三年（一五二三）の蒲生惣領家後継者争いの際は、落城した音羽城から蒲生秀紀が鎌掛城へ退去した後、大永五年に鎌掛城で毒を盛られ、その後自害したと伝えられる。また、蒲生賦秀（氏郷）に家督を譲った蒲生賢秀が隠居したのもこの城とされる。

廃城時期については、豊臣秀次の命で天正十三年という説と、文禄二年（一五九三）という説があるが、これらも伝承の域を出ない。さらに、廃城後の延宝年間（一六七三〜一六八一）には、蒲生家家臣の子孫と称する中野林左衛門・中野權助・高尾四郎兵衛・高尾庄助・傳助が山麓の通称「山屋敷」に居住していたと伝えられている。

遺構は、尾根上に構築された山城部分と、山麓の「山屋敷」部分で構成され、いずれも良好に残っている。

山城の遺構は、城山山頂（標高三七三・八メートル、比高一五五メートル）を中心に、三方向にのびる尾根上に残存している。

鎌掛城跡を北西から望む

最高所の曲輪Ｉ（伝本丸）は、内部を数段に削平するなど居住性を高める一方、集落側の北西辺を中心に岩盤を削り残した土塁Ａを設け、東端には通路に直交して小規模な堀切Ｂと土塁Ｃを設けた、いわゆる「武者隠し」とするなど防備も工夫している。そこからクランクする通路を経て、北やや下方の曲輪Ⅱ（伝二の丸）へと連絡している。Ⅱは中央部を土壇状とし、周囲を土塁で囲んでおり、Ｉと同様に防御性と居住性の双方を高めている。また、Ⅱの北西虎口から下方に通路を下ると、直径約三・五メートル、深さ約五メートルの石組み井戸Ｄが残るなど、当城が臨時的な城ではない事を示している。

さらに、山上から中腹に至る尾根上には、複数の削平地が残存しており、平面形状や土塁の有無等、構築方法に差異が見られる。中でも北方尾根上に造られた曲輪Ⅲの西端には、虎口と考えられる開口部Ｅがあり、絵図などから明治二十九年に崩落したとされる「伝大手道」が接続していたと考えられる。また、北東の尾根上には曲

鎌掛城へのアクセス
近江鉄道日野駅下車、タクシーで20分、または近江バス大窪停から徒歩1時間、日野町営バス鎌掛バス停から徒歩10分。天然記念物屏風岩のある通称「城山」一帯が遺構。歩道等はなし。

輪Ⅳなど方形を指向したと考えられる複数の曲輪が設けられ、一部は土塁を伴う。これらの曲輪へは、それぞれ谷から延びる通路が設けられており、Dの下方へ延びる谷筋が城内の主要な通路であったことがうかがえる。

一方、西方山麓の「山屋敷」へ延びる尾根は、通路として使用されたと考えられ、東辺に岩盤を掘り残した土塁を設けたほか、堀切Fなど五条の堀切が設けられている。

北西山麓に位置する「山屋敷」は、南北約一二〇メートル、東西約八〇メートルの規模で、内部は複数の方形区画で構成されており、段差や土塁、低い石積などを用いて仕切っている。これらは居住性を高める工夫と考えられるが、一部は延宝時期の攪乱の可能性もある。防御については、背面以外の三方向に幅約五メートルの堀を設け、高さ約二～三メートルの土塁を巡らせている。このうち前面の土塁Gは中央に虎口を伴う突出部をもち、横矢が掛かる構造となっている。

鎌掛城は、規模や遺構の内容などから見ても、単なる支城ではなく、蒲生惣領家の詰城や郡境に位置する境目の城として構築されたと考えられる。また、山屋敷は背後に対する防御施設を持たないことから、山城と並存していた可能性が高く、山城と居館が一体的に考えられる例として評価できる。

（振角卓哉）

現存する石組井戸跡

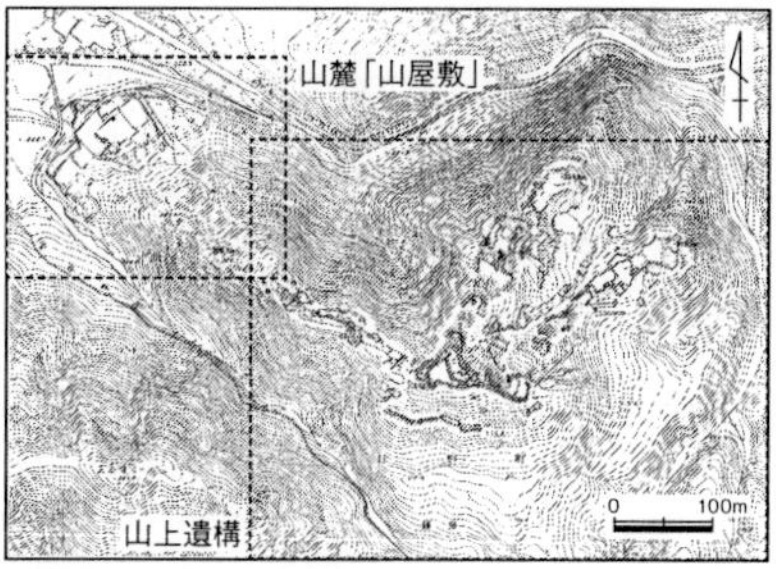

鎌掛城跡全体　概要図

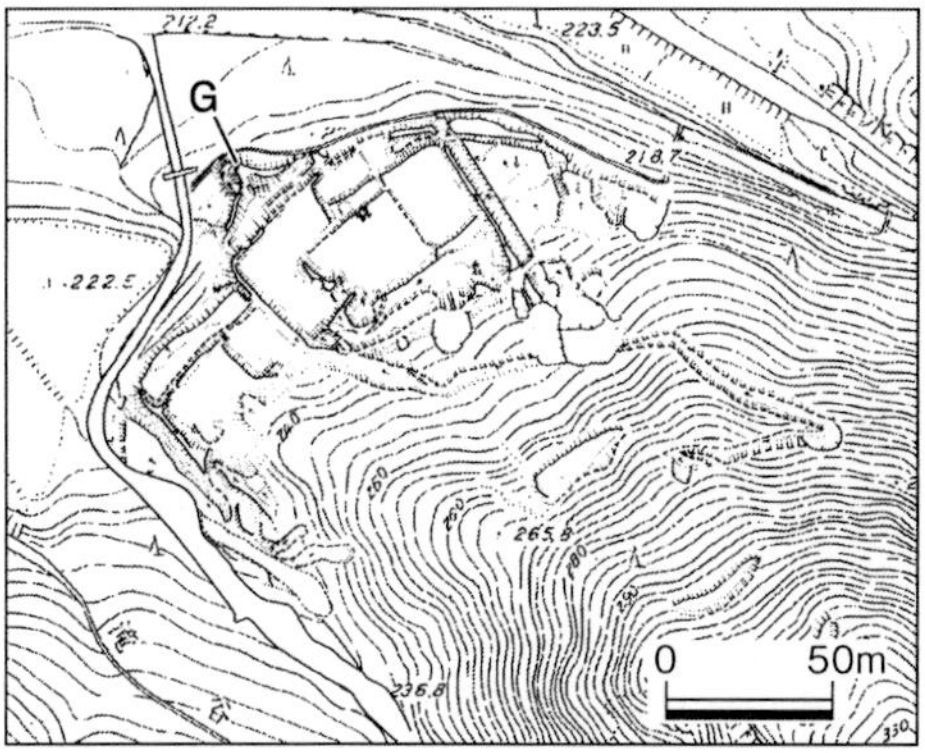

鎌掛城跡概要図（山麓「山屋敷」　部分）（作図：振角卓哉）

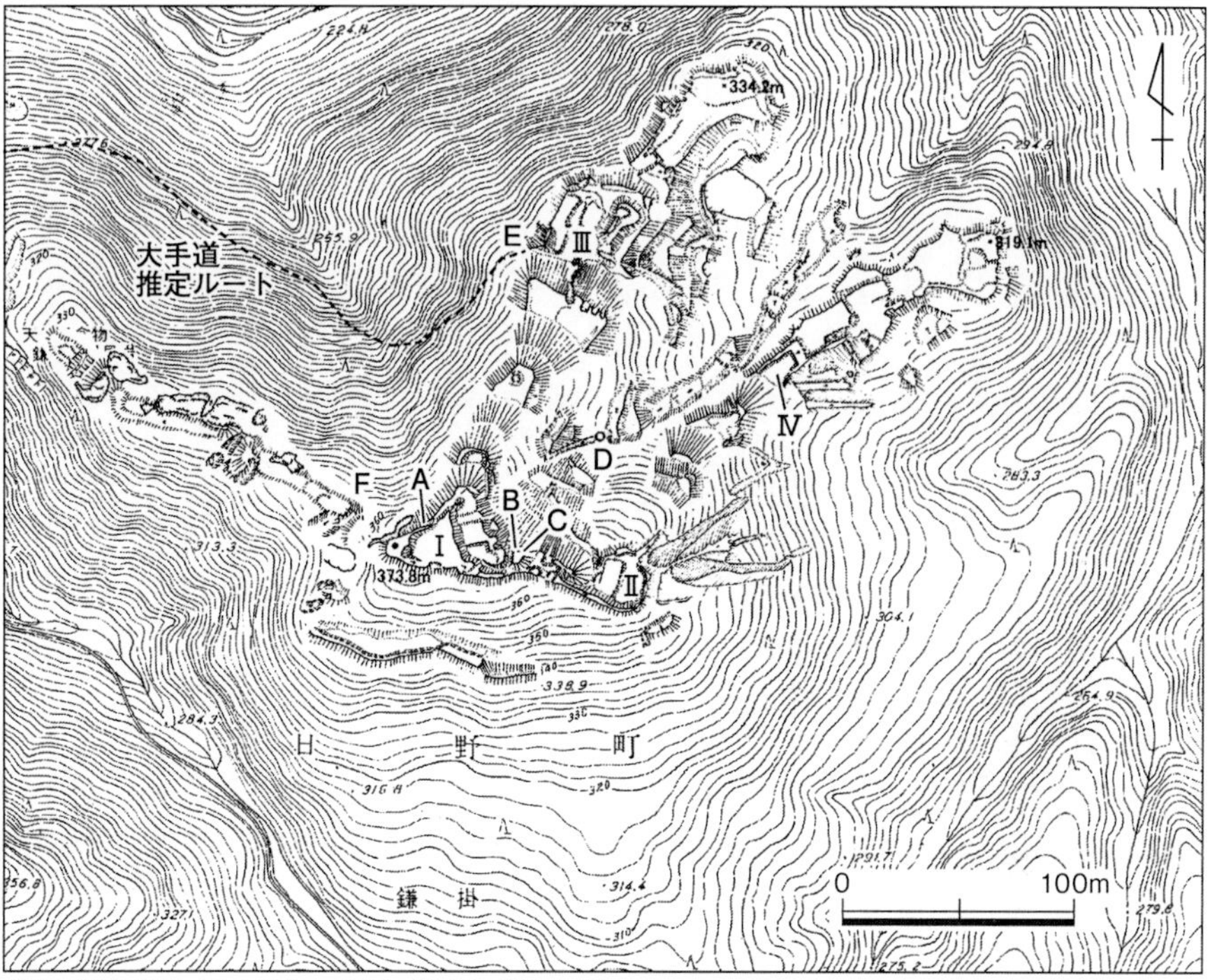

鎌掛城跡概要図（山上遺構　部分）（作図：振角卓哉）

51　大《おお》河《かわ》原《ら》氏《し》城《じょう》

★★★

所在地　甲賀市土山町鮎河
築城時期　戦国時代
標　高　四〇四m
主な遺構　曲輪　土塁　堀切　虎口

鈴鹿山脈を源とする野洲川が北から西へと大きく流れを変える付近に小さな盆地状の平野部がある。土山町鮎川である。この鮎川のうち西野という集落の北側丘陵上に立地するのが大河原氏城である。標高四〇四メートルの山上に位置し、山麓部との比高は約八〇メートルである。『甲賀郡志』によれば、長享年間（一四八七～八九）に大河原源太によって築かれたとされ、その後、歴代の大河原氏が居住したと伝えられる。

大河原氏城が位置する鮎川は、土山地域の中でも城跡が多い地域であり、野洲川を挟んだ対岸には北から高尾城、鮎河城、黒川氏城が存在する。このうち、黒川氏城は甲賀の城の中では水口岡山城に次ぐ規模であり、家臣団屋敷とみられる曲輪群を伴った城郭である。

では、大河原氏城はどのような城郭なのだろうか。城は南と西に向いた丘陵の頂部に築かれている。最も高い位置にある曲輪Ⅰは、この城の主郭として機能したとみられ、東西約四〇メートル、南北約三五メートルの方形で、北・西・南の三方に土塁がめぐる。甲賀の城は、主郭の四方を土塁囲みにする例が多く、近隣の黒川氏城の主郭も四方を土塁で囲む構造である。現状では、東側を除く三方を土塁で囲む大河原氏城の曲輪Ⅰも、四方を土塁で囲んでいた可能性も考えられる。

また、曲輪Ⅰの土塁は北西隅が一段高くなっており、この場所が櫓台としての機能を持っていたと推定される。現在、この櫓台の下方、曲輪Ⅰの北西隅には小さな社が祀られている。この社の対角の位置にあたる曲輪Ⅰの南東隅には虎口状の開口部Bがみられるが、これは社へ参拝するための道として後世に通された破壊道である。

南東から見た大河原氏城

曲輪Ⅰの本来の虎口《こぐち》は、北辺の東端部に位置する虎口Aである。虎口Aの一部には石垣とみられる痕跡が確認でき、虎口部分は石垣で固められていた可能性がある。また、曲輪Ⅰの土塁にも多数の石が散乱している様子が認められ、一部は石垣であったことも推定される。なお、散乱する石の中にはかなり大きな石材もみられる。

曲輪Ⅰの外側には横堀がめぐる。南側から西側に回り込むように配置され、西辺は帯曲輪状となるが、北西から北側にかけては堀切Dとなる。この堀切Dは、北へ延びる尾根を切断するように設けられ、曲輪Ⅰの土塁北西隅の櫓台状の高まりから堀切Dの底までは約一五メートルを測る。また、現状では開口部Bへつながる道で横堀は途切れているが、曲輪Ⅰの東側に位置する曲輪Ⅱ南西部に溝状の窪みが確認できることから、本来は南から東へも横堀が回っていたことも推定される。

曲輪Ⅰの東側には比較的大きな曲輪Ⅱが配置される。曲輪Ⅱは北側と南側に小規模な土塁があり、それぞれ曲輪Ⅱの虎口として機能していた可能性が考えられる。また、南側の虎口は横堀につながっていた可能性が高く、堀底を導線として利用していたことが想定される。

曲輪Ⅰを中心に四方へ派生する尾根にはそれぞれ階段

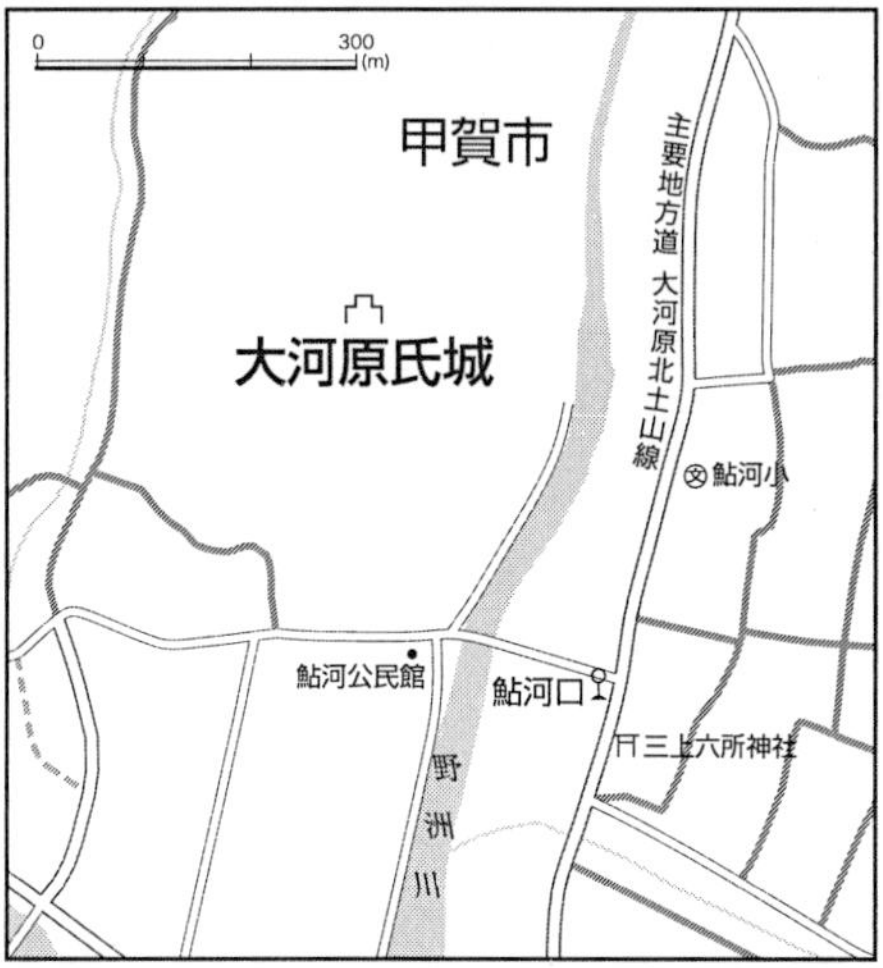

大河原氏城へのアクセス

あいくるバス大河原線　鮎河口バス停より北西に約600m。鮎河公民館の北側約300m。現在は動物対策用のフェンスが張り巡らされており、城内の見学は困難である。また、城跡は私有地である。

野洲川と大河原氏城

状に小規模な曲輪が配置される。南西側の尾根には横堀の外側に堀切Cが設けられている。また、北側に展開する曲輪の先端には高さ約四メートルの土塁Eが築かれ、その西側にはL字状の小規模な土塁に囲まれた虎口Fが存在する。虎口Fは西側に向かって開口しており、城外へ通じる。現状では城外へ向かって開く虎口は、虎口Fしか確認できない。大河原氏城の東側には野洲川が流れ、南側には平坦地が広がる。西側の谷筋には南北の道が通っており、虎口Fはこの西側の谷筋へ出るためのものと推定される。

　大河原氏城については、主郭である曲輪Iの周囲に横堀がめぐることや、虎口Aや曲輪Iの土塁の一部が石垣であったとみられることなどから、本来は頂上部の主郭を中心に尾根筋に階段状の曲輪を配置した城郭であったものが、織豊期に改修を受けたとする見解がある。

　隣接する黒川氏城でも石垣が確認され、主郭の周囲には横堀がめぐっている。また、横堀を堀底道として利用しており、これらの点は大河原氏城と共通する。黒川氏城については、天正十三年（一五八五）の「甲賀ゆれ」以前に築城されたとする見方と、江戸時代に黒川氏が旗本となった以降に築かれたとする説がある。大河原氏城の構造が黒川氏城と類似することから、その関連性が注目されるが、黒川氏城の築城時期の捉え方によって大河原氏城に対する見方も変わる可能性を含んでいることは、大河原氏城を評価する上で注意を要する点である。

（小谷徳彦）

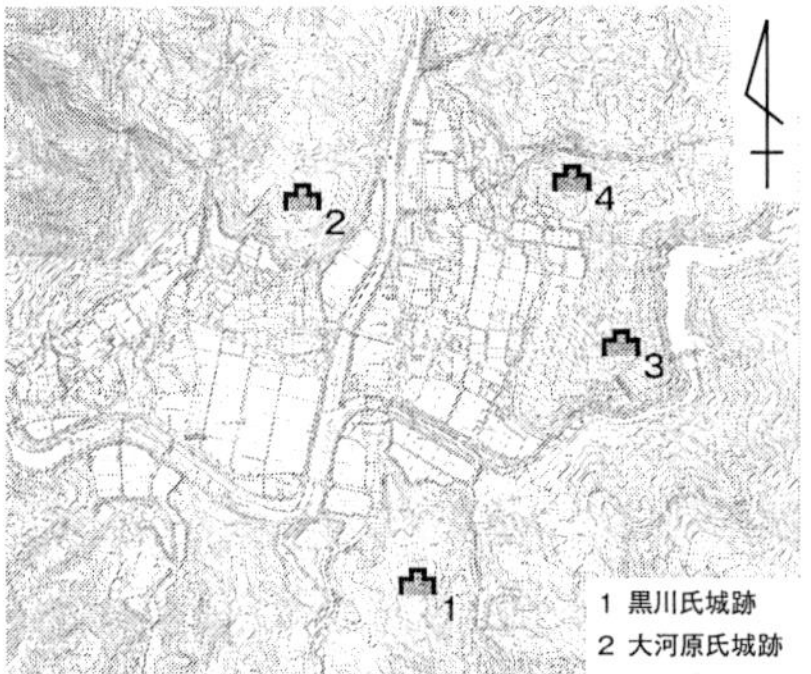

鮎河地域の城跡分布図

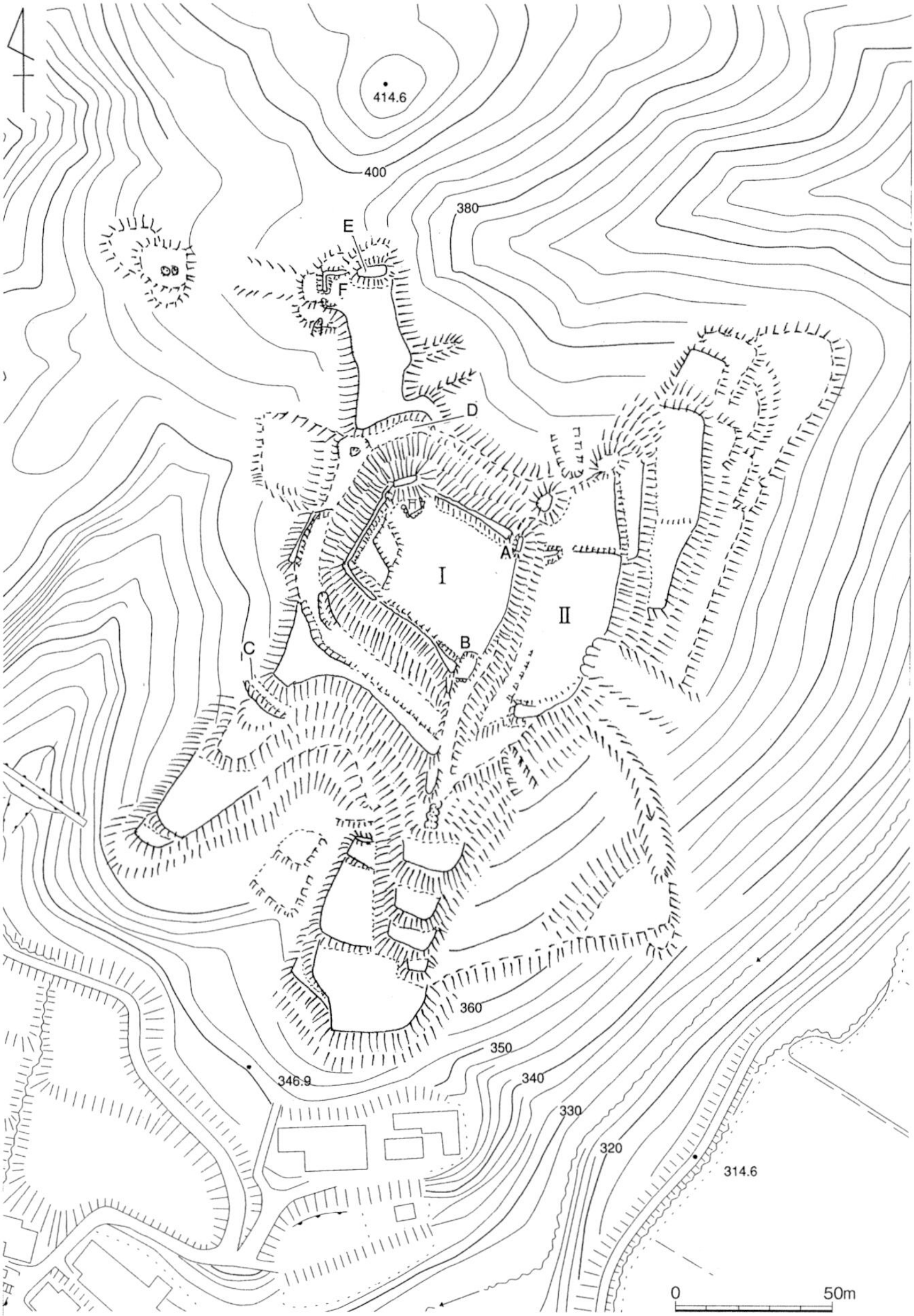

大河原氏城跡概要図（作図：石川浩治　『甲賀市史』第７巻掲載）

52　黒川氏城《くろかわしじょう》 ★

所在地　甲賀市土山町鮎河
築城時期　永禄年間（一五五八～七〇）か
標　高　四〇〇m
主な遺構　曲輪　土塁　堀切　横堀　虎口　石垣　雁木

黒川氏城は近江国甲賀郡の東端、現在の甲賀市土山町鮎河に築かれた。東は鈴鹿山脈があり、鯎《うぐい》川と野洲川が合流する場所であり、野洲川を挟んで西野と東野に分かれる鮎河の集落が営まれている。城跡は川を挟んで集落の南東側に位置し、集落全体が見渡せる標高四〇〇メートルの位置より集落に向かって築かれている。

黒川氏城の平面構造は、東野集落の南側にある丘陵先端上に展開し、標高四〇〇メートルに築かれた長方形状のI郭を核とし、丘陵上と谷部に渡って土塁と横堀で形成された正方形状の曲輪を複数連ねたものである。それぞれの曲輪は平入りの虎口が設けられているが、核となるI郭のみが平入虎口が二カ所設けられている。また、I郭とVI郭の虎口は石垣が築かれており、I郭aの虎口に至っては前面に正方形状の虎口受けcを設けて石階段まで築いている。この最も複雑な構造を備え、他と突出する構造であることから、この城の大手は虎口aと考えてよさそうである。この城の最大の特徴は各曲輪をつなぐ城内道にあると言っても過言ではない。北側の集落より城内に進入するには谷部に構築された雛段状の曲輪中央に設けられた道を進む。横矢を利かせる虎口kに至り、さらに少し進むとさらに複雑な構造をもつ虎口に至る。ここは櫓台状の高まりのあるjによって見下ろされる空間であり、この地点で土塁と横堀に囲まれた各曲輪への進入路が分岐することになる。j地点よりI郭に至るには巨大な横堀の底を道とする城内道を進むこととなる。この間は徹底して城外や他の曲輪側より見えないような構造となっているのが注目でき、ここにI郭とその他の長方形状の曲輪に大きな違いがあることを見出すことができる。Ⅰ郭の形状は土塁による単純な長方形であるが、曲輪内の土塁は石により階段を造り出しているように見出せ、近世城郭でいうところの「雁木」と考えても差し支えないと考える。

Ⅰ郭ｃ虎口受け石階段

黒川氏城の城主は、近江守護職の佐々木六角氏に仕えた黒川氏と伝えられている。永禄年間（一五五八～七〇）に黒川玄蕃佐が築いたとされ、天正十三年（一五八五）の羽柴（豊臣）秀吉による甲賀衆改易（「甲賀破儀」〈甲賀ゆれ〉）に伴って廃城となったとされている。つまり、黒川氏は六角氏・織田信長・豊臣秀吉と仕えた後に秀吉の段階で当地を追われることとなる。

黒川氏城へのアクセス

JR草津線貴生川駅下車、甲賀市コミュニティバス大河原行きに乗車し鮎河口バス停で下車。貴生川駅から約55分。バス停よりややもどってうぐい川橋を渡り、県道鮎河猪鼻線がカーブしている所から尾根づたいに登る。

Ⅰ郭土塁と雁木

ところが、慶長五年（一六〇〇）の関ヶ原の合戦以後に黒川氏城周辺の知行地を回復し、江戸時代は旗本となっている。鮎河の南の集落、黒川の妙蓮寺に歴代墓所が伝えられている。黒川玄蕃助盛治は、天正十年（一五八二）の本能寺の変直後の徳川家康の「伊賀越え」の際に弟を人質に出し、その後は駿府で閑居したことがきっかけとなり、徳川家と関係を持つに至ったと考えられる。

甲賀郡では主に土塁による単郭方形の城が極めて隣接するかたちで各集落に付随して築かれるという特徴がある。この形態こそが、「甲賀郡中惣」と呼ばれる独特の支配体制を具現化したものとされてきた。しかし、黒川氏城に遺る平面構造は、これらの城とは異なるものである。中世城郭にはなかった近世城郭の防御施設「雁木」を有するという点からも、単純に甲賀衆の黒川氏が築いた城、天正十三年で廃城、という訳にもいかない謎の城跡ということができよう。当城跡を見学する際には甲賀郡内の典型的な城跡とともに訪れて、対比することをお勧めしたい。

（下高大輔）

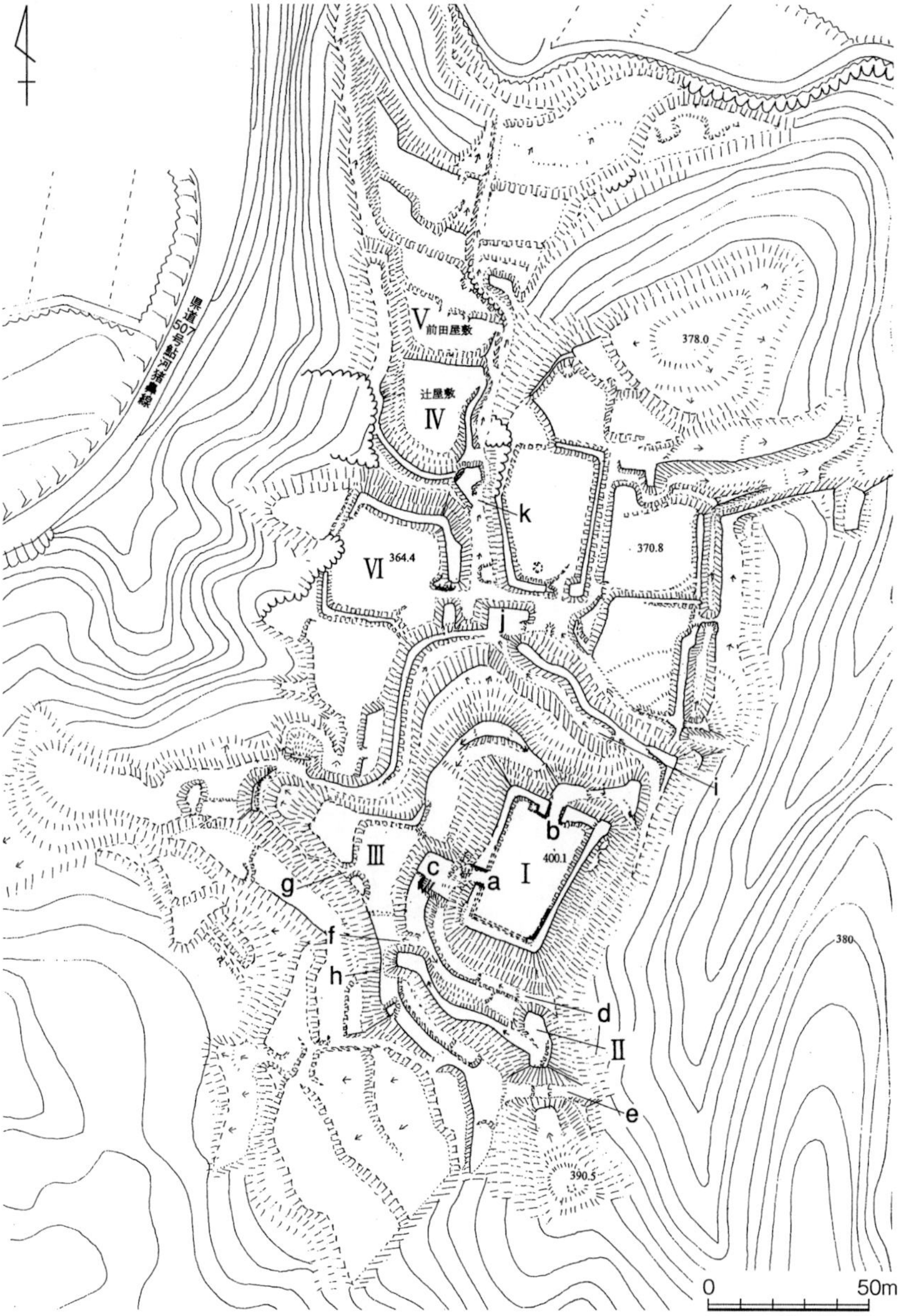

黒川氏城概要図（甲賀市2010『甲賀市史 第7巻』より）

53 土山城《つちやまじょう》 ★

所在地　甲賀市土山町北土山
築城時期　文明年間（一四六九～八七）頃か？
天正十二年（一五八四）改修
標高　三〇〇m
主な遺構　曲輪　土塁　堀切　横堀　枡形虎口　馬出

甲賀郡には約三〇〇カ所もの中世城館跡が分布している。城跡の分布数が一三〇〇カ所におよぶ近江の中においても突出して多くの城館が築かれた地域である。その数の多さは近江の城館の最も大きな特徴である。その構造を見ると基本的には一辺三〜五〇メートルの方形単郭であり、選地は村落背後の丘陵先端部に築かれている。このように規模は一見すると小規模であるが、曲輪を囲繞する土塁は高いものでは約九メートルにおよぶ城もある。平均しても約三メートルから四メートルあり、決して小規模城館として片づけることはできない。

こうした方形単郭構造の城が郡内に広く分布するのは、土豪の共和的組織として成立した同名中《どうみょうちゅう》を具現化した構造と考えられている。同名中とは長享元年（一四八七）に第六代室町将軍足利義尚が六角氏に対して親征を行った鈎の陣に夜襲をかけた甲賀武士が甲賀二十一家、甲賀五十三家と呼ばれ、その後裔と称する大原氏、望月氏、美濃部氏、和田氏らが、惣領家と庶子家を縦関係ではなく、横関係として同盟関係を結んだものである。その同名中がこうした画一的な城館を構築したわけである。同名中は戦国時代後半になると甲賀郡内でまとまり、甲賀郡中惣《こうかぐんちゅうそう》が成立する。

土山城は甲賀郡でもっとも東端に位置しており、伊勢との国境に近い。城は北土山の背後に位置しており、『甲賀郡志』によると、文明年間（一四六九〜八七）に土《つち》山盛忠《やまもりただ》が築き、天正年間（一五七三〜九二）に土山盛綱《もりつな》が城主のときに滝川一益によって滅亡、廃城となったと記している。こうした伊勢との国境まで甲賀の方形単郭タイプの城館構造が貫徹されて築かれているのは注目さ

主郭前面に構えられた角馬出

れる。

その構造は一辺約五〇メートルの方形タイプで四周には土塁が築かれ、その外周には横堀が巡らされている。注目されるのはその虎口《こぐち》形態である。曲輪Ⅰの南辺に一カ所構えられている虎口自体は、土塁を開口させる平虎口であるが、その前面に小曲輪Aが構えられている。一辺約二〇メートルの凸形で、周囲には土塁と横堀が設けられている。この小曲輪Aの正面に土橋が架けられて城

土山城へのアクセス

JR草津線貴生川駅下車、近江土山バス停まで30分。下車後、北東方向へ徒歩約20分。南側登り口に石碑あり。

外と結んでいる。こうした曲輪Aの構造は開口部が左右ではなく、正面というものではあるが、角馬出《かくうまだし》と見てよい。また、堀は曲輪周囲を取り囲んでいるが、尾根筋に続く北東部には三重の堀切Bを構えている。

さらに城の南方で尾根は二股に分かれているが、東側は高低差のない平坦な尾根筋となっており、角馬出より約五〇メートル離れたところに蟹鋏《かにばさみ》状に構えられた土塁Cがあり、これは一種の枡形虎口として評価できる施設である。尾根の取っ掛かりとなるこの位置に防御力のある虎口が必要だったのであろう。山麓からの城道も谷筋を通って枡形に至るように通っている。

このように土山城は曲輪Iは単郭で甲賀型の構造を示しているのであるが、角馬出Aや枡形虎口Cは三〇〇近い甲賀の城館の中でも土山城にしか認められない構造である。これらは戦国時代後半の発達した防御施設であり、甲賀の土豪によって築かれたのではなく、中央権力によって築かれた可能性が極めて高い。さらにそれは六角氏や浅井氏という近江の戦国大名ではなく、織田・豊臣権力による築城を示唆している。

ここに大変興味深い史料がある。一つは天正十二年（一五八四）十月二十四日に羽柴秀吉から片桐半右衛門尉に宛てた書状で、「今日至土山令著陣候」と記されている。もう一つは同年三月十三日に秀吉から丹羽長秀に宛てた書状で、「甲賀より伊勢之間ニ城三ヶ所、為通路城申付、普請拵申候事」と記されている。この二通の文書に記された土山著陣《つちやまちゃくじん》と通路城《つうろのしろ》が土山城と考えてまず間違いない。天正十二年三月に勃発した秀吉と徳川家康・織田信雄との戦いである小牧長久手合戦に際して、大坂より出陣した秀吉が東海道を通り、伊勢から尾張に出て家康・信雄と対峙した際に、秀吉の本陣としてすでに廃城となっていた土山城跡を利用したのである。その修築にあたって単郭方形という単純な構造の城に角馬出や枡形を増築して、防御力を強固なものとしたと考えられる。

このように土山城は甲賀郡中惣の城館構造と、秀吉の本陣として増築された構造を見ることができる、甲賀では極めて興味深い城跡と言えよう。

（中井　均）

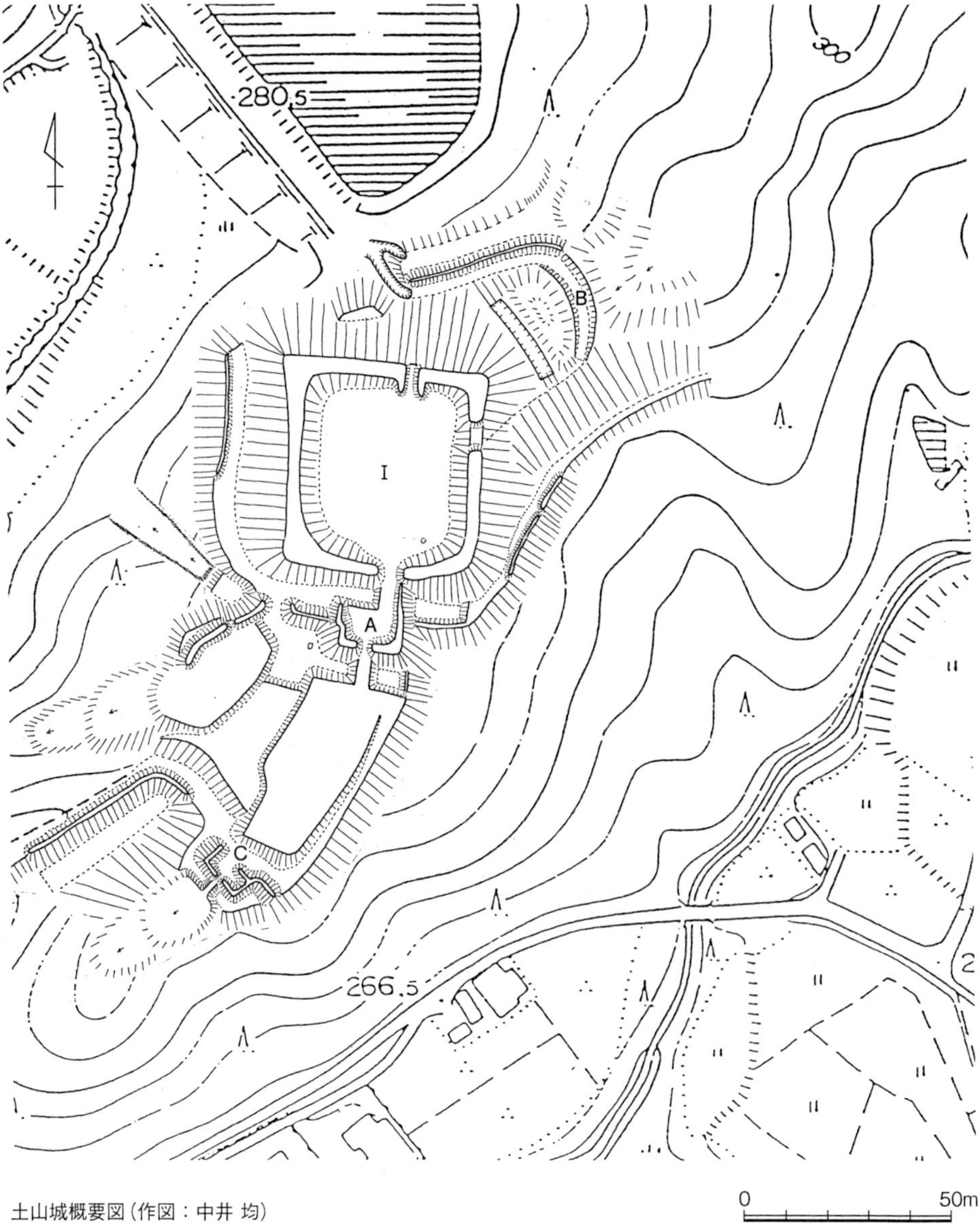

土山城概要図（作図：中井 均）

54 佐《さ》治《じ》城《じょう》

★★

所在地　甲賀市甲賀町小佐治
築城時期　戦国時代
標　高　二五〇m
主な遺構　曲輪　土塁　堀切

甲賀町小佐治の集落の北側に愛宕山と呼ばれる標高約二五〇メートル、裾部との比高が三〇～四〇メートル程度の丘陵が存在する。この愛宕山に隣接して市指定史跡である佐治城が立地する。周辺の地形は、愛宕山を頂点に南北に向かって傾斜しており、現在では南側が急激に落ち込み、北側は野洲川に向かって緩やかな傾斜となる。ただし、昭和二十五年（一九五〇）に行われた大規模な開墾によって北側の地形は大きく改変されており、城跡の遺構もその時に大半が失われてしまった。現状では土塁や堀の痕跡がわずかに確認できる程度である。

延享二年（一七四五）に描かれた「江州甲賀郡小佐治村絵図」（『佐治神社文書』）には、「城」と記された土壇状の高まりと、その北側に「堀」が描かれている。この「堀」は「枡形池」（概要図のA）にあたるとみられ、城の北側を区切る。枡形池Aの南側には土塁の痕跡が確認でき、北辺の土塁を形成したものと推定される。

また、絵図に描かれる「城」は曲輪Ⅰと曲輪Ⅱにあたるとみられ、両者とも推定で約一〇〇メートル四方の規模とされる。なお、曲輪Ⅰと曲輪Ⅱの間は堀切で区切られていたと考えられる。

曲輪Ⅱの南東隅部には城外へ延びる堀切Bが配置されている。この堀切Bの南側には愛宕山の最高所があり、見張り台として機能したものと考えられるが、明確な防御遺構は確認できない。曲輪Ⅰと曲輪Ⅱを方形に造る意識が強いため、城域外とされた可能性もある。

曲輪Ⅰの西側、谷を隔てた別の丘陵上にも土塁や堀などの遺構が認められる。曲輪Ⅲは三段の平坦面からなり、北辺側をひとつづきの土塁で一体化している様子がうかがえる。また、西側には尾根を区切るように竪堀が入る。ただし、平坦面の削平が甘く、切岸が非常に低い。城の遺構として見なすかやや疑問が残る。

「絵図」によれば、曲輪Ⅲ付近には「不動」と記されている。現在、曲輪Ⅲの西側の丘陵斜面には「滝谷山不動」と呼ばれる修験の行場が存在する。曲輪Ⅲに、その前身施設が存在した可能性も考えられる。

北から見た佐治城

曲輪Ⅲの南側に位置する曲輪Ⅳは、東西二五メートル、南北三五メートルの規模があり、北辺に幅二メートル、高さ二メートルの土塁を配置する。曲輪の切岸の高さは三〜四メートルを測る。また、土塁の北側には浅い堀切を設けて、北側に尾根を切断している。なお、曲輪の南辺に虎口《こぐち》状の開口部と通路状の土橋Cが確認できるが、後世の改変によるものと想定されている。

曲輪Ⅲと曲輪Ⅳは南北に隣接するが、それぞれ別の尾根筋に立地するため、お互いが独立した遺構群と認識される。

『甲賀郡志』によれば、佐治城の城主は甲賀衆の佐治氏（小佐治氏）とされ、織田信長の近江侵攻に伴い、信

佐治城へのアクセス

JR草津線寺庄駅より北東に約4.5km。城跡の周辺は現在、畑などの耕作地となっている。道路脇に説明版あり。城跡周辺には駐車場やトイレはない。私有地であるため、見学マナーを順守すること。

長の配下となったが、天正十三年（一五八五）の「甲賀ゆれ」に際しては、籠城して抵抗し、落城したとされる。しかし、佐治城の構造は曲輪Ⅰ・Ⅱのまとまりに対して、曲輪Ⅲと曲輪Ⅳは遺構の共通性に乏しく、立地の面でも自立性が高い。そのため、すべてを一つの城域に属する城郭とすべきか迷うところであり、甲賀衆の一つの氏族が築いた城とみなすには判断に苦しむ。

枡形池Ａ

佐治城は野洲川を見下ろすように立地している。この野洲川に面した丘陵上には佐治城のほか、嶬《ぎ》峨《が》城・嶬峨西城・北内貴城がほぼ等間隔に点在している。特に、嶬峨西城と北内貴城は丘陵裾部との比高が五〇メートル以上ある。これらの城は野洲川を眼下に抑えるとともに、野洲川流域の水口と杣川流域の深川市場をつなぐ動脈に隣接しており、一氏族を超える勢力が連携して築いた城という見解がある。

佐治城の群郭形式をなす遺構群についても同名中組織との関連性が想定されており、甲賀郡中惣の構造を考える上でも重要な城跡と言える。

（小谷徳彦）

丘陵の稜線上に築かれた城（『甲賀市史』第７巻より転載）

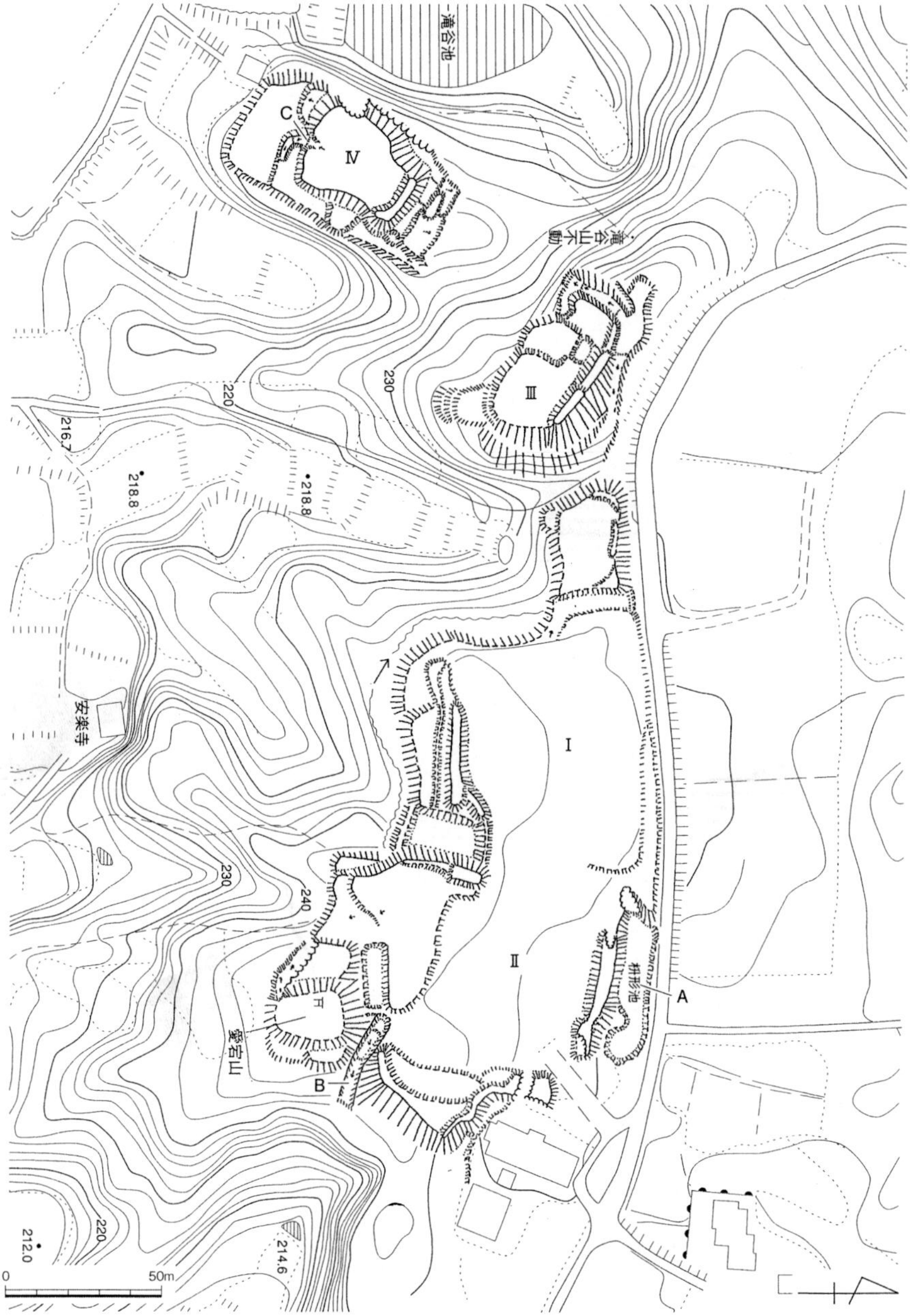

佐治城跡概要図（作図：藤岡英礼　『甲賀市史』第７巻掲載）

55 隠岐城《おきじょう》 ★★

所在地　甲賀市甲賀町隠岐
築城時期　戦国時代
標高　二〇七m
主な遺構　曲輪　土塁　虎口

杣川《そまがわ》の支流である佐治川沿いに位置する甲賀町隠岐には、佐治川の両岸に城跡が点在する。現在は佐治川に沿って甲南町から土山町へ抜ける県道一二七号がそれらの間を通っている。佐治川の右岸に隠岐城、左岸に打越城、砂坂城、隠岐支城群Ⅰ・Ⅱ・Ⅲ・Ⅳがある。この地域は、佐治川に向かって比高一五〜二〇メートルの小丘陵が複雑に入り組んだ地形となっており、城跡はその小丘陵上に密集して分布している。

これらの城跡のうちで中心となるのが隠岐城である。隠岐城は甲賀町隠岐のうち、門ノ内集落の北側に位置する。丘陵裾との比高は約一〇メートル。『甲賀郡志』によれば、城主は甲賀衆の一員である隠岐氏と伝えられる。

城跡には現在、大岡寺という寺院が存在する。寺域はおよそ五〇メートル四方の範囲であり、これが、城の主郭であったと考えられる。境内地の北端と南西側に土塁の一部が確認でき、本来は主郭の周囲をめぐっていたものと推定される。

主郭の虎口は、現在、境内地への正面入口となっている南側の開口部Aが該当する。虎口Aの東側で曲輪の塁線が南側へ折れており、現状でははっきりしないが、喰い違い構造となっていた可能性もある。曲輪Ⅰの南西側には帯曲輪状の細い平坦面があり、虎口《こぐち》Aへとつながる通路として機能したとも考えられる。

遺構の残存状況はあまり良くないが、城の構造は基本的に半町(約五〇メートル)四方の単郭方形であり、甲賀の城では一般的な形態となる。単郭構造であることから、領主居館であったと考えられ、当地に勢力を持った隠岐氏の居館跡と推定される。ただし、主郭の北東側に

南から見た隠岐城

も平坦面が確認でき、主郭に付随する曲輪が存在した可能性もある。その北東側は自然地形の尾根続きとなるが、尾根を切断する堀切などは認められない。

一方、隠岐城と佐治川を挟んで対岸に位置する六つの城は、遺構の残存状況が悪く、詳細な構造がわからないものもあるが、隠岐城とは異なり、やや手の込んだ縄張りとなる。これら佐治川左岸の城館群の中で最北端に位置する打越城は、土塁囲みの主郭に横堀が伴い、北側と

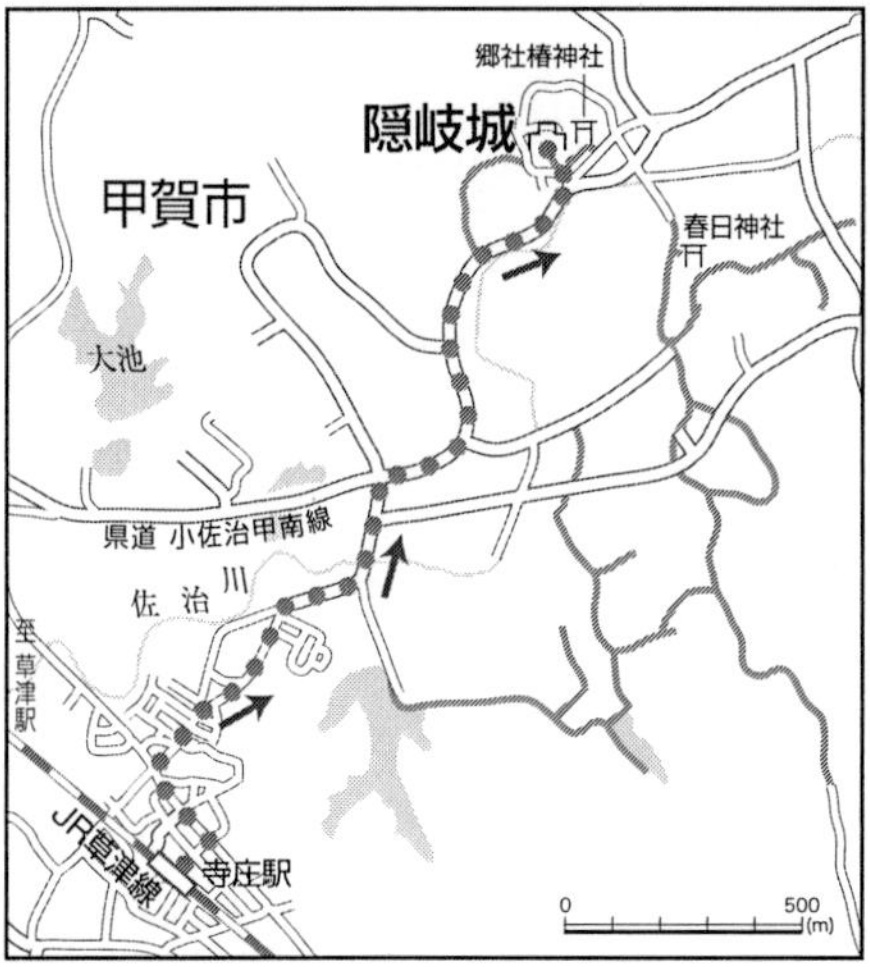

隠岐城へのアクセス
JR草津線寺庄駅より北に約2km。城跡は現在、大岡寺の境内となっている。私有地であるため、見学マナーを順守すること。

東側では横堀の外側にも土塁が築かれている。外側の土塁の東辺には横矢を掛けるように突出した部分が認められ、軍事的に設計された縄張りである可能性が高い。

佐治川左岸の城館群は、いずれも城主や築城年代などは不明であるが、隠岐氏に関連するものと考えられている。隠岐氏の居館とみられる隠岐城と、軍事面での防御性が高い城館群が佐治川を挟んで対置する状況は、隠岐氏の内部構造に起因する可能性が考えられており、谷筋に複数の城館が近接して配置される甲賀の城館群を考える上で、重要な情報を示唆しているかもしれない。

（小谷徳彦）

西から見た隠岐谷

南側の帯曲輪

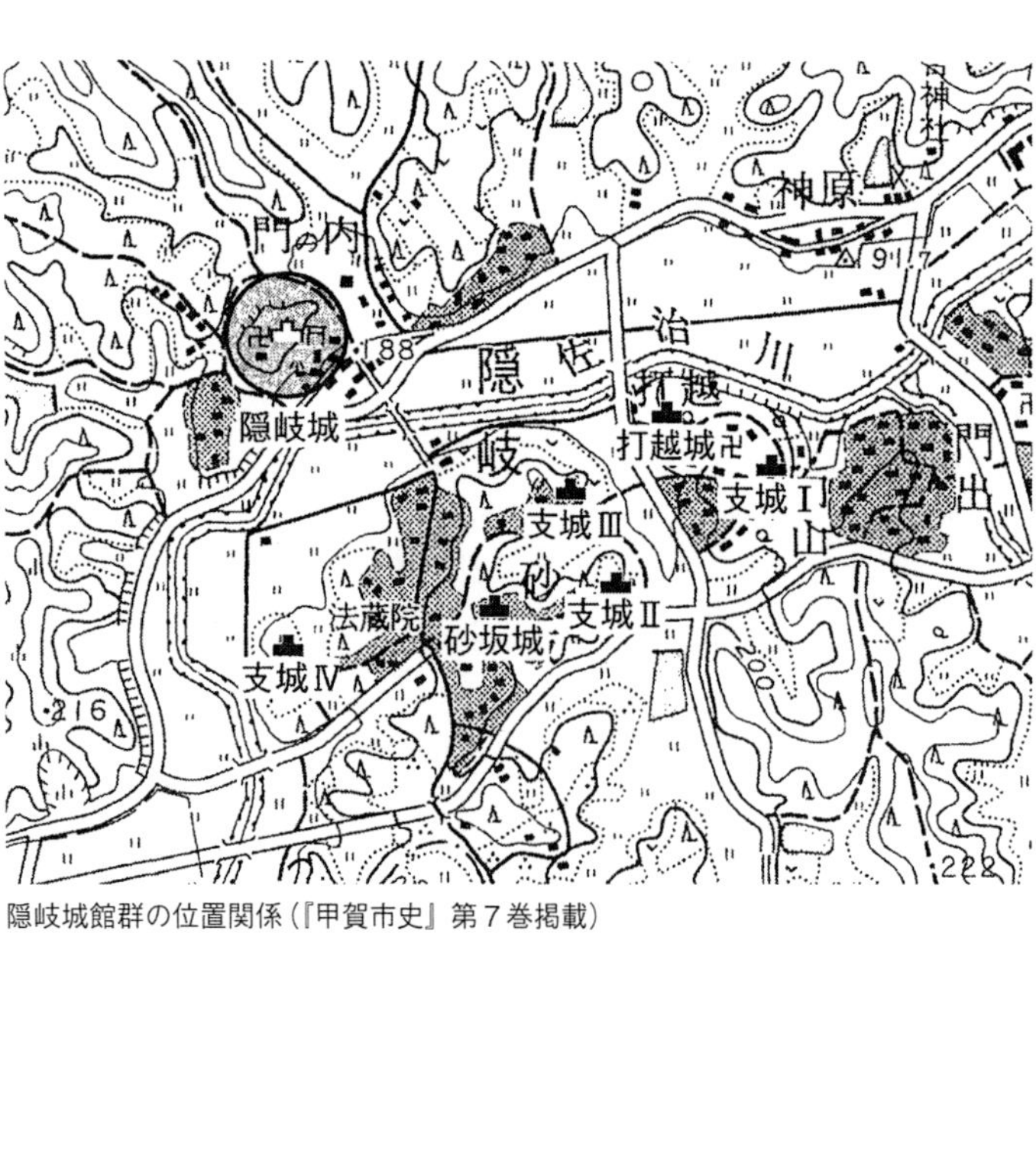

隠岐城館群の位置関係（『甲賀市史』第７巻掲載）

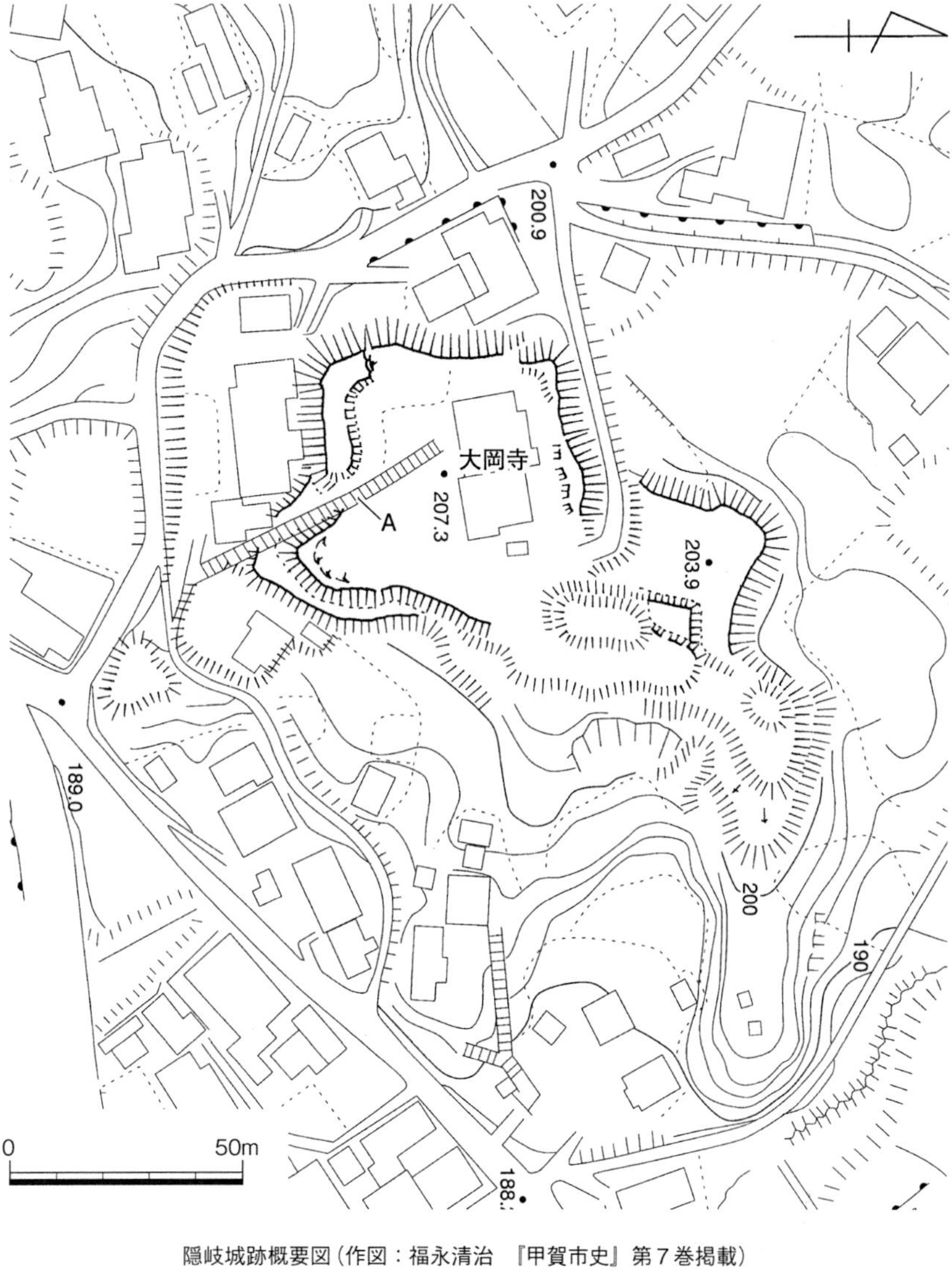

隠岐城跡概要図（作図：福永清治　『甲賀市史』第７巻掲載）

56 上野城《うえのじょう》 ★

所在地　甲賀市甲賀町上野
築城時期　戦国時代
標　高　二四六m
主な遺構　曲輪　土塁　横堀

甲賀郡の城館はその基本構造を方形とするが、それぞれの城館を詳細に見ていくと虎口《こぐち》、土塁、外郭などに個性も認められる。上野城は特にそうした個性を強く見ることのできる城館である。

城主については上野主膳正《うえのしゅぜんのしょう》と伝えられるのみで詳細についてはは他の甲賀郡の城館と同様わかっていない。

城は杣川《そまがわ》と五反田川が合流する地点に突出した河岸段丘の先端に築かれている。丘陵頂に方形プランの東西約二四メートル、南北約二六メートルの主郭Ⅰが配されている。主郭Ⅰの南辺から西辺にかけては横堀が廻るが、東側にも一部廻り込んでおり、南方からの尾根筋を完全に遮断している。また、主郭Ⅰの周囲には高さ三～六メートルにおよぶ土塁が巡らされている。こうした主郭構造は甲賀型の典型的な事例である。

虎口Aは東辺に設けられており、登城道は一段下方に配された曲輪Ⅱから主郭Ⅰの裾部を巡りながら、谷部に構えられた曲輪Ⅲに至るようになっている。これは城道の構造がよくわかる稀有な事例である。また、北辺にも土塁が開口しており一見すると虎口に見えるが、外側は急傾斜の岸となっており、虎口としては利用されていなかったようである。なお、主郭Ⅰの東側で一段下に配置された曲輪Ⅱは虎口受けとして構えられた施設であり、積極的な評価をすれば外枡形と言うことができよう。

ところで、上野城の個性はこの主郭Ⅰの外郭にあるといえる。上野城は主郭Ⅰより尾根が二股に伸びており西方から北方に伸びる尾根筋には堀切が構えられておらず、曲輪としては利用されていない自然地形と見られる。注目されるのは尾根先端に構えられた曲輪Ⅳの存在である。

尾根筋を堀切で切断し、その前方に土塁を巡らせた曲輪を構えており、極めて独立性の高い構造となっている。北方への物見として構築されたものと見られる。

　曲輪Ⅱから北方に伸びる低い尾根筋には広大な曲輪Ｖが構えられている。この曲輪Ｖから曲輪Ⅲへの虎口としてＢが配されているが、虎口を形成する土塁はＬ字状を呈して、折を設けて横矢が掛かるという、極めて発達した構造となっている。さらに虎口Ｂの北側に小規模な堀切を隔てて土塁で囲繞した小曲輪Ⅵが配されている。八メートル四方の極めて小規模な施設で、従来の甲賀郡の城館にはまったく存在しない構造である。これは武者隠しとして構えられたものと考えられ、虎口Ｂを守る施設であった可能性が高い。

　曲輪Ⅳと曲輪Ｖに挟まれた鞍部には広大な曲輪Ⅲが構えられているが、その先端には土塁囲いの曲輪Ⅶが設けられている。曲輪Ⅶは詳細に見てみると、段差によって二つの区画を形成している。あるいはこの二つの区画が武家屋敷地であった可能性も考えられる。さらに、この

Ⅲ郭より主郭Ⅰを望む

上野城へのアクセス

JR草津線油日駅より南東へ徒歩約10分。

主郭を巡る土塁

鞍部で注目されるのは曲輪Ⅶと曲輪Ⅲとの間に西側尾根から竪土塁Cが構えられている点である。この竪土塁によって北方からの攻撃を遮断したものと考えられる。

このように曲輪Ⅲは発達した虎口Bと、竪土塁Cに加え、曲輪Ⅴの外周は土塁囲いとしており、極めて防御を強固にした区画であり、山麓の居館部であったと考えられる。

甲賀の城館は詰城なのか、居館機能も有していたのかは、はっきりとはわかっていない。上野城では明らかに主郭Ⅰと山麓の曲輪Ⅲは、詰と居館という二元的構造となっている。こうした二元構造の城館が甲賀郡にも存在したという極めて貴重な遺構ということができる。

なお、曲輪Ⅴの東側には現在県道四号が通るが、この敷設工事に伴い発掘調査が実施され、曲輪Ⅴは現在よりもさらに東側に広がっており、この曲輪Ⅴも非常に広大な面積を有していたことが明らかとなった。また、十六世紀末から十七世紀初頭の信楽焼の擂鉢・甕・壺、瀬戸美濃焼の灰釉皿・天目茶碗、唐津焼の皿などが出土している。これによって上野城が十六世紀末から十七世紀初頭に機能していたことも明らかとなった。

このように上野城では外郭に多くの曲輪を配し、折や武者隠しを伴う虎口などを設け、発達した縄張りを示している。これは土山城と同様に織田信長、豊臣秀吉の時代に改修されたことも示唆している。（中井　均）

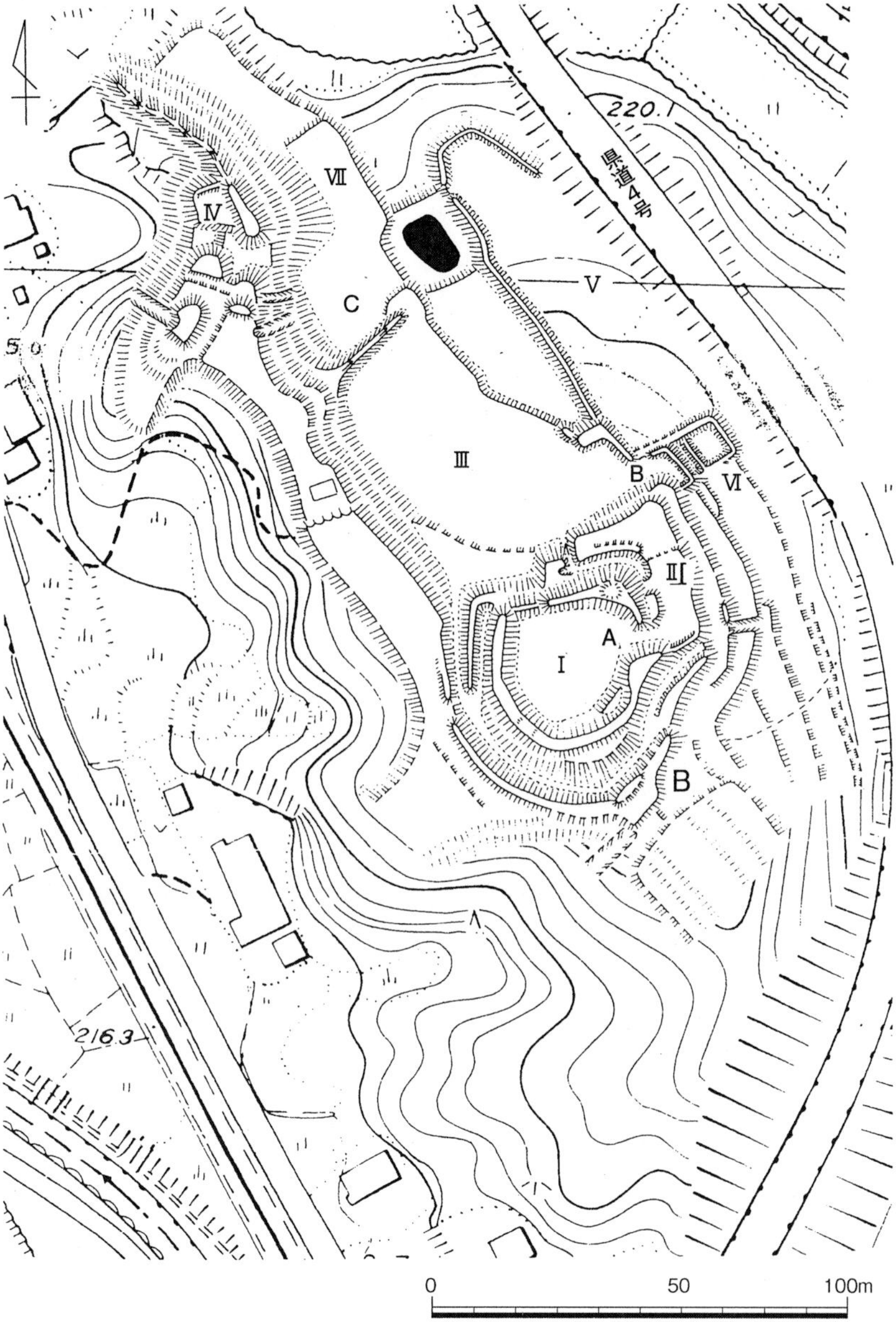

上野城跡概要図（作図：中井 均）

57 和田城《わだじょう》 ★★

所在地　甲賀市甲賀町和田
築城時期　戦国時代
標　高　二四三m
主な遺構　曲輪　土塁　堀切　虎口

甲賀市甲賀町和田。杣川の流れが太くなり始める左岸に位置し、甲賀町の中でも奥まった場所である。杣川《そまがわ》に流れ込む和田川が形成した和田谷は、両側に標高二〇〇メートル余りの低丘陵が谷筋に向かって樹枝状に延びる。谷部と丘陵部の比高は二〇～三〇メートル程度であり、甲賀にみられる典型的な丘陵地形である。

この丘陵の先端部には和田城、和田支城Ⅰ、和田支城Ⅱ、和田支城Ⅲ、公方屋敷、公方屋敷支城、殿山城が点々と構えられ、城館が多い甲賀市の中でも特に密集している。和田城館群とも呼ばれ、それぞれの城館が連携して和田谷を守っていたと考えられている。和田城は、これら七つの城館群の最奥部に位置する。なお、元亀三年（一五七二）十一月十四日に造立された油日大明神の鐘銘（のちに織田信長によって尾張熱田へ持ち去られた）に和田衆として山持惟好、伊予入道惟宗、金次郎惟綱、又六良惟持の名が見え、一族がそれぞれ居城を構えていたことも推定される。

和田城の構造は、丘陵の頂部に方形プランの主郭（曲輪Ⅰ）を配置し、そこを中心に曲輪群が展開する。曲輪Ⅰは一辺約四〇～五〇メートルを測るが、その規模は四方の土塁を含むものであり、土塁に囲まれた平坦部は一辺三〇～三五メートル程度しかない。

また、曲輪Ⅰの四方にある土塁は、幅や高さが均等ではなく、特に南辺の土塁は幅約二〇メートル、高さ約七メートルもある巨大なもので、土塁上面の平坦面が二段構造となっている。この南辺土塁の背後には幅約一〇メートル、深さ約七メートルの巨大な堀切Bが設けられ、城の背面を切断している。堀切Bの南側に削平地Ⅳがあるが、城に伴う遺構か判断が難しい。南辺土塁の規模が大きく、上面が二段構造となるのは、城の背面に続く尾根に対して睨みを利かす目的である可能性がある。土塁上に櫓などの構造物が設置されたことも想定される。

また、曲輪Ⅰの東辺土塁の上面は、外側に向かった三角となっており、南辺土塁と同様に特殊な構造である。この土塁の上にも防御施設が置かれた可能性がある。

北西から見た和田城

一方、曲輪Ⅰの西辺土塁の南端部に虎口Ａが開口している。丘陵裾から城域へは北側の谷部から入ると考えられ、虎口Ａに到達するためには曲輪Ⅲおよび曲輪Ⅱを通過する必要がある。さらに、曲輪Ⅱと虎口Ａの間には虎口受けとみられる小規模な平坦面があり、城道は小規模な城ながら、手の込んだ構造となっている。

和田城の城主は甲賀衆の和田氏と推定される。和田氏はいわゆる「甲賀二十一家」に含まれ、和田に拠点を持つ甲賀郡中惣の構成員であった。『甲賀郡志』によれば、応仁年間（一四六七～六九）に和田左右大夫が砦を築いたと記しているが、築城の年代は明らかではない。

和田氏の中でもっとも著名なのが和田惟政《これまさ》である。惟

和田城へのアクセス
最寄駅はJR草津線油日駅。油日駅より南へ約1.5km。登山口付近に説明版がある。城跡周辺には駐車場やトイレはなく、登山口付近の道路は狭いので注意。私有地であるため、見学マナーを順守すること。

主郭背面の堀切

主郭の虎口

政は足利義輝・義昭の両将軍に仕えたと言われ、永禄八年（一五六五）、三好種継の軍勢が義輝を襲撃した際、当時、興福寺一乗院にいた覚慶（のちの義昭）を奈良から脱出させ、和田の地へ滞在させた。

　その後、惟政は織田信長にも仕え、義昭と信長の間の連絡役を担い、両者の上洛と畿内近国制圧の立役者の一人に挙げられる。義昭が将軍となった後、池田勝正・伊丹忠親とともに摂津の支配を任され、高槻城に入城した。

　和田城館群の中で唯一、山麓谷部に位置する公方屋敷跡は、義昭が滞在した場所と言われている。ただし、「和田いづみ館」「和田泉か亭」とも呼ばれており、義昭を迎えるために新たに居館を築いたものではなく、もともと和田氏の居館であったものを義昭に提供した可能性がある。

（小谷徳彦）

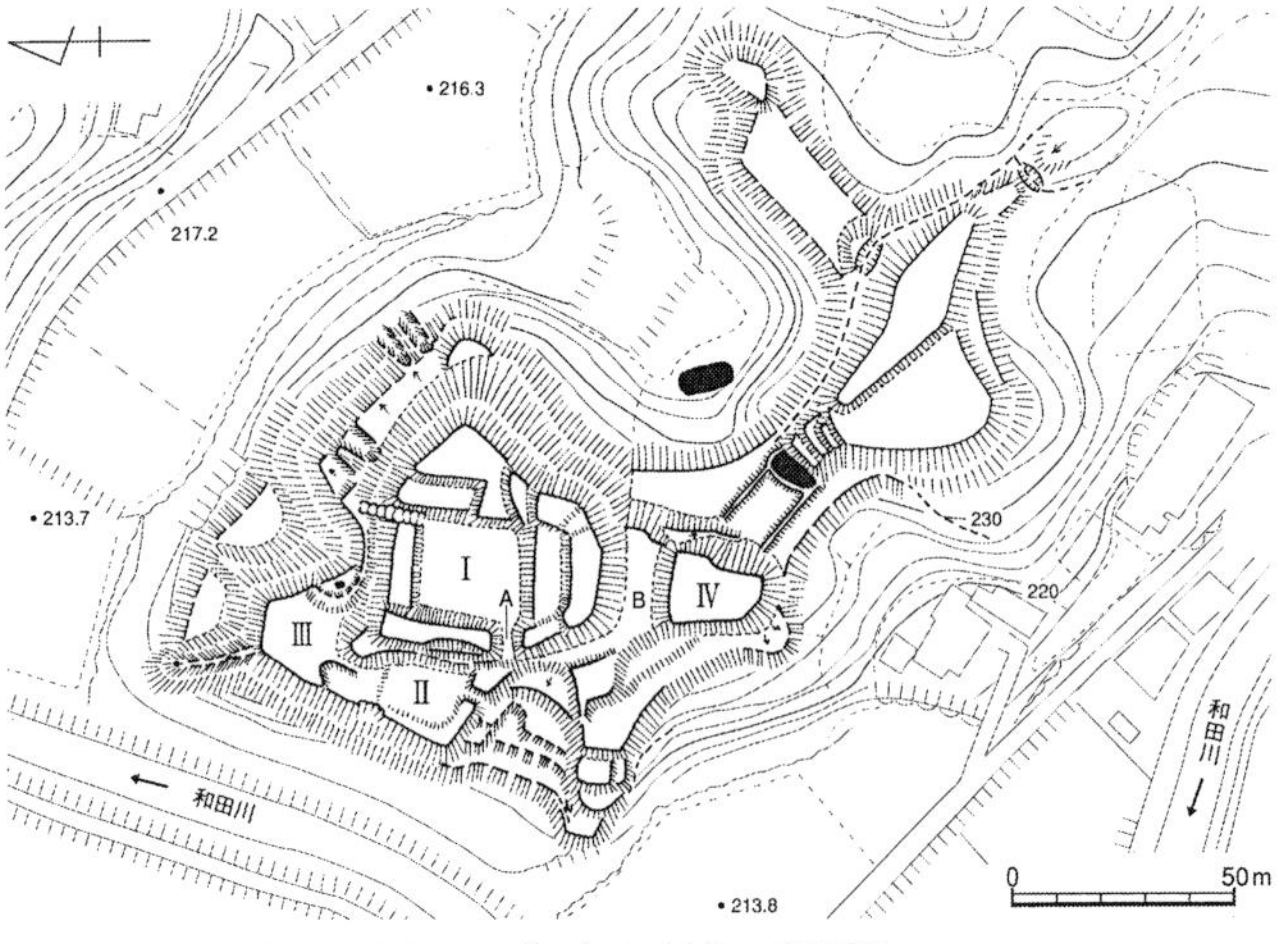

和田城跡概要図（作図：中井 均　『甲賀市史』第７巻掲載）

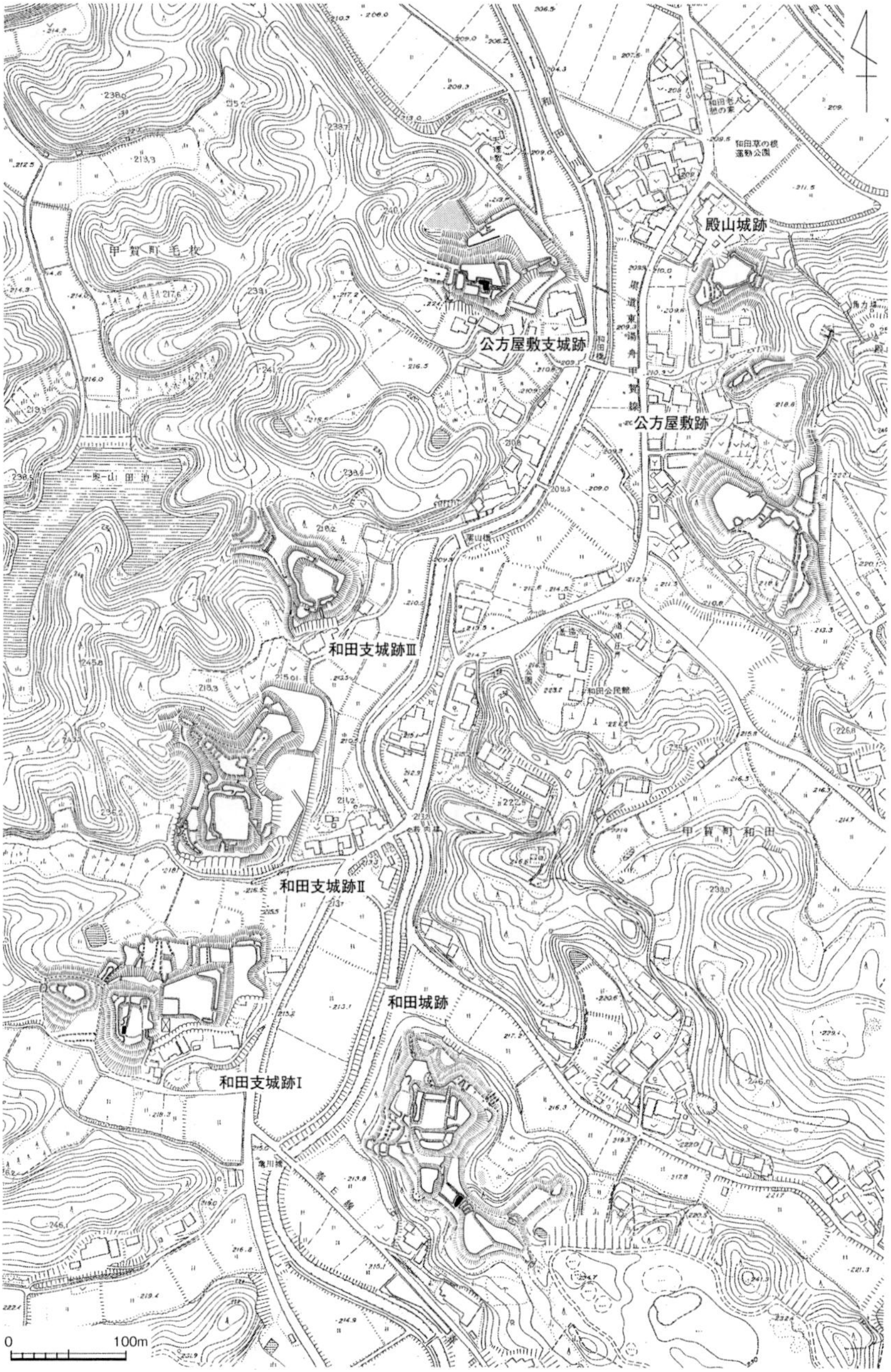

和田城館群跡概要図（作図：中井 均　『甲賀市史』第７巻掲載）

58 新宮城《しんぐうじょう》・新宮支城《しんぐうしじょう》 ★★

甲賀郡中惣遺跡群として五カ所（寺前城・村雨城・新宮城・新宮支城・竹中城）が国指定史跡

所在地　甲賀市甲南町新治
築城時期　十六世紀後半頃
標　高　約二〇八m
主な遺構　曲輪　土塁　堀切　虎口

甲賀市甲南町新治《しんじ》の新宮上野集落の東側、磯尾川に面した西側の丘陵に立地する。南西約三〇〇メートルに寺《じ》前《ぜん》城・村雨《むらさめ》城が位置し、甲南地域の城館密集地帯の一角にある。なお、城跡は国指定史跡となっている。

新宮城と新宮支城は、南から延びる尾根筋が北東方向へ分岐した丘陵の先端にそれぞれ築かれており、二つの城は幅五〇メートルほどの谷を隔てた位置関係にある。いわゆる「二城並列型」の城館として知られている。丘陵裾部との比高はおよそ二五～三〇メートル。

城の構造は、両城とも方形の土塁囲みの主郭を持つ館城タイプで、その前面に階段状に曲輪が配置される。

北側にある新宮城の主郭である曲輪Ⅰは、高さ約四メートルの土塁が四方にめぐり、土塁の内側で東西約二五メートル、南北約三〇メートルの規模となる。なお、土塁上部の幅は約七メートルある。

曲輪Ⅰの土塁は、南東部・南西部・北辺中央の三カ所に開口部がみられるが、南西部は近世以降の山仕事に関わる破壊道と考えられ、北辺中央の開口部は外側が急斜面の切岸となっており、城道とは考えにくい。曲輪Ⅰの虎口《こぐち》として認められるのは南東部であり、幅約四メートルを測る（虎口A）。

虎口Aの外側には東に向かって延びる土塁があり、現在はこの土塁から丘陵裾へと至る道があるが、これは後世の破壊道である。虎口Aから曲輪Ⅱへ下りて、曲輪Ⅱの南東隅にある虎口Dを通って、曲輪Ⅲへ至るルートが本来の城道と考えられる。

曲輪Ⅱと曲輪Ⅲをつなぐ虎口Dは、外側の土塁が直角に曲げられ、内部の通路が直角に二度折れる枡形状の構造となっている。

曲輪Ⅱの東側には階段状の平坦面に曲輪Ⅲ・Ⅳ・Ⅴ・Ⅵが認められる。曲輪Ⅲには通路の痕跡がみられ、曲輪Ⅳの南西側には土塁状の遮蔽施設の存在がうかがえる。しかし、曲輪Ⅴ・Ⅵについては丘陵の裾に近く、後世の開墾などによって改変されている可能性が高い。曲輪Ⅰの北側外方に水溜場があるが、これも後世のものと考えられる。

東から見た新宮・新宮支城

城の背面側にあたる曲輪Ⅰの西側は、丘陵の尾根を巨大な堀切Bによって切断し、背面の防御としている。また、曲輪Ⅰの北側にも堀切Cを構え、さらに堀切Cの外側には土塁を設けて防衛ラインを構築している様子がうかがえる。

一方、谷を隔てた新宮支城は曲輪Ⅶを主郭とする。四方に土塁がめぐる曲輪Ⅶは、土塁内部で東西約一八メートル、南北約三〇メートルの規模である。土塁は南西隅がもっとも高く、曲輪Ⅶとの比高は約一〇メートルあり、東に向かって土塁が徐々に低くなって、もっとも低い東辺で三メートル程度の比高となる。おそらく旧地形に沿って土塁を構築しているためであろう。この低くなる東辺に虎口Eが設けられ、その外側に虎口受けとなる小

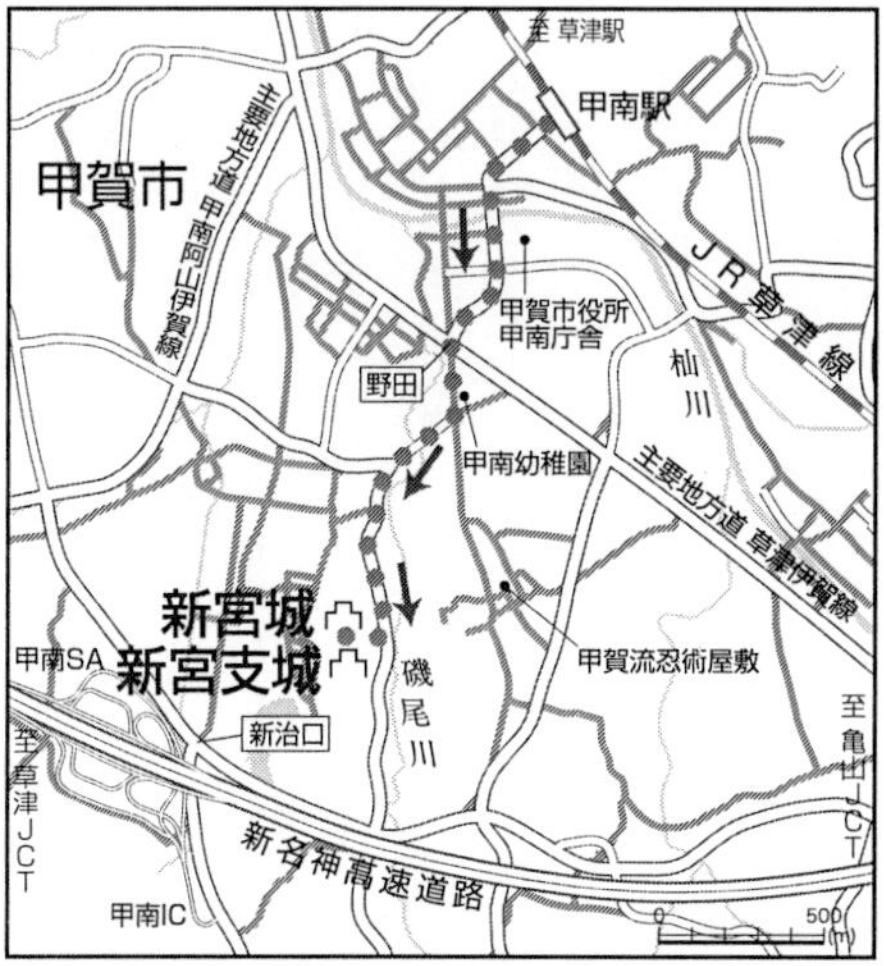

新宮城・新宮支城へのアクセス
最寄駅はJR草津線甲南駅。甲南駅より南へ約2km。新名神高速道路甲南インターチェンジの北東約1km。登山口付近に標柱および説明版がある。城跡周辺には駐車場やトイレはない。私有地であるため、見学マナーを順守すること。

規模な曲輪Ⅷが配置される。

また、曲輪Ⅶの南西隅部は曲輪面より一段高いテラス状となっている。さらに、土塁頂部から少し下がった位置にL字状の小規模な平坦面が認められる。このL字状の平坦面は、大規模な土塁を持つほかの甲賀の城館にもみられるものであり、祠などを祀った場所とする見解が示されている。

曲輪Ⅶの外側には南側に堀切F、北側には堀切Gが設けられている。堀切Fは南から延びる丘陵を断ち切るようにして防衛ラインを形成し、曲輪Ⅶの西側で自然の谷地形に合流する。また、北側の堀切Gは城の選地が丘陵の先端にもかかわらず、わざわざ丘陵を断ち切って設けている。なお、堀切Gの外側には旧地形が土塁状に残るが、上部が未整形であるため、城域には取り込んでいないようである。

虎口D

曲輪Ⅶの東側の斜面には階段状に数段の平坦地が確認できるが、堀切Gを越えた外側まで広がっている点や、いずれの平坦面にも水溜が存在する点などから考えて、近世以降の開墾や植林に伴うものと推定される。

新宮城と新宮支城は、どちらも城の歴史や築城主に関する記録がなく、詳細は不明である。甲賀の「二城並列型」は、どちらかの城の土塁が巨大になる傾向があり、大きな土塁を持つ城が主郭、もう一方が副郭のような性格であったと考えられている。

なお、新宮城の枡形状虎口Dについては、築城当初、曲輪Ⅰのみの単郭方形だったものが戦国時代後半に曲輪Ⅱ以下を増築した際に導入されたという見解が示されている。

（小谷徳彦）

曲輪Ⅶの土塁

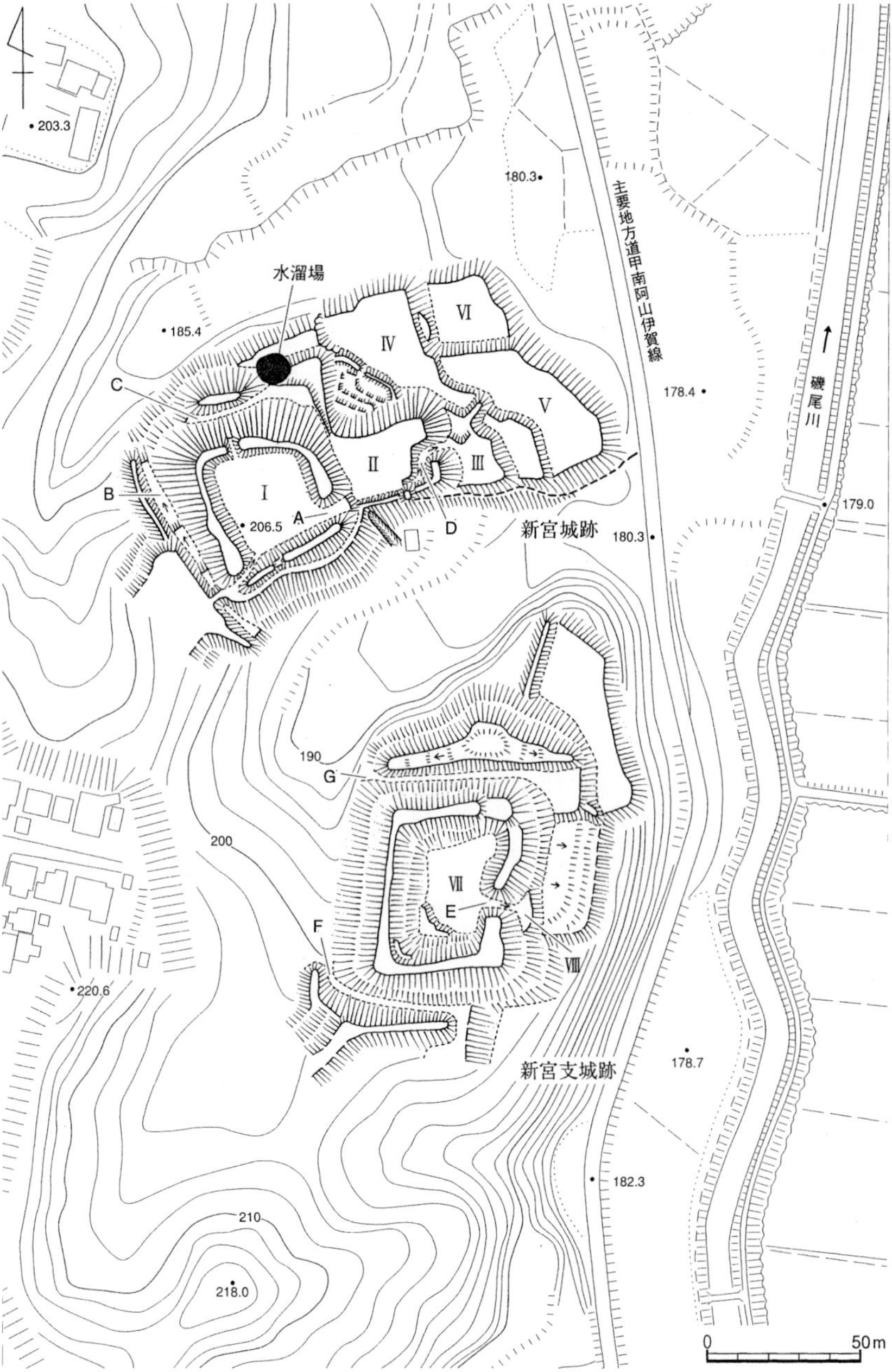

新宮城・新宮支城跡概要図（作図：中井 均　『甲賀市史』第７巻掲載）

59 寺前城《じぜんじょう》・村雨城《むらさめじょう》 ★★

甲賀郡中惣遺跡群として五カ所（寺前城・村雨城・新宮城・新宮支城・竹中城）が国指定史跡

所在地 甲賀市甲南町新治
築城時期 十六世紀後半頃
標高 二一三m
主な遺構 曲輪　土塁　堀切　虎口　土橋

甲賀市甲南町新治《しんじ》の新宮上野集落の南側、大谷池という農業用ため池に隣接した城跡である。現在は、城跡のすぐ南側を新名神高速道路が通っており、甲南インターチェンジ・甲南パーキングエリアに近い。なお、城跡は国指定史跡となっている。

城の立地は、南側から延びる丘陵の先端部に構えられており、北側には杣川《そまがわ》が形成した河岸段丘による平坦部が広がっている。

大谷池を挟んだ東側の丘陵には新宮城・新宮支城があり、寺前城・村雨城の周辺は甲南地域でも城跡が密集する地域と言ってよい。寺前城・村雨城は、二つの城が並立するタイプとして築かれており、近接する新宮城・新宮支城も同様の形態である。

北側の丘陵最先端部に築かれたのが寺前城である。北・西・南面の三方に土塁がめぐる東西約三〇メートル、南北約四四メートルの曲輪Iが主郭となる。南面の土塁は、ほかの二面の土塁より一段高くなっており、その背面には南側の村雨城から延びる尾根を切断するように巨大な堀切Aが設けられている。また、曲輪I南面の土塁と堀切Aの間には堀切Bがあり、二重堀切となる。

曲輪Iの東側の一段下には曲輪IIが配置され、副郭的な性格であったと推定されている。現在、曲輪Iと曲輪IIの間には土塁がないが、開墾によって削平されており、当初は土塁が存在したようである。

虎口《こぐち》は曲輪Iの北面と西面に認められる。北辺の中央にある虎口Cは、スロープ状の土橋Dによって堀切を渡る構造であり、その外側に堀切Eが置かれる。曲輪Iの北面側は二重の堀切によって仕切られている。また、堀

西から見た寺前城・村雨城

切Eは城外へ通じる道としても利用されており、城道は虎口Cから土橋Dを渡ると、その先で直角に折れて堀切Eを通って城外に至る。

　また、西辺の虎口Fは、虎口前面で直角に折れ、土橋Gへ通じている。土橋Gと虎口Fの間には小規模な曲輪Ⅲがあり、虎口受けとみられる。虎口C・Fはともに巧みな構造である。

　一方、寺前城の南側に位置する村雨城は、寺前城と同様な基本プランである。

四方に土塁がめぐる曲輪Ⅳが主郭であり、東西約四〇メートル、南北約六〇メートルの規模となる。土塁は南西隅に丸みを持つ構造で、南側が三段の階段状になる。また、土塁の北西隅が広くなっており、櫓台《やぐらだい》であったと考えられている。

　曲輪Ⅳの西辺に虎口Hがあり、虎口の外側はスロープ状の城道となって山麓に至るが、この城道の両側には土塁が築かれ、両側面からの攻撃を可能としている。特に

寺前城・村雨城へのアクセス

最寄駅はJR草津線甲南駅。甲南駅より南へ約2.5km。新名神高速道路甲南インターチェンジの北側すぐ。登山口に「村雨城」の標柱がある。城跡周辺には駐車場やトイレはない。私有地であるため、見学マナーを順守すること。

南側の土塁は副郭となる曲輪Ｖの北側を囲う土塁としても機能している。なお、曲輪Ｖの南側斜面には土塁状の遺構が確認できるが、明瞭な堀切がなく、防衛ラインの設定があいまいとなっている。

曲輪Ⅰ内部から見た虎口Ｆ

また、曲輪Ⅳの南側には堀切Ｉが設けられ、その外側に自然地形の谷筋が入り込むため、寺前城の南側の二重堀切と同じような構造となる。さらに、曲輪Ⅳの北側にも堀切Ｊが設けられている。堀切Ｊと寺前城の堀切Ａの間は約四〇メートルあり、両者の間に丘陵上を仕切る土塁と曲輪Ⅵが存在している。

寺前城と村雨城は、ともに大規模な土塁を備えた主郭をもち、特に寺前城の虎口構造は非常に巧みである。しかし、いずれについても城の歴史や築城主に関する記録がない。従来、寺前城と村雨城は二城が並列する個別の城と理解されてきたが、二城一組となる構造については、甲賀郡中惣や旧守護家である六角氏との関係性から、六角亡命政権の軍勢を入れる城と彼らを擁護する甲賀衆の城とのセット関係という見解も示されている。しかし、両城間の丘陵も城の一部に取り込まれた様子がみられることから、村雨城を主郭、寺前城を複核とした一つの城郭とする考え方も提示されている。

曲輪Ⅳ

（小谷徳彦）

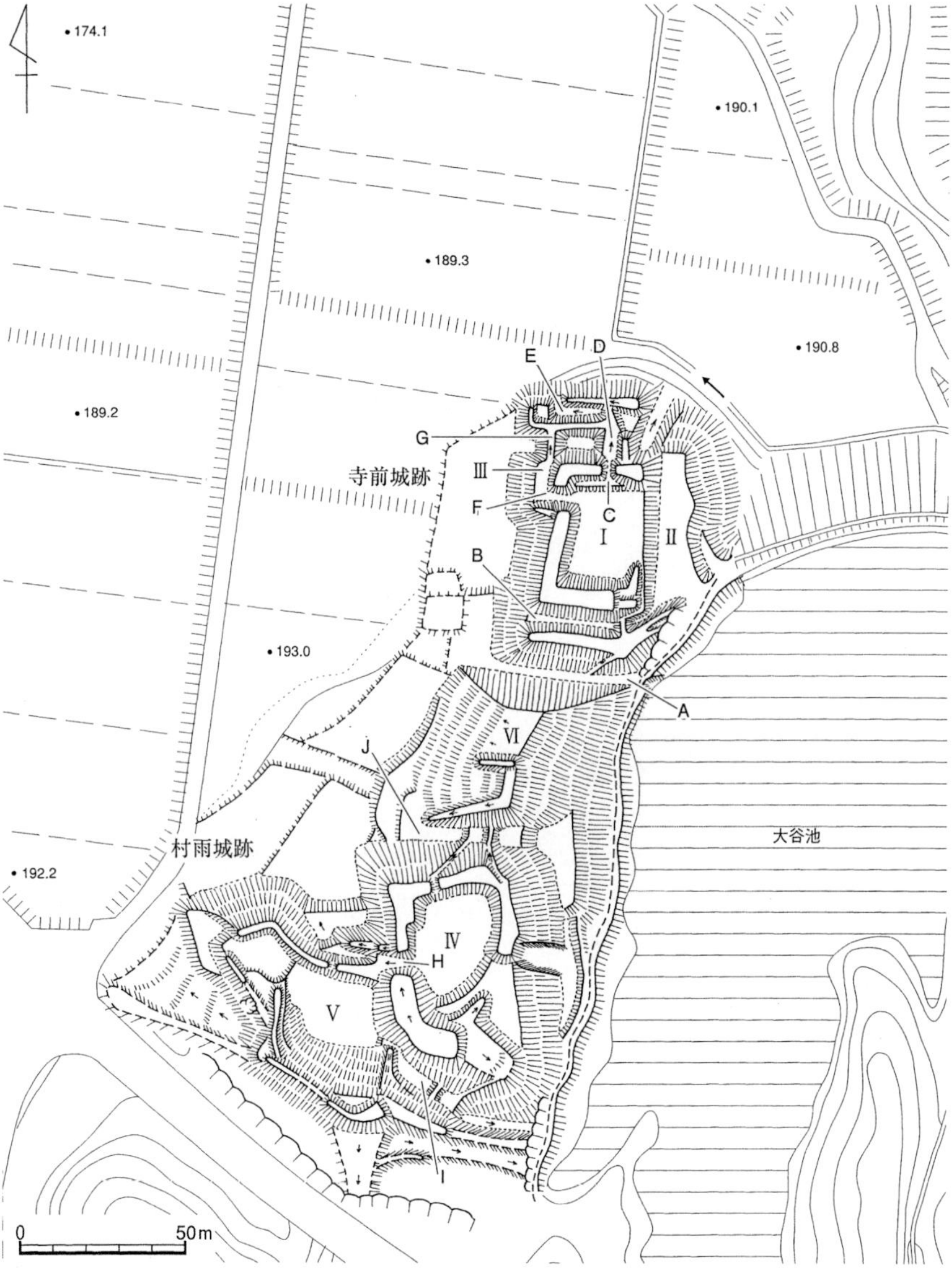

寺前城・村雨城跡概要図（作図：中井 均　『甲賀市史』第７巻掲載）

60 小川城《おがわじょう》 ★

県指定史跡

所在地 甲賀市信楽町小川
築城時期 天正十三年（一五八五）改修
標　高 四七〇m
主な遺構 曲輪　土塁　堀　堀切　虎口　石垣礎石　井戸　通路　切岸

城跡は標高四七〇メートルの城山を中心に基本的に山頂尾根線上に複数の曲輪を雛壇状に配置する。山頂尾根の自然地形を大規模に造成し、方形を意識した形状となっている曲輪が多い。これらの曲輪は急傾斜の切岸によって区画され、土塁や櫓台状の高まりを持つものもある。尾根線は西方面の小川集落に向かって緩やかに下り小川中ノ城に至る。山頂の主郭部分は堀や土塁によって複数段に区画される。その一郭において土塁などに囲まれた正方形の穴蔵状地形があり、土塁際には土留め用と考えられる石垣が築かれ、発掘調査によって石垣際から穴蔵状地形全面に礎石を配置した建物跡が確認されている。この礎石建物は大型礎石建物の中の一部に小型の礎石建物が存在していたと考えられており、付近からスサ入りの土が大量に出土していることから、土蔵のような礎石建物が存在していた可能性が指摘されている。なお、瓦は出土していないことから、瓦葺き建物ではないと判断されている。礎石建物への出入り口は南西面の土塁開口部と考えられ、九〇度折れた箇所に主郭への主要な出入り口（城戸口）となる虎口《こぐち》が確認できる。

眼下の眺望は、北東方面の甲賀郡中心部よりも京都和束方面や多羅尾集落を経て伊賀方面に開けている。小川集落を貫通する現在の県道信楽上野線は小川城機能時にも街道として存在しており、基本路線を踏襲していると考えられている。つまり、小川城は京と伊賀方面からの甲賀郡ないしは近江国への玄関口に立地していると言える。小川城と麓集落の間の集落に近い標高三五〇メートル付近には小川中ノ城跡なども存在する。この城跡は、集落と小川城との立地関係から小川城最後の城主である多羅尾氏の段階では居館と詰城の関係が指摘されている。

小川城跡は、長らく正確な所在が不明であった。昭和四十九年（一九七四）に地元老人クラブが発見し、同五十三年（一九七八）から二カ年にわたって発掘調査が実施され、滋賀県指定史跡となり、県内の城跡では比較的早い段階で史跡整備された。地元による維持管理が行われているため訪れやすい。

当地は、古代より興福寺信楽荘下司職の小川氏が在地領主としていたが、鎌倉時代末期には前関白近衛家基に従って当地に入部した鶴見氏が、小川氏にかわって支配することとなる。しかし、鶴見氏に後継がいなかったことから小川氏から養子を迎え、実質的に小川氏と鶴見氏は融合したものと考えられている。その後、室町時代には南方勢力の多羅尾氏と合戦の末、鶴見氏は当地を追われることとなり、小川集落一帯は多羅尾氏の勢力下となる。このような暦史的背景の中で小川集落の三城跡は形成される。発掘調査による出土遺物が十六世紀後半のものであり、文献史料に水口岡山城主の中村一氏が落成祝いに訪問した記事が残されていることから、一氏が水口岡山城主であった期間の天正十三年（一五八五）から同十八年（一五九〇）までの間に多羅尾光俊によって

主郭からみた礎石建物跡

小川城へのアクセス

信楽高原鐵道信楽駅下車、市営バス多羅尾行きに乗車10分で小川口バス停到着、城山までは案内板を目印に徒歩1時間40分。バスの本数が少ないので事前に運行時間を確認したほうがよい。タクシーの場合、信楽駅から約10分。

大規模な改修が施されたとの見解が定着している。光俊は当時、近江半国相当を支配していた豊臣秀次に娘を嫁がせており、近江中納言（のちに関白）豊臣家とは縁戚関係にあった。そのため、文禄四年（一五九五）の秀次事件に連座して多羅尾氏は改易となり、小川城も廃城となる。

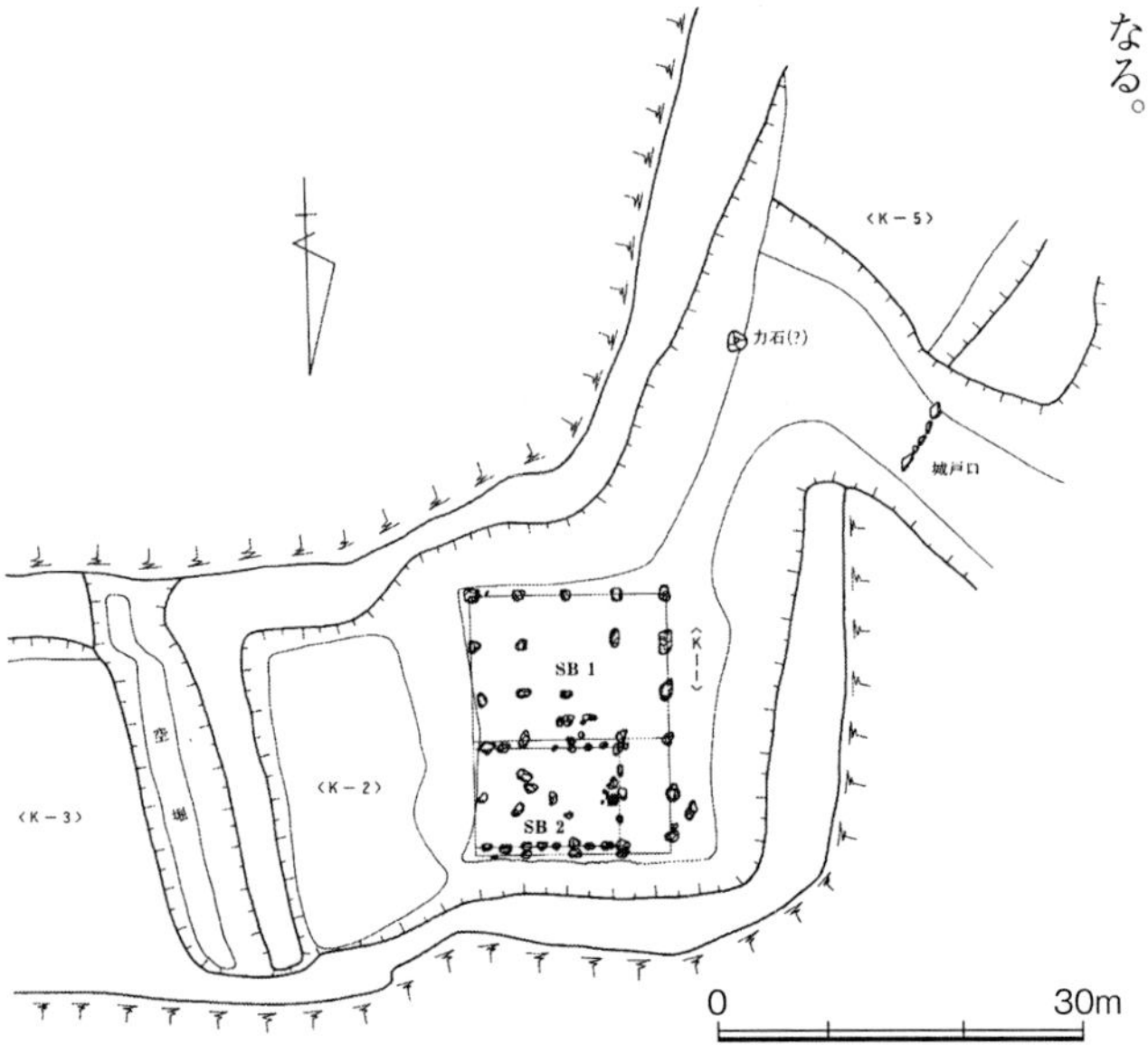

礎石建物と大手虎口の配置関係

　注目すべきは、多羅尾家が豊臣家と縁戚で、近江・山城・伊賀の国境隣接地点での改修という点である。天正十三年閏八月から同十八年の間は、近江国の大半を豊臣秀次が領有し、城郭や知行地配置は当時敵対していた東国諸勢力に対する構えであったことが指摘されている。小川城も対東国戦を見越した立地と改修と考えられ、その証拠に在地領主の多羅尾氏の居城改修落成に際して、当時甲賀郡のほぼ全域を管轄していた水口岡山城主の中村一氏がわざわざ訪問して祝っていることからも推定できる。興味深いことは主郭の一角で確認された土蔵の可能性のある礎石建物である。これが土蔵なら、武器・弾薬・食料の備蓄倉庫の可能性があり、その配置は主殿が存在した曲輪のすぐ西隣に配置され、なおかつ目の前が大手虎口という配置となる。想像をたくましくすれば、豊臣政権の蔵入地における備蓄倉庫である可能性があり、荷駄の搬入出がしやすく、公儀よりの預かり物を備蓄するからには城郭中枢でなおかつ城郭のメインゲートとなる大手虎口付近に配置されたのではないだろうか。その証拠に大手虎口から小川集落まで続く城道の幅は一定の幅を有していることは興味深い。

（下高大輔）

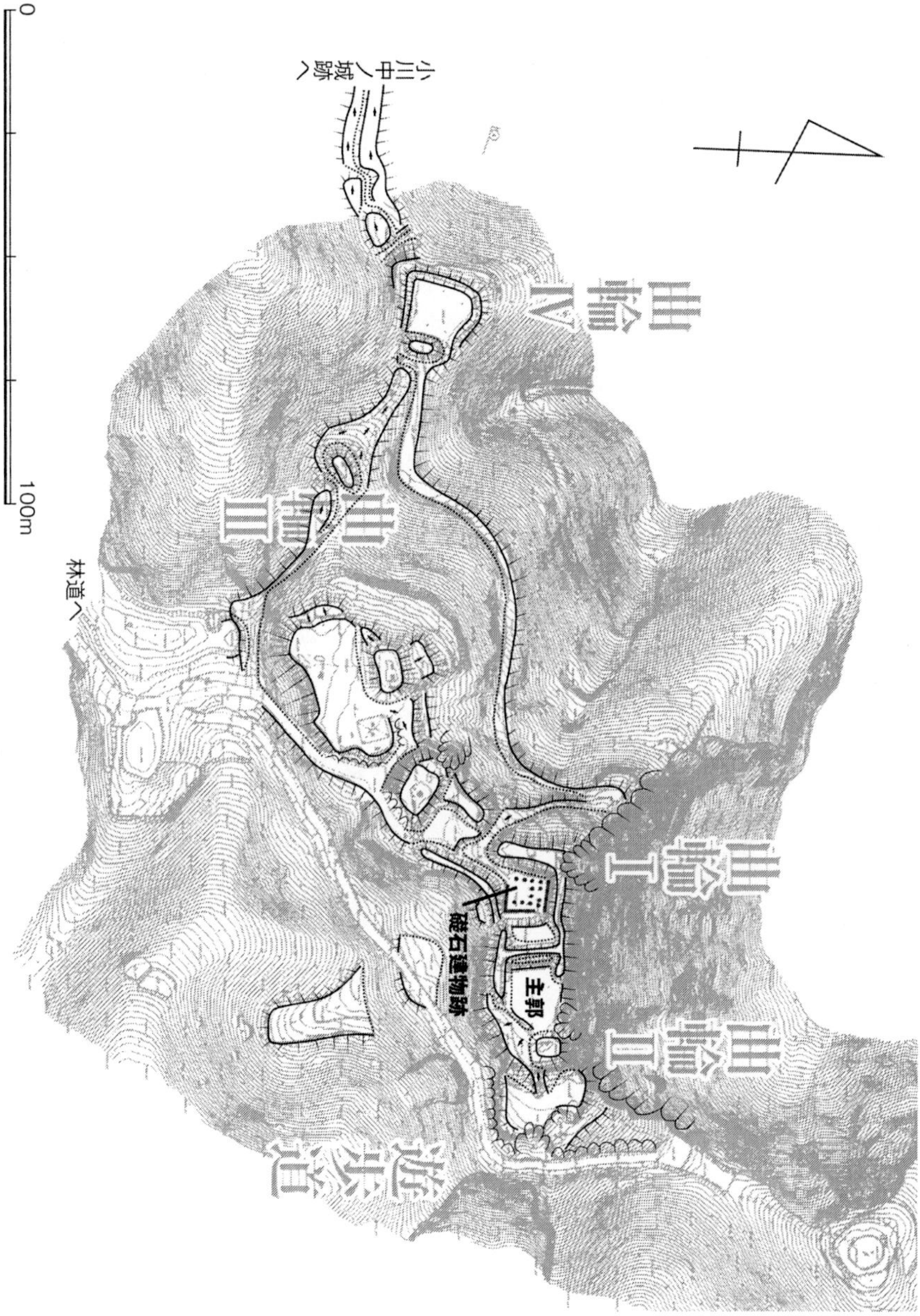

小川城概要図
（中井均編2006『近江の山城ベスト50を歩く』掲載図をベースに下高大輔作図）

61 朝宮城山城《あさみやしろやまじょう》

★★★

所在地　甲賀市信楽町朝宮
築城時期　戦国時代
標　高　三六二m
主な遺構　曲輪　土塁　堀切　畝状竪堀　虎口

信楽から宇治田原へ抜ける国道三〇七号沿い、京都府との境に近い場所に朝宮城山城は存在する。甲賀市の最も最東端に位置する信楽町朝宮は、お茶処として有名であり、茶畑が広がる。国道三〇七号の南側、茶畑の奥に標高三六二メートルの通称「城山」と呼ばれる小高い丘陵がある。城跡はその頂上部に立地する。丘陵裾との比高は約七〇メートル。

『甲賀郡志』によれば、「頂上に平地あり天守の在りし所と云ふ。東西二百間、南北三百間内に環らせる築堤百間余、巾三尺に余れり」と記され、城跡として認識されていた。また、『近江輿地志略《おうみよちしりゃく》』には赤松満祐が伊賀攻めの際にとどまったとあり、「赤松城」とも呼ばれたと伝わるが、詳細は不明であり、遺構の状況から戦国時代の城と推定されている。

城跡の遺構は、山頂部から三方向へ派生する尾根筋に展開し、全体の形状はT字状もしくはY字状となる。そして、それぞれの尾根に並列的に曲輪を配置している。北西方向に延びる尾根に位置する曲輪Ⅰは、二〇メートル×四五メートルの規模を持ち、曲輪の東端に土塁Aが置かれる。また、北東辺の中央付近には枡形状の虎口《こぐち》Bが開口する。虎口Bは方形に掘り窪めて形成されたと推定される。

土塁Aの東側には堀切が設けられ、曲輪Ⅲ方向から延びる尾根を切断して曲輪Ⅰの防御を固めている。また、曲輪Ⅰの西側にも尾根を切断する堀切があり、城外との防衛ラインとして機能したとみられる。

頂上部から北東方向と南方向に延びる尾根にはそれぞれ曲輪Ⅱと曲輪Ⅲが配置される。曲輪Ⅱと曲輪Ⅲの規模

北から見た朝宮城山城

朝宮城山城へのアクセス
国道307号に隣接した立地。朝宮小学校の東側。登山道が整備されていないため、登城が困難。城跡は私有地である。

は、曲輪Ⅰとほぼ同じで、虎口Bと同形状の虎口Cが伴う。虎口Cは、両方の曲輪に共有されるように存在する。曲輪Ⅱと曲輪Ⅲの間には高低差があり、曲輪Ⅱの方がやや低い。曲輪Ⅲが丘陵の最高所に位置しているためであり、曲輪Ⅰと比較しても四メートル程度高い。

曲輪Ⅱと曲輪Ⅲは、虎口Cの南東側で行き来が可能となっている。虎口Cの形状を詳細にみると、虎口内では曲輪Ⅲ側の切岸が高くなっており、虎口Cから曲輪Ⅱへ入って曲輪Ⅲへ至るルートが考えられる。

曲輪Ⅰと曲輪Ⅱ・Ⅲの連絡は、北側斜面の城道Dが利用されたとみられる。城道Dは、虎口Bと虎口Cを結び、城の北東側では曲輪Ⅱに伴う堀切を通路の一部に取り込んでいる。また、曲輪Ⅰの東側の堀切ともつながり、城の北東側から北側にかけては、連絡通路と防御ラインを併用している様子がうかがえる。

北西から見た朝宮城山城

一方、城の東側、曲輪Ⅱと曲輪Ⅲの外側の斜面には畝状《うねじょう》竪堀群《たてぼりぐん》Eがある。また、曲輪Ⅲの西側斜面にも畝状竪堀群Fが存在する。なお、竪堀と竪堀の間に竪土塁は認められない。城の東側から南東側にかけては、曲輪Ⅲ南側の堀切と、斜面に配置された畝状竪堀が連動して防御ラインを形成したと推定される。

このように、城の北東から北側斜面と東側から南西斜面にかけての防御ラインは、それぞれの形成方法に違いがみられ、横堀や明確な帯曲輪などを配置することなく、城全体の防御ラインを意識している点に特徴がある。防御を主目的とした畝状竪堀群を中心とする防御ラインと、曲輪間をつなぐ連絡路を城の逆側面に配置することで機能分化を図ったと考えられる。

甲賀のほかの城にはこのような特徴はみられず、近江南部地域においても特異である。このような手法は大和国で確認されている。大和と南山城に勢力を持つ松永久秀は、永禄年間（一五五八〜七〇）には織田信長方として近江南部に侵攻し、その後、元亀年間（一五七〇〜七三）には甲賀に逃れた六角氏や多羅尾氏とともに反信長連合を形成して活発な活動を行った。そのため、朝宮城山城の築城者については、松永久秀方に求める見解もある。築城者が松永方かどうかはともかく、畝状竪堀群の存在や並列した曲輪同士をつなぐような縄張りは、甲賀にはなく、外部勢力によって築かれたと評価される。

（小谷徳彦）

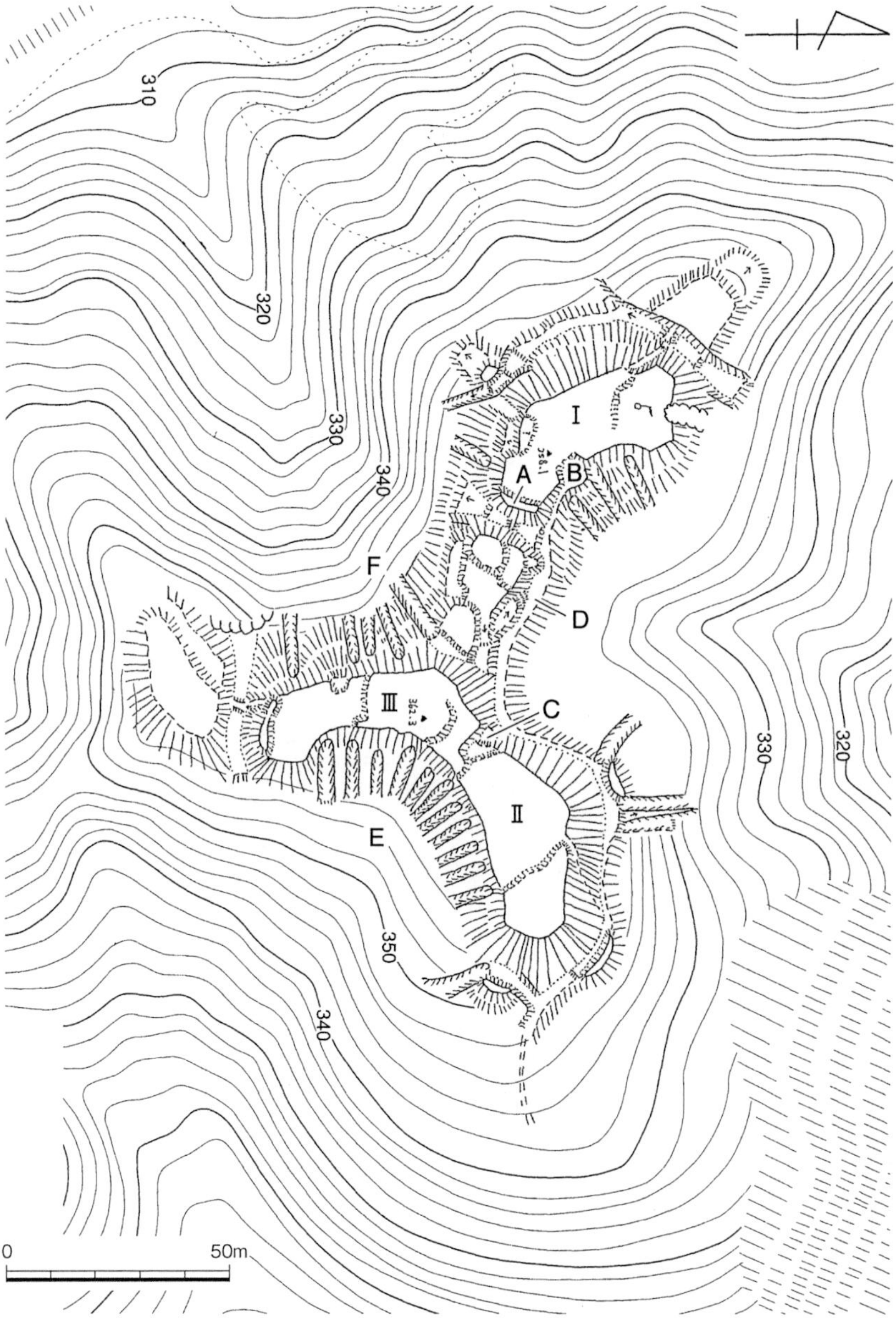

朝宮城山城跡概要図（作図：藤岡英礼　『甲賀市史』第７巻掲載）

62 妙見山城《みょうけんやまじょう》・大石東館《おおいしひがしやかた》 ★★

所在地　大津市大石東
築城時期　不明
標　高　二〇二m
主な遺構　曲輪　土塁　堀切　竪堀　虎口

妙見山城・大石東館は大津市大石東の標高二〇二メートルをはかる妙見山の山頂と山麓に所在する。この場所は、瀬田川と信楽川が合流する地点で、信楽方面と宇治田原を経て奈良方面へ向かう街道とが分岐し、さらに城の北東に所在する関津峠を越えると瀬田方面へも出ることができるという交通の要衝に位置している。また、この付近は、瀬田川の川幅が狭まる箇所であり、渡河地点として軍事的に重要な場所であった。

妙見山城と大石東館とも城主は大石氏とされている。大石氏は藤原秀郷の末裔とされ、栗太郡大石庄の下司職を務めるようになって以降、大石地域を本拠地としたという。六角氏の家臣進藤氏に属した時期もあったようだが(『近江《おうみ》輿地志略《よちしりゃく》』)、豊臣氏の治世下では大石久右衛門良信が豊臣秀次に仕え、良信の次男良勝が浅野長重に仕えるようになり、後に家老となっている。なお、当大石家からは赤穂藩浅野家の筆頭家老として知られている大石内蔵助良雄が出ている。

『近江栗太郡志』によると、大石東館の城主は大石久右衛門良信とされているが、築城時期に関する記述はなく詳細は不明である。妙見山城については、『近江輿地志略』に、山頂に妙見信仰に関係する祠が存在し、そのため妙見山と呼ばれているとあるため、城郭という認識はなかったようである。なお、大石地域の周辺では、天文十四年(一五四五)に細川晴元が敵対する細川氏綱方の勢力を討伐するため宇治田原へ兵を出している(『言継卿記』)など緊張が高まる時期があったため、当地域でも山城の必要性が認識されていたことは想像に難くない。

大石東館へは、大石家の菩提寺である浄土寺の裏手から登る。途中には大石家の墓所もある。当館は不整形な単郭で、中央付近には「大石久右衛門良信邸跡」の石碑が建つ。周囲には小規模な平坦地が認められる。館裏手の堀状遺構は、使用されている石材の積み方等から明らかに後世のものである。周辺の状況から館にも後世の改変が及んでいる可能性がある。

妙見山城へは館の裏手から登る。道もなく、かなりの急斜面を登らなければならない。しばらく直登した後、西に方向を変えしばらく斜面を進むと、削平の甘い平坦地に到着する。平坦地からは道の痕跡があり、そこを登ると城にたどりつける。

主郭Ⅰは、南側と北東側に土塁を設けている。南側土

大石東館　全景

妙見山城・大石東館へのアクセス

JR石山駅から京阪バス乗車約22分、鹿跳橋バス停下車。自家用車の場合国道422号線の立木観音が目印。登城口は浄土寺が起点。大石東館は浄土寺裏手すぐ。妙見山城は、館より約20〜30分。

妙見山城　主郭虎口Ａ

塁のほぼ真ん中が開口し、平入虎口《ひらいりこぐち》Ａを形成している。また、虎口Ａに隣接して堀切Ｂを設け、防御性を高めている。主郭Ⅰの北東に所在するⅡ郭は、北東側に堀切Ｃを設け、主郭Ⅰの背後を固めている。主郭Ⅰ・Ⅱ郭の東西は急斜面となっており、切岸と要所に配置された竪堀が攻撃側の移動を妨げる。主郭Ⅰ西側のⅢ郭には、西側に堀切Ｄを配置する。堀切Ｂ・Ｄの外側は緩斜面となっている。当城は、虎口や土塁、堀切の配置状況から、主として南方向からの攻撃に備えていたものとみられる。なお、鞍部を挟んでⅡ郭の北東にも削平の甘い平坦地がある。

　大石地域では、妙見山城から南へ約一・二キロの地点に、大石城として知られている館跡（土塁、堀切が残存）も存在するが、築城年代は不明である。『近江栗太郡志』では大石家の分家の一つである大石南家が城主と推定されているが詳細についてはわかっていない。

　平成二十五年（二〇一三）には、妙見山城から南に約一・七キロの大石龍門で発掘調査が実施され、十三～十四世紀の時期を中心とする集落の遺構・遺物が確認された。大石地域においては発掘調査事例が極めて少ないため、この成果が大石庄や城館等、当地域の中世史を考える上での一つの手がかりとはなるだろう。

　大石東館は大石氏の館で、妙見山城は、その位置から詰城にあたるとみられる。妙見山城は築かれた立地を考えると、交通の要衝を押さえる目的を持っていた可能性が高い。現時点では史料が少なく判然としない部分もあることから、今後の調査・研究が期待される城館である。

（樫木規秀）

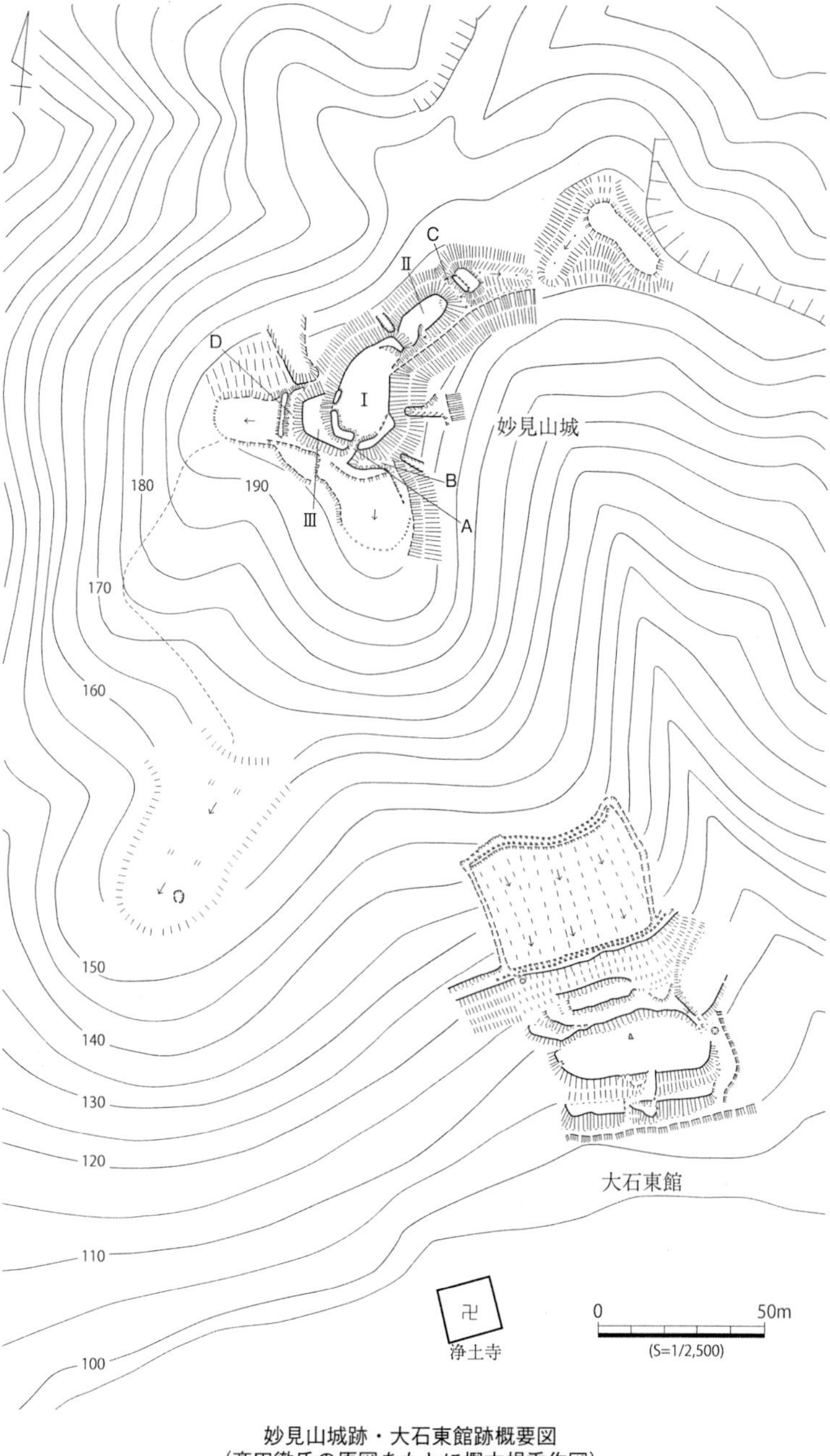

妙見山城跡・大石東館跡概要図
（高田徹氏の原図をもとに樫木規秀作図）

63 宇佐山城《うさやまじょう》 ★★

所在地　大津市錦織町
築城時期　元亀元年（一五七〇）
標高　三三五m
主な遺構　曲輪　土塁　竪堀　横堀　虎口　石垣

宇佐山城は、近江神宮の西に所在する標高三三五メートルの宇佐山山頂に築かれた山城である。山頂は、南北約一七〇メートル、東西約四五メートルをはかり、主要部はこの範囲に築かれている。京都への主要道である山中越（今道越）が城の北麓を通っていた。城からは東および北方向への眺望がよく、当城の立地の重要性がわかる。なお、『近江輿地志略《おうみよちしりゃく》』には、当城の遺構について「此城の跡、二町四方許。山上に櫓台のあと顕然なり。」との記述がある。

当城は、織田信長の家臣森可成《よしなり》が元亀元年（一五七〇）に築いた城である。当時は、「志賀乃城」（『言継卿記』）、「志賀要害」（『歴代古案』）などとも呼ばれていた。城の築城にあたっては、山中越と、同じく京都と志賀郡を結ぶ逢坂越を閉鎖して新路が作られたという（『多聞院日記』）。この新路は、山中越の登り口の付け替え工事と推定され、城からの監視を行いやすくする目的があったとみられる。

元亀元年九月、城主の森可成は侵攻してきた浅井長政・朝倉義景軍を坂本まで打って出て迎え討とうとしたが討死した。宇佐山城も攻められたが、森可成家中の武藤五郎右衛門らがよく守り、落城には至らなかった。浅井・朝倉軍の侵攻を聞いた信長は滞陣していた摂津から戻り、九月末日には宇佐山城に入っている（『信長公記』）。その後、当戦線は膠着状態となるが、周囲でも南近江で六角承禎《しょうてい》、摂津では三好三人衆らが活発に動くなどこのとき織田勢は苦戦を強いられていた。この状況を脱するため、信長は反織田方と和睦をはかった。まず、十一月に六角承禎と十二月には浅井・朝倉軍と和議

Ⅲ郭から北東方向をのぞむ

が成立した（『信長公記』『言継卿記』）。この直後に明智光秀が城主として当城へ入ったとされ、延暦寺攻略を目指す信長は、光秀に比叡山周辺の土豪を延暦寺から離脱させる工作を進めさせた。結果、光秀は雄琴の和田氏等の、地元の土豪を織田方にひきいれるなどの成果をあげた（『和田家文書』）。元亀二年（一五七一）九月に延暦寺焼き討ちが実行された後、光秀は坂本城を築城し、城主として移ったことで宇佐山城は廃城になったとされる。

宇佐山城へは宇佐八幡宮の裏手の道を登る。本殿向かって右側の裏手に登り口がある。道には所々に案内があり、それに従えば城へは迷わずに到着する。

城の主要部はⅠ～Ⅲの曲輪で構成されている。曲輪Ⅰ

宇佐山城へのアクセス
京阪石山坂本線南滋賀駅または近江神宮前駅下車し、近江神宮の南側の道を進む。駅から宇佐八幡宮へは徒歩約20～30分。宇佐八幡宮の本殿に向かって右手の裏から山道を登る。宇佐八幡宮から城跡まで徒歩約20～30分。

が主郭で、その南側にⅡ郭がつく。そして、主郭Ⅰの北側の鞍部を挟んでⅢ郭がある。虎口Ａは喰違虎口となり、ここが大手口とみられる。虎口Ａの北側には櫓の基礎部、南側には対となる櫓台状の土塁の張り出しがある。Ⅱ郭には横堀Ｂがある。主郭ⅠやⅡ郭の東側下方にある腰曲輪には、野面積みの石垣Ｃ、Ｄが残存している。残りが良く、見応えのある石垣である。この他にも、城の東側には、石垣が部分的に残る（石垣Ｅ）。石垣の配置状況をみていると、主に東側（琵琶湖側）からの眺望を意識していたと考えられる。石垣の石材についてはⅢ郭の北等に類似する石材が露頭しており、山上で調達された可能性もある。この他、主郭Ⅰの北東部には、武者隠しと考えられる横堀Ｆがある。主郭ⅠとⅢ郭側からの挟撃を想定したものであろう。

Ⅱ郭東側直下にある腰曲輪の石垣Ｃ

当城では放送局舎建設工事に伴い、主郭Ⅰ・虎口Ａの一部で発掘調査が実施され、虎口の石段、石組み溝、虎口Ａ北側にある櫓の基礎部のほか、焼土も確認されている。出土遺物には常滑焼の甕や土師器皿、丸瓦、平瓦がある。部分的な発掘であったため、櫓以外の建物の痕跡は見つかっていないが、『言継卿記』には、筆者である山科言継が当城を訪れ信長と会見している等の記述があることから、城の中心となる建物の存在も想定されている。

なお、北の峰にも陣跡とみられる階段状に配置された曲輪群がある。Ⅲ郭から北に約二〇〇メートル尾根伝いに行くと到着するが、道幅は狭いため足元には十分注意が必要である。

宇佐山城は、湖西南部地域における織田氏の拠点として重要な役割を果たした城である。喰違虎口や石垣等に織田氏の築城技術を見ることができるので、ぜひご見学いただきたい。

（樫木規秀）

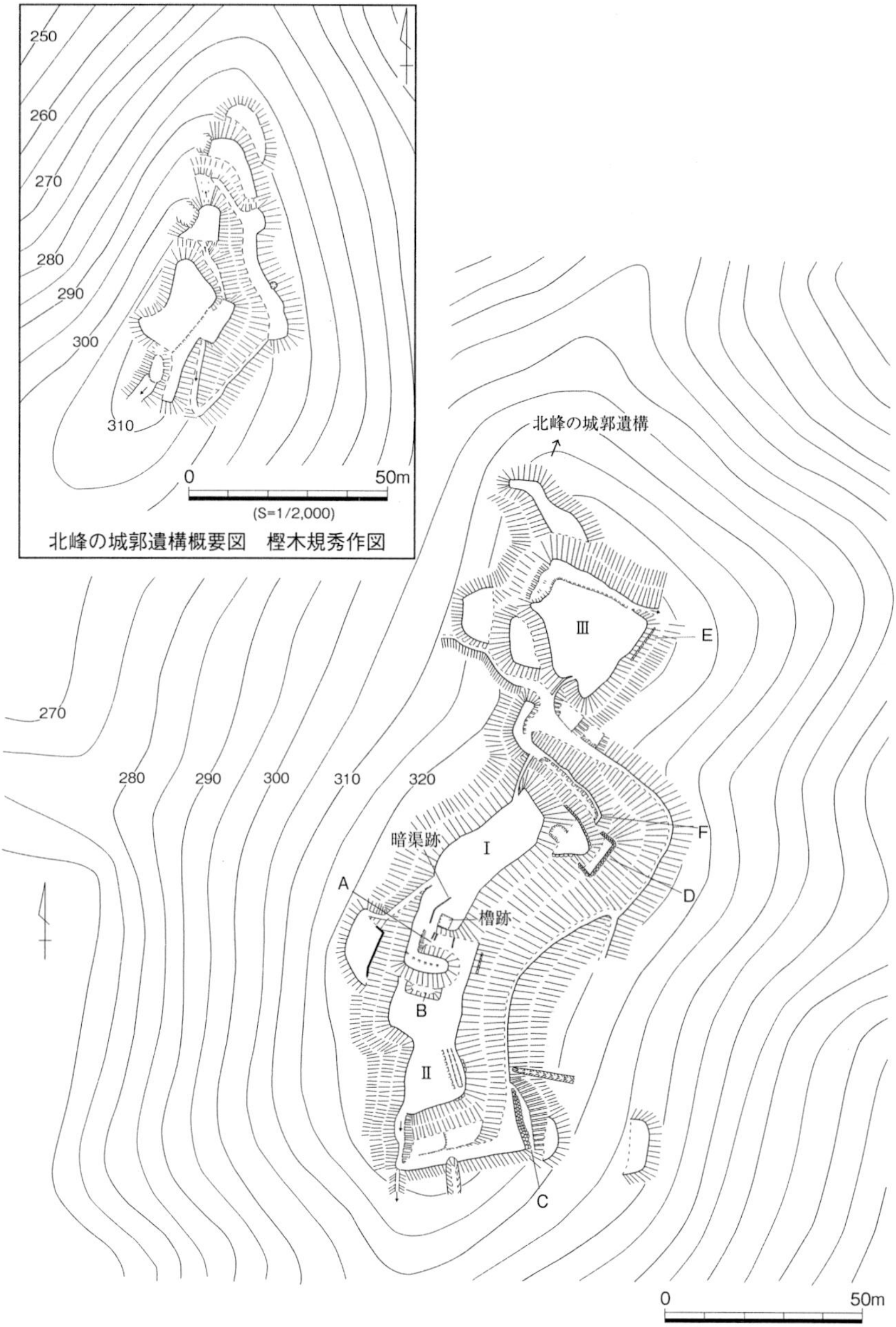

宇佐山城跡概要図（滋賀県教育委員会・福島克彦氏の原図をもとに樫木規秀作図）

64 壺笠山城《つぼかさやまじょう》 ★★

所在地　大津市坂本本町
築城時期　元亀元年（一五七〇）
標高　四二一m
主な遺構　曲輪　虎口　石積

壺笠山城は標高四二一メートルの壺笠山山頂に所在する。現在は木々のため視界は悪いが、当時は近江の南部を一望できたとみられている。北の青山との鞍部には、京都の修学院（京都府京都市左京区）〜近江国坂本の穴太《あのう》（滋賀県大津市）へとつながる白鳥越えの街道が通っていた。

当城は、元亀元年（一五七〇）九月に浅井長政・朝倉義景軍によって築かれたとされる。この頃、織田信長は、摂津で三好三人衆や石山本願寺と対峙していた。この隙をつき、浅井・朝倉軍は近江の湖西地域を南下し、宇佐山城を攻め、その先鋒は山城国山科《やましな》まで進出していた（『信長公記』）。この動きに対応するため、信長は急ぎ近江へ戻った。また、織田軍は比叡山西麓の北白川、一乗寺方面へも兵を出し、浅井・朝倉軍に備えた。対する浅井・朝倉軍は、はちが峯、あほ山、つぼ笠山に陣取った（『信長公記』）。信長は、兵糧攻めにする作戦を考えていた（『信長公記』）が、浅井・朝倉軍には延暦寺の支援があったため成功しなかった。この間も浅井・朝倉軍は一乗寺付近に下山し、周辺に放火する等の行動をおこしていたようである（『言継卿記』）。

その後、戦線は膠着状態となるが、同年十二月に、朝廷・幕府の仲介もあり、織田軍と浅井・朝倉軍との間で和議が結ばれ、浅井・朝倉軍は青山《あほ》以下の小屋に火をかけて退却し（『言継卿記』）、この時に壺笠山城も廃城となったとみられる。

ただし、元亀四年（一五七三）に、洛東の国人が、織田方と戦っていること（『信長公記』）から、地理的に近い当城が、防備を固めるため織田方によって再度使用された可能性がある。

壺笠山城へは、麓からの林道を利用するのが一般的である。林道を西へ進んでいくと左に分岐する道があるので、そこを左手に折れ、登っていくと二股路に到達する。それを右手に曲がると、すぐに山にとりつく道がある（ビニールテープが目印）。あとは道なりに行き、案内板に従えば、城にたどりつくことができる。

城は南北約七〇メートル、東西約一〇〇メートルの規模をはかる。最高所の主郭Ⅰを中心として、その直下に帯曲輪Ⅱがめぐり、この二つの曲輪が城の主要部となる。また、南西と北東方向に腰曲輪を持つ。いわゆる円郭式の縄張りを呈している。円郭式の縄張りは珍しいが、これは古墳時代前期の円墳である壺笠山古墳の墳丘を利用

主郭Ⅰ　全景

壺笠山城へのアクセス

京阪石山坂本線穴太駅下車。①四ツ谷川沿いの平子谷林道を西へ。第二号橋を越えしばらく進むと山手へ上る道がある。その道を上ると城跡の北に至る。駅から城跡へは徒歩約1時間。車の場合は麓の林道脇に駐車可能。②湖美が丘団地を経由するルートでも同じく城跡の北に至るが途中荒れている箇所あり。

して築城されていることによるとされている。

主郭Ⅰには、折を持つスロープ状の虎口《こぐち》Aや平入虎口Bがあり、帯曲輪Ⅱにも、大手とみられる道に平入虎口Cが確認できる。さらに、この道に沿った腰曲輪の一つには、貯水池の可能性がある方形の石組み遺構Dが認められる。加えて、この道沿いには、細かく連続する小曲輪群があり、兵士の駐屯地としての機能が考えられている。この他、主郭Ⅰや帯曲輪Ⅱの一部には自然石を用いた石積を見ることができ、帯曲輪Ⅱの北の石積Eと南西の石積F・Gの残存状況が良い。

帯曲輪Ⅱの石積

壺笠山城は、文献史料から比較的短期間に機能したことが窺われることもあり、陣城としての役割を持っていたと考えられる。浅井・朝倉軍は積極的に、洛中への進出を意図していたことに加え、兵士の駐屯地としては、壺笠山城だけでは到底足りないため、当城が単独で機能したものではなく、同じく白鳥越えの街道沿いに築かれた一乗寺城等と一体となって、機能したとみられる。これらの城郭群は、織田軍と浅井・朝倉軍との戦いである志賀御陣（『信長公記』）の実態を示す遺構として重要である。

なお、壺笠山の西の白鳥山には曲輪と竪堀が残り、北の青山にも曲輪が残存している。

（樫木規秀）

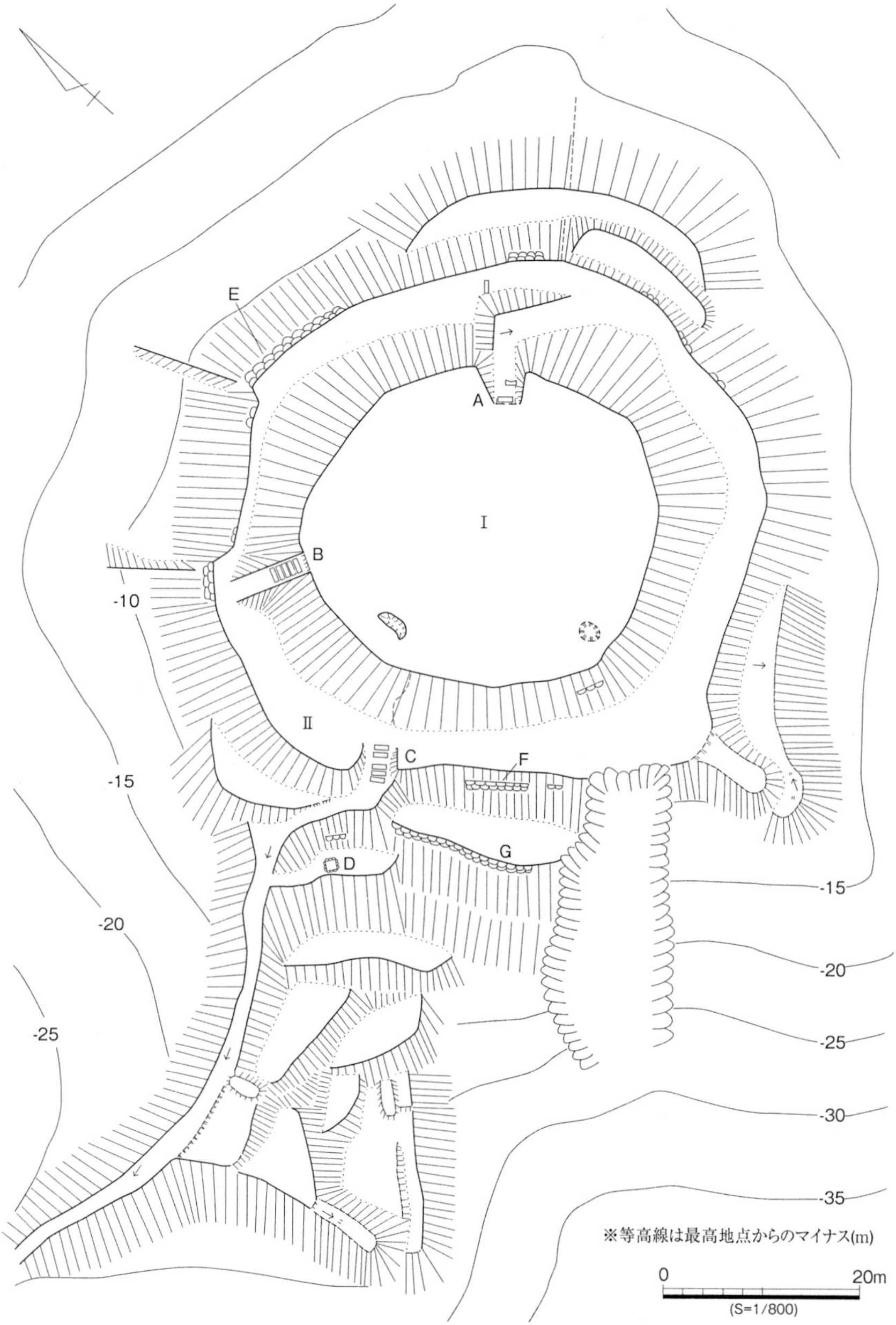

壺笠山城跡概要図
（大津市・福島克彦氏の原図をもとに樫木規秀作図）

65 打下城《うちおろしじょう》

★★★

所在地 高島市勝野・鵜川
築城時期 永禄年間（一五五八～六九）
標高 三七九ｍ
主な遺構 曲輪　土塁　堀切　竪堀　畝状空堀群　横堀　虎口　土橋　石積

打下城は、標高約一〇〇〇メートル級の山々が連なる比良山系の北端部に位置し、山系が琵琶湖に迫り出す丘陵上に立地する。城跡付近一帯は「城山」と呼ばれ、標高約三七九メートルの小ピークを中心に遺構が残る。眼下には内湖である乙女ヶ池があり、高島平野南部を一望することができる。

築城者については、土豪の林員清《はやしかずきよ》（與次左衛門）が永禄年間（一五五八～六九）に築城したと伝えられる。『信長公記』には、元亀三年（一五七二）七月二十四日、織田信長は敵対していた浅井・朝倉氏を攻める際、打下の林員清が明智光秀や堅田の猪飼野氏らとともに琵琶湖の湖上から湖北の浦々を焼き払ったとある。さらに、元亀四年（一五七三）七月二十六日には、高島郡の攻撃に成功した信長は、郡内の浅井氏が支配する領地を攻めるため、林員清の所（打下城か）に陣を据え、一帯の敵地に火を放った。林員清については、堅田衆らとともに琵琶湖水運の一部を握っていたと考えられ、当初は浅井氏に属していたが、この頃には信長方に属していたとみられている。その後、天正六年（一五七八）に織田信長の甥である信澄が乙女ヶ池のほとりに大溝城を築くが、大溝城に先駆ける山城として、打下城は大溝古城とも呼ばれることがある。

遺構は、標高三七九メートル付近にある主郭Ⅰを中心として派生する尾根上に曲輪を配置する。主郭Ⅰは土塁によって方形に囲まれた曲輪で、約二〇メートル四方の規模である。曲輪の内部には段差が認められる。土塁が一段低くなる北東部分は、一部に石積が残る。土塁が途切れる東側が虎口となり、L字状に屈曲して曲輪内へと

打下城主郭（曲輪Ⅰ）

至る構造となっている。主郭Ⅰの南西は巨大な堀切となり、北端では約五〇メートル以上に及ぶ長大な二条の竪堀に分岐する。さらにその東西にも規模の大小はあるが竪堀が並走し、畝状空堀群《うねじょうからぼりぐん》を構成する。

主郭Ⅰから延びる南側の尾根は土橋状となって曲輪Ⅱに接続する。曲輪Ⅱは南側を土塁が巡り、曲輪の斜面裾は大規模な横堀状の地形となっている。また、東側には一条の竪堀を設ける。主郭Ⅰの北西から曲輪Ⅱの南東にかけて厳重な防御施設が築かれ、緩やかな尾根地形である南西方面に対する防御を強く意識した構造であったことが窺える。

主郭Ⅰから東側は緩やかな尾根地形が続き、地続きに発生する土塁を北側に設けた曲輪Ⅲを配置する。この付

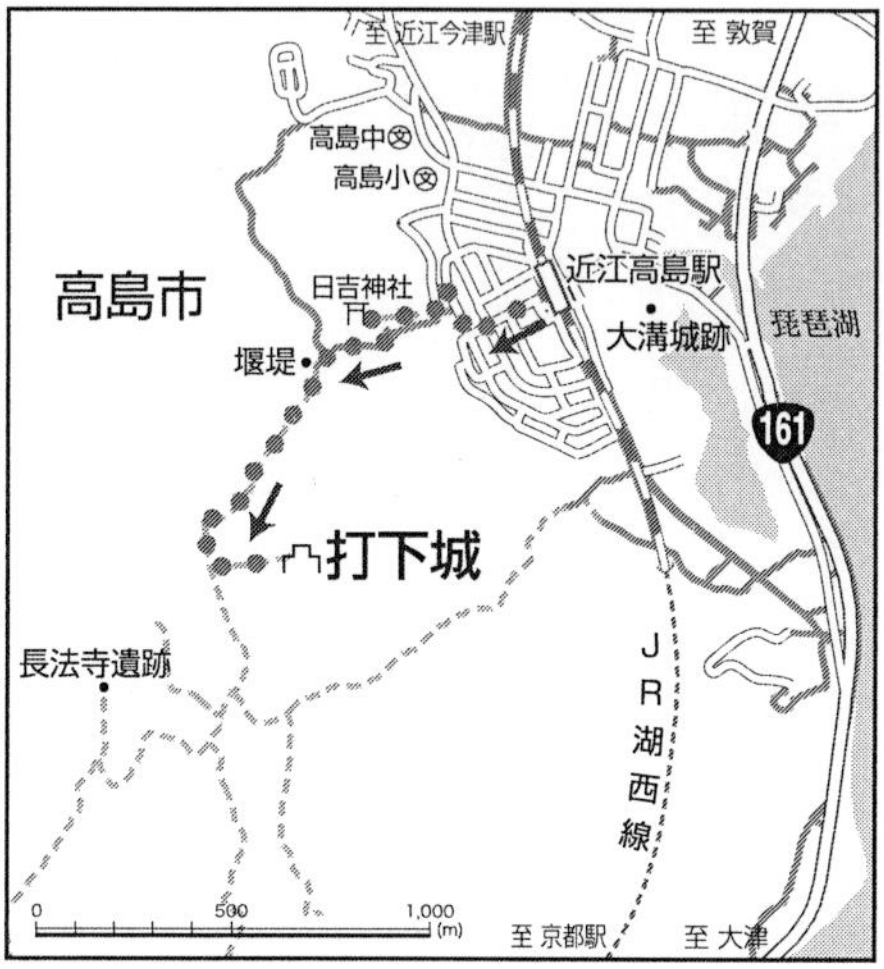

打下城へのアクセス

JR近江高島駅から西へ徒歩約10分で日吉神社へ。そこから堰堤を経て山道を約50分で城跡へ。

近には竪堀や虎口《こぐち》といった防御施設は認められないが、比較的規模の大きな平坦面が確保できる地形となっている。

打下城の北端となる曲輪Ⅳは、標高三三八メートル付近の小ピークに築かれる。曲輪は東西約五〇メートル×南北約三〇メートルの楕円形を呈し、面積規模は主郭Ⅰよりも大きい。周囲を土塁で囲まれた曲輪の内部には複数の段差が認められ、東側の土塁外面には石積が残る。南側に開口する虎口の東斜面には六条の小規模な竪堀が並走し、畝状空堀群を構成する。また、曲輪の北東斜面にも畝状空堀群が認められる。なお、畝状空堀群は打下城のほかに、高島郡内では清水山城でしか確認されていない。

打下城 主郭南西側の堀切

東西方向に下りる尾根には、それぞれ小規模な平坦面が連なる。また、曲輪Ⅳと主郭Ⅰとの間の尾根上には、一辺五メートル以下の小規模な曲輪が連続する。一部に土塁を北側に設けていることから、北側からの侵入に対する備えとみられる。曲輪Ⅳの規模に比べて主郭Ⅰは小規模であるが、あくまで主郭となるのはⅠの曲輪であったと考えられる。

打下城が立地する丘陵は琵琶湖に迫り出し、その間を北国街道(西近江路)が通過する、水陸交通の要衝の地である。主郭の南西側に対する厳重な防御施設や、高島郡内では清水山城でしか確認されない畝状空堀群を有することは特筆される。打下城の普請に伴う土木量は一土豪による構築とは考え難く、織田氏あるいは浅井・朝倉氏による構築が想定されている。大溝城に対する前身として位置付けられることがあるが、恒常的な地域支配の拠点ではなく、大名クラスの手が加わった臨時的な性格の強い山城と言える。

（小林裕季）

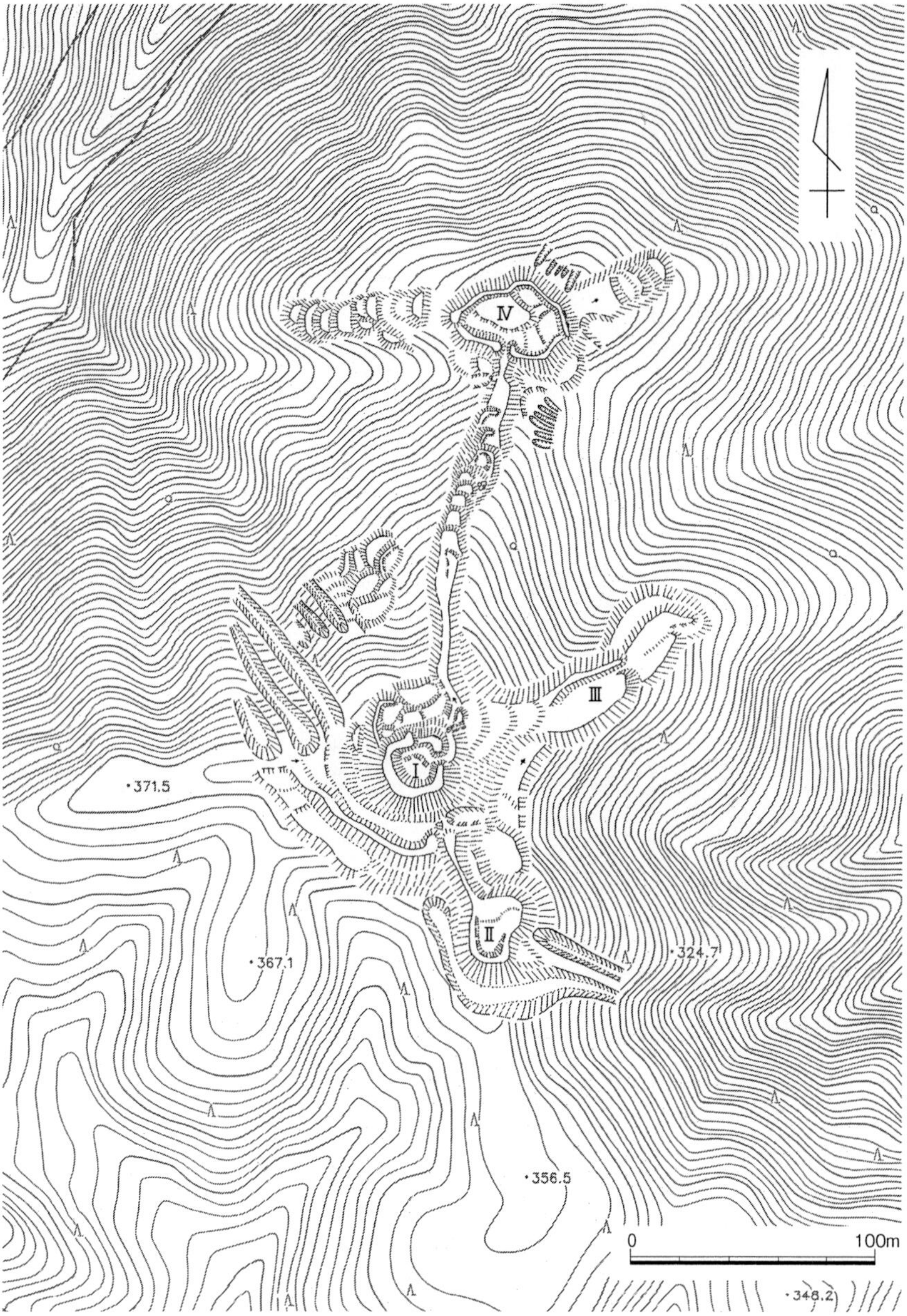

打下城跡概要図（踏査・作図：小林裕季）

66 清水山城《しみずやまじょう》 ★★

国指定史跡

所在地　高島市新旭町熊野本・安井川
築城時期　十六世紀代
標　高　二一〇m
主な遺構　曲輪　土塁　堀切　竪堀　畝状空堀群　虎口

高島の地では、嘉禎元年（一二三五）に佐々木高信《たかのぶ》が田中郷の地頭となり、鎌倉～戦国時代末にかけてその一族である「高島七頭」が割拠した。このうち清水山城は、「高島七頭」の惣領家である越中氏の居城と伝えられる。遺跡の保存状態が良く、中世の在地土豪の城館を考える上で重要である点が評価され、「清水山城館跡」として国史跡に指定されている。

「高島七頭」と通称される高島氏の庶氏家は、惣領家の高島（越中）、田中、朽木、永田、平井（能登）、横山、山崎の家々に分かれ、幕府に直属する独立的な勢力であった。文明年間（一四六九～八六）以降には「同名《どうみょう》中《ちゅう》」を形成し、連合体として地域支配を行っていたようである。天文年間（一五三二～五五）になると、越中氏、田中氏、朽木氏が台頭し、越中・田中両氏は六角氏方へ、朽木氏は将軍方につくこととなる。さらに観音寺騒動により六角氏の勢力が弱まる永禄年間（一五五八～七〇）には浅井《あざい》氏と同盟を結ぶようになり、織田信長によって高島郡が攻略される元亀年間（一五七〇～七三）頃まで存続したとされる。

清水山城は、饗庭野《あいばの》台地の南東部にある丘陵上に立地する。饗庭野台地の南側には安曇川《あどがわ》が流れ、東側には西近江路が通る要衝の地に位置している。標高約二一〇メートルの山頂部にある主郭Iを中心に、三方向に派生する尾根上に曲輪を配置する放射状連郭式《ほうしゃじょうれんかくしき》の山城である。山腹や山麓周辺には、天台寺院清水寺《せいすいじ》の寺坊跡を利用した屋敷地や、「御屋敷」・「犬馬場」といった地名とともに一町四方の方形区画が残るなど、およそ一キロ以上にわたって関連する遺跡群が広がる。

城主郭東側の畝状空堀群

主郭Ⅰは、高島郡の中南部一帯および琵琶湖の対岸まで一望することができる好位置に立地する。主郭の内部では発掘調査が行われており、六間×五間の大規模な礎石建物跡や多数の土器類や金属製品などが出土し、居住空間を兼ね備えていたと考えられている。出土した土器から一五五〇～七〇年頃が中心となり、下限は信長による高島郡攻略の時期と一致する。南面に虎口《こぐち》が開口し、北～西面には連続する竪堀や土塁、帯曲輪により防御する。また、主郭への登城道が整備されている東斜面には、四条の竪堀からなる畝状空堀群が設けられる。畝状空堀群は近江ではあまり流行しない遺構であるが、清水山城では後述する北出曲輪群などにも認められる。

主郭Ⅰから南西に派生する尾根には、比高差の大きい堀切によって分断される曲輪Ⅱ・Ⅲが配置される。曲輪Ⅱの南面とⅢの西面には部分的に土塁が設けられ、周囲の斜面部には不明瞭ながら削平面が確認できる。曲輪Ⅲ

清水山城へのアクセス
JR新旭駅から西へ徒歩約10分で森林スポーツ公園へ。駐車場・トイレあり。公園より約10分で城域に至り、主郭へはさらに約30分。各所に案内板あり。

の南側はさらに二条の堀切を設ける。南西方向に対しては、曲輪Ⅱ・Ⅲと堀切によって防御を堅固にしている。

　主郭Ⅰより北西方向は饗庭野台地への尾根続きにあたり、防御性の高い北出曲輪群が配置される。北側を鉤手状の土塁で囲む曲輪群が連続し、その北〜西側には畝状空堀群を設ける。緩やかな尾根筋は堀切によって遮断する。

清水山城主郭南側の堀切

　また、主郭Ⅰから南東に延びる尾根上には曲輪が連続して配置される。部分的に土塁が設けられ、堀切も認められる。曲輪Ⅳでも発掘調査が実施され、礎石建物跡が検出されている。これらの曲輪群から南には、方形の平坦面が雛壇状に連続する「西屋敷」・「東屋敷」へと続いていく。

　主郭Ⅰから南に延びる谷は「城の谷」と呼ばれ、谷を降った西谷川との接続部は「城の口」の地名が残る。これより尾根を挟んだ南西には佐々木氏の氏神を祀る大荒《おおあら》比古《ひこ》神社が鎮座し、東に隣接して本堂谷遺跡（井ノ口館跡）が立地する。東西約三五〇メートル、南北約二〇〇メートルにわたって土塁と堀によって区画された平坦面群が認められ、遺跡内には「ジョウロウグチ」や「エンショグラ」の地名が残る。

　清水山城は、堀切や畝状空堀群《うねじょうからぼりぐん》によって尾根続きを各所で遮断し、各曲輪の要所に土塁を築くなど、防御性が高い構造となっている。一方で、発掘調査により礎石建物や多くの遺物が検出されるなど、山上での居住を示す成果が得られている。城郭部分については、信長の侵攻による軍事的緊張の高まりに伴い改修が行われたことが指摘されているが、清水山城の周囲に広く展開していく関連遺跡群や空間構造は、戦国時代末までに形成された城下の景観を残している。

（小林裕季）

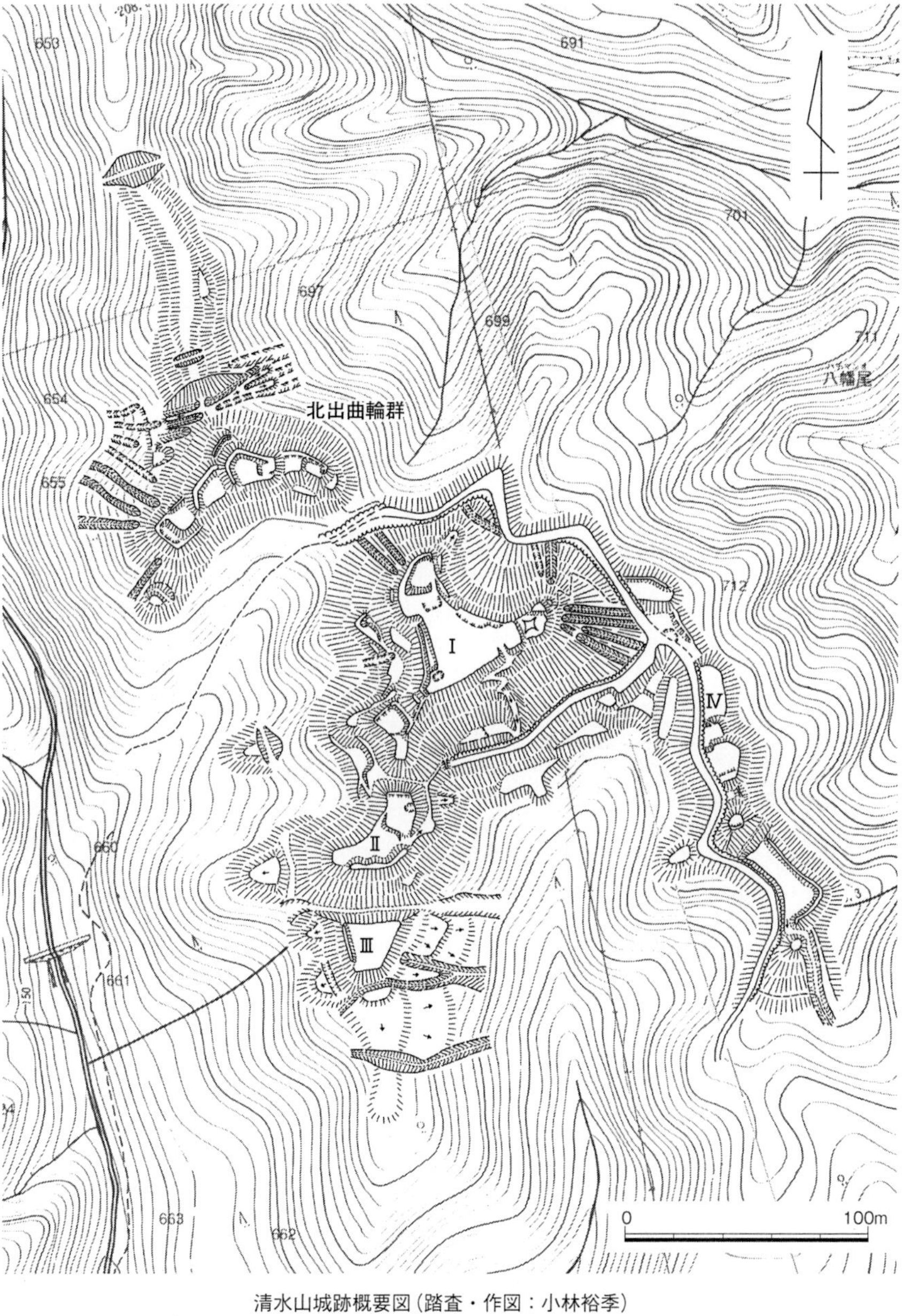

清水山城跡概要図（踏査・作図：小林裕季）

67 日爪城《ひづめじょう》

★★

所在地　高島市新旭町饗庭
築城時期　十六世紀代
標　高　二〇七m
主な遺構　曲輪　土塁　堀切　竪堀　横堀　虎口　土橋

日爪城は、高島平野北部を見下ろす饗庭野《あいばの》台地の山腹に立地し、日爪集落の南西にある「城山」と呼ばれる丘陵上に築かれている。眼前には西近江路が通る。標高二〇七メートルの主郭と標高一九五メートルの東曲輪群が山城の中心となり、斜面部から山麓にかけては日爪城築城以前に存在した、「大慈寺《だいじじ》」の寺坊跡に比定される平坦面を利用した曲輪群が残る。

旧新旭町北部一帯は保延四年（一一三八）に成立した山門領の荘園である木津《こつ》荘の荘域とほぼ一致し、木津荘は戦国時代末に周辺の地域を含めて饗庭《あいば》荘と呼ばれるようになる。日爪城については貞治六年（一三六七）に饗庭氏が日爪右京介為治を地頭代として日爪村に住まわせたことから、土豪の日爪氏による築城が推測されている。永禄年間（一五五八～七〇）には山門の代官であった吉武壱岐守の子息の西林坊・定林坊・宝光坊が饗庭の村々に分かれ住み、そのうち西林坊が日爪村にいたとされる。三氏は「饗庭三坊」と呼ばれ、それぞれが住んだ由来のある村には、発掘調査などにより山城や館の存在が確認されている。築城時期などは不明であるが、高島の地において十六世紀中頃に築城の動きが活発化するため、日爪城もこの頃に本格的に築城されたものと推測される。

また、日爪城を含めた木津荘域の城郭と饗庭三坊との関係を考える資料として、『細川家文書』の元亀三年（一五七二）五月十九日「明智光秀書状写」に「饗庭三坊の城下まで放火し、敵城三ヵ所落去した」と記載される。饗庭三坊との関わりが示唆される平地城館の吉武《よしたけ》城《じょう》遺跡《いせき》の発掘調査では、堀と想定される区画性のある溝や掘立柱建物跡などの遺構とともに、十六世紀後半と考えられる土器などが出土し、堀と想定される溝跡からは焼痕のある石仏や五輪塔、礎石などが出土している。

日爪城の遺構は、尾根上の小ピークに築かれた主郭とその東の曲輪群からなる遺構群と、斜面部に広がる平坦面群の二つに大別される。標高二〇七メートルに位置する主郭Ⅰは、東西約二〇メートル×南北約三八メートルの長方形を呈し、西・南面にL字状の土塁Aが巡る。主郭Ⅰの西側には四条の堀切Bにより厳重に防御する。特に主郭に最も近い堀切は「く」字状に屈曲し、堀底が横堀となって曲輪の西辺を巡る。主郭から東の曲輪群へは、痩せ尾根を利用した長さ約三五メートルの土橋Cで接続する。東曲輪群は尾根先に築かれ、その東端は南北約五八メートルの大規模な堀切Dによって遮断する。堀切と土塁により防御性を堅固にし、堀底に残る土橋の先には虎口《こぐち》Eを設ける。この堀底から北側に続く尾根の南斜面には、不明瞭ながら竪堀が連続する。主郭より谷を挟んで南東に対面する小ピークには平坦面や堀切状の地形がみられ、出曲輪など

日爪城主郭

日爪城へのアクセス

JR新旭駅からバス7分、日爪バス停下車。南へ徒歩約5分の慈恩寺付近に案内板あり。案内板から約15分で城跡へ。

東曲輪群から主郭を望む

の可能性も考えられるが、遺構の状況は判然としない。

斜面部から山麓周辺には「ねごや」や「本堂ヶ谷」の地名とともに石仏もみられ、大慈寺の跡地に比定される平坦面群が残る。現況はブッシュが激しく遺構の確認が困難な個所も多いが、形状は方形に近いものが多い。平坦面の境界は土塁や削平された段差によって区画され、斜面に合わせて雛壇状に並ぶ。幅の狭い平坦面は墓域の可能性もある。土塁などは通路としても使用されていたようで、このような並列的な平坦面の配置は山寺の遺構に多くみられることから、寺坊跡を屋敷地として利用したと考えられる。斜面部の遺構の南側は大規模な土取りによって破壊されているが、この部分には日爪城へと至る道があったとされる。

日爪城は寺坊跡を利用して屋敷地とし、その背後の尾根上に山城を築く。尾根上の遺構は、複数・大規模な堀切や土塁を設けるなど防御性を重視した遺構が良好に残る。築城は土豪の日爪氏であったと伝えられるが、大規模な堀切といった厳重な防御施設の普請は、元亀年間（一五七〇～七三）に起こった織田信長による高島攻めに際して、浅井氏らの勢力によって行われたと考えられる。また、「饗庭三坊」の西林坊と呼ばれる僧名を冠する人物が日爪村におり、『細川家文書』「明智光秀書状写」に「饗庭三坊の城下まで放火し……」と記されるように、饗庭三坊が城主である時期があった。日爪氏と西林坊が同一人物かなど不明な点は多いが、「城郭」のみならず、城郭を取り巻く環境や人々の一端が垣間見える事例と言えるだろう。

（小林裕季）

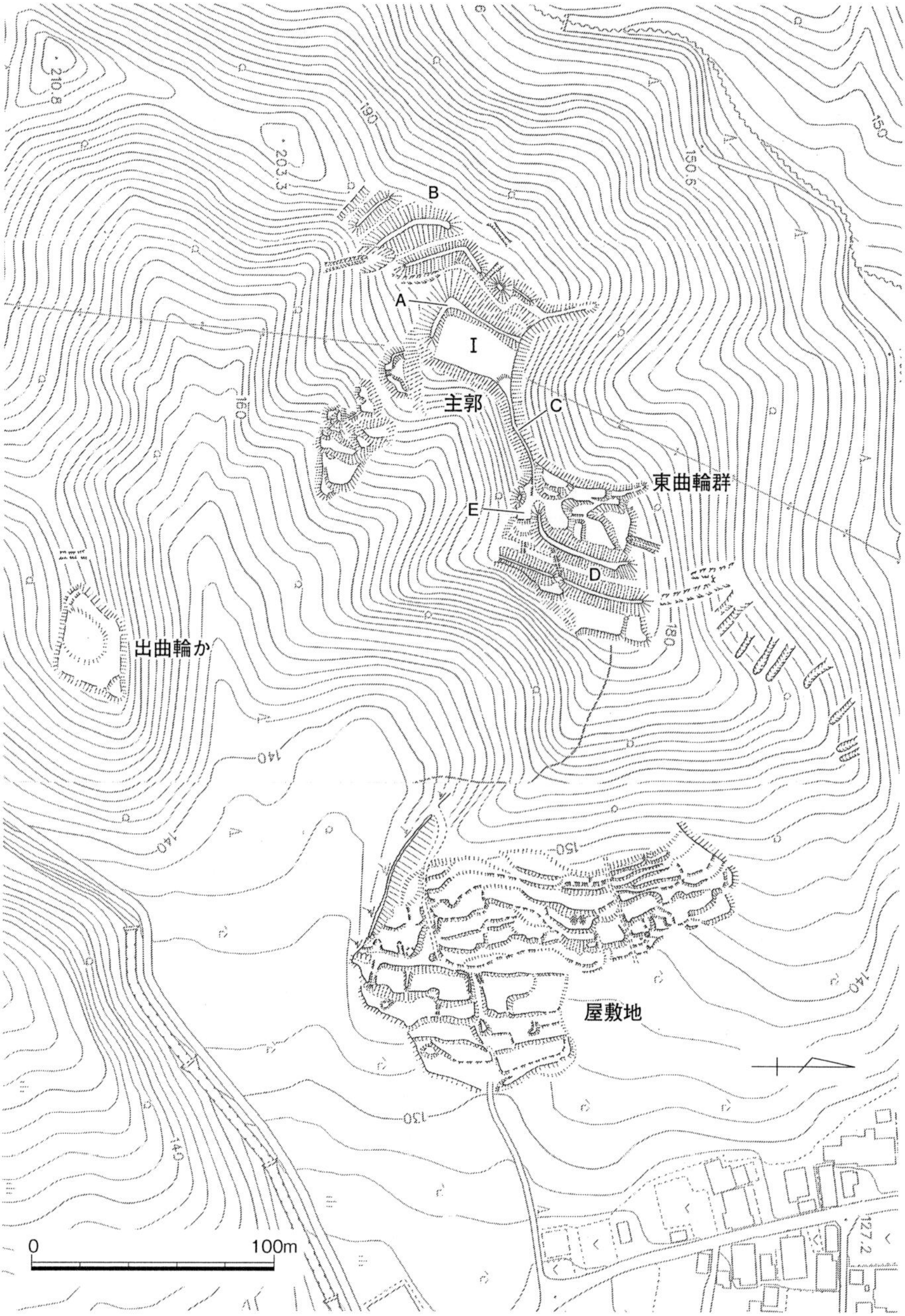

日爪城跡概要図（踏査・作図：小林裕季）

68 西山城《にしやまじょう》 ★★

所在地 高島市朽木市場・荒川・西山
築城時期 室町時代中頃〜十六世紀後半頃
標高 三五六m
主な遺構 曲輪　土塁　堀切　虎口　烽火台

西山城が所在する朽木（旧朽木村）は、周囲を標高七〇〇〜一〇〇〇メートルの山々に囲まれ、ほぼ南北に流れる安曇川によって朽木谷が形成されている。この谷筋は、古くから若狭と京都を結ぶ道として利用され、若狭街道や鯖街道とも呼ばれている。この朽木の地を鎌倉時代末から明治維新まで治めていたのが朽木氏である。

朽木氏は、近江源氏佐々木氏の庶流で高島の地を治めた通称「高島七頭」の一族で、街道一帯と豊富な山林資源を押さえて力を蓄えていた。京都に近い立地と軍事力から、室町幕府の奉公衆として重用され、戦乱から逃れるために代々の足利将軍もたびたび朽木氏の元に身を寄せている。また、織田信長が越前の朝倉氏を攻める際、浅井長政の裏切りに遭い、若狭から朽木谷を通って京都への退却を先導したのが朽木元綱であったことが知られる。その後、朽木氏は豊臣秀吉、徳川家康に仕え、江戸時代には九〇〇〇石を安堵されている。

西山城は、朽木氏の本城であった朽木城（朽木陣屋跡）から約一・三キロ北東にある、標高三五六メートルの「西山」と呼ばれる山上に立地する。朽木城の詰の城として築かれたと考えられている。西山城については文献資料や江戸時代の地誌類にも全く記載がなく、その存在が知られることになったのは最近のことである。愛宕神社の東側に位置するピークに主体部が築かれ、続く尾根筋の南北約四五〇メートルにわたって所々に出曲輪と考えられる平坦面や土塁状の地形が確認できる。西側には若狭街道が、東側には琵琶湖方面が一望できる好位置に占地している。

主体部は、東西約四〇メートル、南北約九〇メートル

主郭の枡形虎口

の規模で大きく二段に造成され、中央の主郭と南北のそれぞれ一段低い位置に曲輪を設ける連郭式の構造である。主郭は長方形を基調とし、東西約二〇メートル、南北約四〇メートルを測り、周囲に土塁を巡らせる。西山城にみられる城郭遺構の中で特徴的なものが烽火台《のろしだい》Aの存在である。主郭の北端に幅約三メートル、高さ約三メートルにおよぶ巨大な土塁が「コ」の字状に築かれている。西山城の主体部は比較的小規模な山城であることに対し、際立つ規模の遺構である。城跡一帯は「烽台《ほうだい》」や「烽築平《ほうづきだいら》」と呼ばれ、この場で烽火が上げられたことに由来すると考えられている。烽火台の土塁が高く築かれたことは、強い北風を遮るためであったとみられる。なお、明らかに烽火台と判断できる遺構は全国的にもほとんど認められず、数少ない烽火台の事例として貴重な遺

西山城へのアクセス

JR安曇川駅からバス朽木学校前行き乗車、野尻バス停下車。北西へ約10分で案内板へ。案内板から山道を約30分で城域へ。

構である。

　南曲輪は、東西約四五メートル、南北約二五メートルを測り、西山城で最も広い曲輪である。南曲輪の北西部に虎口Bが開口し、主郭を囲む土塁と組み合わさることで枡形虎口《こぐち》となっている。折と枡形空間を形成することで、発達した虎口構造となっている。対する東側では、土塁を伴う一条の竪堀が設けられ斜面を防御している。さらに、南側は幅約五メートルの堀切によって防御を強固にしている。

烽火台

　北曲輪は、規模が東西約二〇メートル、南北約一五メートルとやや小規模な曲輪である。東側から北側にかけて土塁が巡る。東側の土塁は一部喰い違って石積が残る部分Cがあり、飲用水などを溜めた溜枡の遺構と推測されている。北曲輪の南西部には虎口Dが開口し、入ると正面に烽火台の土塁が位置するため直進ができない構造となっている。曲輪の北側は三条の堀切を設けて厳重に防御している。

　西山城については文献資料などに記載がないため、正確な築城年代は不明であるが、築城主体が朽木氏であることは確実である。朽木城の発掘調査などの成果により、朽木氏は室町時代中頃に居館を朽木城に移したとみられ、朽木城を核として要所に詰めの城となる支城網が設置されたことが知られている。西山城はこのような動きの中で、朽木城の築城と同じ時期に築かれたと推測される。ただし、西山城に残る遺構は、枡形虎口の存在といった点から戦国時代後半に改修されている可能性が高い。永禄年間（一五五八〜七〇）には江北の浅井氏の勢力が高島郡にも波及し、さらに元亀年間（一五七〇〜七三）には織田信長による高島郡侵攻など、軍事的緊張の高まりによって西山城においても防御施設が整えられていったと考えられる。

（小林裕季）

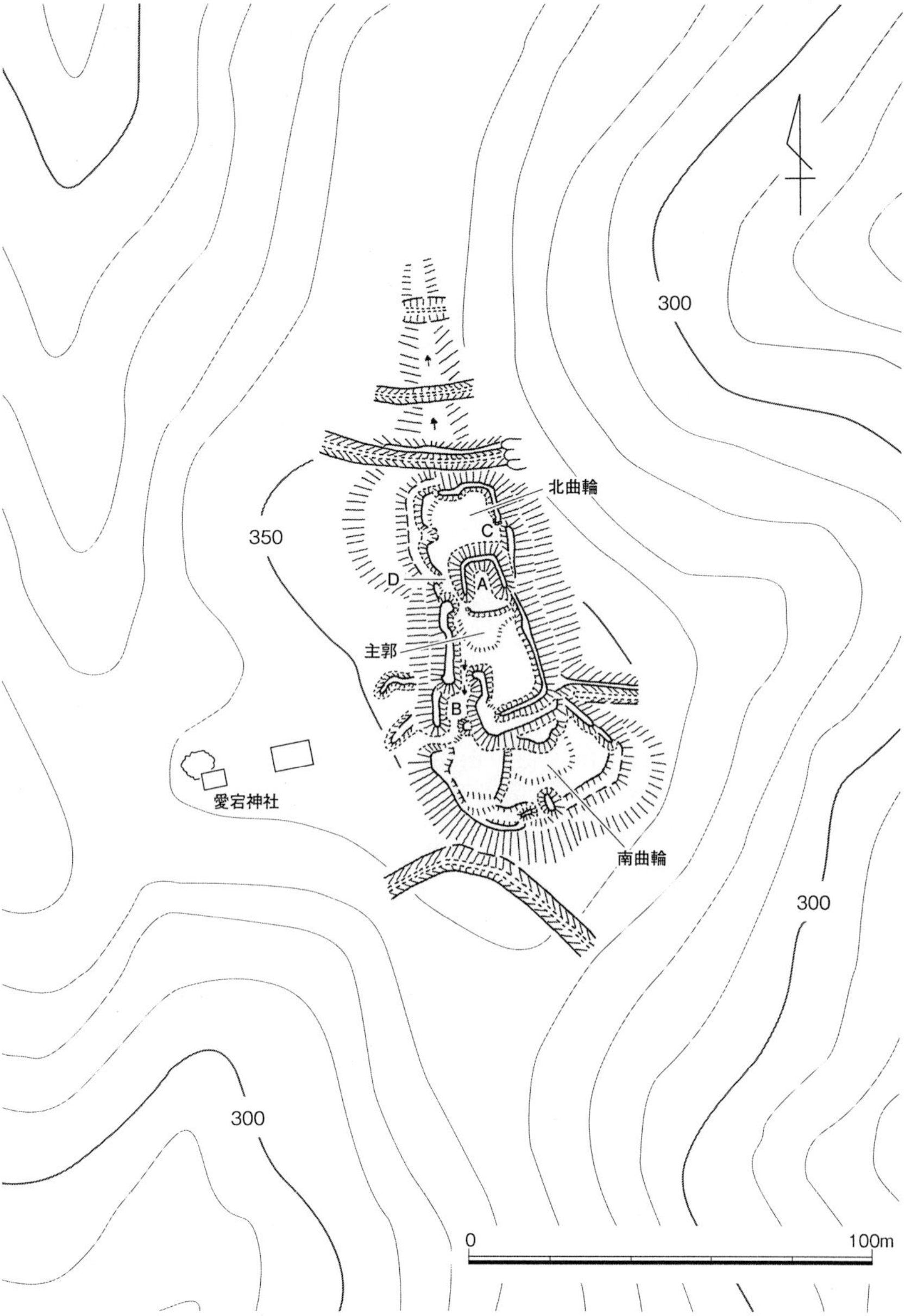

西山城跡概要図（踏査・作図：小林裕季）

69 伊《い》井《い》城《じょう》

★★★

所在地　高島市今津町日置前
築城時期　十五世紀代か
標　高　四八九m
主な遺構　曲輪　土塁　堀切　竪堀　土橋

伊井城は、日置前集落の背後にそびえる箱館山《はこだてやま》（標高六九〇メートル）の北東に延びる尾根から、さらに南東に派生する支尾根上に立地し、高島市内にある城郭の中では最高所に築かれる。琵琶湖方面への眺望が利き、高島平野北部全域および対岸の長浜方面まで見渡すことができる。

城主については、『近江輿地志略《おうみよちしりゃく》』では「山中丹後守秀国」の名前が挙げられ、秀国は「高島七頭の一員なり、信長に亡ぼさる」と記載されている。高島七頭は、鎌倉時代から戦国時代にかけて高島の地を治めた高島氏（惣領家：越中氏）の一族の総称であるが、山中姓を名乗る家はなく、城主の確定は難しい。『朽木家古文書』には、長享元年（一四八七）に六角高頼が将軍足利義尚の近江遠征に備えて、北国街道（西近江路）を封鎖するため「江州高嶋郡河上」に「城郭」を築き、それに対処するため幕府が朽木貞綱らに攻めさせたとある。ここで築かれた城郭が伊井城と推測されている（山麓平野部の三谷城あるいは構城とする説もある）。

伊井城はその規模や構造から「詰の城」と考えられる。伊井城山麓部の小字伊井集落付近には「城下」・「口ノ馬場」・「鑓水口」・「的場」・「城」・「木戸下」・「馬倉」などの城の存在を示唆する地名が残っており、城主や家臣団の居館は山麓周辺にあったと推測されている。

伊井城へは伊井集落内に設置される案内板から続く山道が登り口となり、ジグザグの山道を登ること約五〇分で城跡に至る。遺構は支尾根の南東面に広がり、城域は東西約八〇メートル×南北二〇メートルとほぼ東西方向に細長く展開する。伊井城背後の北西側は、深い谷を隔てて箱館山に続く山嶺となっており、この方向から城内を見通されないために、ピークから一段下がった死角となる部分に城の主体を築いたと考えられている。

伊井城遠景

いわゆる連郭式の縄張りで、大きく五段の曲輪Ⅰ～Ⅴが階段状に築かれる。曲輪Ⅱの南側には、小規模な曲輪が数段認められる。各曲輪は段差によって画され、明確な土塁などは確認できないが、最高所の曲輪Ⅰの西から南辺においてわずかながら低土塁状の高まりAがみられる。この最高所の曲輪の東西斜面にはそれぞれ竪堀B・Cを設ける。また、その北側には明瞭な堀切Dがあり、尾根筋を狭く土橋状にしている。堀切Dよりすぐ北側に

伊井城へのアクセス

JR近江今津駅からバス乗車約20分、伊井バス停下車。車利用の場合、国道161号線日置前ランプを下り、県道534号線を西へ。伊井集落内の案内板より山道を約50分で城跡へ。

は人工的とみられる平坦面も確認できるが、これより北は緩やかな尾根地形が続き明確な遺構は確認できないことから自然地形と考えられ、箱館山への登山道に合流する。

各曲輪へは主に南辺が連絡路になっていたと考えられるが、技巧的な虎口は存在しない。シンプルな縄張りとなっており、複雑な城郭構造を持たないのが当城の特徴と言える。

伊井城は、高島市内にある城郭の中では最高所に築かれた山城で、城跡以外に周囲には遺構が存在せず、立地のうえからも日常的な施設とは考えられない。有事の際にのみ機能する、まさに「詰の城」であったと言える。ただし、長享元年（一四八七）の足利義尚の近江遠征に備え、六角氏が北国街道の封鎖を目的として築城したとすれば、逃げ込みなどの消極的な機能ではなく、遠方監視などの積極的な機能を期して築かれたことも考えられる。

また、縄張りがいたって単純な構成であり、直線的で単純な曲輪配置と、防御施設に特別な工夫が認められないことから、古い様相を呈する山城とされている。特に高島市内に築かれた山城の多くは、元亀年間（一五七〇～七三）の織田信長の高島侵攻などにより、のちに大きく改修されている。しかし、伊井城はその痕跡がみられないことから、戦国時代末期まで時期が下がらない貴重な事例と評価できる。

（小林裕季）

曲輪Ⅰから琵琶湖方面を望む

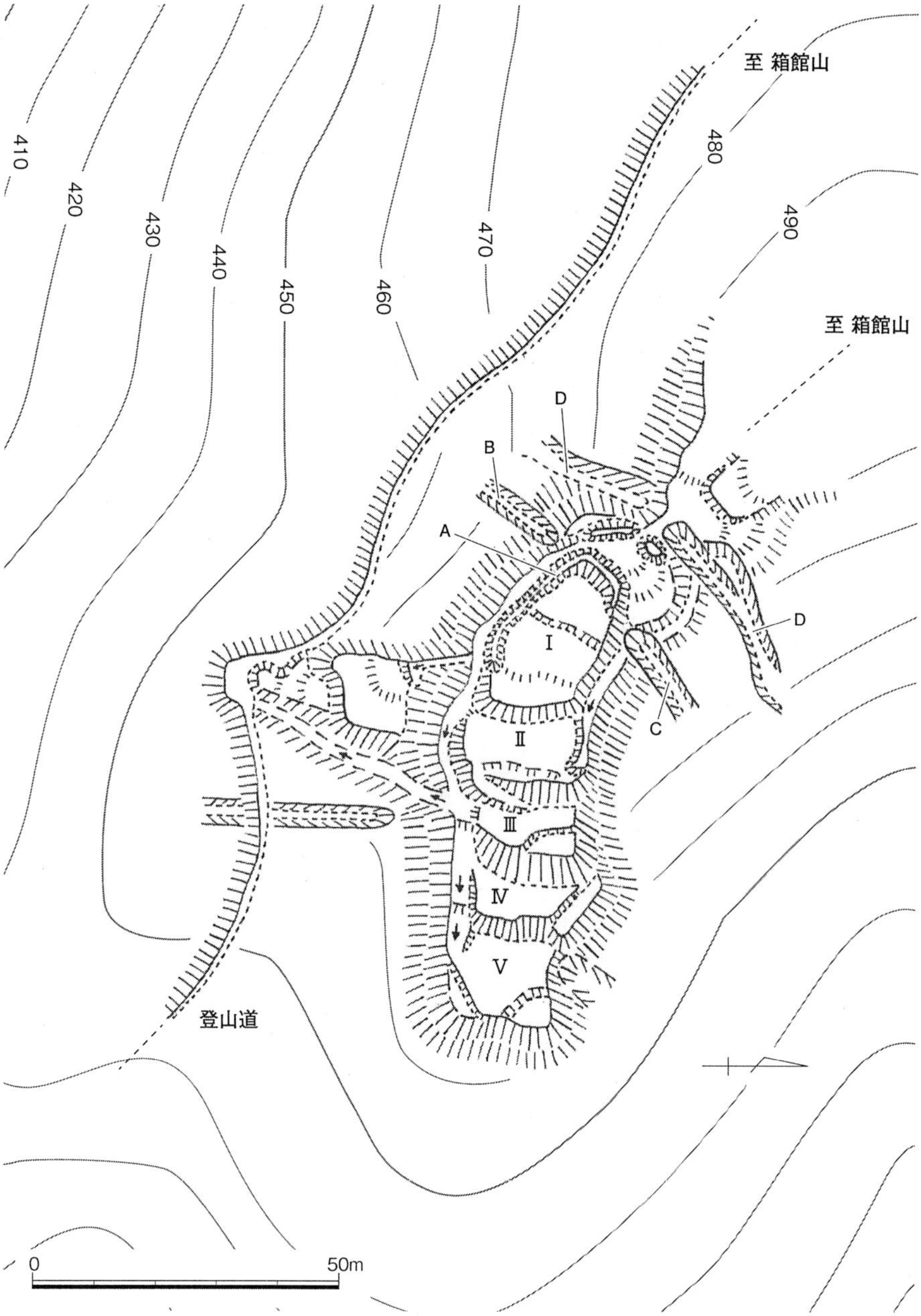

伊井城跡概要図（踏査・作図：小林裕季）

70 田屋城《たやじょう》 ★★

所在地　高島市マキノ町森西
築城時期　十六世紀前半～後半
標　高　三一〇m
主な遺構　曲輪　土塁　堀切　竪堀　虎口　土橋

田屋城は、マキノ高原に続く稲山丘陵上にあり、「城山」と呼ばれる尾根の先端部に立地する。城跡からは、眼下の若狭へと通じる街道をはじめ、高島平野北部を一望できる。

在地土豪である海津衆の一人、田屋氏の城と伝えられる。田屋城のある森西集落から東の沢集落には沢村城や長法寺館があり、田屋氏の平地居館であったとされる。沢村城は田屋淡路守が居住したと伝えられ、沢村城の詰の城として田屋城が築かれたとみられる。

田屋氏は浅井《あざい》亮政《すけまさ》の娘婿として縁戚関係があり、天文年間（一五三二～五五）以降に浅井氏の被官となったとみられ、浅井氏の高島進出に大きな役割を果たしている。また、浅井氏と同盟していた朝倉氏の本拠の一乗谷朝倉氏遺跡からは、「御者多屋どの」と書かれた木簡が出土している。「多屋どの」とは田屋氏を指し、「御者」とは馬事に長けた人を意味することから、田屋氏が馬事に優れた一族として活躍していたことが窺える。

田屋城の遺構は、大きく五つの曲輪で構成され、それぞれが高さ〇・五～三メートルの土塁で囲まれている。「奥の丸」と呼ばれる曲輪Ⅰが最も高位置にあり、規模は東西約三〇メートル、南北約五〇メートルを測る。南東部に開口する虎口《こぐち》は土塁を屈曲させた内枡形である。立地や虎口の状況から、田屋城の主郭と考えられる。曲輪Ⅰの東側を通路が巡り、背後となる北側は土橋を挟んで大規模な堀切と連続する四条の竪堀を設けて防御を堅固にしている。さらに北側には土塁などで囲繞されないが、緩やかな平坦面があり、兵の駐屯所的な空間となっている。この平坦面の北端は土橋を残して喰い違い状に堀切を設ける。これに続く尾根上は幅の広い緩やかな地形が続くが、喰い違い状の堀切が田屋城主体部の北限と言える。なお、城の主体部からさらに北方の尾根には、「駒返し」、「搦手」、「馬かけ場」などの地名や、のちに木材の搬出路としても利用されていたと考えられる、深い塹壕状の地形が残っている。

曲輪Ⅰより南東には曲輪Ⅱ～Ⅴが広がる。曲輪ⅠとⅢの間に位置する曲輪Ⅱは、両曲輪よりも一段低い位置に築かれる。土塁により囲繞するが、内部の削平は不十分で、起伏のある地形が残る。東側の土塁は曲輪Ⅰの虎口へと至る通路を兼ねている。

曲輪Ⅲは、東側の曲輪Ⅳよりも一段低い位置に築かれ、間に両曲輪を二分する土塁によって画される。曲輪Ⅱと同様に、全周を土塁で囲むが、内部の地形は起伏が目立つ。Ⅱ・Ⅲは内部の削平よりも土塁の構築を優先させたとみられる。曲輪Ⅲの南側は支尾根が延び、両斜面に合計六条の竪堀を施して防御する。

曲輪Ⅳには、一段やや低くなる南東部に三条の竪堀に挟まれた二つの突出部があり、横矢が掛かる構造となっている。曲輪Ⅴは、急斜面となる東側以外は土塁で囲み、南側の隅部付近に平入虎口が開口する。また、登山道か

山麓から田屋城を望む

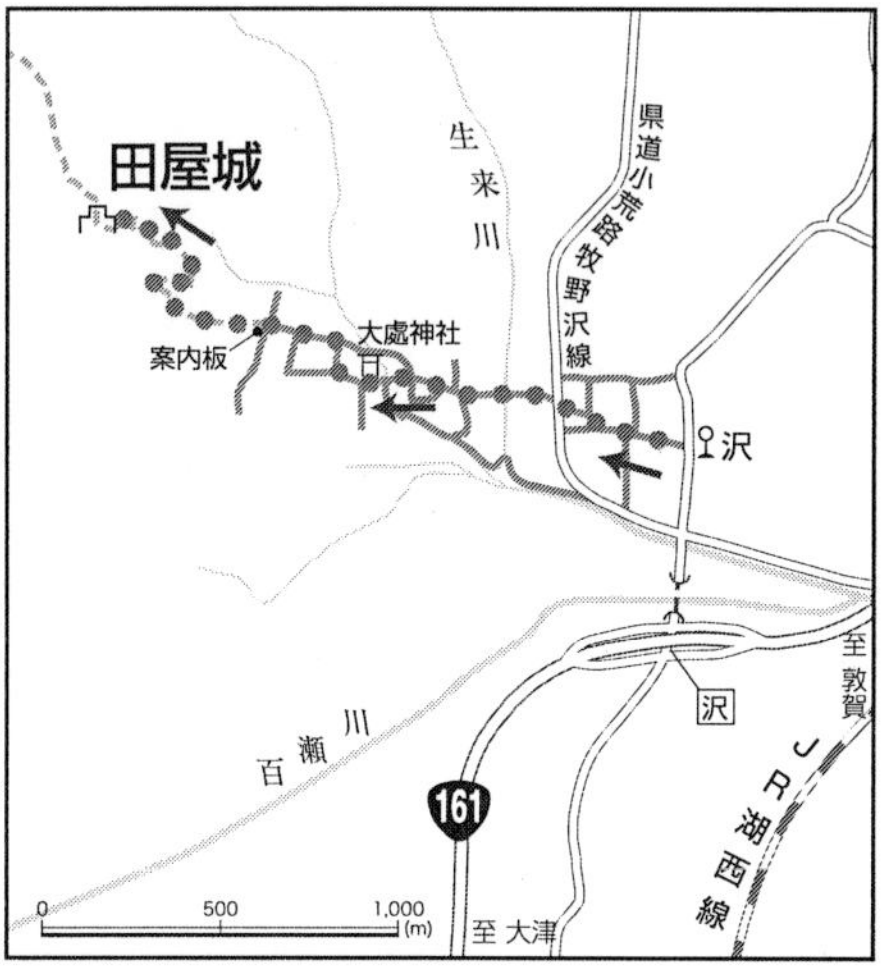

田屋城へのアクセス

JRマキノ駅からバス乗車約7分、沢バス停下車。西へ約15分で森西集落内の案内板へ。各所に道標あり。案内板から山道を約30分で城跡へ。車利用の場合、国道161号線沢ランプを下り、森西集落へ。

ら続く大手口には、現在田屋城址の石碑が建つ部分に櫓台が想定され、曲輪Ⅴ南東面の土塁とともにクランク状に屈曲する虎口を作る。曲輪Ⅲ～Ⅴにかけて、南斜面に強い防御意識が見て取れる。

田屋城主体部から谷を挟んだ北東にある尾根は「馬かけ場」と呼ばれる緩斜面が続き、標高約二三〇メートルの地点にも城郭遺構（右上図）が築かれている。尾根筋に屈曲する横堀とその内側に土塁を設けて区画する。土塁は一辺約一五メートルの方形を呈し、そこから屈曲する横堀に沿って直線の土塁が延びる。土塁の高さは最大で約二メートル程度あり、横堀や東側斜面に横矢が掛かる構造である。田屋城主体部での状況と同じく、これらの土塁や横堀の構築を優先したと考えられ、曲輪の削平などは不十分である。方形土塁の南には円墳とみられるマウンド状の地形が残る。

主郭の枡形虎口

城主は海津衆の田屋氏とされるが、田屋氏の消息は森西集落にある大處《おおところ》神社の天正三年（一五七五）の棟札銘を最後に途絶えている。高島郡北部は元亀年間（一五七〇～七三）の争乱や天正十一年（一五八三）の賤ヶ岳合戦の際に軍事的緊張が高まっており、この時期に大きく改修が加わったとみられる。

田屋城は高い土塁や竪堀が顕著にみられるが、枡形虎口や横矢などの特徴から戦国末期の様相を呈している。しかし、地形の制約とはいえ曲輪の平面形が方形にならない点や、枡形虎口や横矢が部分的なものに留まる点は織豊系城郭としては不完全な点との指摘がある。これはそれ以前の段階にかなり発達した縄張りが完成していたため、改修が一部に留まったと推測されている。田屋城の遺構のうち、竪堀や不完全な方形曲輪は田屋氏・浅井氏によるもの。ほぼ全周を囲繞する土塁や枡形虎口、「馬かけ場」の遺構などは、賤ヶ岳合戦の際に丹羽長秀によって改修されたものと評価される。

（小林裕季）

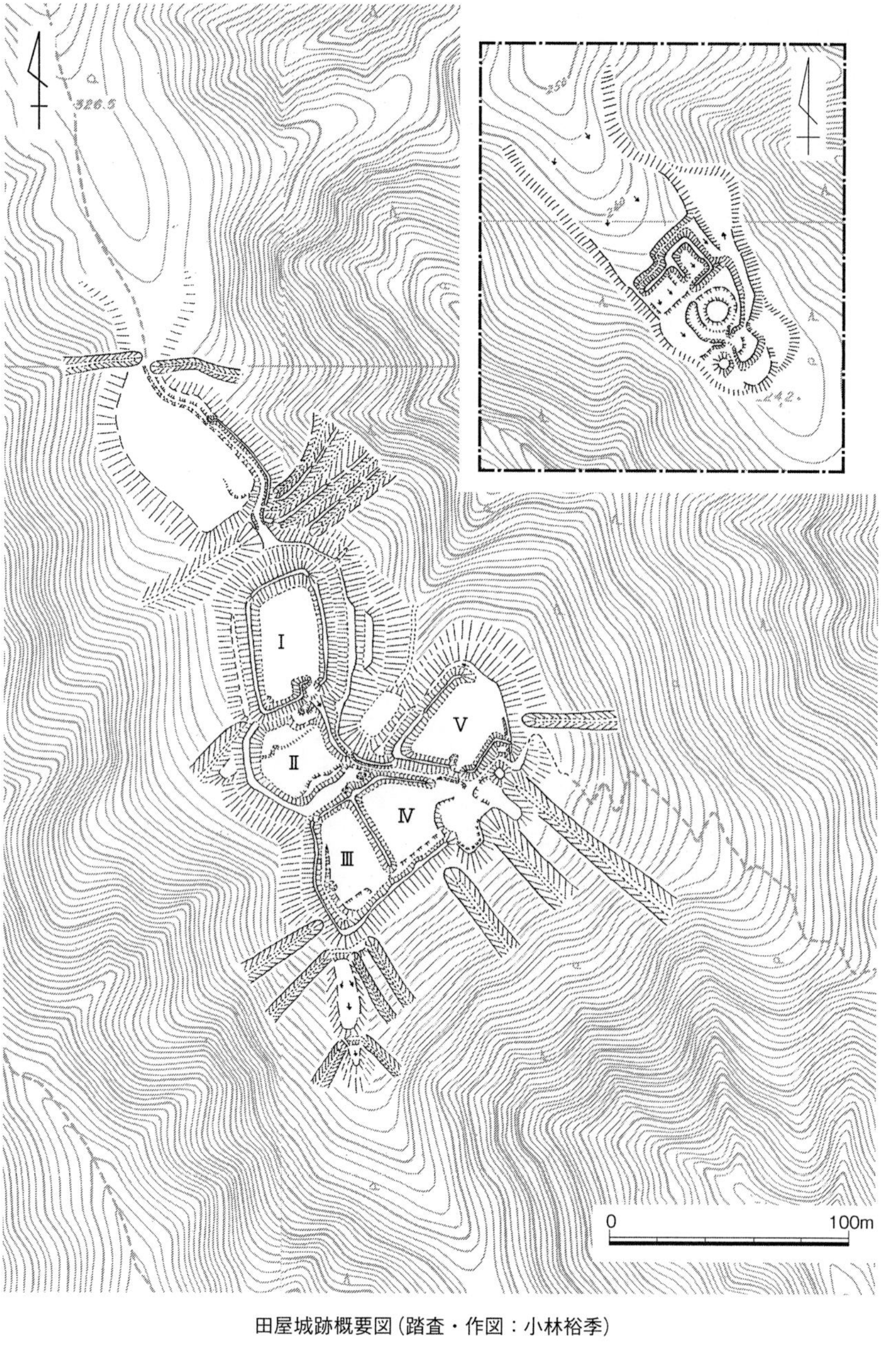

田屋城跡概要図（踏査・作図：小林裕季）

あとがき

六五五五冊。これは前作『近江の山城ベスト50を歩く』の売り上げ部数（発売から二〇一九年一月まで）である。この手の郷土史関連の本としては驚異的と言ってもよいほどの売り上げである。二〇〇六年に刊行したときは、正直それほど売れないだろうと思っていた。

滋賀県内で山城の講演会やシンポジウムの会場で、お越しいただいた方々から「ベスト50を愛読している」「これを読んで戦国時代の城がわかった」と声をかけていただくことが度々ある。また、実際に滋賀県内の山城を歩いている最中に、「ベスト50を巡っている」という方に出くわしたこともある。

そうした読者からぜひとも続編を出してほしいというありがたいご意見を多くいただいた。今回は「続」ではなく、全面的な改訂を行った新作を刊行することとした。実は前作では「山城ベスト50」とタイトルに冠したものの、メジャーな平城二〇城も収録したのである。そこで今回は掲載七〇城をすべて山城とした。

さらに執筆者も出来る限り新しい人選のもと、新しい視点で分析し、執筆していただいた。前作との評価の相違なども楽しんでいただければありがたい。

ところで前作からわずか十三年しか経っていないのに、山城を取り巻く環境は大きく変わってしまった。その最大の環境変化は獣害、なかでもシカの害に尽きる。山城に行きたいと考えても山はすべてフェンスに囲われ、入口を探すことも大変である。さらにどの山でもヒルやダニの被害に遭うようになった。また、マツクイムシ被害も甚大である。加えて人の入らない里山は荒れ放題で、登り道すらわからなくなっている。

しかし、そうした中で滋賀県内では地域の人たちが山城の整備を行っているところがある。登城道の下草を払い、山城では眺望のために樹木の伐採も行われている。頭の下がる思いである。城跡が何も残っていない時代から、地域の人々に愛され、まちづくりに活用される時代となったのである。今後も城跡が地域の人たちにとって誇りであり続けてほしい。

さて、今回も出版に関してはサンライズ出版にお願いをした。ところが今回は執筆がなかなかはかどらなかったのであるが、岩根治美専務には、根気よく待っていただいた。彼女なしに本書はならなかったものと、改めてお礼を申し上げたい。最後に本書が前作にも増して読者に愛され、山城歩きの友として連れ歩いていただければ執筆者として望外の喜びである。

二〇一九年三月

執筆者を代表して　中井　均

城郭用語解説

本文中の難解な城郭用語について解説をします。


縄《なわ》張《ば》り＝曲輪や堀の配置などの区画の設計プラン。

削《さく》平《へい》地《ち》＝地表を削り平らにした平地。

曲輪《くるわ》・郭《くるわ》＝防御・居住を目的に削平された平地。

主《しゅ》郭《かく》＝中心となる曲輪のこと。近世では本丸と呼んだ。

帯《おび》曲《くる》輪《わ》＝主要な曲輪の裾に細長く築かれた曲輪。

腰《こし》曲《くる》輪《わ》＝主要な曲輪の腰部に築かれた曲輪。

段状曲輪《だんじょうくるわ》＝階段状に築かれた曲輪（郭）。

虎《こ》口《ぐち》＝曲輪の出入口。

大《おお》手《て》口《ぐち》＝城の正面の入口。

搦《からめ》手《て》口《ぐち》＝大手口の逆で、裏口。

枡形虎口《ますがたこぐち》＝入口の土塁を枡状に四方を囲んだ入口、曲輪の内部に作られたのが内枡形、曲輪の外に作られたのが外枡形。

平入虎口《ひらいりこぐち》（平虎口）＝入口に障害物がなく、真っ直ぐ入れる入口。

馬出＝虎口を守るために、虎口前に作られた小郭。

喰違《くいちがい》土塁＝平行ではなく、喰い違った形の土塁。


土《ど》塁《るい》＝土を盛り上げたり、土を削り取り築いた障壁、土壁、土手。

櫓《やぐら》台《だい》＝土塁や石垣の上に櫓を乗せる壇。

堀《ほり》切《きり》＝城と山の尾根を深く削り取り、敵の侵入を防ぐために設けた堀。

空《から》堀《ぼり》＝堀切・竪堀・横堀などの水のない堀の総称。

竪《たて》堀《ぼり》＝山の斜面を直角に掘った堀。竪堀に沿って築かれた土塁を竪土塁と呼ぶ。

畝状竪堀群《うねじょうたてぼりぐん》＝竪堀を畝状に連続して設けたもの。

横《よこ》堀《ぼり》＝曲輪に対して平行に掘られた堀。

土《ど》橋《ばし》＝出入口に至る堀切の一部を掘り残し、または土盛をして通行用に供した土の橋。

切《きり》岸《ぎし》＝切り立った斜面を、敵が登り難いように、さらに削って崖としたもの。

破城《はじょう》・城割《しろわり》＝城を破壊して利用できないようにすること。

横《よこ》矢《や》＝城内に侵入してくる敵に対し側面から射撃ができるように土塁や石垣を張り出させたもの。

水《みず》の手《て》＝城内で必要な、水を補給するための場所。

館《かん》城《じょう》＝館が城郭化した形の城・甲賀、伊賀地方に多い構造。

織《しょく》豊系城郭《ほうけいじょうかく》＝織田信長・豊臣秀吉の時代に先進的な技術を駆使して築かれた城郭。

居《きょ》館《かん》＝平時に住居する館。根古屋《ねごや》・寝小屋とも言う。

詰《つめ》城《しろ》＝戦闘の際、立て籠もる山城。主郭を詰丸とも言う。

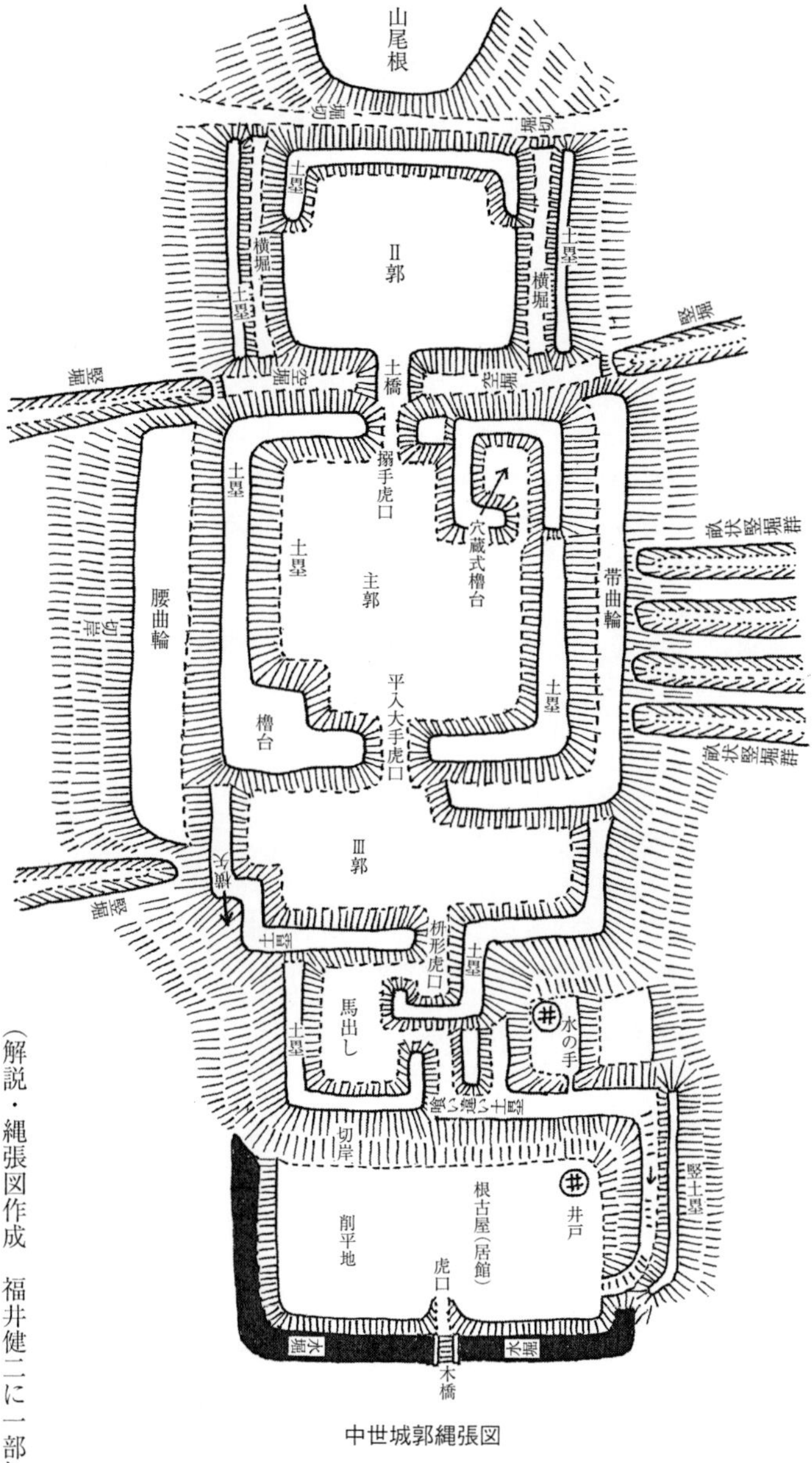

中世城郭縄張図

（解説・縄張図作成　福井健二に一部加筆）

近江の山城を楽しむ参考図書

『滋賀県中世城郭分布調査 1～10』滋賀県教育委員会　1983～1992
『大津の城(ふるさと大津歴史文庫2)』大津市史編さん室編　1985
『近江の城―城が語る湖国の戦国史』中井均　サンライズ出版　1997
『京極氏の城・まち・寺』伊吹町教育委員会編　サンライズ出版　2003
『敏満寺の謎を解く』多賀町教育委員会編　サンライズ出版　2003
『図説　安土城を掘る』滋賀県安土城郭調査研究所編　サンライズ出版　2004
『近江の城下町を歩く』淡海文化を育てる会編　サンライズ出版　2005
『京極氏遺跡分布調査報告書』米原市教育委員会　2005
『戦国の山城・鎌刃城』米原市教育委員会編　サンライズ出版　2006
『敏満寺は中世都市か』多賀町教育委員会編　サンライズ出版　2006
『近江の山城ベスト50を歩く』中井均編　サンライズ出版　2006
『米原町内中世城館跡分布調査報告書』米原市教育委員会　2006
『近江城郭探訪』滋賀県教育委員会編　サンライズ出版　2006
『畿内近国の戦国合戦』福島克彦　吉川弘文館　2009
『甲賀市史　第7巻　甲賀の城』甲賀市史編さん委員会編　滋賀県甲賀市発行　2010
『水口岡山城跡―秀吉政権要の城―』(水口岡山城ブックレット)甲賀市教育委員会・滋賀県教育委員会編・発行　2012
『近江の戦国・彦根の戦国』(彦根市開国記念館展示図録)彦根市教育委員会文化財部文化財課　2012
『賤ヶ岳合戦城郭群報告書』長浜市教育委員会　2013
『図解　近畿の城郭Ⅰ～Ⅴ』城郭談話会編　戎光祥出版　2014～2018
『近畿の名城を歩く　滋賀・京都・奈良編』仁木宏・福島克彦編　西川弘文館　2015
『彦根城外堀関連遺構範囲確認調査報告書1』彦根市教育委員会文化財部文化財課　2015
『水口岡山城跡総合調査報告書』甲賀市教育委員会編　甲賀市教育委員会発行　2016
『ふるさと日野の歴史』滋賀県日野町　2016
『織豊系城郭とは何か―その成果と課題―』城郭談話会編　サンライズ出版　2017
『伊吹山を知るやさしい山とひと学の本』髙橋順之監修　伊吹山ネイチャーネットワーク発行　2017
『近江の城を掘る』(企画展図録)滋賀県安土城考古博物館　2017
『佐和山御普請、彦根御城廻御修復―発掘・解体調査からみえてきたもの―』(彦根市開国記念館展示図録)彦根市教育委員会文化財部文化財課　2017
『国史跡水口岡山城跡　東海道を抑える豊臣政権の拠点城郭』　甲賀市教育委員会編・発行　2017
『米原の城―城のまちの戦国時代』米原市教育委員会編　2018
『城と城下　近江戦国誌』小島道裕　吉川弘文館　2018

編者略歴

中井　均（なかい ひとし）

1955年大阪府生まれ。龍谷大学文学部史学科卒業。滋賀県文化財保護協会、米原市教育委員会、長浜城歴史博物館館長を経て、滋賀県立大学人間文化学部教授。2021年定年退職。現在は滋賀県立大学名誉教授。専門は日本考古学。

主な著作　『中世城館の実像』高志書院　2020年
『信長と家臣団の城』KADOKAWA　2020年
『秀吉と家臣団の城』KADOKAWA　2021年
『戦国期城館と西国』高志書院　2021年
『織田・豊臣城郭の構造と展開　上』戎光祥出版　2021年
『織田・豊臣城郭の構造と展開　下』戎光祥出版　2022年
『戦国の城と石垣』高志書院　2022年

執筆者紹介

中井　均	（なかい ひとし）	滋賀県立大学名誉教授
樫木 規秀	（かしのき のりひで）	松原市教育委員会
小谷 徳彦	（こたに のりひこ）	甲賀市教育委員会
小林 裕季	（こばやし ゆうき）	滋賀県文化財保護協会
下高 大輔	（しもたか だいすけ）	熊本博物館
髙田　徹	（たかだ とおる）	城郭資料研究会
髙橋 順之	（たかはし のりゆき）	米原市教育委員会
早川　圭	（はやかわ けい）	高槻市文化財課
福永 清治	（ふくなが きよはる）	城郭談話会
振角 卓哉	（ふりかど たくや）	日野町教育委員会

近江《おうみ》の山城《やましろ》を歩く

2019年4月19日　初版1刷発行
2023年4月30日　2版1刷発行

編　者　　中井　均
発行者　　岩根　順子
発行所　　サンライズ出版株式会社
滋賀県彦根市鳥居本町655-1
〒522-0004　TEL.0749-22-0627
FAX.0749-23-7720
印刷・製本　サンライズ出版株式会社

ISBN978-4-88325-606-8